The Profound History of Ming Dynasty 4

《大明风云》系列之

洪武「运动」

④

马渭源 著
Ma Weiyuan

东南大学出版社
SOUTHEAST UNIVERSITY PRESS
·南京·

图书在版编目(CIP)数据

洪武"运动"/马渭源著. —南京:东南大学出版社,2015.1
(大明风云系列)
ISBN 978-7-5641-5425-7

Ⅰ.①洪… Ⅱ.①马… Ⅲ.①中国历史-研究-明代 Ⅳ.①K248.07

中国版本图书馆 CIP 数据核字(2014)第 310940 号

洪武"运动"

出版发行	东南大学出版社
出 版 人	江建中
社　　址	南京市四牌楼 2 号
邮　　编	210096
印　　刷	南京玉河印刷厂
开　　本	700 mm×1000 mm　1/16
印　　张	16.75
字　　数	287 千字
版　　次	2015 年 1 月第 1 版
印　　次	2015 年 1 月第 1 次印刷
书　　号	ISBN 978-7-5641-5425-7
定　　价	39.00 元

* 本社图书若有印装质量问题,请直接与营销部联系,电话:025—83791830。

序

　　马渭源教授的17卷本《大明风云》就要出版了,这是继他2014年推出10卷本《大明帝国》后的又一大系列专著。数日前,他来我家,邀我写个序,我欣然答应了。因为他与日本关西学院校长、国际明史专家阪仓笃秀教授是老一辈著名明史专家黄云眉先生的第二代传人,这是2011年底海内外眉师儿孙们云集一堂,经过反复研究、讨论,最后作出的慎重决定。作为眉师的第一代传人,我感到责无旁贷要做好这样的事情。

　　马教授在2012年就应邀去美国做讲座,北美三大华文报刊《世界日报》、《星岛日报》和《侨报》对此都曾做了专门的报道,其中《世界日报》称誉马渭源教授为著名的明史专家;稍后中国大陆媒体称他为"第一位走上美国讲坛的明史专家"。

　　另据海外媒体所载,马渭源教授的《大明帝国》系列专著得到了美国匹茨堡大学名誉教授、海外著名国学大家许倬云先生的赞许与推介,并为哈佛大学、哥伦比亚大学、普林斯顿大学、斯坦福大学等世界一流的高等学府和美国国会图书馆、澳大利亚国家图书馆等西方诸国国家图书馆所收藏,真乃可喜可贺!

　　最近中央级大报《光明日报》刊载文章说:"世界上SCI检索影响力较大的2000种期刊中,中国期刊只有5种;排在本学科前3位的世界顶级期刊中,没有一本中国期刊。"(《光明日报》2013年11月30日第7版"科教文新闻")与此相类或者说更不尽如人意的是,中国虽是当今世界上头号出版大国,但中国出版的各类专著为西方国家收藏的却不到20%,社科类不到10%,历史类更是凤毛麟角。而马教授的著作能被这么多的西方著名高等学府所珍藏,并得到了大家许倬云先生的肯定与称许,实属不易!

　　其实这些年在国内马渭源教授早已是南京电视台、南京广电、江苏教育电视台、安徽电视台、中央电视台和福建网站等公共媒体上家喻户晓的历史文化讲座主讲人和电视节目的常任嘉宾,而他的著作则更是深受广大读者的喜爱。据说有一次在上海展览馆举办他的签名售书活动,原定活动时间为半小时,结果因为读者太多了,主办方不得不延长了一个小时,但还是未能满足广大读者的需求。而最近又传来好消息,国内外有名的网络运营商如亚马逊、中国移动、苏宁易购等都与马教授签订了电子书出版合同,广大读者尤其年轻的读者只要按按手机上的键钮就能轻松阅读他的电子版著作了。

马教授之所以能取得如此的成就和拥有这样的影响力，在我看来，最为根本的原因就在于他扎扎实实地深入研究，以渊博的知识来解释历史，并用通俗流畅的语言表述出来，但绝不戏说，由浅入深，做到既通俗易懂又让人回味无穷，这是十分难能可贵的啊！

就以本次出版的《大明风云》之①～⑤为例，该5卷本主要是讲述大明洪武朝的历史。有关洪武帝朱元璋的传记目前为止，有好几个版本，最早的可能要数吴晗先生的《由僧钵到皇权》，那是民国三十三年十月由在创出版社出版，当年我在书店里买到了就读。20世纪五六十年代吴晗先生对原书进行反复修改后出版了《朱元璋传》(三联书店版)。据说当时有好多政治人物都读过，但它毕竟是那个时代的产物，里边有不少阶级斗争的内容和特定意识形态的标签，今天年轻人读来可能有种隔世的感觉。后来陈梧桐教授和吕景林教授也分别写了有关朱元璋的传纪，如今书店里可能还能买到。

马渭源教授在2007年时就撰写了《奇特的开国皇帝朱元璋》上、下册，尽管该书在2008年1月出版后很受读者喜爱，发行量急剧攀升，且远销海内外。但马教授对自己的著作却很不满意，多次在我面前说，那是电视节目的讲稿，时间太仓促，很不成熟，遗憾多多。为此，这些年他不断地收集和整理史料，打算重写。2014年1月他的最新力作《大明帝国》系列之《洪武帝卷》终于问世，比原书整整多出了一倍，多达100多万字。不过随后他又感到意犹未尽，特别是洪武时期的许多事情都未能说个淋漓尽致，为此，在已经修订过的《大明帝国》系列之《洪武帝卷》基础上，他再作努力，分册详尽阐述，这就是现在人们见到的《大明风云》系列之①～⑤《乱世枭雄》、《大明一统》、《明基奠立》、《洪武"运动"》、《治隆唐宋》。

本书为《大明风云》之④《洪武"运动"》，主要论述洪武时期发生的一系列全国性的大运动，是《明基奠立》一书的"升级版"，同时又是迄今为止明史研究中所从未有过的洪武"运动"系统专论。

大凡学过明史的人谁都知道，洪武年间政治严酷，大案连连，"运动"一场接一场。那么朱元璋究竟搞了多少场"运动"呢？其真相又到底如何呢？至今为止似乎没人说得清楚。

马教授从研读清朝学者历经百年修订的《明史》和黄云眉先生的《明史考证》入手，比对《明实录》，以此作为基础，再参用著名史学家谈迁的《国榷》和明代文人笔记史料，尤其重视对洪武年间政治、经济与社会领域"大风暴"的部分"实录"——朱元璋御制《大诰》系列的深度挖掘，从中发现：整个洪武朝31年间，除了北伐、"清沙漠"行动和立纲陈纪或言立法定制，加强集权君主专制主义外，朱元璋至少还发动了8场全国性的"大运动"或言"大风暴"，即洪武四年录(甄别)天下官吏，洪武八年或九年清查空印案(也有说是洪武十五年)，洪武十三年起连坐"胡党"，洪武十八年起追查郭桓案,洪武十九年逮官吏积年为民害者,洪武十九年前后清除社会惰民逸夫,洪武二十三年罪妄言者,洪武二十六年二月开始的深究"蓝党"……这是何等严酷的政治啊!马教授一下子抓住了"洪武"的主题涵义,"恢复"历史本来面目,随之展开一一考证和论述。如此深入系统研究在明清史学术领域里还从来没有过,这又不能不说是马教授的一大学术贡献!

尤其值得注意的是,马教授在具体历史问题的处理上并没有照搬前人的研究成果,而是从历史表象背后去发现问题,并寻找解决问题的方案。因此读了他的书会让人感到受益多多。

譬如,反腐治贪问题,最近有个作家在网络上十分肉麻地称颂道:"翻阅《二十四史》,当今反腐治贪为历史上所未有的。"马教授观后曾十分感慨地跟我说:"说这样话的人到底有没有读过《二十四史》?"

是啊,纵观中国历史,朱元璋的严厉治贪才将中国反腐史推向了巅峰。无论是明初三起大案要案还是它们的余波,我们都可以看到明朝开国皇帝朱元璋惩治贪污腐败的决心之坚定、手段之刚硬,甚至可以称为残忍。那么朱元璋惩治贪污腐败的手段残忍到了什么地步呢?"马教授在书中列举了洪武治贪的一系列酷刑,如剥皮实草、刷洗、秤杆、抽肠、锡蛇游、墨面文身、挑脚筋、挑膝盖、刖足、剁指、腌刑、断手、荆、阉割、斩趾枷令、常号枷令、枷项游历、枭首、凌迟、族诛、全家抄没发配边地,等等(【明】朱元璋:《御制大诰》、《御制大诰续编》、《御制大诰三编》、《御制大诰武臣》;【明】吕毖:《明朝小史·国初重刑》卷1),并对它们做了一定的考证与诠释,然后将话题转到了严刑重典能不能彻底根治腐败的问题上,他说:"治国要不要用重典?对于老百姓来说,朱元璋重典治贪主要针对的是官吏之整治。这里就涉及官员的政治风险问题。商人做生意有赔本和破产的风险,农民种地有天灾的风险,士大夫考科举也有十年寒窗到头来一无所获的风险,那么为什么当官的就可以进入保险箱似地毫无风险呢?朱元璋治国尽管有滥杀无辜的失误,但他的治国理念中不论有意还是无意都包含了从政为官所必须应当承担一定风险的意识,这在一定程度上对中国政治文化不啻为一大震醒;另外,他的重典反贪中更有一层含义:让贪官污吏们一旦出事就得倾家荡产,换句话来说,就是告诫官员:在你要下手前,该多计算计算犯罪的成本。从这样的角度出发,我们再看看现代社会里贪官污吏贪污了几千万甚至几个亿,大不了自己进去了,判个死缓甚至死缓都判不了,而他的家人们从此以后几代人就可不劳而获,不是有人揶揄:'牺牲一个人,幸福几代人!'从朱元璋的重典治国的理念中我们不应该读到点精神价值来吗?"(当然我们不认同其残忍性)马教授说理透彻,读后让人深思。

再如"胡逆之狱"和"蓝党之狱",在清人撰写《明史》时已大致搞清楚了,但在这两起大案要案中死了多少人?追查"逆党"运动到何时才结束?明朝官史闪烁其辞,清人撰写《明史》时也没有彻底弄明白。

马教授为此查阅了黄云眉先生的《明史考证》、明代人王世贞的《弇山堂别集·高帝功臣公侯伯表》、钱谦益的《牧斋初学集》和清人赵翼的《二十二史劄记》和查继佐的《罪惟录》等文献资料,发现:"'胡党之狱'有1公、14侯、13位将军被杀,株连处决30 000人(【清】赵翼:《二十二史劄记·胡蓝之狱》卷32);《明世法录》等书中说'蓝党之狱'有1公13侯2伯和几十位将领被杀,株连被杀者20 000人"(【明】陈仁锡:《明世法录》卷85;【明】谈迁:《国榷》卷9;【清】查继佐:《罪惟录·列传》卷8下;【清】谷应泰:《明史纪事本末》卷13)。最后他写道:两案合起来与明代文人笔记中所说的"牵连戮者十万人"差不多(【明】王文禄:《龙兴慈记》)。这样的多方位考证不仅显得十分严谨,而且说得合情合理。因为在中华大帝国范围内政治运动的平息并不是随着某个特定政治人物宣布结束就能马上结束的,正如当年追查"蓝党",洪武二十六年二月朱元璋处死蓝玉,随后7个月里大明各地兴起了清除"蓝党"分子运动。洪武二十六年九月,杀人杀了7个月的朱元璋十分大度地下诏宣布:"清除逆党'运动'结束,蓝贼为乱,谋泄,族诛者1.5万人;自今胡党、蓝党概赦不问。"可实际上这场运动远没有停止,马教授引用了方志资料,发现直到洪武末年时大明地方上还在不断地进行清查"蓝党"分子,原本与"蓝党"毫无关系的江南首富沈万三之女婿陈学文等就是在这时被扣上"蓝党分子"的帽子而被处死的(乾隆十二年《吴江县志·旧事》卷5、6)。

这样的纵深研究使得人们对原来的历史大案与洪武朝的政治有了更加清晰与全面的了解与认识。

总之,全书精彩迭现,观点新异又可靠,读之既如品尝陈年美酒,又似沐浴和煦春风。作为年过八旬的垂垂老者,我倍感欣慰,"黄学"后继有人啊!也愿马教授不断努力,推出更多的新作!

权作为序

南京大学中国思想家研究中心常务副主任、教授

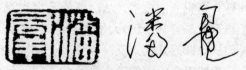

2014年11月18日

目录

上章　洪武"四清"　政坛"先行"

- 太学生上书"泄天机"　洪武默认系列"清洗" ……………………… 1
- 云谲波诡大明新立　雄主甄别天下官吏——洪武四年(1371) ……… 3
  - 昔日同为"天涯沦落人",今朝"相煎何太急"? ………………… 4
  - 尴尬的元朝遗民:是"节妇"、"剩女"还是"潜伏"者? ………… 7
  - 朱元璋敏锐地感觉到:深挖革命队伍里的潜伏敌特分子很有必要 … 45
  - 全国官吏大甄别、大清理风暴:"录天下官吏"运动 ……………… 46
- 一举粉碎"谋反胡党"　深究牵出前任宰相——洪武十三年~洪武二十三年 (1380~1390) ………………………………………………………… 48
  - 朱元璋与"淮右功臣勋旧"之间关系的发展和变化 ……………… 49
  - 洪武皇帝与淮右集团核心人物、大明宰相李善长之间的是是非非 … 56
  - 非淮右集团第二位悲剧大臣刘基及其浙东文人圈 ………………… 64
  - 洪武皇帝与李善长为首的淮右集团之间的矛盾升级 ……………… 73
  - 淮右集团权势巅峰时刻的到来——明代第三任宰相胡惟庸"独相" … 77
  - 扑朔迷离的胡惟庸"谋反"案之突发 ………………………………… 88
  - 深挖政界最大的潜在威胁——淮右集团核心人物李善长 ………… 94
  - 淮右集团核心人物李善长的大限——洪武二十三年(距胡案10年) … 96
- 穷追猛打"蓝玉逆党"　兔死狗烹　鸟尽弓藏——洪武二十六年(1393) ………………………………………………………………… 107
  - 洪武帝再出三招,限制与防范军中功臣勋旧 ……………………… 107
  - 中青代顶级军事人才蓝玉及所谓的"蓝党谋反"案 ……………… 109

1

- 洪武帝双重亲家、大将军傅友德杀子案——洪武二十七年(1394) ……… 150
- 明初唯一的真正儒将冯胜私埋兵器案——洪武二十八年(1395)……… 153
- 大明第一大将军徐达到底是怎么死的? …………………………………… 156

下章 严惩贪渎 "运动"深入

- "歪打正着""空印大案" 永革旧习长治久安——洪武八年(1375),《明史》记载为洪武十五年(1382) ……………………………………………………… 164
  - 洪武开国后为何大明频频爆发腐败大案? …………………………… 164
  - 明初政治与社会局势由乱到治的复杂性及朱元璋生性多疑——"空印案" …………………………………………………………………… 167
  - "空印案"到底是不是腐败案件? ……………………………………… 168
  - 这是一起明显的"冤案",朱元璋为什么要"一错再错"地深究与严惩? ………………………………………………………………………… 169

- 精明识破"郭桓大案" 除贪务尽洪武犯难——洪武十八年(1385)……… 173
  - 人性的丑陋——贪欲恶性膨胀——"郭桓案" ………………………… 173
  - "郭桓案"定性与量刑正确吗?此案中到底有多少人被杀? ………… 175
  - "盗用军粮10万石"的户部尚书滕德懋死后怎么会肠子里全是粗粮草菜? ……………………………………………………………………… 176
  - 朱元璋严刑酷法惩治贪腐,创造中国反腐史之巅峰 ………………… 177
  - 朱元璋残忍治贪的根本目的是什么? …………………………………… 179
  - 朱元璋为什么会那么残忍地治贪? ……………………………………… 180
  - 洪武帝因惑犯难:重典为什么不能根治贪污腐败? ………………… 181
  - 朱元璋难题与阿克顿定律 ……………………………………………… 189

- 尽逮积年害民官吏 全面清除政界"垃圾"——洪武十八年~洪武二十年(1385~1387) ……………………………………………………………… 191
  - 逮积年害民官吏的界定 ………………………………………………… 192
  - 开展清除形形色色的"积年害民官吏"运动 ………………………… 193
  - 洪武帝不仅鼓励大家要造贪官污吏的反,尽除民害,而且还对阻挠清除"积年害民官吏"者予以严厉的处治 ……………………………… 202
  - 捉拿"积年害民官吏"运动的升级与异化 …………………………… 219

- 清除社会逸夫惰民 以求每方寸土安宁——洪武十九年(1386)前后 …… 231
  - 社会逸夫、惰民的界定——宽泛概念 ………………………………… 232
  - 松江捉拿害民衙吏案中案——清除社会逸夫惰民运动的"导火索" …… 232

- ● 清除社会逸夫惰民运动的指导性"文件"——御制《互知丁业》等 …………… 234
- ● 形形色色的逸夫惰民害民害人 …………………………………………………… 235
- ● 为何"与官府有关系"的逸夫、惰民害民害人事件屡屡发生？ ………………… 236
- ● 洪武帝对害民逸夫惰民惩治的升级 ……………………………………………… 237

● 运动深化罪及妄言　清除潜在舆论危险——洪武二十三年(1390) … 237
- ● 洪武酷政奇观 ……………………………………………………………………… 238
- ● 洪武禁止人们"胡说八道"——"罪妄言者"运动 ………………………………… 240

● 整肃秩序澄清国度　轻松解决豪民巨族 ……………………………………… 245
- ● 整顿秩序，澄清国度，影响后来的大明帝国 …………………………………… 245
- ● 巧妙地解决了有着一定隐患的豪强世族，稳固帝国社会、经济秩序 ………… 245
- ● 严刑重典造成明初数十年思想文化的凝固，影响了帝国文化发展 …………… 252
- ● 加强了绝对君主专制主义统治，为官僚制的全面推行创造了条件 …………… 253

大明帝国皇帝世系表 ………………………………………………… 254

后记 ……………………………………………………………………… 255

上章
洪武"四清" 政坛"先行"

"洪武"本是朱元璋在位时期的年号,按照字面的意思就是"大武"、"尚武",换言之就是崇尚"铁血",就此而言明朝这位开国皇帝比他的"好儿子"永乐皇帝要诚实得多。朱棣的年号为"永乐",意思是让天下人永远快乐。可在那个魔鬼施虐的 22 年间,除了他以外,还有谁会快乐?明初"二祖"丑陋的人性实乃一丘之貉,但相比假面"圣君"朱棣,老皇帝朱元璋似乎要坦率、诚实得多,在他治理下的 31 年时间里,大明帝国实行了"四清",相继爆发了八场全国性的大运动、大风暴。在那血雨腥风的洪武年间,在那噤若寒蝉的岁月里,在人们不经意间,一代"圣祖"朱元璋及其相关人士记下了部分内容,只是我们后人一直没有充分意识到而已……

太学生上书"泄天机" 洪武默认系列"清洗"

洪武二十五年即公历 1392 年,这是个极为普通的年份,那年四月丙子日,洪武皇帝的接班人皇太子朱标薨世(《明史·太祖本纪三》卷 3;《明太祖实录》卷 217)。4 个月后的洪武二十五年八月庚申日,朱元璋下令"祔葬皇太子于孝陵之东"(《明太祖实录》卷 220)。除了皇家个别野心家、阴谋家如燕王朱棣有所惊觉甚至是亢奋外,那时大明帝国上下似乎谁也没有注意到又一场围绕皇权政治的特大清洗"风暴"或言"运动"正在积聚和酝酿着。在昔日红巾军头领的血色高压下生活了 25 年的大明子民们早已习惯了"运动",也能大致明白当今朝廷取用"洪武"年号到底有着怎样的一番含义。明哲保身可能是中国专制社会中尤其生活在那"运动"迭起、"风暴"不断岁月里的人们生存下去的最佳选择了,不过也有"愤青"例外。

那年"天生圣人"高皇帝朱元璋下诏,征集天下知晓历数(即天道国运)的高人。

有个太学生叫周敬心的洋洋洒洒给洪武皇帝上疏进谏,指摘洪武二十五六年间的种种弊政和坏政:"臣闻国祚长短,在德厚薄,不在历数。三代尚矣,三代而下,最久莫如汉、唐、宋,最短莫如秦、隋、五代。其久也以有道,其短也以无道。陛下膺天眷命,救乱诛暴。然神武威断则有余,宽大忠厚则不足。陛下若效两汉之宽大,唐、宋之忠厚,讲三代所以有道之长,则帝王之祚可传万世,何必问诸小道之人耶?"接着他又说:"方今力役过烦,赋敛过厚。教化薄而民不悦;法度严而民不从。昔汲黯言于武帝曰:'陛下内多欲而外施仁义,奈何欲效唐、虞之治乎?'方今国则愿富,兵则愿强,城池则愿高深,宫室则愿壮丽,土地则愿广,人民则愿众。于是多取军卒,广籍资财,征伐不休,营造无极,如之何其可治也?臣又见洪武四年录天下官吏,十三年连坐胡党,十九年逮官吏积年为民害者,二十三年罪妄言者。大戮官民,不分臧否。其中岂无忠臣、烈士、善人、君子?于兹见陛下之薄德而任刑矣。水旱连年,夫岂无故哉!"(《明史·周敬心传》卷139)

这哪像是上疏言事,简直是对洪武暴政的愤怒控诉。但不知为什么这份能够彰显一代"圣君"纳谏如流、"宽大胸怀"的上疏却在《明太祖实录》中没被收录?也不知道为什么周敬心连追查胡党这样敏感又危险的话题都敢说,却偏偏没提洪武中前期株连无辜甚广的空印案和郭桓案?也不知道为什么本来就心胸狭隘的朱元璋在接到这样言辞激烈的"控罪书"后却能平静地"报闻"(《明史·周敬心传》卷139),而没有暴跳如雷或严惩"妄言者"周敬心,所有这些说明了什么?

参照《明史》中解缙等人在洪武晚期的上书进言,我们可知周敬心上书中所说的都是洪武年间实实在在所发生的,而一向暴戾无常的朱元璋最后也默认了,或者说十分老到地对没"品位"的太学生周敬心不予理睬,再进一步说开来,他没做出什么过激的举措,所有这些能说明什么?就在周敬心上书后的一年不到的时间里,大明帝国又兴起了一场极为惨烈的特大"风暴"——追查与清除蓝玉党案,几乎将洪武朝开国勋臣一网打尽。

至此,如果参考一下开国皇帝朱元璋亲自撰写的《大诰》系列,再对周敬心上书提到或没提到的洪武年间的大风暴和随后发生的清查蓝玉党案等一系列"运动"做个综合统计的话,我们就不难发现:为了加强极权君主专制主义的统治,整个洪武31年间,除了北伐、"清沙漠"和立纲陈纪或言立法定制、统一思想及使厚民生外,朱元璋还至少发动了8场全国性的"大运动"或"大风暴",即洪武四年录(甄别)天下官吏,洪武八年或九年清查空印案,洪武十三年起深究"胡党",洪武十八年起追查郭桓案,洪武十九年尽逮官吏积年为民害者,洪武十九年前后清除社会惰民逸夫,洪武二十三年罪妄言者,洪武二十六年二月开始的追究"蓝党"……

一个皇帝在位31年,发动了不少于8次全国性的"大运动"或言"大风暴",平均4年不到就来一次,这是何等严峻的政治啊!对于这样一场又一场的大运动、大清洗,作为后代人,我们已经很难"复原"它们的原貌,但可以做些梳理。如果仔细比对和认真考量的话,就不难看出当年洪武皇帝主要搞了4类大清洗:即清洗政治危险分子、清洗经济腐败分子、清洗各级害民官员胥吏、清洗社会危险分子,我们不妨将其称为"四清"。(见下表)

洪武年间朱元璋发动的八场全国性"四清"大运动简表

运动发起或高潮时间		当年运动名称	运动类型	史料主要来源
洪武四年	1371	录(甄别)天下官吏	清洗政治危险分子	《明史·周敬心传》卷139
洪武八年	1375	清查空印案	清洗经济腐败分子	【明】谈迁:《国榷·太祖洪武九年》卷6
洪武十三年	1380	连坐"胡党"	清洗政治危险分子	《明太祖实录》卷129~202
洪武十八年	1385	追查郭桓案	清洗经济腐败分子	【明】谈迁:《国榷》卷8
洪武十八年	1385	尽逮天下官吏积年为民害者	清洗各级害民官吏	《明史·孝义一·朱煦传》卷296;卷139;【明】朱元璋:《大诰续编》、《大诰三编》
洪武十九年前后	1386	清除社会惰民逸夫	清洗社会危险分子	【明】朱元璋:《大诰续编》、《大诰三编》
洪武二十三年	1390	罪妄言者	清洗社会危险分子	《明史·周敬心传》卷139
洪武二十六年	1393	追查"蓝党"	清洗政治危险分子	《明太祖实录》卷225~243

而在这一系列"四清"中最先发生和最为惊心动魄的就数清洗各种敌对的和潜在的政治危险分子。

云谲波诡大明新立 雄主甄别天下官吏——洪武四年(1371)

洪武开国前后,大明帝国内外形势不容乐观。在草根皇帝朱元璋看来至少得面对三大类政治危险势力或言危险分子:

● 昔日同为"天涯沦落人",今朝"相煎何太急"?

第一大类就是昔日与朱元璋"同为天涯沦落人"的贫苦兄弟和普通民众。按照朱元璋的想法与说辞:过去元朝政府腐败、残暴,我朱圣人率领将士们浴血奋战,"驱逐胡虏,恢复中华,立纲陈纪,救济斯民",让大家过上了太平日子,你们就应该做好你们的本分——贡赋服役,由此也就过上了"幸福"的生活。但"民有不知其报,而恬然享福,绝无感激之心"(【明】朱元璋:《大诰·民不知报》第31,《全明文》第1册,上海古籍出版社1992年第1版,P599,以下省略版本,只标页码);更有一些愚蠢的小民们不仅不领"大救星"朱皇帝的情,有着"好日子"不过,反而走上了对立、反抗的道路。洪武元年五月,"昌国州兰秀山盗入象山县作乱";七月,"南海贼冯简等作乱"(《明太祖实录》卷32);洪武元年八月,温州南溪人董孟怡等"聚众作乱"(《明太祖实录》卷34);洪武三年正月,沂、邳二州山民"作乱"(《明太祖实录》卷48);最具有讽刺意味的是那年三月,在"红太阳"升起的地方(民间一说:凤阳之名有丹凤朝阳之义)边上六安州龙泉乡民胡永兴、潘文友"作乱",杀了判官朱谟,"焚劫英山县"……(《明太祖实录》卷50)

那小民们为什么要起来"作乱"呢?

第一,朱皇帝的威望还不够。尽管洪武初年朱元璋在全国绝大部分地区拥有了绝对优势的军事势力,但草根出身当皇帝的,除了刘邦、刘裕等极个别几例外,还说不上来。凭什么你那个鞋拔子脸的和尚能当皇帝,不就是靠了刀枪一类的军事武装,你可以造反,难道我们就不能吗?皇帝轮流做,明年到我家!

第二,尽管洪武初年朱元璋采取了好多措施,赈灾减租,休养生息,使厚民生。但在普通民众看来,新王朝的赋役依然沉重,很多人忍受不了了。洪武三年,有人报告说,贫瘠的陕西省原定征收民田税粮为1斗,可随后又加征了盐米6升,即政府言而无信,一下子将税率提高了60%,老百姓当然要受不了。皇帝朱元璋闻讯后也承认:"陕西民田既输税,复征其盐米,是重敛以困民也。"最后下令:"自今止收正粮,除其盐米。"(《明太祖实录》卷56)相比于陕西,江南苏松人民可没这么幸运,朱皇帝痛恨这个地区的老百姓过去支持张士诚,将当地的赋税加到了每亩1石多(黄云眉:《明史考证》,第1册,中华书局1979年第1版,P55),即相当于陕西的10倍。这就使得江南人民没法活下去了,只能逃亡。明宣宗时,苏州下属的太仓当地百姓逃得只剩下738户(《明宣宗实录》卷6)。江南人乖巧、听话,没法活了就逃,但并不是所有的国人都像江南人那样,他们有可能选择起来武装反抗。

第三,明初小民们起来反抗、"作乱"还有一个至关重要的原因,那就是官府衙役与豪门富户双重剥削与挤压。这里所说的豪门富户实际上是两种人,一种人为原业主,即我们过去经常在大批判中所说的地主阶级,但按照当时的称呼应该为原业主或称原田主。元末天下大乱时,许多的业主死于非命,他们的田宅也就变成了无主业产,为贫困者所占有。但也有一些业主在战乱中幸存了下来,按照明初"凡威取田宅者归业主"的国家政策(【明】宋濂:《宋文宪公全集·岐阳经历熊府君墓铭》卷31),他们在战后重新拥有了田产屋宅。如明初浙江诸暨大田主赵淑走出深山穷谷,"持田籍以辨,卒以完"(【明】宋濂:《宋文宪公全集·周节妇传》卷33);义乌财主王某战乱后夺回了田产,不到几年就"积谷至数千斛"(【明】王绅:《继志斋集·王处士传》卷2);浙江巨富楼士祥的家产更是多得数也数不过来,光门下养的食客就达几十人(【明】方孝孺:《逊志斋集·楼君墓志铭》卷20);江南头号大富翁沈万三"赀巨万万,田产遍吴下"(【明】董谷:《碧里杂存·沈万三秀》卷上)。据明代官方史书所载:苏州府纳粮2 000石以上的富户就有554户,每年缴纳国家的税粮达150 184石,约占当时苏州民户纳粮总数1 000 000石的15%(《明太祖实录》卷49)。由此可见,当时土地财富集中问题还是十分严峻。

这样的富户除了在地方上有着举足轻重的地位外,有时还会影响大明帝国官府衙门,即时人所说的"上足以持公府之柄,下足以钳小民之财"(【明】陈子龙、徐孚远:《明经世文编·方正学文集·与友人论井田》卷9)。换言之,受气的和最容易受到伤害的当然是平头百姓了,这是一重挤压。

另一重挤压平头百姓的就是大明朝新贵们,即朱元璋政权的主要支撑——功臣勋旧和皇亲国戚等。洪武三年十一月,朱元璋对李善长、徐达等文武功臣勋旧进行了第一次大进封,共封6公28个侯(《明实录》中有3个侯给忌讳了)。不过对于这些新贵来说,光有名气与政治地位还不够,我们中国人向来就讲究实惠,洪武皇帝也想到这些了,第二年也就是洪武四年三月,他下令"赐韩国公李善长等六国公、延安侯唐胜宗等二十五侯及丞相左、右丞、参政等临濠山地六百五十八顷有奇"(《明太祖实录》卷62)。接着闰三月又命令"赐功臣守坟人户。韩国公李善长、魏国公徐达、郑国公常茂、宋国公冯胜各一百五十户,卫国公邓愈、延安侯唐胜宗、吉安侯陆仲亨、淮安侯华云龙、济宁侯顾时、临江侯陈德、长兴侯耿炳文、靖海侯吴祯、都督孙恪、郭子兴各一百户"。(《明太祖实录》卷63)

从当时赐予功臣土地的地理位置来看,主要还是在朱皇帝老家凤阳等相对荒凉的地方。但随后赐给龙子龙孙的田地可不这样了,它们一般都位于中国经济的黄金地带——江南,如洪武五年四月朱元璋就赐秦王、晋王、燕王苏州吴江良地各100顷,六月又赐吴王(后改为周王)、靖江王、楚王、潭王吴江田地各100亩;甚至

到了后来连那些年幼得无法分封的龙仔亲王也赐地各100顷。(《明太祖文集》卷49;卷55)

伴随着如此大规模的赐地,朱元璋又规定"红彤彤"的家族享有优免徭役权,"自今百司见任官员之家有田土者,输租税外,悉免其徭役"(《明太祖实录》卷111)。即规定现任大明"公务员"家除了纳税外,免除一切徭役;后来扩大到退休官员家在该官员在世时徭役全免,甚至再后来连岁数大的、被赐予里士、乡士和社士等爵位的富民家杂役也给免了。(《皇明诏令·存恤高年诏》卷3)

不断地赐地,等于是在不断地剥夺了帝国普通民众的土地生活资源,又加重了有地百姓的赋税负担,与此同时徭役豁免范围的不断扩大,实际上是在加深普通人的应役苦难。而明初恰恰又"征伐不休,营造无极",为了响应洪武皇帝的"伟大号召"和完成好帝国指派的"光荣使命",更是为了自己的锦绣前程和不可言喻的利益,大明公务员和"准公务员"们往往擅权枉法,巧取豪夺,荼毒生灵。洪武三年出任苏州知府的佞臣陈宁"督粮欲事速,集令左右烧铁烙人肌肤,人甚苦之呼为'陈烙铁'"(《明史·魏观传》卷140)。就这么一个被苏州人诅咒的佞臣酷吏,在"天生圣人"洪武皇帝朱元璋眼里却成了大能人、优秀的领导干部,且不断地得到提拔,一直当到了朝廷数一数二的高官御史大夫。要不是洪武十三年胡惟庸出事,"陈烙铁"被检举为同伙的话,还不知道有多少人会受到他的祸害!(《明太祖实录》卷129)再说那些豪强富民,他们往往通同官吏,害之州里。"君差不当,小民靠损",以至于"怨嗟愁苦之声,充斥闾邑"。(【清】黄宗羲:《明文海》卷47)

由此看来,明初各地民众起义此起彼伏纯属正常,就像当初朱元璋老家凤阳等地的起义一样,是被逼出来的。幸运的是当年朱重八们遇到的对手元末统治者太腐败、太无能,从而使得起义烈火越烧越旺,最终将整个大元帝国都给烧没了。而明初各地起义者所面对的最高统治者就是当年的朱重八,苦孩子出身且经历了人间地狱的锤炼,他脑子可清晰啦,又有能耐,下起手来特别狠、特别快。一旦地方上发生起义了,他立即指派部队予以不遗余力的镇压。即使像靠近朱皇帝老家的六安英山县突发的那场民众起义,地方部队不在附近,一时半会儿够不着,但也由于六安知州陈铭善指挥有方,其子陈真率领小股武装及时应对,进而使得态势没有恶化。消息传入朝廷,朱元璋立马调集蕲州卫军事力量,火速开赴英山境内,镇压起义。事后又大大地嘉奖了陈铭善、陈真父子,赏赐白金100两,文绮、帛2匹;同时对立有平乱大功的当地人鲍文才等赏赐白金500两、文绮6匹。(《明太祖实录》卷50)

明初还有一种民众起义与草根皇帝朱元璋的人生之路密切相关的,那就是有人继续利用白莲教、明教等组织,以"弥勒降生"、"明王出世"为口号,秘密酝酿和发动起义。对此,朱元璋更是予以绝对的坚决打击。譬如当年南方西路红巾军老根据地湖广罗田县就有一个叫王佛儿的,"自称弥勒佛降生,传写佛号,惑人欲聚众为乱"。明朝官方当局获讯后迅速调集官军,毫不含糊地"捕斩之"(《明太祖实录》卷81)。几年后,四川广安州山民,"有称弥勒佛者,集众惑人",同样也遭到了明朝官方的无情镇压。(《明太祖实录》卷138)

无论哪一种缘由引发的民众起义,无论起义者是来自和尚皇帝的昔日同行还是曾经同为天涯沦落人,在明初草根皇帝朱元璋看来,这些已经起来或正在密谋组织起来造反的人着实危险,一旦他们的起义扩大了或成功了,自己恐怕连回凤阳老家重操旧业的机会都没有。不过好在这些地方上的起义尽管十分危险,但它们犹如山中野火,星星点点,形不成大气候——这恐怕也是当年朱皇帝下令严禁民众远游、推行巡检制度和路引制度所产生的一个直接结果吧。

● 尴尬的元朝遗民:是"节妇"、"剩女"还是"潜伏"者?

明初朱元璋面对的第二大类政治危险势力或言潜在危险分子是故元残余势力和前朝遗民。故元残余势力主要集中在塞外,比较明显,相对而言,只要军事上发挥好,还是比较容易对付的;最难对付的是在暗处的那些比较特殊的人们——前朝遗民耆老。要说泛指的前朝遗民,那就应该将朱皇帝自身在内的元末明初之人都算在内。但在朱元璋为首的新帝国领导核心集团看来,除了芸芸众生外,前朝遗民耆老就是一股特殊又尴尬的人群。事实上这样"尴尬的人群"在中国历史改朝换代之际都会有过,新帝国统治者能不能放心地接纳这样"尴尬人群"中的所有人?每朝每代各有自己的特色。就实而言,"尴尬人群"中的大多数能够拥有一亩三分地老婆孩子热炕头这般生活待遇就算知足了,哪来那么多的讲究?但有部分士大夫则不同,面对新旧朝代交替,他们有着不一样的反应,大致具有三种情形:

○ 尴尬的元朝遗民① 守身如玉的"节妇"至死不让"新夫"碰一碰

第一种情形:既然为前朝遗民,那就该像守身如玉的节妇一般,生为夫人,死为夫鬼。前朝垮台了,自己坚决不与新朝合作。这类人中比较有名的有丁鹤年、戴良、张宪、高明、王逢、姚闻、王谟、夏伯启、顾德辉和倪瓒等10多位遗民。

◎ 守身如玉"节妇"似的10多位遗民

丁鹤年,元末明初回回人后裔,著名诗人。"自以家世仕元,不忘故国,顺帝北遁后,饮泣赋诗,情词凄恻。晚学浮屠法,庐居父墓",直到明永乐时才辞世,但他始终与新王朝保持距离。(《明史·文苑一·丁鹤年传》卷285)

戴良,浙江浦江人,精通经、史百家暨医、卜、释、老之说,可以称得上是当时一部"活着"的百科全书,因而在士大夫与当地百姓中有着很高的名望。朱元璋指挥军队攻下金华后,曾命令戴良与胡翰等12位文化名人轮流为自己讲授经史之学和治政之道,后又让戴良与宋濂等人一起教授地方府学生。但戴良却不忘元朝故主,等到朱元璋一离开金华,就找了个机会弃官遁去。曾避难到了吴中,投奔张士诚。张士诚政权即将垮台时,他带了一家人偷偷地乘船北上,想投奔元朝将领扩廓帖木儿,但在山东登州、莱州一带登陆后,由于道路阻梗,只得在昌乐住下生活。明朝开国后戴良又带了一家人偷偷地南还,变换姓名,隐居四明山。后被朱元璋侦得,召到了南京,"命居会同馆,日给大官膳,欲官之"。可戴良不愿意,就以自己年老身体不好为由加以婉拒,没多久,暴卒。(《明史·文苑一·戴良传》卷285)

张宪,浙江山阴人,元末文化名人杨维桢最为得意的学生,"负才不羁,尝走京师,恣言天下事,众骇其狂"。南还后入富春山,托钵佛门,但又放荡不羁,常常语出惊人。有一天他将自己关系不错的几个人叫在一起,关照他们说:"大祸即将来临,我们赶紧跑啊!"三天后那里果然发生了兵乱,当地有500多户人家死于战火之中。后来张宪投靠了东吴政权,张士诚拜他为枢密院都事。苏州被攻陷后,张宪始终不忘张士诚的知遇之恩,隐姓埋名,"寄食杭州报国寺以殁"。(《明史·文苑一·张宪传》卷285)

高明,浙江永嘉人。元顺帝至正五年进士,授处州录事,辟行省掾。元末天下大乱时,方国珍起兵温州,曾想让高明在自己手下为官任职,却遭断然拒绝。明初朱元璋耳闻高明之大名,曾派人前去征召。但高明却以自己年老有疾为名,加以婉拒,最终老死于家中。(《明史·文苑一·高明传》卷285)

从上述几位坚决不与新朝合作的前朝文人耆老的最终结局来看,似乎还都能得个善终,但接下来要讲的有着相同政治操守的前朝遗民士大夫可就没那么幸运了。姚闰和王谟是元末明初苏州当地有名的儒生,朱元璋在南京开创大明王朝后曾下令征召各地儒学文人入朝任职,有人推荐了姚闰、王谟,但谁知这两人压根儿就不愿意在新朝做官。恼羞成怒的朱元璋不仅下令将他俩枭首,即砍头示众,而且还"籍没其家",甚至事后在《大诰》中还振振有词地说:"寰中士夫不为君用,是外其教者,诛其身而没其家,不为之过。"(【明】朱元璋:《御制大诰三编·苏州人材》第13,P706)广信府贵溪县儒士夏伯启叔侄因不愿意出来为官,各自截去左手大拇指。朱元璋获悉后,将他们逮到了南京,当面拷问,最后也处以枭首和籍没其家。(【明】

朱元璋:《御制大诰三编·秀才剌指》第10,P702)

顾德辉,昆山人,家世素封,轻财结客,豪宕自喜。大约到了30岁时,顾德辉似乎猛然醒悟,开始拼命读书,由于家底深厚,他不惜重金收藏各类古书、名画、彝鼎和秘玩等,并在昆山东边的太仓茜泾西盖了一座房子,取名为"玉山佳处",招待天下文人墨客,置酒赋诗。当时与他经常来往的文化名人有河东张翥、会稽杨维桢、天台柯九思、永嘉李孝光,方外之士张雨、于彦、成琦、元璞,等等,由此"玉山佳处"的"园池亭榭之盛,图史之富暨饩馆声伎,并冠绝一时"。(《明史·文苑一·顾德辉传》卷285)

顾德辉曾多次被人举荐出仕,但他都没有上任。张士诚割据江南时曾派人来延请他出来为官,谁知顾德辉闻讯后立即逃走,隐居于嘉兴合溪。后来母亲死了,顾德辉没办法只好葬母于家乡,这样一来就暴露了自己。张士诚知道后又派人来邀请他出山为官,顾德辉什么也没说,就在母亲的庐墓旁将自己的头发给剪了。东吴政权明白了他的意思,自此再也没有为难他。明朝开国后,顾德辉依然保持着独立的人格与操守,但由于儿子顾元臣曾经当过元朝的水军副都万户,顾德辉也因此被元朝封为武略将军、飞骑尉、钱塘县男等称号,洪武初年父子两人被发配到了濠梁即凤阳,并老死于那里。(《明史·文苑一·顾德辉传》卷285)

◎ "元四家"与元末明初以诗意化、书法化来抒发隐逸之情的文人画

与顾德辉相比,有着相似气节与操守的元末明初另一大文化怪杰倪瓒可算幸运多了。倪瓒在历史上与黄公望、王蒙、吴镇一起被人誉为元代山水画坛四大杰出代表人物,简称"元四家",但也有人将倪瓒与赵孟頫、高克恭、黄公望、吴镇和王蒙合称为"元六家"。元朝武夫当道,儒士很没地位,斯文扫地,因此绝大多数文人采取归隐林泉、抒怀书画的寄情避世态度,从而形成了以表达意境、抒写情趣为主的写意画风,倪瓒、黄公望、吴镇和王蒙是这股画风中的杰出代表,甚至还有人将赵孟頫视为元代这股画风的奠基者。这是很有见地的,因为赵孟頫的人生遭际、政治地位及书画艺术影响相当之特殊。

赵孟頫是宋太祖赵匡胤的第11世孙、秦王赵德芳的嫡系子孙。曾任南宋户部侍郎兼知临安府浙西安抚使。宋亡后,他归居故乡浙江吴兴,赋闲在家。也正因为他是宋朝皇室的后裔,元初统治者为了笼络汉人,装点一番朝廷门面,忽必烈令集贤直学士侍御史程钜夫于至元二十三年(1286)"搜访遗逸于江南",将赵孟頫等人给"搜访"了出来,让他出任元廷的集贤直学士(从四品),后又调其为济南路总管府事。忽必烈去世后,赵孟頫受命于元成宗朝廷,参与编撰《世祖实录》,一度还为后

来出任元廷宰相的太平之老师。元廷对其"累赠师垂集贤侍读学士,希永太常礼仪院使,并封吴兴郡公,与集贤大学士,封魏国公"。(《元史·程钜夫传》卷172;《元史·赵孟頫传》卷172)

除了政治地位显赫外,赵孟頫在文化艺术方面也曾有着很大的影响。他诗文、书法、绘画、金石、律吕等无所不通,尤其是在书画方面取得了相当高的成就,开创了元代新画风。史载:赵孟頫所著,"有《尚书注》,有《琴原》《乐原》,得律吕不传之妙。诗文清邃奇逸,读之使人有飘飘出尘之想。篆、籀、分、隶、真、行、草书,无不冠绝古今,遂以书名天下。天竺有僧,数万里来求其书归,国中宝之。其画山水、木石、花竹、人马,尤精致。前史官杨载称孟頫之才颇为书画所掩,知其书画者,不知其文章,知其文章者,不知其经济之学。人以为知言云。"(《元史·赵孟頫传》卷172)

《元史》对赵孟頫的评述颇为精到,在元代的画坛中,赵孟頫无疑是无冕之王。不过对于后人来说,知道他的恐怕也就是其书画艺术了。旧史官说赵孟頫之才为书画所掩,这就有些倒果为因了。赵氏一边当官一边搞艺术,看似"官艺双馨",其实他大有苦衷啊。元朝定鼎中原征服南方后,为了稳固其统治,不得不装装样子,"重用"几个汉族著名人士,但在实际上却实施了民族压迫、尚武抑文和贬损儒士之国策。因此从内心真实角度而言,赵孟頫仕元为官颇为无奈、昏闷。为了排泄胸中的不满和抒发内心的情怀,他将更多的精力投入了书画等文化艺术创作当中。赵孟頫提出以古意出发,以晋唐为鉴,力反宋以来文人画的墨戏态度,将传统绘画中的钩斫、渲淡、丹青和水墨、重墨、重笔等有机地结合在一起,做到师古和创新、高逸的士大夫气息与散逸的文人气息融合于一体,使得中国传统书画的"游观山水"向着"抒情山水"转化,同时又使造境与写意、诗意化与书法化在绘画中得到调和与融洽,为后来的黄公望、王蒙、吴镇和倪瓒等"元四家"以诗意化、书法化来抒发隐逸之情的逸格文人画的出现开辟了新路径和奠定了坚实基础。

"元四家"中常常被人冠以首称的当数黄公望,尤其是近年来由于电视、电影的渲染与网络等媒体的炒作,黄公望的《富春山居图》"立体地"走进了大众的视野中,人们趋之若鹜。那么黄公望究竟是怎样一个人?他的作品艺术与思想价值到底如何?恐怕知之甚少。

黄公望,常熟人,元代画家。本姓陆,名坚。后因过继给永嘉府(今浙江温州市)平阳县黄氏做义子,黄氏年九十无子,忽然有了这个嗣子,高兴地说道:"黄公望子,久矣!"于是改陆坚为黄公望。黄公望年轻时做过小官,其职相当于现在一些"人民公仆"或老总身边的"老秘",可绝对没有时下"老秘"那么吃香,过不了几年就能弄个大官当当。当年的黄公望可惨了,当个书吏一当就是十余年,直到45岁左右才在一个叫做张闾的官僚手下做掾吏。掾吏地位比书吏略微高一点,但黄公望干了没多久,顶头上司张闾犯了贪污罪,将底下跑腿的黄掾吏也给牵连了进去。这下他可算是好好地见识了一番元朝官场的丑态,出狱后便绝意仕途,加入了主张儒、释、道三教合一的全真教,改号一峰、大痴(中国绘画史上的黄大痴之名就是这么来的),放浪形骸,游走江湖,以教授弟子为生。因经常浪迹山川,黄公望对大自然中的江河山川产生了浓厚的兴趣,观察于自然,寄情于山水,运笔于纸墨间,忘我地创作了一批优秀作品,如《九峰雪霁图》《天池石壁图》《溪山雨意图》《剡溪访戴图》和《富春山居图》《富春大岭图》等,抒发内心之情怀。元代有人说黄公望"颖悟明敏,博学强记。画山水宗董(源)、巨(然),自成一家,可入逸品。其所作《写山水诀》,亦有理数"。(【元】陶宗仪:《南村辍耕录·写山水诀》卷8)

黄公望的画作特色是山川深厚,草木华滋。著名的《富春山居图》是他晚年花了7年的时间创作出来的,因他常常"卧青心,望白云",深入到了大自然中观察体悟,形成了自己独特的"气清质实,骨苍神腴"之艺术风格。他的画作中往往是中锋、侧锋兼施,尖笔、秃笔并用,长短干笔皴擦,湿笔披麻,浑然一体,但整个画作观后稍稍品味,一种平淡清远和苍凉悲愁的感觉油然而生。

与黄公望同为一个时期的元代著名文人画家吴镇则有着另外一种"风味"。吴镇,浙江嘉兴人,字仲圭,号梅花道人,生卒年代刚好处于忽必烈开国至元顺帝上台之间,一生绝仕元朝,过着隐居生活。因此在吴镇的作品中,以描述渔夫和隐逸生活的题材为多,寄托了他避世隐遁、以诗文书画自娱的情怀。其传世作品有《渔夫图》《秋江渔隐图》《芦花寒雁图》《水村图》等。

与黄公望画技不同的是,吴镇着墨很多,甚至多用湿笔来表现山川林木郁茂景色,墨气沉厚,笔力雄健,山水苍茫沉郁。而与此相对,吴镇在绘画渔翁与小舟时,往往用细笔勾勒,这样一来正好与湿笔大点大染的山石树木形成了鲜明的对比,再配以遒劲潇洒的草书《渔夫辞》,诗书画相得益彰,艺术品格得以升华。由此而言,吴镇的书画十分珍贵,加上他性格特别孤傲,所以人们一般很难得到他的画作。时人曾说:"仲圭为人抗简孤洁,高自标表,……从其取画,虽势力不能夺,惟以佳纸笔投之案格,需其自至,欣然就几,随所欲为,乃可得也,故仲圭于绢素画绝少。"(【明】孙作:《沧螺集》卷3)

比起吴镇要年少28岁的王蒙是"元四家"中岁数最小的一个,他是元朝大书画家赵孟頫的外孙,浙江湖州人,字叔明。年轻时王蒙就很聪明,善于写宫词。有一次他刚把宫词写好,随口念了几句,让一个叫俞友仁的杭州读书人给听到了,当场大加夸赞道:"此唐人佳句也!"随即以自家的妹妹许配给了王蒙。其实王蒙真正有才还不在此,可能受到外祖父赵孟頫的影响,他自小起就对绘画十分痴迷,"工画山水,兼善人物"。(《明史·文苑一·王蒙传》卷285)

王蒙的传世之作中以《青卞隐居图》《夏日山居图》、《春山读书图》最为有名,其个人绘画特点是善画江南林木丰茂的景色,湿润华滋,意境幽远;在画技方面,王蒙喜用焦墨渴笔,点缀细碎苔点,画面充实繁密,山水树木多至数十层与数十种,千岩万壑,山峦重叠。

由于生活在特别的年代,不像黄公望与吴镇等元代著名画家那样生卒于黑暗的元朝,看到的仅是漆黑的一片,王蒙还曾目睹了砸烂旧世界的红巾军暴力革命,目睹了大明红色江山开创的整个历程,所以原本在画意中透露出对旧世界绝望(如《太湖秋霁画图》)和对未来新世界怀着美好憧憬(如《太白山图》等,其画面繁密,富有生机,充满了对未来的无限渴望)的他在明初出仕了,"知泰安州事"(可能就相当于当个泰安市长的官职)。不仅如此,王蒙还积极地与新中央朝廷保持一致,尤其是跟当朝宰相胡惟庸走得很近,甚至还多次私谒胡府,"与会稽郭传、僧知聪观画"。可他哪知道自己无形之中却犯了两个大忌:第一,胡宰相是洪武皇帝心目中潜在的谋反首逆;第二,王蒙在大明开国之前曾出任过元朝的理问官(掌某地司法),后又投奔了张士诚,当过长史。这本来也没什么,可在新帝国最高统治者看来,他是属于"历史不清白者"。因此说,两个大忌中无论哪一个都足以将王大画家送上不归路。洪武十三年胡惟庸"谋反案"突发,王蒙"坐事被逮,瘐死狱中"(《明史·文苑一·王蒙传》卷285)

与王蒙政治上的幼稚相比,元末明初另一位名列"元四家"的大画家倪瓒则相对要显得老道多了。

◎ 走向抒情写意传统文人画最高峰的无锡"土豪"倪瓒

倪瓒,字元镇,又字玄瑛,号云林子、幻霞子、荆蛮民、朱阳馆主、沧浪漫士、曲全叟、海岳居士等,其中用得最多的是"云林子"和"元镇"。他生于无锡梅里祇陀村,祖父是当地"土豪","家雄于赀",富甲一方。可美中不足的是倪瓒早年丧父,好在兄长与母亲对他关爱有加。因为同父异母长兄倪昭奎在元朝那里还担任过道教(有人说是全真教)地方领袖之闲职,所以说倪家在当地不仅有钱而且还很有威望,倪瓒就是在这样无忧无虑的环境中长大的。

大约自倪瓒懂事起,长兄倪昭奎就请来了一个名叫王仁辅的道教"真人",做倪家的家庭教师。道教主张"无为",讲究的是个人修炼,这就与儒家的入世"有为"之理念相左,加上家庭生活条件十分优越,倪瓒自小就养成了清高孤傲、洁身自好和

不问政治的人生态度与性格特征,一天到晚浸习于美文诗画之中,尤其"工诗,善书画"。(《明史·隐逸·倪瓒传》卷298)

"土豪"倪家有的是钱,有钱人家就要显摆显摆,买好车让"富二代"飙一下,或让漂亮美眉在床上"晒晒"。古时候的有钱人家可没现代那些暴发户那般"贫",他们往往会收藏一些古籍经典与琴棋书画,以此来提高家族人的文化艺术素质。倪家几代人都是隐士,对于这类的积累十分在意,到倪瓒时,家有藏书成千上万卷。没书不行,可书要是太多了,管理不善或利用不好,那也是个麻烦,为此,倪瓒将家中书画一一"手自勘定,古鼎法书,名琴奇画,陈列左右。四时卉木,萦绕其外,高木修篁,蔚然深秀,故自号云林居士"(《明史·隐逸·倪瓒传》卷298)。有人说,倪瓒的这个书屋就叫"清秘阁"。"清秘阁"有三层楼那么高,屋内除了各类书籍经典外,还藏有历朝书法名画,如三国时钟繇的《荐季直表》,宋代米芾的《海岳庵图》、董源的《潇湘图》、李成的《茂林远岫图》和荆浩的《匡庐图》,等等。倪瓒对它们格外钟情,朝夕把玩,潜心临摹,品味其中的神韵气质。与此同时,他还经常外出游览,看到动心的自然景物随即将其描绘下来,以天地为吟诗作画的对象,师法自然;另一方面他又学习与继承中国传统的书画技法,博采众家之长。据说他曾向已经加入全真教的黄公望请教,又与年幼自己的王蒙切磋画技,时间一长,画技愈发精湛,"求缣素者踵至"。(《明史·隐逸·倪瓒传》卷298)

倪瓒中年以前的绘画很明显承袭了董源和巨然等南方山水画派鼻祖的风格,如《水竹居图》布局较繁,笔墨柔润,景物细密,重在写景。中年时期由于长兄倪昭奎突然病故,随之嫡母邵氏和老师王仁辅相继去世,在遭受了接二连三的亲人离去之打击,加上自身家族隐逸淡泊传统基因的作用或受加入全真教的黄公望之影响,倪瓒内心愈发悲怆、荒凉和幽淡,反映在绘画上他逐渐地脱胎于董源与巨然,在作山水画时常将董源柔和笔性和关全折带笔法相融合,创造了"折带皴",其画法疏简,一河两岸,土坡枯树,格调幽淡天真,作品多数取材于他中晚年经常漫游的太湖地区。元亡明兴之际,原配蒋氏病逝,长子早丧,次子又不孝,倪瓒再次遭受打击,内心更加孤独、烦闷,他更多地借助手中的笔墨来抒写自己的情怀。因此说,从中年起倪瓒的绘画艺术进入了"情景相融"的巅峰时刻。在此时期,他创作了《松林亭子图》《渔庄秋霁图》、《怪石丛篁图》、《汀树遥岑图》、《江上秋色图》、《虞山林壑图》等一系列力作,其画面整体格调为萧瑟幽寂,寒林浅水,"有意无意,若淡若疏",萧疏一片,但又简中寓繁,小中见大,"似嫩而苍",高逸深远。有人评述,倪瓒"创造了简淡高逸的画风,将中国古代文人画推向一个新阶段,为明清董其昌、沈周、徐渭、朱耷、石涛等文人画的兴盛开启了有益法门"。(周积寅主编、黄廷海著:《中国画派

研究丛书·南方山水画派》,吉林美术出版社,2003年1月第1版,P142)

明代绘画艺术大家董其昌曾这样论述倪瓒与"元四家"的:"倪迂(指倪瓒)早年书胜于画,晚年书法颓然自放,不类欧柳,而画学特深诣,一变董源、巨然,自立门户,真所谓逸品,在神妙之上者。""元之能者虽多,然禀承宋法,稍加萧散耳。吴仲圭(指吴镇)大有神气,黄子久(指黄公望)特妙风格,王叔明(指王蒙)奄有前规,而三家皆有纵横习气,独云林古淡天真,米颠(癫)后一人而已。"由此,我们不难看出倪瓒在传统文人画家中的地位——"元代山水画可谓山水画史上抒情写意一路的最高峰。元画又以高逸为尚,放逸次之,高逸的画,又以倪云林最为典型"。(顾丞峰主编,万新华著:《中国绘画流派与大师系列丛书·元代四大家》,辽宁美术出版社,2003年10月第1版,P114)

◎ 文人画坛奇才倪瓒的"三大怪"

以上我们讲的是元末明初绘画大师倪瓒的第一大奇异之处,与此相映成趣的是,这位艺术大师还有第二大奇异"怪状"——洁癖。倪瓒的洁癖旷世罕见,自古以来就留下了很多有趣的段子。

据说倪瓒有个朋友,姓徐,住在苏州郊区的光福,"光福之西五里有西崦,周遭皆山。中有一水,其景绝类杭之西湖,然地僻,而游者甚少。山有泉曰七宝,莹洁甘饴,素不经浚凿,纯朴未散其味,迥过于惠山、虎丘也"(【明】王锜:《寓圃杂记·七宝泉》卷6)。但就这泓品质超越无锡惠山、苏州虎丘的泉水却一直没什么名气,只是当地人知道而已。有一天,倪瓒光顾老友徐某家,徐某想招待但也没什么好招待这位"土豪"画家朋友,于是就带了他上光福的西崦去,饱览山景美色,品味当地光福山茶。

两人一到山上就对饮开来,哪知对于茶道有着十分讲究的倪大画家喝到用当地的七宝泉水泡制的茶水后不停地夸赞道:"好水,好水!"徐姓朋友听后十分高兴,心想人们都说这位画家朋友生活如何如何讲究,哪知就这样的一个癖好,这还不方便么,让家人天天上七宝泉去挑水,以此来招待倪瓒。而倪瓒也乐意在徐家多住些日子,可就在这过程中,奇怪的事情发生了。徐姓朋友发现,倪瓒有个特点:每天在徐家人挑水回来时他就开始盯着水桶看,然后用前面水桶里的水来泡茶,用后面水桶里的水来洗漱,徐姓朋友于是十分好奇地问了:"画家朋友,你干吗这样?"倪瓒一脸正经地回答道:"你家距离七宝泉起码得四五里吧,从那里挑水到你家,挑水者中间不会不放屁?!你想,他要是放了屁,水桶在后的就不会让屁给污染了?!所以我就用后面水桶里的水来洗漱,而只有前面水桶里的水没被污染,我才会用来泡茶。"

（【明】王锜：《寓圃杂记·云林遗事》卷6）

患有这般洁癖的倪瓒平日在家可更是"盥濯不离手"，据说他每天要洗头，而洗一次头就要换水十几次。好不容易洗漱完了，穿上衣服了，他又要反复拂整几十次。对于家中用具，大画家更是有着极度的清洁要求，他"性好洁，文房拾物，两童轮转拂尘，须臾弗停"。人是俗界高级动物，说到底还是有着动物的属性，那么对于动物属性部分倪瓒又将如何处理？

《云林遗事》记载说，倪瓒上厕所与我们平常人不一样，有着十分的讲究。他让人建了一座高的楼，楼内下面铺了一条条木格，木格中间再铺上一根根鹅毛。这样设计作什么用？一旦倪大画家上厕所，排泄出来的污物落了下去，那底下的鹅毛就会马上将其盖住。侍候在他边上的童子立即将沾有污物的鹅毛拿走，这样一来有两大好处：一是倪大画家的屁股不会被污水溅着；二是没什么臭味。看来这位大画家完全可以上瑞典去领取诺贝尔物理奖了！

那么对于个人生理需求怎么解决呢？在倪瓒的眼里，一般的人都是俗不可耐，只有他及周围圈子里的几个，才是"高逸"、"清洁"的。不过在与女人相合的问题他恰恰就没有脱俗。

传说有一次倪瓒看中了一个美艳的歌妓，内心顿时充满了无限的欲火，思量一番，决定将她带回家好好地"欣赏欣赏"，享受享受。但他又怕歌妓不干净，在上床之前就叫她去洗洗。歌妓从头到脚好好地洗了一番，便来到了床头。倪瓒开始在她身上的每个地方每个角落都仔细瞧瞧，寻找有没有不干净的。看了还不算，随即他又用鼻子闻，从头到脚闻个遍，发现有异味，就叫歌妓去洗。这样一遍又一遍，歌妓洗了四五遍，倪瓒还是觉得她不干净，性趣索然，这时"东方既白，不复作巫山之梦"。（【明】顾元庆：《云林遗事》）

其实作为高级动物的凡人，我们不仅有着动物的本能，而且还有喜爱群居或言交往与认同的需求，倪瓒再孤傲说到底也脱不了这个俗。不过他与人交往是有着相当的讲究，且还与他的洁癖密切相联。有个叫赵行恕的宋朝宗室后裔，他常常听人说起倪大画家如何之"高逸"，想前来看看他到底是何等模样。倪瓒听府中下人说，亡国了的汉族皇帝家的族人来访，身为汉民族子民没理由不接待他，于是招呼童子前引客人入内，呈上"清泉白石茶"。

再说这个叫赵行恕的宋朝宗室后裔可能一路赶来太渴了，见了端上来的"清泉白石茶"拿起来便喝。这下可把倪大画家给惹怒了，当场他就开始嘟囔："我以为你是王子公孙，没想到居然是这般模样。好茶是用来品的，哪能像你这样牛喝水，你真是世间一大俗物！"自此以后他再也不与赵行恕来往。

你嫌别人俗,但以往你到了别人那里,人家好吃好喝招待你;现在别人来看望你,也算还礼,你大画家总不能不接待吧?就前面讲过的那个苏州徐姓朋友有一天忽然想起了这个特别逗人的大画家来,专程从光福赶往无锡来看望他。倪瓒命家人安排他住下,徐姓朋友以为自己与倪瓒关系非同一般,当即提出了一个要求:能不能让他进入倪家那座著名的清秘阁里头去看看?倪瓒想想:朋友一场,毕竟自己当年吃喝在人家家里那么长时间,再怎么也不好意思拒绝,于是就同意了。

再说那个徐姓朋友进入清秘阁后,左瞧瞧,右看看,东摸摸,西碰碰,还真不把自己当外人,忽然间他感觉喉咙里有口痰堵得慌,想马上吐掉,但转而又想到:我这个朋友有洁癖,我可不能随便乱吐痰,怎么办?他灵机一动,推开了清秘阁的窗子,往外大声一吐,然后继续欣赏清秘阁内的琴棋书画与诗书典籍。没想到他的朋友倪瓒听到吐痰声立即命人楼上楼下到处在寻找那一口痰究竟吐在何处,找啊找,找了好久,就是没找着。倪瓒火了,但碍于朋友面子没有大声发作,而是自己绕着清秘阁一一仔细地打量着,最终在一颗老桐树根部找到了。他立即叫来下人,让他们扛水来洗涮树根,一遍、两遍、三遍……据说最后倪瓒认为洗得差不多了,叫人停下,可那颗桐树从此也就被洗死了。由此看来,倪瓒的洁癖几乎到了不近人情的地步!(【明】王锜:《寓圃杂记·云林遗事》卷6)

正因为有着这样奇异的性格与怪癖,倪瓒真正能交往得来的朋友相当之少,而元末明初被称为"神仙中人"的著名文化人杨维桢就是少之又少的倪瓒朋友中的一个。他们俩既孤芳自赏又惺惺相惜,杨维桢有诗《访倪元镇不遇》:"霜满船篷月满天,飘零孤苦未成眠。居山久慕陶弘景,蹈海深惭鲁仲连。万里乾坤秋似水,一窗灯火夜如年。白头未遂终焉计,犹欠苏门二顷田。"倪瓒也有诗《寄杨廉夫》:"吴松江水春,汀洲多绿㻛。弹琴吹铁笛,中有古衣巾。我欲载美酒,长歌东问津。渔舟狎鸥鸟,花下访秦人。"杨维桢将倪瓒比作古代高士鲁仲连与陶弘景,倪瓒则通过诗意将杨维桢善吹铁笛过着桃花源人般的生活巧妙地勾勒了出来,表明两者之间心灵互通。但就这样的好友后来也因各自的怪癖而闹翻了。

据说杨维桢十分喜好美色,且这样的喜好呈现出一种变态的情势。有一天,倪、杨两人在朋友家里喝酒,喝着喝着,杨维桢心猿意马,"思维错乱",竟将身边陪酒歌妓的鞋子给脱了下来,放到了酒杯中,然后叫在座的客人相互传着喝酒,还美其名曰"鞋杯"。倪瓒见之顿时大怒,打翻了酒席,嘴里不停地骂道:"太龌龊,太龌龊,真不像话!"然后拂手而去。(【明】顾元庆:《云林遗事》)

尽管上述这些故事不一定真实,但倪瓒的洁癖确实自古以来就有名,这是他的第二大怪异。他的第三大怪异就是拥有独特的智慧,看到常人所看不到的,反映在政治上他一向不媚权贵,我行我素。元顺帝当政之初,"海内无事",人们都沉睡于太平梦乡之中,倪瓒却将自己的亲族都召来,当面将自家的家产尽散给人。当时大家都觉得倪家出了一个不可理喻的大傻子。更让众人没想到的是,这个大傻子搞完了家产后,不待在家里了,却驾着扁舟,戴着蓑笠,往来于太湖区域的震泽、三泖、苏州、无锡等地,与渔樵僧道为伍。而恰恰在这时,元末大动乱爆发,好多豪门富户遭受大难,唯独倪家"不罹患"。(《明史·隐逸·倪瓒传》卷298)

张士诚在苏州建立诚王政权后,为了笼络文人,曾几次三番地派人带上黄金白银上倪瓒那里,想邀请他出来当官,但都被拒绝了。后来倪瓒干脆驾了一叶渔舟,遁迹于江湖之间,弄得人家诚王张士诚最终也就没了耐性再叫他出来当官了。可张士诚弟弟即那个草包丞相张士信却不这么考虑问题,他附庸文雅,想通过弄到大画家倪瓒的大作来装点一下自家的门面,就好比在一些"人民公仆"那般有文化似的——通过收受一些所谓名家佳作的"雅贿"来提高自身文化素养的档次,唯恐让人怀疑他们的高学历文凭也是做了假。而当年那个张士信比起当今某些"为人民服务"的公务员要笨得多,他不懂得将权力用足、用好,而是让人十分客气地将银子送给倪瓒,请他作画。哪料到不知好歹的倪大画家却当着人家张丞相使者的面发起大火来,把画画的绢撕了,将银子也给扔了回去。可人家诚王"御弟"张丞相就是不死心,一门心思要当倪大画家的"超级粉丝",于是权力不用过期作废的信条开始起作用了。

有一天,有人向张士信报告:据探子们说,倪瓒有可能在一条湖里的渔舟上。张士信听完后立即率领兵马前去搜寻,可到了那里,一下子傻眼了,除了茫茫湖水外,还有的就是一望无际的芦苇和篙草,到哪里才能找得到倪大画家?正当大家绝望时,忽然间从前方远处飘来了一股幽香。有人赶紧跟张士信说:"倪瓒很有可能就在前方的芦苇荡里!"张士信不解地问道:"何以见得?"底下人说:"倪瓒这个人不仅仅有洁癖,而且平日里还喜欢在自己身上涂香抹粉。"听到这里,张士信立即来了精神,令人前行搜索,最终在一条渔舟中将倪瓒给搜了出来。这下,张士信既得意又气恼,大声吆喝着:"给我恨恨地打!"话音刚落,一根根军棍重重地落在倪大画家身上。张士信是个无知小人,什么样的事情都可能做得出来,边上的人一看这番情势,赶紧出来劝解道:"丞相爷,其实倪瓒没什么了不得,他就是茅坑里的一块石头,又臭又硬。你打死他了,他也不会喊一声。再说就因为他不肯为丞相您画画,您就将他打死了,天下人听到了,都以为是您丞相的不对。"张士信听后觉得有道理,赶紧喊停。可这时的倪瓒已经被打得奄奄一息,有人看了,心里实在不解,问道:"你被打得这个样子,干吗不喊一声?"倪瓒回答说:"我喊了,岂不也变俗了!"(《明史·

隐逸·倪瓒传》卷298）

后来张士诚政权被朱元璋军给攻灭了，年近古稀、"黄冠野服"的倪瓒虽说是"获得了解放"，但他也由此被编入"氓"（底层人）的行列，享受不了元朝时全真教界人士的特殊待遇。晚年倪大画家的生活很为凄苦，"往游江阴，有习里夏氏馆之，所奉大不如意，因染痾，秽不可近"。即说倪瓒生命走向终点这几年主要是在江阴给夏家当私塾先生，私塾先生的待遇不高，勉强度日。不幸的是，那时他又得了痢疾，最后不治而亡。据说死时一生洁癖又高逸的倪大画家满身都是臭味。

不过也有人说倪瓒不是这样死的，朱元璋在南京开创大明帝国后，为了扩大自身的统治基础，曾派人上无锡去延聘倪瓒来朝为官。但一向视世间万物为俗的大画家哪会接受，加上当时人们暗中传言：朱元璋薄恩寡义，过河拆桥，所以倪瓒当即予以一口拒绝。恼羞成怒的朱元璋本想把倪大画家抓起来砍了，可当听人说及他有洁癖软肋之后就突然改了主意，令人将他给绑起来，投放到厕所里，或言放在粪桶边上，最终倪瓒让粪坑里的臭气给活活熏死了。不过也有人说，这是谣传。倪瓒死时74岁，死后就葬在了江阴。（【明】王锜：《寓圃杂记·云林遗事》卷6；《明史·隐逸·倪瓒传》卷298）

○ 尴尬的元朝遗民② "节妇"可以为"新夫"办些事，但就不能碰我"贞操带"

与上述第一种情形有着较大相似的第二种不与新朝合作的前朝遗民，在他们的眼里，既然身不由己地当上了遗老遗少了，但自己的政治操守可不能放弃。面对极度强势的新王朝，他们感觉到了自身的微弱与渺小，于是就不与其形成正面的冲突，在适当的时候作些妥协。这类人中比较有名的有陶宗仪、杨维桢、陈基、陈遇和杨恒等，最为典型的人物数杨维桢与陈遇。

◎ 杨维桢跟朱元璋说："一个老太婆行将就木，哪有再嫁人的道理啊？"

杨维桢，浙江山阴人，自小好学，父亲筑楼于铁崖山上，在里边收藏了数万卷图书，杨维桢一旦进入就不想再出来，用不了几年，他就成了饱学之士，并自号铁崖。元朝泰定四年，杨维桢参加了科举考试，中了进士，被授官名天台县尹，但实际任职为钱清场盐司令。由于生性耿直，当了10年的小官一直就没能进步些。元顺帝时，宰相脱脱当政，主修辽、金、宋三史，杨维桢自撰《正统辩》千余言，提出了许多有价值的观点，但不被当权者所用。不过总裁官欧阳元功倒是十分欣赏杨维桢的才识，向朝廷推荐了他，可又未获成功。后来杨维桢平调为建德路总管府推官，干了一阵子，被擢为江西儒学提举即主抓江西省教育之官，还没等他上任，就发生了红

巾军大起义。(《明史·文苑一·杨维桢传》卷285)

文化人碰上天下大乱除了无奈,还能做什么? 当时的杨维桢先亡命富春山,可没待多久就转徙到了杭州,那里可是东南一杰张士诚的地盘。张士诚听说杨维桢来到杭州避难的消息后,就派了弟弟张士信前去造访,想叫他出来为官。杨维桢洋洋洒洒写了数千言的《五论》,对张士诚的治政等方面提出了批评。张士诚阅后很不愉快,但也没有过多地为难他。由于后来得罪了当地权贵,杨维桢只得再次迁徙,直接迁往张士诚政权的腹心地带松江即今日上海,从此松江的杨府成了东南名士的聚集地。那时不管有事没事,文化名流们总喜欢在杨维桢处相聚闲聊,天南海北,无话不说。据说杨维桢也好客,对待来客总以酒宴相待,每当喝到差不多时,他会颤颤巍巍地站起来,泼墨挥毫,奋笔横书;或戴上华阳巾,披着羽衣,坐在船屋上,吹起他那支特殊的笛子——铁笛,一曲《梅花弄》不知醉倒了多少人;或叫上僮仆,唱起《白雪》歌,边唱边弹凤琶琴。听到美妙的歌声与琴声,杨府的宾客们往往会情不自禁地蹁跹起舞,真是歌舞人生,梦幻世间,大家都将杨维桢看做神仙中人。(《明史·文苑一·杨维桢传》卷285)

可这一切随着东吴政权的覆灭与洪武开国,冷酷的血腥现实展示在"神仙中人"面前。明朝建立后的第二年,朱元璋要儒臣们制礼作乐,编订礼乐诸书。有人提出非得要请前朝博学之士杨维桢参加进来,洪武帝觉得讲得有理,也耳闻杨维桢大名,于是就命令翰林学士詹同带上钱币,前往松江去礼请。可没想到杨维桢压根儿就没那心思,不过他说得还比较委婉:"你们这样做叫我如何是好? 一个老太婆行将就木,哪有再嫁人的道理啊?"第一次礼请没成功,朱元璋不死心,第二年又派了有关官员前往松江杨府。杨维桢写了一首《老客妇谣》,叫人转呈上去,捎话给朱元璋:"皇帝陛下是想用好小民的知识才能? 但您能不能不要强迫小民做不曾想做的事情呐? 否则的话,小民我只能跳入东海啦!"朱元璋明白杨维桢的话,说开来了就是他不愿意当官,但愿意来南京一起编书,于是就叫人备车上松江去,将杨维桢接来,在明皇宫大殿上召见了他。杨维桢也拎得清,在南京待了大约110天,拼命工作,很快就将礼书一类的大纲编写完成,然后提出归山的请求。看到杨维桢去意坚定,朱元璋权衡再三,最终决定仍用安车送杨维桢回去。巧合的是杨维桢回家没多久便卒,终年75岁。(《明史·文苑一·杨维桢传》卷285)

如果仅从表象来看,朱元璋对待不肯出山为官的杨维桢似乎是网开一面,或者说洪武帝对于不为所用者还是比较尊重的。真是这样吗? 非也,朱元璋不杀杨维桢可能主要出于两个考虑:第一,自己在南京开创大明仅仅两三年,北方蒙古残余势力尚未肃清,"安定团结"为第一要务;第二,杨维桢是个名声地位都要盖过浙东文坛领袖宋濂与刘基等人的一代名流,杀了这样的文化界精神领袖,又是一个即将入土的老头,不划算。元末明初,杨维桢在文化界的地位看来还是很高的,当朱元璋最终同意他回家时,可以堪称大明第一号文臣宋濂居然赠诗欢送他:"不受君王五色诏,白衣宣至白衣还。"宋濂的谨慎在洪武朝时是出了名的,一个在前朝当过一定官职如今却不肯在新朝任职的老者居然让一向谨慎的宋学士动情作诗欢送,由此可见其在当时文人中的地位之高了。更有史料为证,杨维桢的诗歌自成一体,名擅一时,号铁崖体,"与永嘉李孝光、茅山张羽、锡山倪瓒、昆山顾瑛为诗文友,碧桃叟释臻、知归叟释现、清容叟释信为方外友……"(《明史·文苑一·杨维桢传》卷285)。如此看来,杨维桢确实不能轻易杀掉,更何况杨维桢也不是那么生硬死板,他曾给朱皇帝面子,到南京来了,也做了该做的事了,就是最终不愿像老太婆再嫁人——丢丑。无论从情理还是操守角度,都讲得合情合理,所以朱元璋最后也就没有再为难他了。

◎ "官二代"陶宗仪能引领娃娃们诵读《大诰》,但至死不愿入仕

与杨维桢声望十分接近的元末明初还有一位文坛名流,他叫陶宗仪。陶宗仪,浙江黄岩人,出身于世代业儒的家庭,从小好学,诗文书法无所不精,其作《南村辍耕录》为元末明初有名的笔记文集,一直流传至今。陶家上几代似乎都没有做过什么大官,只是到了陶宗仪的父亲陶煜时,才当上了元朝福建、江西行枢密院都事,即相当于省军区秘书长之职。父亲在地方很有地位,"官二代"似乎成了自然而然的事。但陶宗仪却无心于宦海,几次被人推荐出仕,都让他给谢绝了。元末天下大乱,割据江南的张士诚因为仰慕陶宗仪的大名而派人前来延聘,但他就是不肯出山。朱元璋开创大明初年,曾多次下令征召,陶宗仪就以身体不适等为由加以婉拒。洪武末年,可能出于更多的考虑,陶宗仪曾率地方县学学生来南京参加礼部考试,读《大诰》,接受洪武皇帝的赐钞,最后终老于家中。(《明史·文苑一·陶宗仪传》卷285)

陈基,浙江临海人,性格耿直,元末出任经筵检讨,曾为人起草上疏谏章,力陈元顺帝朝政之失,由此而惹祸。为了躲避元顺帝治罪,陈基找了个机会逃回了南方家中。后奉母入吴,参太尉张士诚军事。张士诚称王时,众人纷纷称赞,唯独陈基反对,惹得张士诚火冒三丈,要杀他,因众人劝阻才未酿成悲剧。张士诚政权垮台后,陈基被召入明廷,参与编撰《元史》,书成后要求归老家乡。皇帝朱元璋出奇爽快地答应了,并赐予他好多的钱币,送他回乡。(《明史·文苑一·陈基传》卷285)

◎ 不为人们所熟知的朱元璋随身高参陈遇

陈遇,字中行,金陵人,祖籍为山东曹县,高祖陈义甫在南宋王朝那里当翰林学士,陈家由此迁徙到南京。陈遇天资过人,笃学博览,精通象数之学。元末时他曾出任过温州教授,目睹了政治的黑暗与社会的乱象,没干多久就辞官归隐治学,将学问搞得很不错,在学术界享有很高的地位,人们尊称他为"静诚先生"。

朱元璋派遣大军攻下镇江后,听人说起元江南行台侍御史秦从龙才器老成,很有本领,就把他请了出来,"事无大小悉与之谋。尝以笔书漆简,问答甚密,左右皆不能知"(《明太祖实录》卷18;《明史·秦从龙传》卷135)。秦从龙看到新主子求贤若渴,爱惜人才,就向他推荐了金陵才子陈遇。朱元璋高兴透顶,马上予以召见,"礼之甚,称先生而不名。日侍帷幄,坐久必赐宴,命厩马送归。车驾凡三幸其第。先生竭心摅悃,所献替悉保国安民至计。"(【明】张燧:《千百年眼·陈遇今之子房》卷12)

朱元璋称吴王后,曾想让高参陈遇担任供奉司丞官,哪知人家就是不要。不要,是不是意味着陈高参嫌官小、职位不好?知识分子就那个德性,凡事表达得很含蓄。朱元璋是个细致之人,看在眼里,记在心里。一转眼就到了大明开国,朱重八彻彻底底地改行并"升级换代",当起了皇帝,他想起了为自己出谋划策但什么都不要的陈高参,于是让人将他给找来,当庭任命他为翰林学士。翰林学士虽说只有正五品,与知府官品秩相等,但它是皇帝身边近侍文官,又位居翰林院诸学士官之首,拥有无限的荣耀与发展前途,一般人想要都要不着!可谁知皇帝金口刚开,陈高参又说不要。朱元璋心想:人们常说高人就是高人,哪像普通人那样浅薄,一任命就答应了。于是他二次、三次地找陈遇谈这事,想让他出任翰林学士官。可陈遇说啥也不干,弄得人家朱皇帝不知如何是好,最后想到了一招,专门赐一顶轿子给陈遇,让他乘坐,并配给10个卫士随其出入,以示荣宠。(《明史·陈遇传》卷135)

洪武三年,陈遇受命前往浙江廉察民隐,因回朝奏报称旨而受赏,但当要被授予中书左丞(可能相当于副丞相或丞相助理)之官时,他说什么也不干。洪武四年,朱元璋决定发动对西南地区的统一战争,为了能在舆论宣传上赢得更多的优势,他令人将陈遇召到华盖殿,当即表明了自己的想法。只见陈遇操笔成章,立就《平西诏》,这下可把朱皇帝高兴得嘴像敲开的木鱼似的,随后他就任命陈遇为礼部侍郎兼弘文馆大学士。可出人意料的是,这么高的官衔都未能打动陈遇,弄得人家朱皇帝最后只好作罢。后来西域进贡了一批良马,陈遇援引汉代之先例向上进谏。洪武帝知道后大为感动,认为陈遇进谏得好,理应以高官作为赏赐,于是当场就任命他为太常少卿,可陈遇还是不干。朱皇帝只好再做他的思想工作,但劝了不知多少次就是不起作用,最后实在没辙了,他忽然又想到:会不会陈遇还嫌官小? 于是下令让他担任礼部尚书。礼部尚书为正二品,正二品是当时文臣当中的最高品秩了。可陈遇听后还是不接受,弄得朱皇帝几乎手足无措,沉默了好久好久,终于不了了之。但就内心而言,朱皇帝就是不相信,天下竟会有人不愿意当大官? 不愿意家族荣华富贵?

有一天,利用处理公务之暇朱元璋跟陈遇聊天,从国事聊到了家事,随后他颇为关心地问道:"陈先生一直不愿为官,我能体谅先生的苦衷! 这样吧,我就给先生的三个公子任命一些官职?"哪知皇帝话音刚落,陈遇立马叩首力辞:"犬子们尚小,三个皆未成年,还在进学呐,至于他们当官的事情,等以后再说吧!"朱元璋听后无语良久,自此以后,他再也没有让陈遇及其儿子出来为官的想法了。(《明史·陈遇传》卷135)

而陈遇呢,虽然自己不当大明朝的官,但你朱皇帝有什么事要办的,有什么疑难问题要问的,他总是竭尽全力予以做好和解答好。朱元璋定鼎之初曾问:"保国安民至善之计为何?"陈遇回答:"以不嗜杀人,薄敛,任贤,复先王礼乐为首务。"

不仅不求回报,尽心尽力,献计献策,而且陈遇还时刻关心大明朝的事。每当朝中大臣因有一些小过失而遭受苛全责备的朱元璋重罚时,陈遇总会出来劝解、解释,竭力予以保全。他的"计画多秘不传,而宠礼之隆,勋戚大臣无与比者"。也正因为如此,尽管他一直不肯当大明朝的官,但朱元璋却并不为难他,最终还是让他成为了高逸之士。洪武十七年,陈遇病逝,葬于南京钟山。(《明史·陈遇传》卷135)

对此,明人将他比作汉代的著名谋臣高逸之士张良:"陶弘景称张良古贤无比,盖自况也。然梁武功业,视汉高何如,而以子房自待耶? 李韩公(即李善长)、刘诚意(刘基),勋庸茂矣,而不免于祸。独先生言行本朝,而爵不得加其身,功济苍生,而史不得泄其谋,岂直一时之冯翼哉,谓今之子房可也。"(【明】张燧:《千百年眼·陈遇今之子房》卷12)

◎ 元末明初浙江诸暨出了个陶渊明式的隐逸高士杨恒

差不多与陈遇同时,浙江诸暨也出了个隐逸高士,他叫杨恒。杨恒小时候就很聪明,但家里太穷了,没法供应他读书。刚好外族有个姓方的义士在当地办起了义塾,招徕四方学士住馆传经讲学,杨恒这才有机会接受正统的教育,并很快地掌握了儒学精神要旨。他写起诗文来刚劲凝练,行为举止很有分寸,在当地享有很高的声望。

诸暨距离浦江不远,浦江有个九世同堂的大家族——郑氏家族,郑氏十分注重传统教育，听说了严格恪守儒家道德说教的杨恒之美名后，派人上诸暨，延聘他为师。杨恒就此在浦江郑氏家族教了10余年的私塾。后来他退居附近的白鹿山，戴着棕冠，披着羊裘，带上儒家经籍，耕读于烟雨笼罩的山野之间。累了，他拿起随身携带的箫或笛子吹一阵，自娱自乐，过着"采菊东篱下，悠悠见南山"的快活日子，由此，他自号"白鹿生"。（《明史·隐逸·杨恒传》卷298）

元末天下大乱时，"白鹿生"杨恒不为时势所扰，继续过着他日出而作日落而息的生活，也正因为如此，他的"白鹿生"高士名声越来越大。朱元璋军攻下浙东后，栾凤被任命为当地的知州。那时的浙东饱受战火蹂躏，百废待举。朱元璋尽管自身没什么文化，但他对学校教育还是相当重视，临离开浙东时，嘱咐手下人一定要抓好浙东地区的学校教育。栾凤是当地的知州，自然不敢不按照自己上司的要求去做。当听人说起当地有个品行高尚、学问精深的"白鹿生"时，他马上派人上门礼聘杨恒为州学老师。可没想到的是，杨恒说啥也不干。栾凤不能将他硬逼来，只好叫州学里的学生上白鹿山去，向他当面请教。有时州里有什么政务事情拿不准主意的，栾凤也让人带上书信，向"白鹿生"咨询。就这样，过了几年，"白鹿生"的名声越来越大，但他就是不肯出山。

后来有个叫唐铎的官员出任绍兴知府，绍兴在诸暨的北面，唐知府上任后为了提高自己的政治知名度与向心力，想延聘杨恒出来当他绍兴知府的佐官。可当他刚刚开口提及此事时，就让杨恒给婉言谢绝了。大明开国之际，国子监发展速度很快，监学里的老师有着相当的空缺，当时翰林学士宋濂就想起了自己的浙江老乡"白鹿生"杨恒，正打算向皇帝朱元璋作推荐，忽然听人说及这个"白鹿生"是个避世的高士，说什么也不会出来当官的，于是只好作罢。

但"白鹿生"杨恒并不是不食人间烟火的"怪物"，对于同道的，他言无不尽，且往往"出肺肝相示"；而对于干犯纲常名教义理的，他会严厉斥责和大加挞伐。虽然自己家里很穷，但一旦遇到别人有困难，他会毫不犹豫地将自己仅有的资财拿出来救济别人，"乡人奉为楷法焉"。（《明史·隐逸·杨恒传》卷298）

○ **尴尬的元朝遗民③** "剩女"情结：好不容易找到个"好老公"，没想到……

同上述两种情形相反的第三种前朝遗民，他们对新王朝表现出相当程度的合作，绝大部分人还在那里担任一定的官职，比较有名的有苏州十才子：高启、王行、徐贲、高逊志、唐肃、宋克、余尧臣、张羽、吕敏、陈则和浙东"四先生"：宋濂、刘基、章溢、叶琛以及胡翰、苏伯衡、危素、张以宁、徐一夔、袁凯、孙蕡、王蒙、张昶，等等。

◎ 元末明初知识分子：本以为咸鱼翻身了，结果把自己的小命给弄丢了

　　元亡明兴，久受异族统治和极度受压制的文人士大夫们顿时有了一种咸鱼翻身的幻觉，当朱元璋"诚邀"大家前来"参政议政"时，绝大多数的文人士大夫们都没能抵挡住日夜憧憬的美好未来之诱惑，纷纷加入到了大明帝国的"公务员"或"准公务员"行列中去。相比于一些年老的官宦士人，中青代文人则更多地表现出建设新帝国的热情。可他们的最终结局却几乎都不佳。

　　高启，字季迪，因曾避难隐居于吴淞青丘，故又号青丘子，苏州长洲人，"博学工诗"，其诗清新超拔，雄健豪迈，尤擅长七言歌行，清人在《四库全书总目提要》中赞誉他："拟汉魏似汉魏，拟六朝似六朝，拟唐似唐，拟宋似宋，凡古人所长，无不兼之。""明初，吴下多诗人，（高）启与杨基、张羽、徐贲称四杰，以配唐王、杨、卢、骆云"。（《明史·文苑一·高启传》卷285）

　　高启年少时常住在外公家，其地在吴淞江边的青丘。那里是元末张士诚割据势力的范围，高启可能不大看得起张士诚，所以也就没有入仕东吴政权。洪武二年二月，他和谢徽、胡瀚、宋禧、陈基、赵埙、曾鲁、赵汸、张文海、徐尊生、黄篪、傅恕、王锜、傅著等山林遗逸之士被人举荐，出任大明翰林院国史编修官，在南京天界寺编撰《元史》(《明太祖实录》卷39)。书成后他被调任为教官，专门教授诸王。洪武三年秋，朱元璋忽然想起人们经常提到的苏州"十才子"之首：高启与谢徽，随即令人将他俩召到明皇宫的阙楼上，当面问了几个问题，觉得挺合胃口的，于是马上就口头任命高启为大明户部右侍郎，谢徽为吏部郎中。没想到皇帝刚说完，高启"噗通"一声跪倒在地力辞，理由是自己是个普通文人，除了写诗、教书，其他什么本领都没有，对于出任户部副职领导所应有的财政经济知识一窍不通，加上年轻没什么经验，所以不敢接受皇帝委之大任！谢徽也随着说了相似的话。皇帝朱元璋听后觉得这两个小年轻讲得蛮有道理的，也就不再勉为其难了。最后他问："你们俩接下来有什么打算？"高、谢两人齐声回答："想回苏州去！"洪武帝当时心情好，立即同意将其放回，且还送了一些银子给他们。（《明史·文苑一·高启传》卷285）

◎ 苏州"十才子"之首高启写诗却被人告发为影射洪武皇帝嫖娼，惨遭腰斩八段

　　高启回乡后仍住青丘故居，以教书为生，过了一段清平又安逸的生活。后来苏州换知府了，来了个著名的循吏魏观。魏观上任后力改前任知府陈宁的严刑酷法，以明教化、正风俗为根本，兴办学校，延聘周南老、王行、徐用诚，整顿礼仪，注重德

化礼教,在老百姓中推行乡饮酒礼。据说没多久苏州便政化大行。高启与魏观老早就相识相交,现在居然老朋友来苏州当知府,岂不是上苍赐予他俩更多的你来我往之机会!而就在这过程中,从南京传来了小道消息:堂堂大明天子在后宫拥有数百号的绝色佳人尚不解渴,竟然还偷偷地跑到南京的花街柳巷,寻找妓女作乐。大诗人高启百思不得其解,在《题宫女图》时赋诗一首:"小犬隔花空吠影,夜深宫禁有谁来?"没想到这种诗人随性而作的诗文却长了翅膀似地飞到了老朱皇帝的耳朵里。老朱皇帝虽说没什么文化,但高大诗人这诗的意境所要讽刺的不正是自己不可告人的隐私癖好吗?该死的,立即将他逮来,剁了?不,要是这样的话,岂不将本皇帝不雅的一面告诉了世人!领袖就是领袖,他能忍,心底暗忖:小样的,我就不信找不到治你的机会!

洪武六年,高启好友苏州知府魏观发现府治所在地地势低洼,动不动就一片汪洋。为了根治这个顽疾,最终他决定将府治衙门搬到张士诚时代的旧宫那儿。房子快造好时,作为好友的高启前去祝贺,撰写《郡治上梁文》,其中有句"龙盘虎踞"。朱元璋认为高启居心叵测,随即将其逮到南京腰斩,截为八段,时年三十有九。好友魏观也被御史张度污为"兴灭王之基,开败国之河"而遭斫杀。(【明】祝允明:《九朝野记》卷1;《明史·魏观传》卷140;《明史·文苑一·高启传》卷285)

坐知府魏观事,与高启一起被杀的还有个叫王彝,他可也是个名士。王彝,字常宗,王家祖籍四川,因王父在元朝时出任昆山县学教授而迁徙到了嘉定,成了半个上海人。其实王彝出身并不好,父亲当个教官没挣到什么钱就撒手尘寰了,留下个无依无靠的小王彝,幸好有个机会让他在浙江天台山读了书,"师事王贞文,得兰溪金履祥之传,学有端绪"。当时浙东学派很有声势,王彝又得了兰溪金履祥的真传,所以在他的眼里世上没几个人是真正有学问的,就连元末明初东南文坛"领袖"杨维桢也受到了他的诟病与诋毁。年少气盛,加上满腔的有为之志,王彝在当时被人视为了"文妖"。不过这个"文妖"还没有真正成妖,他在等待着有为呐。(《明史·文苑一·王彝传》卷285)

盼星星盼月亮似地终于盼到"新帝国"开创,王彝受命编修《元史》,也就是过一过太史令官瘾。可就这短短的太史令官宦生活让王彝看到了以往所没有的,理想与现实形成了极度的反差,当编撰完《元史》后,王彝回到嘉定家中休养了一段时间。不久,大明朝廷又来人了,让他出任翰林院官,可王彝说什么也不乐意。不过台面上的说辞可不这样,他以老母年老无人赡养为名,请求归乡。朱元璋没有阻拦,一下子就同意了。洪武六年苏州知府魏观案发,一直与魏观、高启频繁往来的王彝当然也就在劫难逃了。(《明史·文苑一·王彝传》卷285)

◎ 王行，因在"蓝党首逆"家教书而被打成蓝党分子，最终被处死

高启年轻时居住在苏州城北（长洲县内），而与长洲县隔壁的吴县有个叫王行的人学问可了不得，但他还仰慕高启之才学，干脆就搬到高家的隔壁住下了。当时还有徐贲、高逊志、唐肃、宋克、余尧臣、张羽、吕敏、陈则等都相继来到苏州城北，他们一起谈诗论道，舞文弄墨，人称其为"北郭十友"，又称"十才子"。在这十才子中王行与高启算得上是"领头雁"了。

其实比起出身来，王行可能要比高启差。王家似乎没什么田地，主要经济收入就是靠王行父亲做些药材买卖。那时候的医药商哪有现在的那么神气，不说当今西药商动辄千万上亿包个飞机，弄几个前凸后翘的性感洋妞满世界乱跑，性福一下"公仆们"和"柳叶刀"，轻轻松松地搞得金盆银满；就说现在的中药药材商也是令人刮目相看，原本几毛钱的草药到了他们手里一倒腾，贴上一些露得不能再露的美女像，顿时就能挣上成千上万的利润。可当年的小王行父亲王中药商才惨呐，到处兜售他的宝贝药材，可就是没几个人要。

不过苏州城里倒是有个姓徐的人家对王家药材很感兴趣，隔一段时间就要进一批货。王父去多了，儿子王行尽管小小年纪还得帮着父亲去打理，自然也就成了徐大财主家的常客。徐大财主家的女主人徐老妇人可能岁数大了，一天到晚就好听讲各色各样的稗官野史与小说。小王行每次去徐家，总能听到一些好听的故事，随即他就将它们记下来，一下子记了好几个本子。每当徐老妇人要想回听一下以往的稗官野史，小王行立即取出本子，念给她听。这下可把徐老妇人给乐坏了，她不停地在老公面前夸赞小王行如何聪明、如何了不得。徐老爷子听后也觉得这个叫王行的小子真不赖，就是家里穷了一点，不过穷一点没关系，我们徐家有钱，就让他在徐府先念念《论语》。好家伙，眼前这位小伙子还真是个人才，他头天学的到了第二天就能背了。徐老爷子十分惊诧地打量着王行，而后十分慷慨地许诺，徐家的所有书籍都对他开放，王行想读什么就自己拿，"遂淹贯经史百家言"。（《明史·文苑一·王行传》卷285）

利用徐家丰富的藏书，没过几年，王行就通读了诸子百家，随即告别了徐家，开始独立生活。尽管当时还没有成年，但他很有志气，在苏州城北的齐门开馆授徒。由此，王行好学、博学及励志之美名也随之在苏州城内外传开了，许多名士富户听说后纷纷前来齐门，与王行结交成好友。江南首富沈万三耳闻王行美名后，专门派人到齐门，将他延聘到沈家去当私塾老师，除了支付正常的报酬外，沈万三还向王行许诺：你每写一文，我就付给你20两白银。这在绝对贫困的当年完全可以称得

上是"天价论文报酬"了。哪知王行听后十分气愤地说道:"假如富有能永久保留的话,那么以前富人肚脐眼上被点天灯的惨祸就不会发生了。"说完,他就气呼呼地走了。(《明史·文苑一·王行传》卷285)

转眼就到了大明开国,朱元璋大办官学教育。有人推荐了王行,让他出任官学里的教官。可教书教了没多久,王行就不干了,一个人隐居到苏州郊区的石湖,想当个隐士。而要当隐士首先得六根清净,可王行偏偏又不是这样的人。那时他有两个儿子在南京服役,舐犊之情迫使他放弃了隐居生活,风尘仆仆地赶往京城,想看看两个宝贝儿子到底累成什么样子了。而洪武时期法纪严酷,不是你想见谁就能马上见到的。王行家本身条件就不好,出门带的盘缠又不多,在京城没住上几天就发现兜里没钱了。文人挣钱最好的手段不是舞文弄墨就是教书授徒,王行不知通过哪个通途来到了凉国公蓝玉家教书,且一教教了好长一段时间。

再说凉国公蓝玉尽管是个武夫,但他对美名远扬的王行能在自己府上授徒还是感到十分得意的,于是就几次利用自己与皇帝近距离接触的机会推荐了王行。朱元璋听后也予以了召见,但不知为什么就是没有好好地将他用起来。洪武二十六年二月,蓝玉"谋反"案突发,王行父子连坐,随即被处死。不过有人认为王行之死有着更深层次的原因:"始吴中用兵(指朱元璋攻灭张士诚),所在多列炮石自固,(王)行私语所知曰:'兵法柔能制刚,若植大竹于地,系布其端,炮石至,布随之低昂,则人不能害,而炮石无所用矣。'后常遇春取平江,果如其法。行亦自负知兵,以及于祸云。"(《明史·文苑一·王行传》卷285)

◎ 徐贲,一个旧时代的读书人当到省长,因不及时犒劳大明军被朱元璋下狱瘐死

除了王行、高启外,一同被称为苏州城北"十才子"之一的徐贲也是元末明初人们啧啧称美的文化名人。徐贲,字幼文,其先蜀人,徙常州,再徙平江即苏州。相比于其他人,徐贲可算是个"全才",他琴棋书画诗文无所不通,而尤"工诗,善画山水"。正因为如此,徐贲在苏州的名声特别大。张士诚在苏南建立政权后,就派人邀请他到诚王府出任僚属。深受儒家积极有为思想熏陶的徐贲没推辞就上任了,可到任没多久他却发现:这哪是治国平天下的"用武之地"!于是辞官离去。朱元璋军攻下苏州后,徐贲因历史问题"谪徙临濠",在那里度过了六七年的劳动改造生活。(《明史·文苑一·徐贲传》卷285)

洪武七年他被人推荐到南京,接受"伟大领袖"的亲切接见。两年后接受皇命,出使外省,廉访山西、河北等地。回来后有人偷偷地检查了他的行李,发现除了他

在路上写的几首诗以外,什么都没有。听说"钦差"徐贲这般廉洁,甘守清苦,皇帝朱元璋顿时龙颜大悦,立即授予他给事中的官职,但随后又觉得似乎授得太低了,改其为监察御史,巡按广东。没不久朱皇帝又听人说起,徐贲将广东的监察工作搞得有声有色,心里暗暗高兴,看来自己没用错人,且这样的人才应该用到我朝廷上,于是他金口一开,徐贲被调回南京,出任大明刑部主事(可能相当于司法部司局级官员)。后来因广西省衙缺官,朱元璋想了半天,最终觉得还是徐贲前去任职比较合适,因为他在广东干过,广东与广西连在一起。想到这里,洪武帝下令,擢升刑部主事徐贲为广西参议(可能相当于省长助理吧)。后徐贲又"以政绩卓异,擢河南左布政使"。(《明太祖实录》卷108)

一个旧时代的读书人在新朝居然能当上省部级正职高官,徐贲心里不知有多甜美!正当他想更积极要求进步时,一场灾难却正悄悄地降临他头上。洪武十二年正月,有人上报朝廷,西番发生叛乱。朱元璋当即任命曹国公李文忠、西平侯沐英等率领大军增援岷州、洮州等西北大明守军。大军从南京出发后一路北上,路过河南时,省长大人徐贲正在忙事,没能及时前去犒劳,被"下狱瘐死"。(《明史·文苑一·徐贲传》卷285)

◎ 浙东才子"会稽二肃"(唐肃与谢肃)虽都曾出任过大明官僚,却最终都没得好死,为何?

与徐贲瘐死差不多同时,苏州"十才子"中有着与徐贲相似的多才多艺的唐肃也在淮北凤阳的劳改农场被折磨而死。

唐肃,字处敬,越州山阴人,精通经史,兼习阴阳、医卜、书数,换成现代人的说法,就是上懂天文下知地理。年少时的唐肃在家乡是出了名的才子,与上虞谢肃齐名,人称"会稽二肃"。元顺帝至正壬寅年,唐肃参加了元朝难得举行的科举考试,并中了举人。作为正统儒家知识分子,中举入仕乃为正途,可哪知元朝这个不正统的朝代却是那么的不正经。唐肃考中了举人,左等右等就是等不到一个入仕的机会。

一转眼几年过去了,唐肃的岁数也变大了,怎么办?刚好苏北有个豪杰叫张士诚的,率领了一帮子弟兄打到了江南来,在苏州建立诚王政权。新政权初立,正需要用人,唐肃被任命为杭州黄冈书院山长,后升迁为嘉兴路儒学学正,可能相当于嘉兴路儒学校长。(《明史·文苑一·唐肃传》卷285)

在教官职位上干了近十年,张士诚政权垮台了,唐肃作为"伪政权"的官员被俘押往南京,等候新帝国政府的发落。就在这时,会稽老家传来消息,父亲死了,唐肃赶紧上请,在征得同意后回家守制。一晃三年过去,大明帝国正风风火火地开展着各项建设,在家守制结束后的唐肃被人推荐给朝廷,参编礼乐之书,因工作出色被擢升为应奉翰林文字,与魏观同事。洪武三年大明首开科举,唐肃被任命为分考官,可不知什么原因后来他被免官放回了老家。三年后的洪武六年,"谪佃濠梁",并最终卒于那流放地。(《明太祖实录》卷54)

与唐肃齐名的谢肃,虽然在洪武年间做官做到了福建佥事,却不免"坐事死"。(《明史·文苑一·唐肃传》卷285)

◎ 明明帮朱皇帝撰写了老丈人碑文,却被人告发为居心不轨,书画家张羽崩溃了

在苏州"十才子"中,有一个人的命运与唐肃有着极度的相似,他叫张羽,字来仪,更字附凤,原籍江西浔阳。元末时因父亲在元江浙行省任职,小年轻张羽从九江老家出来探亲,不想战火纷飞,让他前进不得,后退无门,只好在苏州城北投靠好友徐贲,暂时落个脚,两人相约在浙江湖州定居。就在这时,张羽受人推荐,当上了安定书院山长。可没干多久他就迁回苏州去居住。张士诚政权倒台后,张羽与唐肃等"旧文人"同样面临新帝国重新发落的命运。洪武四年四月庚子日,朱元璋在南京明皇宫召见陕西儒士赵晋和流寓苏州的儒士张羽,因赵晋"入见所言深合上(指朱元璋)意,诏赐袭衣,授秦府说书(官)",而张羽却因"应对不称旨,遣还。"(《明太祖实录》卷64)

洪武十三年,大明发生了特大案件——胡惟庸谋反案,所涉官员甚多,朝廷内外官职空缺了一大批。这时四辅官王本等人向朱皇帝推荐了张羽,说他文章精洁有法,尤长于诗,且能书画,而其书法学的又是宋代大书法家米芾米颠(癫)子的,这岂不是书法中的极品!(《明太祖实录》卷134)朱元璋听说后很高兴,叫人先将张羽写的文章拿来看看,发现果然不错,于是任命他为太常司丞。太常寺官员主要负责皇家祭祀一类工作,张羽被委以太常司丞,朱元璋是想叫他妙笔生花,写好老丈人郭子兴的碑文,可张羽不晓得郭子兴有哪些"光辉业绩"呀,不用急,人家洪武皇帝给你一一道来。朱皇帝说完,张羽也记得差不多了,接下来就是再润色,并制成滁阳王庙碑。

这事很快就过去了,可没多久有人出来检举揭发,说隐藏在"革命队伍"里的旧文人官僚张羽居心不轨。朱皇帝听后仔细查了,发现举报"属实",于是"坐事窜岭南",即因事牵连发配到岭南(充军)。皇恩浩荡,一心想积极有为报效国家的张羽听到这样的结果,再看看昔日的文友下场,自己反倒十分踏实地上路了。可哪知道

走出南京城没多久,就听人说皇帝有最新指示,让他马上返回。发配有罪之人途中突然被召回,明初右宰相汪广洋不就是这样在途中被赐死的么,还有更厉害的是追查他过去的一切。想到这里,张羽把心一横,投入边上的龙江之中……(《明史·文苑一·张羽传》卷285)

◎ 苏州"四杰"之一的杨基因"个人历史"问题沉浮不定,最终还是为之送命

就在张羽投江之前,与其及高启和徐贲并称为吴中"四杰"的杨基也在罪犯改造地劳作而卒了。杨基,字孟载,其先祖居四川嘉州,大约是他爷爷这辈人因为在苏州等地当官而全家迁徙至吴中,因此说到杨基出生时,杨家人已算得上是苏州人了。江南自古多出文化俊才,杨基可能受到苏州当地的环境影响,加上自身之天赋,从小起他就表露出极佳的文才,"九岁背诵《六经》,及长著书十万余言,名曰《论鉴》"。

元末大起义爆发后,杨基家躲避到吴中赤山。张士诚攻占苏州后,听人说起杨基的文才美名,派人将他给找了出来,任命他为丞相府记室,即相当于丞相府秘书。诚王政权的丞相是谁?就是那个只配到大街上当个流氓混混的张士信。从小就饱读儒家诗书的杨基哪能受得了这样的"人渣"来当自己的领导,干了没几天就向上递交了辞职报告,然后扬长而去。(《明史·文苑一·杨基传》卷285,列传173)

自丞相府辞职后,杨基怀着满腔的热情想积极"有为"于世,可茫茫世界到哪里才能"有为"?忽然间他想起了这么个人来,他就是饶介,元末著名文人、书法家。此人在元末明初也颇为尴尬,先是由元廷翰林应奉出佥江浙廉访司事,累升至淮南行省参政。张士诚建立政权后,总想罗列些名士在自己的麾下,像饶介这样的名人,他当然不会轻易放过。可派出去的人回来说,不谈饶介愿不愿意出来当官,压根儿他就不让我们进他的家门。张士诚的脾气可比朱元璋好多了,自己没文化总不能自身政权里就没个把文化名人呀,想到这里,他动身前往饶府亲自去请。饶介没料到张士诚来这一手,就冲着诚王的情面出山了,担任张氏政权淮南行省参知政事,该官职比元朝给他的淮南行省参政高一级。

对于这一切,在那瞬息万变的年代里,刚从苏州城里出来的杨基可并不清楚,他只想投奔个有着志趣相合的人。再说饶介,看到人称苏州"四杰"的杨基来投靠自己,当然开心透顶了,两个人一老一少,一唱一和,吟诗作画,只恨日子过得太快了。(《明史·文苑一·杨基传》卷285,列传173)

一眨眼工夫,朱元璋军攻灭了张士诚,作为张士诚政权的主要官僚饶介被押往

南京处决。而依附于饶介的杨基也在劫难逃,"安置临濠,旋徙河南",即在凤阳与洛阳两地劳改了3年,直到洪武二年才被放回。

没多久,朱元璋听人说起,杨基很有才,觉得废弃他不用,实在有点可惜,于是就起用他为荥阳知县。可干了没多久,杨基因事"谪居钟离",即再上凤阳进行劳改。或许杨基有着相当的活动能力,或许明初缺官太厉害了,就在凤阳劳改时,有人向皇帝朱元璋推荐杨基,让他出任江西行省幕官,谁知没干多长时间,因为行省官有罪,杨基再次遭到落职。

就在对于早年"积极有为"理想产生绝望之际,洪武六年又有人出来推荐了杨基,叫他奉使湖广。杨基逮住难得的机会踏实工作,终于赢得了上层的肯定,朱元璋将他召回南京,让他担任兵部员外郎,半年后又擢升他为山西按察司副使(《明太祖实录》卷89),旋又升他为按察使,相当于山西省最高检察院的检察长。一个原本还在劳改的读书人没几年的工夫就当上了省部级高官,杨基的心里荡漾起美好的遐想。哪知就在这个关键时刻,有人出来检举揭发他"不堪回首"的人生历史,终"被谗夺官,谪输作,竟卒于工所",即说杨基最后死在了劳改所。(《明史·文苑一·杨基传》卷285,列传173)

由上不难看出,杨基、张羽,还有前面讲过的高启、王行、王彝、徐贲、唐肃,这六七个江南才子几乎人人都憋足了劲,想在新朝中大显身手,不曾想到最终却没有一个得以善终的。综观元末明初的苏州"十才子"或言苏州文人圈,除了宋克、吕敏、陈则和余尧臣等少数几人外,大多数与元朝或张士诚政权或多或少都有些关系的苏州文化名人都没有什么好结局。有人说:这有什么奇怪的,想当年朱元璋征讨诸路豪杰时,就数割据苏州的张士诚最有骨气,最够爷儿们,坚守了一年之多,即使城陷了还不肯投降,宁死不屈。你说朱元璋能不恨苏州人或与苏州有关的人吗?当然包括文人在内喽。

其实这样的看法或许太过于偏窄了,就在明初苏州"十才子"或言苏州文人圈里文化名人大受煎熬和备尝苦难之际,江南其他地方甚至全国范围内的知识界名流也在炼狱中挣扎,其最终结局也不见得好到哪里去。

◎ 皖南才子郭奎也因辅佐朱文正不力而遭受诛杀

郭奎,字子章,巢县人,曾跟随元朝有名的学问家余阙学习儒学,专治经学,大受老师称赞。俗话说:名师出高徒,年纪轻轻,郭奎在江南地区尤其是皖南一带就很出名。朱元璋建立吴王政权后,深受儒家积极有为思想浸染的郭奎前来南京,投奔了朱元璋。朱元璋让他担任吴王府的幕僚,即视之为心腹机要人员。后来大都督府建立了,朱元璋为了牢牢掌握军中大权,不仅让自己的侄儿朱文正担任大都督府的大都督,还让郭奎前往南昌去,帮助朱文正处理军中事务。由此可见,才子郭奎在那时还是相当吃得开的。可谁知后来朱文正出事了,背着叔叔瞎玩女人不说,还在背地里大发怨言,并有"不轨"之举。叔叔朱元璋终于忍不住了,收拾了小杆子朱文正。与此同时,皖南才子郭奎也因辅佐不力而遭受诛杀。(《明史·文苑一·郭奎传》卷285)

◎ 江阴才俊张宣因"坐事谪徙濠梁",死于途中

张宣,字藻重,江阴人,自小起就饱读儒家诗书,一心憧憬实现齐家治国平天下之宏愿。洪武初年,科举尚未正常化,张宣"以考礼征",开始入仕朱元璋政权,曾参与《元史》的编撰。在耄耋硕儒云集的元史馆里,当时还不到30岁的张宣格外扎眼,一个小年轻能参加传世之作的编撰工作,可见他的学问不浅啊!

皇帝朱元璋发现后将他叫到明皇宫大殿上,当庭询问了一些问题,没想到张宣都不假思索地一一回答上来了。朱皇帝顿时大喜,当场即授予他翰林编修。翰林编修这个官职尽管级别不算高,但它的位置很重要,经常能与帝国"伟大领袖"保持着"零距离"的接触。由此可见当时的朱元璋是何等喜欢文臣小年轻张宣啊,每回见了不喊他的名字,就叫"小秀才",还经常嘘寒问暖地过问他的个人之事。当获悉张宣年已30岁却尚未成婚的信息后,朱皇帝立即下诏,让他去找个姑娘,迎娶成亲。这样的恩遇在明初文人中是很少见的。

就这么一个在朱皇帝心目中占了极大比重的年轻俊才却在明廷供职了三四年后,最终将小命也搭上了。洪武六年,张宣因"坐事谪徙濠梁",就在谪徙途中,他突然死了。(《明史·文苑一·张宣传》卷285)

◎ 宁波年轻才俊傅恕当官后因同僚工作出事而"坐累死"

傅恕,字如心,鄞人。自小好学,精通经史,与同郡乌斯道、郑真等少年英才齐名。同明初其他才子相比,傅恕的入仕机遇要差些,或者说在宋濂、刘基、胡瀚、苏伯衡等浙东名儒大家辈出的背景下,小年轻才俊傅恕相对显得黯然失色或言无足轻重了。不过从小就被灌输了儒家的积极有为思想还是让傅恕最终在洪武二年走出了自己的家乡,上南京去,"诣阙陈治道十二策",即向明皇宫里的朱皇帝提出了十二策,其纲目为"正朝廷、重守令、驭外蕃、增禄秩、均民田、更法役、黜异端、易服制、兴学校、慎选举、罢榷盐、停榷茶"。(《明史·文苑一·傅恕传》卷285)

朱元璋反复阅读,觉得傅恕讲得很有道理,当场就接受了,随即让傅恕参与《元

史》的编撰工作。《元史》成书后,朱皇帝没忘记才子傅恕,让他出任博野知县。在博野知县任上,年轻文才傅恕正打算好好地干一场,哪知工作中有人出了点纰漏,将他也给牵连了进去,"后坐累死"。(《明史·文苑一·傅恕传》卷285)

◎ 浦江英才张孟兼因纠察省长大人违规而遭来杀身大祸

张孟兼,浦江人,名丁,以字行。洪武初他受人举荐,参与《元史》编撰工作。书成后,被授予国子监学录,历任礼部主事、太常司丞。与上述的傅恕相比,张孟兼的机遇可要好多了,"大神人"刘基就对他很欣赏,曾向明太祖做了推荐:"要说当今天下文章,宋濂居第一,臣基居第二,我们的老乡张孟兼可算得上是第三了。"朱元璋听后微笑着,并点了点头。

这事不知怎么后来传到了张孟兼的耳朵里。张孟兼自小就聪明,聪明有才的人往往都很傲气,一般不把别人放在眼里。你不把别人放在眼里,别人可在意了。不久,张孟兼"坐累谪输作",大致是说他被别人连累了去劳改。劳改结束后他官复原职,这是洪武帝的一片厚恩,作为臣子张孟兼应该要上明皇宫大殿去谢恩。就在谢恩时,老乡大学士宋濂也在皇宫大殿上,朱元璋看到张孟兼走过来,便问宋濂:"他是你们的门人弟子?"宋濂说:"不是的,是我们的同乡人。陛下可记得,刘基刘先生曾在陛下面前说起过他,他很有才气啊!"听到这番话后,朱元璋仔仔细细地打量着已经来到眼前的张孟兼,随即这样说道:"张孟兼,从骨相来看,你还是很浅薄的。当官,应该慢慢来,甚至要从基层磨炼起才行。"这事过后没多久,朱元璋就把张孟兼调任为山西佥事,即相当于山西省检察院分院负责人。(《明史·文苑一·张孟兼传》卷285)

再说张孟兼上任山西后刚正廉洁,不阿权贵,疾恶如仇,一旦感觉某人耍奸使滑,他就立即予以纠察与揭发,并令其交代出何人唆使。这样一层层往下查,一件小事逐渐被弄大,牵引的人也越来越多,有时多达几十人。当时山西衙门内外的人只要听到张佥事张孟兼在查案子,没有不害怕的。洪武朝廷听到消息后很以为然,随即擢升张孟兼为山东按察司副使,即相当于山东省检察院副检察长。这时候的张孟兼内心充满了对美好未来的憧憬,根本没有在意周围环境的变化对自己所带来的影响,甚至是危险。(《明史·文苑一·张孟兼传》卷285)

那时的山东布政使即省长大人叫吴印,此人从表面来看,话语不多,面带三分笑,见了谁都说好。因为他曾是出家人,出家人讲究的就是积德行善么,而吴印还会"礼贤下士",甚至主动"拜谒"自己的下级。这不,人家张孟兼张大才子刚刚到山东上任,吴大省长就上门来了。衙门里串个门,人模狗样地客套一番,这是常有的事。不过洪武年间也有规定,就说这个进门规矩:一般来说,只有领有皇命或朝廷指示的人才可以走衙门正门,其他的只能走边门。吴印是什么人?不就是山东省省长大人吆,省长找人闲聊、客套,理所当然就应该走边门。可哪知吴省长偏偏不走边门而是走了正门。饱读儒家之书的张孟兼张大才子知道后十分恼怒,等吴省长走后找来守门人,问他到底是怎么一回事?守门的说:"我也不知道吴省长要走正门,既然他要走,我一个看门的能怎么办?再说吴省长还曾是洪武爷跟前的红人……"张孟兼听到这里更加来气了,令人将守门的好好地揍了一顿,让他记住自己的职责。

俗话说,打狗还要看看主人,虽说山东省按察司衙门里那看门的不是吴省长吴印的什么人,但他的被打就是因为吴省长自己"走错了门"才导致的,好一个张孟兼,你是冲我吴印来着?!人与人之间要是结下了梁子,什么样的"做大做强"都有可能了。不久之后,张孟兼因为工作上的一件事再次"冲撞"或言得罪了吴省长,不过他可不太清楚眼前这位吴省长的底细:尽管是和尚出身,但他一直是洪武皇帝眼里的红人,且还是高级秘密特务,一旦什么地方有什么事情,吴印就通过他的渠道秘密上奏给皇帝,所以说朱元璋尽管天天待在南京,却能对吴印密察到的山东等地知道得一清二楚。(《明史·文苑一·张孟兼传》卷285)

再说吴印听说了张孟兼的所作所为后很不舒服,当即添油加醋地给洪武帝打了个秘密报告。朱元璋接到报告后马上下令,逮捕张孟兼,实施笞刑,即用笞竹板打屁股,这是五刑中最轻的一种,一般用于教训教训人,不过在官场上领受此刑,也是一种耻辱啊!从小就心高气傲的张孟兼哪受得了这番"待遇",屁股刚刚受过刑,就开始上班工作,马上令人将那个替吴省长写奏疏的衙门秘书给逮捕起来,准备找个罪名,将其好好地惩治一番。哪知道读书人自以为是的小聪明在老政客吴省长看来简直是不值得一提。他又秘密地给洪武帝上书,说张孟兼领刑后心怀不满,构陷衙门文书,伺机报复……朱元璋接到吴省长的密疏后,顿时暴怒不已,大骂张孟兼:"竖儒,竟敢与我对着干!来人呐,拿了朕的圣旨上山东去,将那个不知天高地厚的竖儒给我逮到南京来!"

张孟兼被逮到南京后,洪武帝依然怒气未消,恶狠狠地说道:"将张孟兼押赴出去,斩首示众!"(《明史·文苑一·张孟兼传》卷285)

清代学者在研究明初洪武时期这段非常历史后曾这样说道:那时"文人学士,一授官职,亦罕有善终者:宋濂以儒者侍帷达十余年,重以皇太子师傅,尚不免茂州之行……苏伯衡两被征,皆辞疾,寻为处州教授,坐表笺误死。郭奎参朱文正军事,张孟兼修史成,仕至佥事,傅恕修史毕,授博野令,后俱坐事死。高启为户部侍郎,已放归,以魏观上梁文腰斩。张羽为太常丞投江死。徐贲仕布政,下狱死。孙蕡仕经历,王蒙知泰安州,皆坐党死。其不死者:张宣修史成,受官谪驿丞。杨基仕按察,谪输作。乌斯道授石龙令,谪役定远"。(【清】赵翼《二十二史劄记·明史》卷32)

我们换个角度来看,大致在洪武早期作古的前朝遗民或官僚,其家族与后人尚能平安无事;要是在洪武时期活得稍稍久了一点的话,几乎没人不出事的。哪怕你有再大的名声与影响,也在劫难逃。这儿举两个不同类型的例子:胡翰与苏伯衡。

胡翰,浙江金华人,从小就聪颖玲珑,好学上进。7岁时曾在路上拾到金子,他就在原地坐下,一直等到失主找回到原地,将金子交还后才离去。胡翰不仅人品道德高尚,而且文章也写得很好。当时金华地区的黄溍、柳贯两人因为道德文章漂亮而名噪一时,但他俩见了胡翰的文章后却称羡不已。稍长一些,胡翰因事来到了元大都,因为少年成名,北京城里的公卿显贵争相与其交往。当时武威余阙、宣城贡师泰已是元末相当著名的文人高官,当他们认识胡翰后,都觉得此后生前途无量,并对他称誉不止。有人就此奉劝胡翰留在大都发展,但没想到被他一口拒绝了。

胡翰回到南方时,天下已大乱,到处都闹哄哄的。胡翰赶紧躲进南华山,两耳不闻窗外事,一心只读圣贤书,由此道德文章更上一个层次,有人评述他的著作与浙东名士宋濂、王祎不相上下。

朱元璋攻下金华时,下令召见胡翰。胡翰来后,朱元璋喜上眉梢,并在行中书省的衙门里设宴招待他。两人边吃边聊,好不亲切。后来朱元璋回南京,没过多少时间,他就下令征召胡翰赴京。当时前线正在打仗,伤亡甚多,将领们不断向朱元璋告急,要求征兵补充。朱元璋想起自己亲自攻下的金华,随即下令在那里另立军籍,补充兵源。胡翰听说后马上进谏:"金华人好文不擅武,上位在金华立军籍、补兵源,这是白白浪费钱财啊!"朱元璋一听,觉得言之有理,马上下令停止,并授胡翰为衢州府教授。洪武初年,胡教授参与《元史》编撰工作,书成后提出告老还乡。朱元璋不仅爽快地放他走,而且还好好地赏赐他一番。再说胡翰回家后过了一段时间的舒坦生活,大致到了75岁时才辞世。(《明史·文苑一·胡翰传》卷285)

与胡翰同为文化名流的元末明初金华学者苏伯衡因在洪武年间"存活久"了而遭遇了不同的结局。苏伯衡的父亲苏友龙在元朝政府那里当过萧山令、行省都事等官职,因此可以说苏伯衡比起同辈的文化人来说,他的政治地位要相对优势,加上他博览群书,道德文章也漂亮,所以在浙东地区很早就出了名。

◎ 浙东名儒苏伯衡因拒绝朱皇帝聘请其为"老秘"而最终死于狱中

元末天下大乱,福建陈友定曾在当地建立起政权,苏伯衡的长子就在陈友定手下当了个官。后来朱元璋军队攻下了浙江与福建,苏伯衡因长子仕闽的缘故而被发配到了滁州去劳改。当时丞相李善长发现苏伯衡十分了得,多次上请朱元璋授予他官职,但都让苏伯衡给婉言谢绝了。后来朱元璋在南京开设礼贤馆,苏伯衡被召入其内。没多久,他被改任为国子学录、国子学正,而后又被人举荐为翰林编修。可能当时苏伯衡已经看清了新帝国新君主的问题,所以他不肯就任,力辞乞归。(《明史·文苑一·苏伯衡传》卷285)

洪武十年,翰林学士、洪武朝头号老秘宋濂退休,朱元璋很为着急地请教宋老先生:"谁可接替你的工作与职位呢?"宋濂脱口而出:"臣之老乡苏伯衡,他'学博行修,文词蔚赡有法'。"朱元璋马上下令,召苏伯衡入朝觐见。可当苏伯衡来到明皇宫大殿上,听到朱皇帝要任用他为"老秘"时,心理一万个不乐意,不过他没直说,却以年老、身体有疾为名,加以婉拒。当时朱元璋也没为难他,相反还赐予了衣服和钱钞等,让他回家养老。(《明史·文苑一·苏伯衡传》卷285)

洪武二十一年,有人举荐苏伯衡出任大明会试主试官。对于一生从事文化教育工作的苏伯衡来说,这样的主试官职无论如何也不能找出什么借口来加以拒绝。但主试会试一结束,他就再次提出请求,回家养老。洪武皇帝又"心软"地批准了他。

洪武晚年,大明大办教育,文教职官缺口很大,苏伯衡第三次被朱皇帝想起,并被委任为处州教授。可上任没多久,因坐表笺误,被逮捕入狱,最终死于牢中。苏老先生的两个儿子苏恬、苏怡也因父之故而被双双处死。(《明史·文苑一·苏伯衡传》卷285)

为什么是这样?或言这一切到底意味着什么?至今为止,传统史学界给出的解释是"明祖惩元季纵弛,一切用重典"(【清】赵翼《二十二史劄记·明史》卷32),所以聪明的和目光深邃的士大夫压根儿就不愿参政议政。

可问题是你不愿意来参政议政,朱皇帝就要杀你及你的全家,正如前面讲的有着十分悲惨结局的第一种类型士大夫,如夏伯启、姚闰和王谟等那般。由此人们不仅要追问,问题的症结到底出在哪儿?

○ 朱元璋"尽举取天下之人而尽杀之"和不允许降臣有二次"不洁"行为

在笔者看来,明初之所以"尽举取天下之人而尽杀之"(【清】赵翼《二十二史劄记·明史》卷32),关键还在于大明开国皇帝那种不可言喻的畸形人格心理所造成的。

前文讲过青少年时代的悲惨生活给朱元璋的人生投下了巨大的阴影,极度的贫困、极度的卑微和亲友的缺乏,使得他形成了极度的自尊,极度自尊背后往往是极度脆弱、极度敏感,其内心深处充满了对别人的狐疑和完美的苛求。朱元璋这样的心理特征早在刚刚发迹的战争年代就已经显现出来,具体反映在对投诚、归顺过来的元朝将领、官僚和文人问题上,他的内心充满了鄙薄与警惕。

1356年朱元璋军队攻下集庆即后来的南京,俘获了元军林元帅。出于军事与安抚人心角度考虑,朱元璋当时不仅没杀林元帅,反而让他官复原职。哪知这个林元帅一点也不领情,朱元璋一放他,他就偷偷逃往杭州去。有人发现不对劲,想去追赶,却让朱元璋给拦住了,他解释说:"林元帅不忘自己的主子,这本身就没什么错,算了,让他去吧,你们也不用追了!"就这样,一个打了败仗且当了俘虏的元军中高层领导不慌不忙地进入了杭州城。没多久元朝政府知道了,就任命林为广西平章,即相当于广西的副首长一职,负责主持广西地方事务。

几年后,朱元璋发动了统一南方军事战争,派廖永忠进攻广西,毫无军事能力的林元帅再次成了明军的俘虏。当廖永忠押着林元帅回到南京时,朱元璋一下子就来劲了,他召集百官,开始数落林元帅:"你身为元朝臣子,丢了城池又当了俘虏,我当初没杀你,你却背我而去,我能理解,那是你为了自己的主子。现在你又把广西给弄丢了,无论从哪个角度来讲,你都应当以死来报答你的主子,可没想到有你这样厚脸皮的人居然来投降我们,如此不忠不义之徒,还能留在这个世上吗?来人呀,将他拉出去,砍了!"(【明】刘辰:《国初事迹》)

见此,有人可能要说,就此一例?孤证不能算数。那我们不妨再看:1358年朱元璋亲自指挥大军进攻婺州,与此同时,为了减少自身军力的消耗与损伤,他还派了掾史周德远前往衢州官府衙门去招降那里的元朝地方政府领导廉访使宋伯颜不花,可宋伯颜不花压根儿就不理睬。朱元璋没办法,只好下令让常遇春领兵猛攻,好不容易最终将婺州给拿下了,那个叫宋伯颜不花的元朝衢州廉访使也就当了俘虏,被押往了南京城。朱元璋见到他,火就腾腾地上来,当即数落道:"你既然为元朝守城,城破就当殉职。可你偏偏不死,这哪像是个人臣啊!况且婺州老百姓有什么罪过啊,让他们跟着你一起受罪。来人呐,给我鞭笞三十!"打完宋伯颜不花,可能出于政治角度考虑,朱元璋还是重用了他为提刑按察使,即地方省级监察领导。在当地方监察官时,宋伯颜不花碰到了一桩棘手的案子。有个叫邓福的人被人告了,但当衙役去逮他问罪时,这个邓福老是喊冤,这如何是好?宋伯颜不花在元朝当官当久了,官场上官官相护那一套他懂得很,什么邓福,小蚂蚁一只,冤死了也没人去追查。主意打定,宋伯颜不花就以邓福上告诉冤不合衙门规矩为由,追究起他的法律责任。

就在邓福行将被治罪之际,朱元璋派出的密探侦查清楚了事情的原委,案情由此发生了180度的转弯。宋伯颜不花当即被逮捕,朱元璋亲自审问:"你曾经是我的俘虏,我宽宥了你,想给你一个机会。可我现在发现我错了,你不仅不忠于你的主子,而且还将你们元朝官场中的那些污泥浊水引到我这里来了,枉害无罪之人。这样不忠不正之人,留着何用?!"随即一声令下,杖杀了宋伯颜不花。(【明】刘辰:《国初事迹》)

以上我们讲的是朱元璋对待投诚过来的军队领导干部的态度,那么对于归顺过来的元朝官僚文人和士大夫,他又将如何处置?"太祖于国初所克城池,令将官守之,勿令儒者在左右论议古今。止设一吏管办文书,有差失罪独坐吏"(【明】刘辰:《国初事迹》);"太祖所克城池,得元朝官吏及儒士尽用之,如有逃者处死,不许将官擅用"。(【明】刘辰:《国初事迹》)

这是当年跟随朱重八闹革命、后来官至北京刑部左侍郎刘辰的记载,应该说是史料价值很高。刘辰明确记载说,朱元璋不准手下将领擅自留用元朝官僚和文人,对于逃避不应诏的前朝文人遗民一律处死。这是何等的霸道,何等的猜忌!

○ 元廷尚书张昶当了朱元璋政权的副宰相后却成了潜伏的"敌特分子"?

当然也可能有人见此要说,这样的记载是给"天生圣人"泼脏水,人家朱皇帝可不这样呐,甚至有人举出了朱元璋重用元朝户部尚书张昶为平章政事即副宰相的例子来说事。好,我们不妨就来说说这个叫张昶的人和他的那些事。

◎ 疯狂:三个"死囚"两个被处死,另一个一眨眼的工夫却当上了宰相府秘书长

前章我们讲过张昶,张昶是元顺帝末年的户部尚书,即相当于财政部长。大元帝国一向不让汉人执掌军国大权,张昶之所以能拥有这样的权位完全是由于元末统治者不得不采取的权宜之计。那时元廷为了挽救濒临覆灭的命运,尽一切可能地抓住救命稻草,并开始注意和"重用"张昶等少数汉人官僚,且在军事上调兵遣将,令察罕帖木儿等加紧对南方红巾军的进攻。

"时(1362)陈友谅据上江,双刀赵扼安庆,张士诚据平江","太祖(指朱元璋)闻李察罕帖木儿下山东,江南震动,遣使通好"。对此,元廷当局在综合各方面的因素后做出决定:派"遣户部尚书张昶、郎中马合谋,奏差张琏赍龙衣、御酒、八宝顶帽、荣禄大夫江西等处行中书省平章政事宣命诏书",来江南开展议和招抚(【明】刘辰:《国初事迹》)。可谁知,当元廷特使来到浙江庆元(后来改名为宁波)方国珍处时,朱元璋已经改主意了,对于元廷的招抚,他不理不睬;对于张昶等人的到来,他先是装聋作哑,直到一年后才派出了符玺郎刘绍先到广信去迎接,并将他们带往应天南

京。(《明太祖实录》卷11)

当走到南京近郊外时,刘绍先突然喝令停下,随即指使手下人将张昶等几个元朝使臣的衣服全给扒了,并戴上枷锁,慢悠悠地从南京城的南门进入。

堂堂大元帝国使臣被人扒光了衣服在南京城里走了一回,这多丢脸啊!当张昶等人被带到吴王宫时,朱元璋也可能觉得自己做得太过、太损了,于是命令手下人赶紧给元朝使臣穿上衣服。但与张昶同行的马合谋、张琏两人却因受不了羞辱,一见到朱元璋就开始破口大骂,说他简直就是恶棍加无赖。极度自尊的朱元璋哪受得了这番刺激,当即咆哮:"将这三个鞑靼走狗绑缚起来,押到聚宝门外斩了!"令下后,刀斧手们立即行动起来。

再说此时的张昶一言不发,而与他同来的马合谋却抗争不已。刀斧手们强拉着、拽着,骂声与吆喝声混在一起,推推搡搡,好不容易将"人犯"弄到聚宝门外时,天色已晚。这时的朱元璋已经平静了情绪,白天元朝三使臣的不同"表现"一一印在了他的脑海里。忽然间他想到了一个主意,令人立即从死牢里拉出一个死囚来,火速押往聚宝门外,与马合谋、张琏等一同砍头。然后又叫人将这三个人的人头送往闽浙地界,挂起来示众。等这一切都做得差不多了,回过头来又突然间下令将监刑官都事韩留也给杀了。一时间人们都在说,元朝三使臣死了,监刑官都事韩留也死了,但就不知道这究竟是为什么?(【明】刘辰:《国初事迹》)

过了好长一段时间,忽然有一天朱元璋笑眯眯地跟文臣谋士刘基和宋濂说:"元朝送一大贤人与我,尔等可与议论。"刘、宋两人好不奇怪:你将元朝使臣都杀了,早就得罪了元廷不说,还说什么人家送个贤人过来,这岂不是痴人说梦吧?但他俩又不敢直说,正好奇地想知道主公说的大贤人到底是谁?只听得朱元璋拍拍手,一个熟悉的身影出现在眼前了,这,这……不是那天说已经被处死了的张昶吗?原来他没死?朱元璋看到刘、宋两人惊讶状,就如此这般地将那晚偷梁换柱的经过给说了一遍,随即命令刘、宋与张昶好好共事,并让张昶留在中书省工作,当时给他的职务是中书省都事,可能相当于中书省的秘书长之职。(【明】刘辰:《国初事迹》;【明】钱谦益:《国初群雄事略·宋小明王》卷1)

◎ 张昶犹如被迫改嫁的女人,再努力也没讨新丈夫的欢喜,郁闷啊!

经过这番折腾,张昶似乎也服了眼前这个"鞋拔子"脸的怪人啦。身不由己地来到了南京,莫名其妙两个元廷同事给斩了,又糊里糊涂地当起了元廷敌人的中书省都事,这一切变化得太突然、太快了。不知不觉,屈指一算,自己在南京待了快两年。1364年朱元璋称吴王,李善长、徐达等政权要员都官升一级,张昶也跟着升迁,由中书省左司都事升为中书省参政。一切都那么的不可思议,一切又那么的不知不觉。

有一次,朱元璋与文臣詹同在一起谈论《周礼》中的"五辂"之礼,一个游方僧人出身,一个乡野村夫发迹,两个草野里来的人怎么会见过天子祭天的大礼呐?但他们俩却又装得很懂的样子,你一言我一语地说了起来。在旁的张昶听着,实在忍不住冒了一句:"木辂,戎车也,不可以祀天。"一语点醒梦中人,由此朱元璋对张昶更是刮目相看,将他提升为中书省参知政事。(《明太祖实录》卷14~20;【明】钱谦益:《国初群雄事略·宋小明王》卷1)

再说张昶这人确实也有才,尤其他的口才特别好,很善于辩论,智识明敏,又熟悉元朝的典章制度,而这些恰恰是处于开国立基阶段的朱元璋政权所亟须要参照解决的,于是"凡国家建置制度,多出(张)昶手,裁决如流,事无停滞"。(《明太祖实录》卷24)

而从张昶角度来讲,其处境还是十分尴尬的。走吧,使命没完成,回去怎么向元顺帝交代?况且深入"敌国","敌国"头目朱元璋又不让他走。张昶的这番心思让朱元璋给看了出来,他叫中书省的领导们去多多关心这位北方来的"大贤人"。要说当时的中书省还真不乏有一些"好"领导,像明史上很有名的李善长、杨宪、胡惟庸等都在那里主持或分管具体的工作。而在这些领导中,张昶与杨宪和胡惟庸关系处得最好。有时人的情绪不好了,找个人倾诉倾诉,张昶首先想到的就是上述这两个最好的同事。作为元臣不仅不能完成朝廷指派的使命,反而自己在这儿当了这么多年的官,这叫什么事啊!看来自己日后少不了要让人诟病了,想起这些,张昶就无比地惆怅、郁闷。

一个十分偶然的机会,张昶听说元廷下属的扩廓帖木儿部队好像打了什么胜仗,元大都还在元顺帝手里,他顿时就来了精神,随口跟中书省"要好"的同事说:"我要是能回北方去的话,仍不失荣华富贵啊!"

说归说,现实还得面对,看到自己中书省同事们对朱元璋的那副恭敬和献媚的样子,张昶也悟出道理来了。有一次乘着自己兴致给朱元璋上书,委婉地表达了自己的人生感慨:岁月如流,人生苦短,应该及时行乐!朱元璋拿到张昶的上书后十分震惊,跟太史令刘基说:"这个张昶平时我还真没看出来,他写的是什么东西啊?是叫我像秦二世那样,及时行乐,那他就是奸臣赵高!"刘基听后赶紧回应:"上位所说极是,只是小臣觉得这里边会不会有人在诱导张昶啊?"朱元璋听后骂了几句,随后沉默了一阵,最终将张昶的上书给烧了。当时大明即将开国,制律工作已被提到议事日程上来了。至于制定什么样的法律,朱元璋政权的大臣们各抒己见,有人主张以重典治乱世,也有人主张以轻典治新世,偏偏张昶赞成前者,而这恰恰又是当时朱元璋所反对的。当张昶发现自己始终未能跟中央朝廷的第一人保持高度一致时,内心充满了无比的恐惧和郁闷。(《明太祖实录》卷24;【明】钱谦益:《国初群雄事略·宋小明王》卷1)

◎ 一封家书牵出"潜伏"的前朝故官张昶"泄漏兵机"案?

恐惧阴云压着尚未散去,愧疚之情又突然袭上心头。一个偶然的机会,张昶听人说起:当元顺帝听到张昶一行三人全给朱元璋砍头的消息后,马上给他们追赠官谥,并擢升了张昶儿子。无法面对昔日的君主啊,愧疚!愧疚!除了自责和愧疚,作为文臣,自己又能做什么?还有,家人可安否?日夜的焦灼伴随张昶,老天开眼,忽然有一天送来了一个机会。朱元璋手下大将李文忠攻下杭州,俘获了杭州元朝平章长寿丑的等高官,并把他们押到了南京。朱元璋对于不肯投降的敌方头领一般不强留,攻心为上,好言相劝,送他们回去。这个叫长寿丑的被劝了几天,没用,只好放他走。听说长寿丑的要被放回北方去,张昶马上来劲了,写了一封家书,给儿子报个平安,顺便也说了这边的一些杂事,然后就托长寿丑的带回去。

一切都办好了,可能是极度焦虑的缘故吧,张昶突然病倒了。张昶一病倒,他的中书省最"要好"的同事杨宪十分"关心"地上门来探望。杨大臣东看看西瞧瞧,忽然两眼发亮,原来张昶书写家书的草稿在这儿!乘着病中的张昶不注意,杨宪偷偷地将张昶家书草稿藏在怀里,然后溜出了张府,直奔朱元璋那里。(《明太祖实录》卷24;【明】钱谦益:《国初群雄事略·宋小明王》卷1)

本来就猜忌成性的朱元璋得到杨宪的告密后,顿时就勃然大怒,指派大都督府领导冯国胜和文官杨宪共同审理张昶"叛敌罪"。不用说,一逮一个准,家书草稿为"铁证",最终张昶被判处极刑。可令人没想到的是,张昶面对死亡却大义凛然,拿起笔写下了绝命八字:"身在江南,心思塞北。"

朱元璋获悉后气得咬牙切齿,当场就跟丞相李善长这样说道:"我被他侮弄了这么多年,太可恨了。叫人先将他的骨头打碎,然后再扔到河里去!"(【明】刘辰:《国初事迹》;《明太祖实录》卷24)另一说张昶被凌迟处死。(【明】钱谦益:《国初群雄事略·宋小明王》卷1)

已经归顺了的元朝故官张昶到底有没有通敌泄露军事机密呢?当朝人刘辰在笔记中说张昶被处死的原因是"心怀旧主,以国事通"(【明】刘辰:《国初事迹》);钱谦益引的俞本《纪事录》所载为"潜以书通元朝,泄江南兵机"(【明】钱谦益:《国初群雄事略·宋小明王》卷1)。两说同指张昶给儿子信函的草稿一事,那么这草稿中到底有没有暗通与泄露机密？永乐时期第三次修订的《明太祖实录·张昶列传》中是这样记载的："昶乃阴托长寿丑的奉表于元，且寓书其子询存亡"（《明太祖实录》卷24），随后在《杨宪列传》中干脆就定论性地记载道："（张）昶尝闲暇与宪言：'吾故元臣也，勉留于此，意不能忘故君，而吾妻、子又皆在北方，存亡不可知。'宪因钩摘其言，谓昶'谋叛'，且出昶手书诇之，昶遂坐诛"（《明太祖实录》卷54）。也就是说，压根儿就没有张昶"通敌谋叛罪"这回事。其实就在张昶被处决后的第二天，朱元璋跟杨宪说的一番话中已经揭开了史实的真相："任官不当，则庶事不理；用刑不当，则无辜受害……"杨宪当时不是法司官，朱元璋大谈这些又有何意？更有意思的是就在张昶被杀后的第三年，风华正茂的杨宪也死了，且死得很惨。这究竟又是怎么一回事？

○ 游走于刀尖上的大帅哥杨宪——最早被抛弃和"冤杀"的大臣

杨宪，太原阳曲人，年少时就跟随做官的父亲来到集庆即后来的南京居住。1356年朱元璋军队攻下集庆，意气风发的杨宪主动找上门，介绍自己。朱元璋对眼前这个小伙子印象不错，当即就留他下来，让他与李善长等人一起处理公府政务。

再说杨宪自身天资甚好，长得一表人才，用今天话来说，是典型的大帅哥。帅哥很多都是绣花枕头、大草包，可杨宪不同，他对传统的经史典籍很精通，说起来滔滔不绝，加上口才好，所以当时没几个人在他眼里的。朱元璋自身长得一副猪腰子脸，够丑的，但他十分喜欢美男子。外甥李文忠儿子李景隆是个大帅哥，朱元璋每次上朝都要多看他几眼，杨宪是个大帅哥，朱元璋有事没事都要找杨宪来坐坐、聊聊，有时还要托付他一些重任。1356年六月朱元璋派杨宪通好张士诚，因用词不当，张士诚发怒，软禁了杨宪。杨宪不辱使命，坚决不降，后得释回到南京，就被朱元璋提为博士厅谘议，后又擢升为江南行省都事（相当于江南省秘书长）。那时正值朱元璋军事作战繁忙时节，军国大事成堆，日常公务文书雪片一般飞来，但杨宪却能裁决明敏，干脆利索，从不拖沓，所以当时衙门上下没有一个不佩服他的。（《明太祖实录》卷54）

但杨宪个性中有个致命的缺陷：气度小，对人猜忌得很，只要有什么事，你不称他的心，他就会攻击你。所以在江南行省工作了不多时，好多人都与他处不来了。可一把手朱元璋还是挺喜欢他的，从爱护年轻干部的角度出发，将他调到了浙东行省去任郎中之职。在浙江任职期间，杨宪曾受命出使方国珍处，出色地完成使命，回来后被朱元璋提升为提刑按察使，不久又被擢升为中书省参议。再后来杨宪又被调往江西出任参政,没过多少时间又让朱元璋调回南京,先任司农卿,后参政中书省。张昶出事时,他大概就是出任参政此职。

从张昶事件本身的来龙去脉来看,并不复杂,复杂就复杂在杨宪这个人的真实身份上。杨宪当时是中书省参政,张昶是中书省的参知政事,相当于副宰相,十分明显,杨宪是张昶的下属。一个下属居然能将顶头上司送上了不归路,没有最高首领的首肯或特殊交代,量杨宪也没这个胆,由此可以说明杨宪与朱元璋之间的关系十分微妙,说得直白一点,杨宪是朱元璋的秘密看家狗,换言之,他属于明代锦衣卫特务开山祖一辈。但从前面所引《明实录》记载的对张昶事件的最终定性来看,所谓的张昶泄露机密和投敌罪都很勉强或言不成立;说到底,最终根子就出在朱元璋的疑心病上,杨宪是顺着主子意思办事的,且事后并没有得到什么好处,相反,不久之后他的官职改为了河南行省参政。虽说官职品位大体相当,但这样的变动属于京官外放,实际地位反而是降了。(《明太祖实录》卷54)

朱元璋在南京开国之际,满朝文武一片歌舞升平,弹冠相庆,但就没有杨宪的份。直到洪武元年年底他才被擢升为御史台御史中丞(《明太祖实录》卷37),可到了洪武二年又被外调,出任山西省参政。由于当时朱元璋不满李善长专权,尽管弄了个汪广洋主持中书省事务,但总感到力度不够,非得要找个非淮系的鹰派人物来制衡一下淮系势力。

就在这个当口,朱元璋想起了杨宪,把他从山西调回了南京,让他出任中书省右丞,后升为左丞,可能接近于副宰相。那时的形势对于杨宪来说应该十分有利。在中书省主持实际事务的右宰相汪广洋脾气好,处事不霸道,凡事不与人多争高低,所以说尽管杨宪出任中书省左丞,位于汪广洋之下,但实际上好多事务还是掌握在杨宪这个左丞的手里。因为朱元璋一时找不到合适的宰相人选,安排相对懦弱的汪广洋与相当霸气的杨宪同在一个中书省宰相府任事,两人还共处了好一段时间,搭档得还算过得去。杨宪精明能干,通晓典籍,处事又雷厉风行,所以一般人都不大敢得罪他。

但时间稍稍一长,杨宪就越发霸气了,总感到中书省的一切都要来个变化。为了使得自己能尽快当上中书省的一把手,杨宪变着法子来试探手下的人是否听话、顺从。据说他创造了一种叫做"一统江山"画押批答公文的方法,示范给他的下属看,谁要是跟着做了,杨宪就越级提拔他;谁要是拎不清、不学,杨左丞就想着法子让你滚蛋。至于杨宪为什么会"创造"这种"一统江山"画押批答公文的方法?好多人都不明白。

有一天,翰林编修陈怿来到中书省办事,杨宪兴致勃勃地演示给陈翰林看,如何"一统江山",没想到老翰林还没看完,就连连叫好,并点评道:"押字大贵,所谓只有天在上,更无山与齐者也。"杨宪听后别提有多高兴,几天后他找了个机会上奏给洪武皇帝,说翰林编修陈樫如何劳苦功高,理应晋升为翰林待制。据说皇帝朱元璋不假思索地同意了,这下更把杨宪给乐癫了,也使得他的个人野心越发膨胀。此时在他的眼里,中书省顶头上司右丞相汪广洋成了多余的了,于是他就指使侍御史刘炳、鄀某等劾奏汪广洋"事母不孝",即不好好伺候母亲,犯了不孝之罪。(《明太祖实录》卷53;《明太祖实录》卷54)

不孝是古代"十恶"之中的一项大罪,尤其是担任大明公务员的头面人物岂能不孝,否则朱皇帝何以治天下?所以当刘炳一劾奏,本来对汪广洋唯唯诺诺的样子就不满意的皇帝朱元璋当即罢除了汪广洋的右宰相之职,且一抹到底,让他免官还乡,一天到晚专职伺候老母亲。

可这样的结果让杨宪还不满意,他怕汪广洋会东山再起,会影响了自己未来宰相的锦绣前程,于是又指使刘炳找了名目劾奏汪广洋,并向洪武帝提议将其迁徙到海南去。可这回朱元璋没同意。杨宪还联合了秘密特务同行凌说、高见贤、夏煜等,轮番向洪武帝进谏,说:"李善长无宰相才。"朱元璋回答说:"善长虽无宰相才,与我同里,我自起兵,事我涉历艰难,勤劳簿书,功亦多矣。我既为家主,善长当相我,盖用勋旧也,今后勿言。"(【明】刘辰:《国初事迹》)恰恰在这时,刘炳劾奏的另一件事给人查明了:所谓朝中重臣刑部侍郎左安善冤枉好人,将无罪者定为有罪之说根本就不成立。本来就多疑的皇帝朱元璋下令立即逮捕刘炳,审问事情的真相。酷刑底下昔日十分牛气的侍御史刘炳再也没有神气起来,相反像倒豆子一般,将有关事情的真相说了出来。这时平日里与杨宪关系不错的太史令刘基也"发其奸状及诸阴事"。据说朱元璋听后顿时大怒,命令立即逮捕杨宪,并让群臣一同来审问他。没多久案情审"清",杨宪、刘炳被处死。(《明太祖实录》卷54)

那么杨宪到底犯了什么罪非得要处死?《明实录》中提到的较为明确的说法有四条:

第一,与刘炳勾结,耍奸,诬害朝廷大臣。典型事例为诬陷刑部侍郎左安善入人罪。

第二,杨宪出任司农卿时认为江南富庶,为了增加国家税收,将当地税粮每亩增加到了二三石,使得"民不堪其苦,皆怨之"。

第三,妒忌张昶的才干超过自己,"构害之"。

第四,排斥异己,"专恣日盛,下视僚辈,以为莫己……喜人佞己徇利者,多出其门下"。(《明太祖实录》卷54)

其实除了第一条罪证有些影子外,其他三条纵然属实,当朝"天生圣人"洪武皇帝完全有可能也可以立马改正,譬如第二条,将江南苏松地区的税粮增到了每亩二三石,一道圣旨下来不就得了,可在洪武年间压根儿就没有发生过这样的事(直到好皇帝朱允炆当政时才将其改轻,可到了魔鬼朱棣篡位上台后又恢复了重赋江南);还有第三条罪状:对元朝降官的诬害,平反昭雪不就行了,不,皇帝永远不会有错,错就错在下面出了奸臣,杨宪就是这样一个奸臣,你看他"喜人佞己徇利者,多出其门下",我大明朝岂不成了他杨家店?再说张昶事件到底真相如何?在雄猜之主朱元璋看来,杨宪的告密还是有用的,张昶一类的降官以及在各衙门任职的前朝故官、文人士大夫有几个可信的?他们中很多人极有可能是混进我革命队伍里的坏分子啊。

● 朱元璋敏锐地感觉到:深挖革命队伍里的潜伏敌特分子很有必要

就在朱元璋疑心病日益加重之际,洪武三年六七月间从北方传来消息:元顺帝薨世,元太子爱猷识理达腊即位(《明太祖实录》卷56)。按理说已经北逃了的残元君位更替对于大明帝国本无太大影响,但在洪武皇帝朱元璋看来却不是这样:我大明是在元朝废墟上建立起来的,这里有数不清的前朝故官降将和遗民耆老,他们对此又有什么反应?

洪武四年(1371)新年过后开始,大明帝国境内相继爆发了四起故元降官旧将的叛乱事件:三月,故元降官院判刘原利、副枢张时用、平章郭伯通等闻及故元四大王打算进攻山西太原的消息后,三人合谋:一人潜入太原城内,两人在外做外应,配合四大王的进攻,一举端掉太原城,不料被人发觉,当地驻军指挥桑桂带领兵士们立即逮捕了刘原利等人,及时地平息了一场未遂内乱(《明太祖实录》卷62);四月,故元降将知院白文显在华亭县发动叛乱,平凉卫指挥秦虎率兵前去平乱(《明太祖实录》卷64);七月,故元降官大同官山千户所百户速哥帖木儿、捏怯来等声称扩廓帖木儿将进兵上都开平,并发动叛乱,杀了千户把都等,后遭镇压(《明太祖实录》卷67);十一月,故元降官知院小保、司丞蛮子在忻州发动叛乱,大明动用地方军队才将其镇压下去……(《明太祖实录》卷68)

虽然这些故元降官的叛乱先后都被一一镇压了,但给当时新兴的大明帝国却带来了很大的压力。恰巧这时,有人报告说:就在京师南京不远处的江阴有个潜伏着的元朝铁杆忠臣,他在听到北元宫廷变故后居然写起怀念诗来,诗的作者叫什么？王逢！朱元璋听到这个名字,就想起了他是怎么一个人。

王逢,元至正中,因作《河清颂》,被元朝台臣推荐出仕,但不知为什么他最终没有出山,据说是身体不好。后来张士诚占领苏州,建立东吴政权,曾派了自己的弟弟张士德前往江阴,访求王逢。王逢为张氏出计:北降元朝,以此来共同对付凶狠的西吴朱元璋,为此他很得张士诚的喜爱。朱元璋攻灭张士诚后,曾想延聘王逢为官,可谁知他却坚卧不起,而后又偷偷跑到上海乌泾隐居起来。朱元璋令手下人花了很长时间秘密侦察到后,以征召文学之士为名,想再次召王逢入朝为官。可王逢又以父亲岁数大了,需要有人照顾,不能背负不孝之名为由,叩头泣请,婉拒出山。力主"孝义天下"的朱元璋觉得他讲得合情合理又情真意切,于是也就没有再为难他了。可谁曾想到:王逢在听到元顺帝薨世,太子爱猷识理达腊即位和改元宣光的消息后居然作诗,表达自己对前朝的怀念:"本是宣光中兴日,腐儒长夜泣遗编","心自隐忧身自逸,几时天马渡滹沱。"(【元】王逢:《梧溪集·秋感六首》卷3;《明史·文苑一·陶宗仪传》卷285)

这是地地道道的反诗,不得了了。朱元璋"敏锐"地感觉到,在大明帝国内的前朝故官降将和遗民耆老还真有股"反动势力",他们潜伏在各地各个部门,而这样的"反动势力"中最危险的就是杨宪所告发的如张昶一类的潜入我"革命队伍"里来的"反动分子"。形势告诉我大明:很有必要在我大明境内发动一场官僚队伍大整顿、大清除,以此来确保帝国的长治久安,这就是洪武四年(1371)的"(甄)录天下官吏"。

● 全国官吏大甄别、大清理风暴:"录天下官吏"运动

其实大明开国后就一直没放松自身官僚队伍的建设与整顿,除了前章所述的立纲陈纪和加强专制君权外,洪武帝还在建国的当年就开展了一场官僚队伍的"大整治"。

○ 洪武奇观:大明官员成群结队地上凤阳去劳改,又一批一批地被赦免……

说起这场"大整治",今人看了可能觉得不可思议。那年夏天到秋天有好几十天不下雨,新朝开国不久就碰到这样的事,不吉利不要说了,最令朱元璋双眉紧锁的就是老百姓干渴难熬,于是他不停地催促国家气象局、皇家祭祀部门赶紧祭天。可这老天爷也奇怪,不管地下人们如何虔诚、也不管贡品如何丰盛,天老爷就是不肯降下一滴雨。天老爷不降雨,天老爷的儿子天子朱元璋可来气了,不过上天是不能责怪的,要怪就是人世间的事情没做好。那么什么人世间的事情没做好? 天子是"天生圣人"不会有错,要错就错在下面这些官员身上,他们中很大一部分人很可

能是混入我"革命队伍的坏分子",洪武皇帝下令了:让在京法司及在外巡按御史、按察使认真监察,将隐藏在革命队伍中的"坏分子"给一一揪出来。(【明】刘辰:《国初事迹》)

坏分子给揪出了不少,可天老爷还是不下雨,这下朱皇帝更火了:"看来是在京法司及在外巡按御史、按察使冤枉了好人,以至于老天爷老不下雨。来人呐,给我将京畿巡按御史何士弘等统统集中在一起,好好地审问一下,他们到底冤枉了多少好人。"随后洪武帝觉得还不过瘾,干脆下令将那一大批监察官给捆起来,绑到马坊里去,让他们好好反省反省。(【明】刘辰:《国初事迹》)

可谁知老天爷还不肯下雨,这时候,大明天子终于想到:是不是自己有什么过失?于是命令中书省、御史台及都督府三大府官员上言直谏,指出本皇帝的过失。负责御史台工作的刘基首先响应皇帝的号召,进谏三事:"第一,作战阵亡或生病而逝的军士之妻目前已达数万,全都住在寡妇营里,不人道啊,年纪轻的就让她们再找男人嫁了,否则的话,阴气郁结多了,很不好;第二,在我京师南京做工的工匠死了好多,他们的尸首暴露在野外,没人去给他们入殓下葬,这也不应该啊;第三,张士诚政权的头面人物杀了,一般投降过来的中小头目也就不要充军了,否则打击面太大。"刘伯温一讲完,朱元璋当即表态,全以刘先生所言赶快行动,接下来就是等待老天爷降下雨来了。可等啊等,又等了十来天还不见一滴雨降下来,这下朱皇帝更来火了,下令:"大明监察系统第一号领导刘基还乡为民,其余的监察官包括监察御史、按察使全都自备船只上汴梁开封安置,即在那里接受劳改;先前被监察官们问罪的那些官员们一律赦免还职!"

一批监察干部上路去劳改了,先前劳改的那批领导干部由于洪武皇帝的特赦又回来,总算大明帝国衙门一直有人办公就行了。可世界上的很多事情往往出人意料之外。洪武元年徐达大将军派人来报:攻下大都(北京),并俘获了元朝大批的官员(《明太祖实录》卷34)。这样的喜讯意味着在北方地区需要一大批的大明公务员,这一大批的大明公务员从何而来?朱皇帝下令将在汴梁开封劳改的那一大群监察官免罪还朝,然后再往北方去任职。(【明】刘辰:《国初事迹》)

○ 在菜市场批斗和审判犯事的官员与"录(甄别)天下官吏"

成群结队地处罚"有问题"的官僚,又成批成批地宽宥他们的"罪过",这在开国时期百业待举之际说到底还是挺误事的,那么如何做到既不误事又能整治好官僚队伍呢?除了建立一系列的监察制度外,洪武皇帝经常号召大家要以皇帝最高指示与儒家圣人的教诲来严格要求自己,自律自爱。可过了一段时间似乎效果并不大,朱元璋发现了问题的严重性,怎么来解决?他绞尽脑汁终于又想到了奇特的一招,给不守规矩、不自尊自爱的官员"于市中依律断罪"。(《明太祖实录》卷48)

洪武三年正月,朱元璋下达指示:中央监察御史、地方监察官按察司佥事在监察时,如果发现比自己职位、品秩高的知府、知州等官员有问题或犯了罪的,一经查实,便在当地的闹市区对其公开进行依律断罪。

让犯事的知府、知州在自己管辖的地盘上公开受审,一来让他们知羞、畏法,以后就不敢随意冒犯法度;二来等于发动了广大的底层群众,检举揭发(但当时规定:不能以下犯上侮辱上官),由此我们看到后世群众批斗会的雏形。

洪武治官确实奇特,但即使这样,在朱元璋看来,还远远没有解决问题。"胡元入主中国,非我族类,风俗且异,语意不通,遍任九域之中,尽皆掌判。人事不通,文墨不解,凡诸事务,以吏为源。文书到案,以刊印代押,于诸事务,忽略而已,此胡元初治焉。三十年后,风俗虽异,语言文墨且通,为官任事者,略不究心,施行事务,仍由吏谋,比前历代贤臣,视吏卒如奴仆,待首领官若参谋,远矣哉。朕今所任之人,不才者众,往往蹈袭胡元之弊,临政之时,袖手高坐,谋由吏出,并不周知,纵是文章之士,不异胡人。"(【明】朱元璋:《御制大诰·胡元制治》第3)鉴于元朝的长期积弊和明初鱼目混珠的官僚队伍,朱元璋又在洪武四年(1371)发动一场"录天下官吏"运动,即对天下官吏进行大甄别、大检查、大整顿,将一些害民的、有问题或疑似有问题的官员,尤其带有很大危险性的潜伏着的故元官吏清除出去。(《明史·周敬心传》卷139)

有关"录天下官吏"运动的具体情况,因为史料的缺失,我们无法知道其全部,但就从"录天下官吏"五字的字面来理解,这是一场全国性的政界大清理、大清除,也是明初四五年间一系列政治举措中可能涉及面最大的一场运动。

通过这样的政治运动,洪武帝彻底解决了政治危险势力或言潜在危险分子吗?显然没有,因为就在他发动"录天下官吏"运动时,第三大类潜在的政治危险势力已在积聚,并不时地向朱皇帝发出了潜在危险的信号。为此他耐性等待、精心策划,共计花费了近30年的时间逐步将其一一解决,即清除洪武政权自身内的新生异己政治危险势力或言潜在危险分子。

一举粉碎"谋反胡党" 深究牵出前任宰相——洪武十三年~洪武二十三年(1380~1390)

那么这些新生的异己政治危险势力或言潜在危险分子究竟是谁?在朱元璋的

视野里,他们就是跟随他一起闹革命、打天下的功臣勋旧,换言之就是淮右集团。淮右集团?这怎么可能?他们不是朱元璋打天下的铁杆支持者、奉献者,怎么会成为潜在的敌人?事情还得从头说起。

● 朱元璋与"淮右功臣勋旧"之间关系的发展和变化

朱元璋家乡在淮右的濠州,起来闹革命时跟随他一起干的也都是淮右地区的人,其中以农民最多。在传统社会里,农民的乡土观念、宗族观念可能是最为浓烈。反映在朱元璋身上,在战火纷飞的年代里,他率领家乡的父老子弟冲锋陷阵,生死与共,由此他们之间结下了深厚的感情;而从另一方面来看,朱元璋队伍的壮大确实也靠了淮右家乡父老的积极参与才不断地做大做强,因此自然而然在朱元璋政权中淮右地区出身的人成为了主干。

1356年朱元璋攻下集庆后,小明王韩林儿升他为"江南等处行中书省平章,以故元帅郭天叙弟天为右丞,经历李士元(改名善长)为左右司郎中,以下诸将皆升元帅"(【明】钱谦益:《国初群雄事略·宋小明王》卷1引俞本《皇明纪事录》)。也可以这么说,朱元璋政权的淮右集团的班底在这个时候差不多形成了。当时有个诗人叫贝琼的,写诗生动地描述了南京城里淮右人的天下:"两河兵合尽红巾,岂有桃源可避秦?马上短衣多楚客,城中高髻半淮人。"(【元】贝琼:《贝清江先生诗集·秋思》卷5)朱元璋后来尽管拥有了整个天下,但政权队伍中的核心主干还是淮右地区出来的那些功臣勋旧,再说得白一点,朱元璋是靠着淮右集团为核心的文臣武将的不断进取才夺得了天下。正如清代大学问家赵翼所说的"明祖借诸功臣以取天下"。(【清】赵翼:《二十二史劄记·明史·胡蓝之狱》卷32)

○ 淮右"草根"出来的全成了大明皇家权贵显戚

对此,原本一无所有、挣扎于地狱边缘的朱元璋在其发迹早期还能充分意识到。1366年八月,侍臣王祎等进讲(相当于给朱元璋进行文化补习)。朱元璋问:"汉高祖刘邦与唐太宗哪个人更好?"文臣魏观在旁听到后随即作答:"唐太宗虽然文武双全,但做起好事来未免给人一种假假的印象;而汉高祖刘邦豁达大度,规摹弘远,换句话来说,他站得高看得远,因此比较下来那肯定是汉高祖要更胜一筹了。"可令在场的所有人没想到的是,那时还没学多少文化知识的朱元璋却发表了自己独特的一番高论:"汉高祖豁达大度似乎大家都这么说,但他却是很记仇的,嫂嫂早年弄得他难堪,他后来封她的儿子为羹颉侯,就这个名字也够难听的了;雍齿有负于他,他可一直记得,更有他内心多有猜忌,诛杀功臣,看来啊,汉高祖的气度远没有他的眼光那般广远了;而唐太宗就不同,虽说他权谋规划不如汉高祖,但他能很好地驾驭群臣,各为己用,等到大业定了,又能保全大臣,这样看来还是唐太宗要胜出一筹了!"(《明太祖实录》卷21;《明太祖宝训·评古》卷4)

  那时候的朱元璋不仅在思想上有着与共同打天下的淮右功臣勋旧同舟共济、励精图治与共享安乐的想法,而且还体现在他的实际行动上。大明在南京开国后,朱元璋曾一度想以凤阳作为天下中心之都,即后来所称的中都,与淮右功臣勋旧们一起荣归故里,为此他不断地赐土地给他们,将一个个"上无片瓦下无立锥之地"的穷光蛋都打造成超级富翁。但光富还不行,朱元璋知道富一定要跟贵连在一起。洪武开国大典后没过几天,他下令"银青荣禄大夫、上柱国、录军国重事、中书左丞相、宣国公李善长兼太子少师;银青荣禄大夫、上柱国、录军国重事、中书右丞相、信国公徐达兼少傅;银青荣禄大夫、上柱国、录军国重事、中书平章、鄂国公常遇春兼少保;银青荣禄大夫、大都督府右都督冯宗异(即冯胜)兼右詹事……"(《明太祖实录》卷29)洪武三年十一月大封功臣,"进李善长韩国公,徐达魏国公,封李文忠曹国公,冯胜宋国公,邓愈卫国公,常遇春子茂郑国公,汤和等侯者二十八人"(《明史·太祖本纪》卷2),后洪武十二年、洪武十七年、洪武二十一年和洪武二十三年朱元璋又相继封了一批公、侯、伯。

  整个洪武年间封公的总计有11人,除了上述提到的李善长、徐达等6人外,尚有信国公汤和、颍国公傅友德、凉国公蓝玉、梁国公胡显(胡显的封公仅《国榷》中有此一说,笔者查阅《明实录》与《明史》等均无记载。11公中常遇春被封为鄂国公,但他死于洪武二年,似乎鄂国公之爵自动消亡了。洪武三年十一月大封功臣中常茂之所以一下子被封为郑国公,就是因为朱元璋考虑到了常遇春的功勋才这么做的。本书作者注)和开国公常升,他们几乎全是淮右人;封侯的总计有57人,其中6人封侯是象征性恩赐给战败者的一种荣誉封爵,没什么实权和地位,如承恩侯陈普才(即陈友谅父)、归德侯陈理、归义侯明升、崇礼侯买的里八剌、海西侯蒙古纳哈出、沈阳侯察罕(纳哈出之子),其余51人中仍是淮右籍占了绝对的优势(51人中除曹兴、陆聚、张温、朱寿等4人的籍贯无法查明及沔阳胡美、睢州韩政、江夏黄彬、夏邑梅思祖、开州周武等5人非淮右籍外,其他42人全是来自淮右地区或言安徽地区的,约占据总数的82%);洪武年间封的伯只有6人,忠勤伯汪广洋、诚意伯刘基、徽先伯桑敬、东莞伯何真、归仁伯陈友富、怀恩伯陈友直【明】谈迁:《国榷·勋封》卷首2)。这6个几乎都不是淮右籍的,且他们人数少,在朱元璋政权中不占主导地位。欲知详情可见本书132~143页《洪武年间朱元璋封赏的公爵、侯爵和伯爵及其最终结局之简表》)。

除了赏赐、封爵与授官以外,朱元璋还通过传统联姻的手段,把淮右功臣勋旧笼络起来,想以此永远"为我所用"。他聘开平王常遇春女儿为长子朱标的皇太子妃,中书省右丞相大将军徐达的大女儿为四子朱棣燕王妃,二女儿为十三子代王妃,卫国公邓愈女儿为二子秦王妃,广西都指挥使谢成女儿为晋王妃,宋国公冯胜女儿为吴王妃,大都督佥事王弼女儿为楚王妃(《明太祖实录》卷64,84,102,103,113,117;《明史·诸王传一、二》卷116~117)。当然朱元璋家也有"输出":大女儿临安公主下嫁左丞相李善长长子李祺(《明太祖实录》卷107),长孙女即朱标太子的长女江都公主下嫁长兴侯耿炳文的儿子耿璿(《明史·耿炳文传》卷130),等等。

○ 星星捧月亮,月亮防星星

通过这一系列的手段,当年苦大仇深的泥皮草根——贫下中农们一下子成为了皇家亲戚,开国勋臣们成了帝国达官显贵。他们如星星捧月一般,围绕着朱元璋家这一个中心转,构成了金字塔形的新帝国最高权力阶层。

就在优渥、隆升淮右功臣勋旧的同时,朱元璋又采取了另一手来防范着他们。之所以要这样,我想不外乎三个方面的原因:第一,战争年代的多次政局变化尤其是1362年发生在自身阵营里的淮西骁将邵荣、赵继祖的谋反和谢再兴的谋叛给了朱元璋很深的负面影响。第二,朱元璋草根出身,没有一点儿的家底,也没有什么"天生圣人"、"真命天子"的神秘光环,大家都是光屁股一起长大的,靠的就是家乡淮右地区的大老粗兄弟拼死博弈才最终取得了成功。皇帝是打出来的,"真理掌握在有权人的手里",凭什么你朱重八可以当皇帝?还不是我们大家的功劳!朱元璋最怕的也就是淮右老兄弟中冒出第二个朱重八来,所以要在柔柔的"温情"下对他们严加防范。第三,朱元璋心理有着严重的创伤,极度的贫困、极度的自卑,好不容易博得了眼前的宏伟事业,但仔细想想,不堪回首,自己输不起啊!从输不起角度出发,就得要防止别人蹿到自己头上去,那谁会干这种突发性的谋变?根据他以往的经验,就是与他一起舍命打江山的大老粗兄弟和功臣勋旧最容易做出这等事来,所以说无论如何也要对他们防之又防!

朱元璋对一起打江山的大老粗兄弟和功臣勋旧的防备开始得很早,花样也很多,总结起来,大致有如下几个方面:

第一,收养干儿子,等他们大一点了就派往部队中去,实际担当监军作用。"养异姓为子,始于唐之宦官,其后朱全忠、李克用、李茂贞、王建等亦用以创国。盖群雄角立时,部下多易于去就,惟抚之为家人父子,则有名分以相维,恩谊以相浃,久之,亦遂成骨肉之亲,以之守边御敌,较诸将帅尤可信也。明祖初起,以匹夫举事,除一侄(朱文正)、一甥(李文忠)外,更无期功强近之亲,故亦多养异姓子,幼而抚之,长即命偕诸将分守,往往得其力。"(【清】赵翼《二十二史劄记·明史》卷32;【明】郎瑛:《七修类稿上·国事类》卷十)

第二,四处安插特务进行秘密监察。这在上文中我们已经讲过。朱元璋安插对象似乎没有固定的,凡是怀疑到某人,即使你的地位再高,即使你与他关系再铁,只要他"惦记"着你,就有你好看的了。就说那个故元降官张昶本身就没谋叛,但他身边的"好朋友"同事杨宪就是一个特务,所以他的结局再怎么说也好不到哪里去。再说张昶任职的中书省,尽管说是由朱元璋的老搭档李善长主管着,但他一直受到杨宪、夏煜等特务的暗中监察和谗毁。(【明】刘辰:《国初事迹》)

第三,运用传统礼法严加约束。明初开国朱元璋在立纲陈纪的过程中制定了各种礼制和法令,按理说应该对于大明帝国每个人都有约束力,朱皇帝也要求大家包括功臣勋旧严格遵守,用今天时髦话来说,就是自律。但自律能有多大的效率?特殊人群特殊地位的人就能做好自律?恰恰相反,这样的有权有势者是纲纪的头号破坏者。自律不行,有人监察,朱元璋也搞了,但那些闹革命的"大老粗"连自己的名字都不会写,哪儿管得了那么多的礼和法?为此,洪武三年(1370)十月朱元璋采纳监察御史袁凯的建议,让中书省和御史台延聘儒士在午门给诸将讲授经史和君臣之礼,即相当于文化知识补习,用今天话来讲就是省部级高官研讨班。按照朱元璋君臣的理想,通过这样的学习,"庶几忠君爱国之心,全身保家之道,油然日生而不自知也"。(《明太祖实录》卷57)

○ 糖衣裹着的"炮弹"——明代"铁券"制度

与此差不多同时,朱元璋还通过赐予功臣铁券的手段,糖衣里边裹着"炮弹",劝诫功臣勋旧遵纪守法。据说明初朱元璋为了搞这种功臣铁券,还专门打听历史上到底是怎么搞的。后来有人告诉他:浙江台州有个叫钱允一的,他是吴越忠肃王的后代,祖上钱镠曾受过唐昭宗赐予的铁券。朱元璋知道后就将其借来,仿制成大明功臣铁券。该铁券外形看上去像片瓦,正面刻上功臣历次立功受奖的记录,中间刻上功臣犯事、皇帝宽免和减禄的数目,"以防其过"。副面铁券一式两份,一份给功臣,一份藏在皇宫内府,一旦有事,拿出来核对。(《明太祖实录》卷45)

从铁券上刻写的内容来看,相对多的是该功臣的过失甚至犯罪之事,即使今人看了也不得不要为该功臣觉得脸红,但对于当年"大老粗"的功臣勋旧来说,似乎这样做的效果还是不大。为此洪武皇帝又经常采取了一些说古道今、软中带硬的说教,来劝谕那些功臣勋旧尊礼守法。譬如洪武三年十二月的一天退朝后,朱元璋将汤和等大将叫在一起,闲聊打仗一类的事情,他顺势讲道:"朕赖诸将,佐成大业。今四方悉定,征伐休息,卿等皆爵为公侯,安享富贵,当保此禄位,传之子孙,与国同久。然须安分守法,存心谨畏,则自无过举。朝廷赏罚,一以至公,朕不得而私也。"(《明太祖实录》卷59)

话说到了这个份上,已经十分明白了,但洪武帝知道自己带出来的这些淮右功臣勋旧文化程度不高,跟他们说话要直截了当点,不能转弯抹角,于是他就进一步解释说:"隋亡唐兴之际,有一回李世民正势单力薄地迎战王世充手下众将,眼看就要招架不住了。突然间尉迟敬德单枪匹马风驰电掣地闯入敌阵,力战悍将单雄信,不顾一切保护着李世民,由此立下了大功。李世民即位后有一次大宴群臣,尉迟敬德等一大批功臣勋旧理所当然地成了主宾,君臣欢聚一堂,吃着喝着,大家高兴啊。忽然间一阵狂吵声压过了一切,人们不约而同地静了下来,这才发现原来是尉迟敬德与任城王李道宗在争谁的功劳大,一时过激,尉迟敬德竟然将对方的眼睛快要打瞎了。这下可把唐太宗李世民给惹火了,当场就将要尉迟敬德绳之以法,要不是在场的大臣们力谏,明君唐太宗难道会真的因为念叨尉迟敬德昔日的功劳而枉法不问其罪?还有那长孙无忌,你说他的身份高贵吧?还真没得说,他是唐太宗夫人长孙皇后的亲弟弟。这人也不知怎么的,有一次居然身上佩了刀直入皇宫禁门,而看门的也没有觉察到,直到后来进入皇宫了才被人发现,这下可好了,严重犯禁。长孙皇后深明大义要求按律论处,唐太宗看在贤惠夫人的面子上最终还是宽宥了小舅子的过失。你们看,即使是贵为皇帝的姻亲,一旦犯罪了,尚且还要追究,更何况其他人啊!朕希望'卿等能谨其所守,则终身无过失矣'。"(《明太祖实录》卷59)

○ 洪武帝给功臣勋旧设了"红杠杠"——《铁榜申诫公侯》(洪武五年六月)

故事讲得娓娓动听,直白明了,让武夫们一下子就能弄清楚:千万不能胡来,否则"国法无情"。即使到了这一步,朱元璋还是觉得做的似乎欠缺了点,想来想去,最终在洪武五年六月想到了一招,制作《铁榜》,明确申诫公侯,即明明白白地告诉大家,哪些事是不能做的,而且内容还不能多,多了,这些大老粗们记不住。

朱元璋一共列了9条:"其一,凡内外各指挥、千户、百户、镇抚并总旗、小旗等,不得私受公侯金帛、衣服、钱物,受者杖一百,发海南充军,再犯处死;公侯与者,初犯再犯免其罪附过,三犯准免死一次,奉命征讨,与者受者不在此限;其二,凡公侯等官非奉特旨,不得私役官军,违者初犯再犯免罪附过,三犯准免死一次,其官军敢有辄便听从者,杖一百发海南充军;其三,凡公侯之家,强占官民山场、湖泊、茶园、芦荡及金、银、铜场、铁冶者,初犯再犯免罪附过,三犯准免死一次;其四,凡内外各卫官军非出征之时,不得辄于公侯门首侍立听候,违者杖一百,发烟瘴之地充军;其五,凡功臣之家管庄人等,不得倚势在乡殴人民,违者刺面、劓鼻、家产籍没入官,妻子徙至南宁,其余听使之人,各杖一百及妻子皆发南宁充军;其六,凡功臣之家屯田佃户、管庄干办、火者、奴仆及其亲属人等,倚势凌民,夺侵田产、财物者,并依倚势欺殴人,民律处断;其七,凡公侯之家,除赐定仪仗户及佃田人户,已有名额报籍在官,敢有私托门下、影蔽差徭者,斩;其八,凡公侯之家,倚恃权豪,欺压良善,虚钱实契,侵夺人田地、房屋、孳畜者,初犯免罪附过,再犯住支俸给一半,三犯停其禄,四犯与庶民同罪;其九,凡功臣之家,不得受诸人田土及朦胧投献物业,违者初犯者免罪附过,再犯住支俸给一半,三犯停其禄,四犯与庶人同罪。"(《明太祖实录》卷74)

这九条可视为明代公侯不可逾越的天条。事情到此,应该差不多了,可事后朱元璋发现还是做得不到位,于是于洪武八年二月又御制了《资世通训》,直截了当地告诫臣僚要"勿欺勿蔽",要忠君、勤俭、仁敬。(《明太祖实录》卷97)

○ 朱元璋聚焦淮右功臣勋旧的"俱乐部"、"大本营"——中书省

对于昔日老哥儿们的一而再再而三的劝谕、警告甚至威胁,洪武开国功臣们会有什么反应?说实在的,他们中没有几个听得进去,将其当回事,更没有充分意识到:现在的朱元璋不是当年的朱重八,更不是过去的"山上大哥",而是正儿八经的一国之君,其立足点是整个帝国。在他们看来:现在该是我们淮右功臣勋旧的天下了,昔日提着脑袋闹革命,出生入死,图的是什么,不就是今天的大富大贵和为所欲为。本身贫穷"大老粗",没文化、没素质,自然也就没什么礼法在眼里了。即使是李善长、冯国用、冯国胜等少数几个"喝过墨水"的,但他们的文化素养整体来看还不是很高,加上这些淮右功臣勋旧起兵前长期居住在农村,眼光狭窄、短浅,乡土观念浓烈,同乡甚至同村、同口音、同品位,加上姻亲关系,自然而然让他们走在了一起,形成了蔚为壮观的淮右集团。

在这个集团当中,朱元璋原本是与他们一伙的,但随着大明帝国的开创和大一统帝国的再建,为了江山社稷的长久安稳和朱家帝业的万代相传,他不得不放眼于全局和全国。朱元璋之下的头号人物,本来应该是徐达,他军功卓著,无人可比,但老徐似乎玩政治并不擅长。由此下来就是李善长了,他很早就参加起义军,且为非常时期入伙的,并与朱元璋长期保持着默契的合作,他运筹帷幄,决胜于千里之外,是明代的萧何,无形之中也就成了淮右集团或言淮右功臣勋旧的核心人物。不过

在明初日益增多的违法乱纪的功臣勋旧中,李善长既不是第一个,也不是最为明显和最为严重的一个。说到这里,有人可能要提出这样的问题了:随着大明全国逐渐统一和帝位日趋巩固,朱元璋在与淮右功臣勋旧之间矛盾日益激烈的情势下,为什么偏偏要拿老搭档李善长和他的亲信胡惟庸及其长期工作的中书省宰相府最先开刀?

在笔者看来大致有以下三方面原因:第一,尽管淮右地区出来的那些农民新贵多有不法之事,但在洪武前期与中期,大明统一运动尚未全部完成,大规模的军事行动还时不时地进行,直到洪武晚期才结束。所以说,那时在皇帝朱元璋看来,尽管老乡新贵很无礼,甚至有时还会做出格的事情来,但只要不太过分,能忍则忍,暂时留着他们还有用。第二,淮右功臣勋旧纵有诸多不法之事,但大多都不发生在皇帝朱元璋眼皮底下或身边。相比之下,淮右集团的核心人物李善长及其所在的中书省宰相府的工作,却几乎天天要与洪武皇帝打交道,这样一来,出岔子的概率也相对要多得多,很容易使得皇帝朱元璋将对淮右功臣勋旧的气撒到李善长与中书省头上。第三,比较而言,明初中央主要权力机构三大府中的中书省以及中书省一把手给朱皇帝的印象:潜在危险最大。

从明朝开国前后的政权机构运行实际来讲,当时中央权力机构最为关键的就是朱元璋惯称的三大府:中书省、御史台和大都督府。(《明太祖实录》卷26)大都督府长官先是朱元璋亲侄儿朱文正,后来是外甥李文忠,从当时的情形来看,军事机构权力一直掌握在朱家人的手里,后来又分左右都督,军权被分散了,危险不是太大;御史台是监察机构,尽管说它很重要,但再重要毕竟不是到了万万不可缺少的地步,相对于天天要操办行政和应对纷至沓来政务的中书省,它就相对显得那么的无足轻重了,所以当初同样有着强烈乡土观念的朱元璋就把主持监察的御史台工作交给浙东文人圈的重量级人物刘基等人。刘基为人正派,"慷慨有大节"(《明史·刘基传》卷128)。如此一来,御史台反而相对落得干净,剩下的就是中书省了。

明初中书省来源于小明王政权下的江南等行中书省,而江南等行中书省又是从朱元璋、李善长等人为核心的军队兼管地方政务的机构直接演化过来的。由于战争年代的朱元璋忙于军事,打理日常行政与内务的事情都落在了李善长的头上,由此而言,李善长变成了江南等行中书省、中书省的实际上第一号人物,加上他又善于编织人脉关系网和拥有浓烈的乡土观念,自然就使得其长期工作的中书省变成了淮右新贵人事"俱乐部"和活动"大本营"。朱元璋后来处心积虑要彻底废除中书省宰相制,固然有着他躬览庶政、大权独揽的霸气和专制,更有其清除淮右集团危险分子的深刻用意。而所有这一切似乎从洪武初期朱元璋对宰相府四任宰相的人事变动中就能窥豹一斑了。

● 洪武皇帝与淮右集团核心人物、大明宰相李善长之间的是是非非

明初朱元璋先后任用了李善长、徐达、汪广洋、胡惟庸四人担任大明帝国的宰相,从担任宰相的这4人来看,基本都具有以下几个特点:第一,大多原来的级别不低,或者说是朱元璋集团的核心人物。第二,这几个宰相基本上都是朱元璋的安徽老乡即早期投奔朱元璋、来自淮右地区的人(汪广洋为苏北人,从严格意义上来讲,算不上是朱元璋的老乡,但他流寓于安徽境内,并在那里早早地投奔了朱元璋)。第三,除徐达以外都是文人,但实际上徐达是个儒将,又长期在外作战,因此完全可以这么说,宰相府是个最高级别的中央文臣官府。第四,这几个宰相如果按最终的生命终结时间来排序(汪广洋、胡惟庸、李善长)的话,似乎一个比一个死得惨(除徐达外)。那么,为什么明初出任过宰相的人最终命运一个比一个惨呢?

○ 明初第一任宰相、淮右集团的核心人物李善长的功劳

李善长是安徽定远人,与明朝开国元勋徐达是同一个县,与朱元璋的家乡是隔壁县,因而他们在心态上与情感上很容易走近。从《明史·李善长传》和《明实录》等史书所记载的情况来看,李善长具有以下几种特点:

第一,李善长"少读书有智计,习法家言,策事多中"。这是说李善长少年时代起就熟读中国传统经典,尤其是法家之书,足智多谋,算计、策划事情多能成功。这是一枚币的正反两个面,如果有人这么想:战争年代他帮了朱元璋,朱元璋成功了;如果和平年代他起了反心,或帮了别人或自立,事情就复杂了;又说李善长"策事多中",同样也有两个面,关键就在于他为谁策事了,要是和平年代再策事,那就不好了。所以说《明史》对《李善长传》写得很到位,作者吃透了有关资料,以李善长的个性与特长作为切入点,首先提醒人们李善长个人可能隐藏着巨大的人生危险。(《明史·李善长传》卷127)

第二,《明史》记载说李善长"其为里中长者",这说明他社会经验丰富,个人有威望,精通人事关系,善于调节人际关系;谙于人际关系的另外一面也就是容易编织人际网络,拉帮结派,后来他与朱元璋结为儿女亲家了,却又和胡惟庸结成亲家,社会背景深厚。

第三，史书说李善长在元末时曾避匿山中，预测世事。这说明他有独特的政治头脑，对局势把握得较准，应该来说是个不错的政治家。

第四，当朱元璋的军队攻占滁州时，李善长身着儒服，亲自跑到朱元璋军驻地去拜见新主，不像刘基那样是被人家请出山来的——进退有据，而是迫不及待地自己送上门（《明太祖实录》卷1）。这不仅说明他有积极的或者说是强烈的入世心态，而且还很容易因为一味地"进取"，最终导致进退失据；史书又说他喜欢"习法家言"，这就进一步说明了他有极强的功利主义。说实在，法家在中国传统社会中的名声可不咋样，甚至可以说是声名狼藉。人们普遍认为法家薄恩寡义，一般儒士都不愿往法家边上靠，但李善长不仅公然学，而且还练就这样的人格，形成了"外宽和，内多忮刻"的性格特征。所以他与正人君子刘基不能处好，反而与小人胡惟庸关系密切。李善长的这种为人处世性格特征隐藏着一个潜在的负面影响，初次相识的人还以为他是好好先生，但时间一长，人们就看穿了他，所以经常一起在朝为官的同僚对李善长实际上都不怎么样。一旦他有难了，真正为他说话、解围的人就很少。过多的入世、无法超然，往往会贪图美色和财物，这也是李善长致命的缺陷。

第五，《明史》说李"善长明习故事，裁决如流，又娴于辞命"。遇事裁决如流，在战争年代具有无比的优越性，免得朱元璋前线后方应接不暇，省了主子不少心思。但到了和平年代就显得独断和专权了，因此与同样独断的朱元璋相处，两者之间的冲突是迟早的事情。冲突的结果就要看谁占的位置显要和谁拥有更大的权力。朱元璋一开始就以"主"的面目出现，而李善长起初就以宾的身份"入伍"，李善长没有朱元璋那般家底，也没朱元璋那般独特的手段，因此败也是迟早的事。（《明史·李善长传》卷127）

第六，李善长与朱元璋的关系就好比刘邦与萧何的关系，即非同一般的共患难同生死的亲密战友加哥儿们情谊在一起。不仅仅李善长，整个淮右集团的主干都具有这样"天时地利"等方面的优势，这是朱元璋政权的另一个组成部分——以刘基、宋濂为首的浙东文人圈所无法企及的，所以我们也就不难理解，朱元璋后来在考虑宰相人选时，尽管谋士刘基对其一一否定，但他还是一一照用。这除了反映出朱元璋刚愎自用的个性特征外，更多地折射出他对淮右集团的一种天然情感倾斜。还有一种潜在的因素，那就是朱元璋政权中浙东文人圈都是儒士，他们与淮右集团的农民新贵具有不同的价值取向、审美取向甚至生活习性，就朱元璋个人而言，他与浙东文人圈的儒士们最多是在空间距离上走得很近，而不可能在心理上真正贴近。但他与淮右集团则是由于相同地方出生、相同或相似的家庭背景，又是早早一起闹革命，具有相同的价值取向、相同的审美取向以及相同的生活习性，朱元璋眼里有的是老乡。

这也难怪朱元璋,因为他们曾生死与共过,徐达曾作为人质质押在冲突对方,换回朱元璋;再说李善长,无论是在战争年代还是在大明帝国初创时期,他在朱元璋的心目中的地位是相当高的,可谓是亲密战友,这种亲密无间的关系从两件事情可以体现出来。

第一件事情是在最初李善长投奔时,朱元璋先是以礼相待,后来就留下了他为军中的"掌书记",相当于军事参谋与军事秘书一类的官职。(《明太祖实录》卷1)

当时朱元璋对于自己未来的发展有些迷茫,他就找来李善长问:"四方战斗,何时定乎?"李善长奉劝他,要他仿效祖上邳县老家的汉高祖那样,"法其所为,天下不足定也",做第二个平民皇帝。李善长的鼓舞坚定了朱元璋进取的信心,这是朋友加兄弟般的最大支持,朱元璋能不感激吗?更何况李善长作为军机秘书和参谋总是尽职尽责,忠心耿耿地留在朱元璋的身边,帮助他、辅佐他。

朱元璋不断地取胜,个人威望也日益提高,这不能不引起朱元璋当时的顶头上司郭子兴及其周围僚属的不满与猜忌。

郭子兴身边也不全是酒囊饭袋,有人帮郭子兴出了很狠的一招:打算将朱元璋的兵权给剥夺了,并将李善长等人给调离,叫他辅助自己。按照当时的官位级别来说,郭子兴与朱元璋是上下级关系,上级郭子兴要调李善长,一来说明李善长有本事且名声在外,到高一层发展可能更加有利;二来即使到了郭子兴那里不升官平调一下,但也不同于在下属部门朱元璋那里。中国有句古话叫"宰相门前六品官",郭子兴不是什么宰相,但毕竟是一军之帅。但令常人看不懂的是,李善长听到调令后不是高兴地与人道别,而是哭,且哭得很伤心。有人问他为什么哭,他说就是不愿意离开朱元璋。朱元璋听到后感动得几乎也要掉眼泪了。我想这种哭是很难装得出来的,一来当时朱元璋不仅没有大富大贵,相反他还仅仅是造反起义的一支农民军中的下属将领,取天下是个未知数,李善长没有必要装什么哭来拍朱元璋的马屁。第二,李善长毕竟也是个读书人,又是"里中长者",可以说是算得上有点脸面的人物。什么人才会哭,小孩与女人才会哭,成年的男人一般都不会哭的,俗话说,男儿有泪不轻掉。但李善长却确确实实地哭了,哭得朱元璋也被感动了,这足以表明他肯定是发自内心的真诚,由此可见李善长与朱元璋之间的关系是非同一般。自此以后,朱元璋倍加重用李善长,信任李善长,依靠李善长。而李善长也能勤勉自持,毫不倦怠。(《明史·李善长传》卷127;《明太祖实录》卷1)

第二件事情就是发生在和州城攻下以后,为了巩固根据地,朱元璋率军在外拓展,留下一个空虚的大后方和州城,让李善长守着。不料这件事走漏了消息,元朝军队逮住机会前来偷袭,当时和州城很危险,外无救兵,内为老弱病残,怎么办?李善长最终想出了一个办法,设下埋伏,将来势汹汹的元军引入了事先设好的埋伏圈,接着,依靠着城内剩余的这些老弱病残兵力发起猛烈攻击,结果大败元军。朱元璋回来以后,看到和州不仅安然无恙,而且还挫败了元军,巩固了后方根据地,由此对李善长更是充满了由衷地佩服,由敬佩到感激,也就更加欣赏李善长的非凡的能力。(《明史·李善长传》卷127)

当然李善长对朱元璋政权做出的功绩还远不止这些,在建立大明王朝前后,李善长的贡献在人臣中鲜有人能及。

第一,不仅做好后勤保障和军粮筹划工作,而且还当好军事参谋、人事参谋。

以往人们对李善长的研究,都注意到了他在朱元璋政权中的军粮筹划与后勤保障,而忽视了这样一点,《明史·李善长传》中还这么说李善长"从下滁州,为参谋,预机画,主馈饷,甚见亲信";"太祖威名日盛,诸将来归者,善长察其材,言之太祖。复为太祖布款诚,使皆得自安。有以事力相龃龉者,委曲为调护"(《明史·李善长传》卷127)。这一段史料说明李善长与朱元璋关系十分亲密,李善长不仅是军中的军事参谋、后勤部长,而且还是"人事部部长"或"人力资源部部长"。凡归顺诸将,他都协助朱元璋予以妥善安顿,诸将之间有不合而生矛盾的,他极力劝解调和,也使朱元璋威名大振。可这样一来就有了个问题,那就是李善长掌握了大量的军事机密和人事机密,无形之中也就使得他成为了淮右集团中除朱元璋以外的核心人物。在战争年代,军务繁杂、敌我斗争你死我活,朱元璋相对少有精力来怀疑自己的"亲密战友",反而越发青睐他。但到了和平年代,知道机密事情越多并不是一件好事了。朱元璋强渡长江,攻克太平,直指南京,就是他与李善长等人一同谋略并取得成功的。朱元璋为太平兴国翼大元帅时,李善长出任帅府都事(《明太祖实录》卷3),即相当于元帅府里办公室主任或者是参谋长的角色。在夺取镇江以后,朱元璋被诸将奉为吴国公,他就提升李善长为中书参议。军中机务,进攻或防守,赏罚规定,等等,十之八九都由李善长裁定。李善长也十分得意,他经常把朱元璋比作刘邦,而自比萧何。在朱元璋眼中,李善长是辅佐朝政的得力功臣,拜之为右相国。(《明太祖实录》卷14;《明史·李善长传》卷127)

第二,参照元朝的制度,将元朝的弊政剔除出去,制定了盐法、茶法、钱法、渔法等,帮助朱元璋恢复和重建社会经济秩序,为大明帝国的经济好转作出了很大的贡献。

第三,与刘基等共同编定《大明律》,建章立制,健全大明王朝的礼仪制度,构建有序的等级社会。

1368年朱元璋在南京称帝,任命李善长为大礼使,兼任太子少师,凡是朝中的一切册典、郊社宗庙之祭礼,天下岳渎神祇之名号,封建藩国及功臣之爵赏,六部尚书以下的官制,官民丧服之制,朝臣大小服色之俸赐,三师朝贺东宫的礼仪,死亡的开国将领遗孀与孤儿的抚恤,元史的监修,祖训的编制,等等,用今天话来说,凡是帝国民政礼俗文化和宫廷中礼仪规制等,不论事情的大小,都由李善长牵头,会同其他的朝中儒士商定;他还与御史中丞刘基、右丞杨宪等人参照《唐律》,起草与制定《大明律》,协助朱元璋重建有序的等级社会秩序。(《明太祖实录》卷26;《明史·李善长传》卷127)

一句话,李善长在大明帝国建立的前后是个仅次于朱元璋的淮右集团核心人物。

○ 淮右集团核心人物李善长被封为第一功臣与第一人臣,是喜还是忧?

正因为如此,在以农民新贵为主干的一个新兴帝国政权即将呼之欲出之时,1367年(吴元年),朱元璋在建设吴政权时尤其没有忘记功勋卓著的老战友、老哥儿们李善长,将他封为宣国公(《明太祖实录》卷25),并改官制尚左,李善长出任左相国即正宰相。(《明太祖实录》卷26)

1368年大明帝国开国,李善长顺应就成为大明帝国的第一任宰相。此时李善长在朱元璋心目中所占据的位置是无人能企及的,何以为据?

1370年即大明帝国建立的第三年,朱元璋在南京大封功臣,李善长位居功臣第一,就连早早参加起义军、曾经救过朱元璋性命、后来又出生入死南征北战打下大明几乎半壁以上江山的徐达都位居李善长之后,当时好多人不理解啊。如何对李善长的功劳作出评价和对他进行封官晋爵呢?朱元璋是这么说的:"善长虽无汗马劳,然事朕久,给军食,功甚大,宜进封大国"(《明史·李善长传》卷127;《明太祖实录》卷58)。在他看来,李善长虽然没有冲锋陷阵的勇士们那样的功劳,但他跟随我的时间相当久,我们军粮供给全靠了他张罗,他的功劳相当大。于是朱元璋就给李善长极高的政治荣誉、经济待遇和最高的行政官职:"乃授开国辅运推诚守正文臣、特进光禄大夫、左柱国、太师、中书左丞相,封韩国公,岁禄四千石,子孙世袭。"(《明史·李善长传》卷127;《明太祖实录》卷58)

细细说来,李善长位极人臣,拥有三项特殊待遇,既为行政级别最高的左丞相,又被封为韩国公。"时封公者,徐达、常遇春子茂、李文忠、冯胜、邓愈及善长六人。而善长位第一,制词比之萧何,褒称甚至"(《明史·李善长传》卷127)。真是风光至极,政治地位与待遇之高是大明帝国开国之初所有功臣中少有的,这是李善长第一项特殊待遇。

不仅如此,经济收入也相当可观,仅岁禄就有4 000石。明初一般宰相的年收入约1 000石,大臣中最高收入的要数开国的六公,而李善长位列六公中第二(徐达最高),但他是文职官员中俸禄最高的一个。在明初普遍低薪制的状态下,他不仅位近人主,而且可以说是文职官僚阶层中的第一大富豪。这是李善长第二项特殊待遇。(《明太祖实录》卷58)

李善长享受的第三项特殊待遇是,朱元璋恩准他的子孙们世袭爵禄,"予铁券,免二死,子免一死。"这是法律上的特殊待遇。(《明史·李善长传》卷127)

应该来说,李善长可以满足了,如果他头脑稍稍清醒、理性一点的话,这么高的"收效"并不都是好事,功高会盖主,功大会震主,物极必反。他似乎忘了中国传统文化中道家的教导:"福兮,祸之所伏。"他自比萧何,只记得萧何如何如何,不记得文种和韩信的悲剧,不记得"狡兔死,走狗烹"的历史明鉴。因此我们说,李善长的悲剧终结只不过是个时间问题了。

○ 大明第一人与第一大臣的无语之争——相权与皇权的冲突

在南京建都以后,随着全国性的统一战争的不断胜利,大明王朝迎来了全国性的由战乱走向和平建设的大好形势,同时统治阶层的矛盾也逐渐凸现了出来。李善长与朱元璋关系即相权与皇权之间的冲突也就逐渐明化。这里面既有朱元璋这个中国历史上少有的以雄猜著称的强势皇帝方面的原因,也有李善长个人性格和处世等方面的原因。具体地说有以下几个方面:

第一,在天下未定的情况下,李善长的个性与才干是很让人刮目相看的,他多谋善断,勇于任事,这对于忙于战争与统一大业的朱元璋来说,正是求之不得的;但到了和平年代,对于已经没有战事忙乱的帝王朱元璋来说,李善长的迅速、果断、干练等优点则更多地表现出一种难以容忍的缺点,那就是对皇权的漠视与侵犯。

第二,朱元璋是中国历史上少有的以雄猜著称的强势皇帝,由于他童年和少年时代极度的卑微,饱受了人们的鄙视;在成年以后他就表现出极度的自尊,当登上至高无上的权力巅峰时,他的这种极度自尊到了无以复加的地步;加上历代相权与皇权相争经验与教训的明鉴,朱元璋从保护他的朱家基业万世永存的角度去考虑,当然会表现出对相权的讨厌甚至是厌恶。这一点可能是李善长所没有料到的。

第三,李善长有能耐,这没错。但是李善长很贪婪,什么都要。从现有的资料来看,当初他拿了胡惟庸的多少好处(费)就为他"说官",这就不得而知。但史书记载说:胡惟庸由一个小小的宁国知县,通过李善长的推荐,一下子被擢升为京官太

常寺少卿,"(胡)惟庸以黄金三百两谢之"(《明太祖实录》卷202),这可有正史明确记载的;与朱元璋结为儿女亲家了,还"让"侄儿娶胡惟庸的侄女,为了李氏家族的利益,他也太不自足了;晚年即使胡惟庸惊天大案爆发了,作为荐主的他没被处理,居然还精神矍铄地盖府宅花园,等等,这一切就充分暴露了李善长贪婪的本性。(《明太祖实录》卷202)

第四,中国自古以来就有"共患难易,同富贵难"的说法,这在历代君臣中屡见不鲜:范蠡、文种与勾践,韩信、萧何与刘邦,等等。朱元璋尤其是以雄猜著称于历史,所以明初位于权力中心仅次于皇帝的宰相兼淮右集团核心人物李善长自然就成为权力斗争的主角。

由于政治形势和权力中心人物心态都已发生了变化,而洪武初年作为帝国权力中心的第二号人物左丞相李善长恰恰又没有及时看清时势变化,在心态、工作作风与行事态度等诸方面作相应的调整,而是依然如故,甚至有时有过之而无不及。原本敢于任事、当机立断等优点此时变成了目中无人、擅自独断的缺点,这就使得身居大明帝国最高权力宝座的朱元璋显得"无关紧要",同时这也是相权对皇权的不恭或侵夺,至少在朱元璋看来是这样。一次两次,尚可宽容,但一旦次数多了,就难以容忍了。加上李善长为人处世"外宽和,内多忮刻",参议李饮冰、杨希圣稍微侵犯了他的权限,他马上奏请皇上,罢免了他们的官职;御史中丞刘基在立法问题上同他有了不同意见,他就破口大骂,毫不容人。(《明史·李善长传》卷127)

由此看来,李善长这个人很霸道,也很阴险,是一只"笑面虎"。凡是他觉着看得不顺眼的人,或者冒犯他的人,他绝不宽恕,予以无情的打击,议定个罪名,上奏朱元璋予以黜除。因此我们说,李善长的官场人缘关系并不好。这些被他罢免的人或与他有矛盾的人并不会善罢甘休,也会有人到朱元璋面前"哭诉"。"哭诉"的人多了,在所难免让朱元璋产生了一种印象:李善长霸道、专权,甚至可以说是一手遮天,于是他要对李善长有所限制。但朱元璋也清楚:李善长权高望重,更何况其周围还活动着一大帮子淮右老乡新贵;如果对他处置不当,会引发很多的不良后果。所以朱元璋只能先"忍"着,等待合适的机会,同时又表现出一些对李善长的疏远。

○ **非淮右集团第一个悲剧大臣杨宪之死的背后**

对此,李善长也有所感觉:皇帝对自己没有以前那么亲热与信任了。最为明显的事情就是皇帝不断地派人到中书省丞相府任职,王溥、胡美、杨宪、汪广洋、丁玉、蔡哲、冯冕、陈宁等一些非淮右集团的人士分别被任命为平章政事、左、右丞和参知政事等(《明史·宰辅年表》卷109)。而在这些非淮右集团的人士中,尤其那个杨宪最为狂傲,压根儿就没把我李善长放在眼里,听人说他还与凌说、高见贤和夏煜等曾向皇帝进谗,说我李善长根本就不是一块宰相的料。虽然皇帝没听他们的,但由此说明,杨宪这个人够危险的,为今之计最好是除掉他,但怎么除呐?

世界上的事情有时很滑稽,当你还不知道怎么除掉敌人时,敌人却跑到你的"门"上来了。

洪武二年年底,李善长身体不适,告了一段时间病假。皇帝朱元璋采取了变通办法,在保留李善长宰相之位的前提下,任命自己的"老秘"汪广洋为中书省右宰相,再将在外地任职的杨宪调入朝内,担任中书省右丞。明眼人一看就明白,这是洪武皇帝在给宰相府"掺沙子"呐。按照朱元璋的设想:让"老秘"出身的谨小慎微的汪广洋暂时负责主持中书省全面工作,让精明能干的杨宪当他的助手,这样就使得宰相府在没有李善长在时,照样能把工作处理好。

再看那杨宪,还真让人刮目相看,尽管他年轻,但工作起来却十分利索、老道,处理事情井井有条。为此很得皇帝喜欢,据说皇帝朱元璋还打算以杨宪为相呐。

以杨宪为相?那可不是过去的"掺沙子"了!就为这样的谣传,李善长等淮右新贵们的心像小鹿一样猛跳。再看入省后杨宪的那副样子,简直就没把顶头上司汪广洋放在他的眼里,且还要"尽变易省中事:凡旧吏一切罢去,更用己所亲信"(《明太祖实录》卷54)。这着实急坏了淮右集团的人,李善长的亲信胡惟庸急着跑到老宰相府去告状,并发出这样的悲叹:"杨宪为相,我等淮人不得为大官矣!"(【明】刘辰:《国初事迹》)不过,姜还是老的辣,李善长耐住气,示意淮右集团的人先让着,静观事变。当杨宪颐指气使,专断决事,咄咄逼人,又不断获取胜利时,李善长为首的淮右集团骨干分子睁大眼,甚至拿了放大镜在找杨宪的岔子。终于在杨宪唆使刘炳弹劾汪广洋和刑部侍郎左安善时,老宰相逮住了机会,突然上书皇帝,指控杨宪"排陷大臣、放肆为奸"。刚巧刘炳弹劾刑部侍郎左安善职务过失之事又不属实,由此局势发生了180度大转向,原本处于上风的杨宪与刘炳刹那间让皇帝朱元璋给收拾了。(【明】焦竑:《国朝献征录·资善大夫中书左丞阳曲杨宪传》卷11)

利用皇帝好猜忌的个性,轻轻松松地搞掉了危险分子杨宪后,李善长等又将矛头指向了敢于公开向淮右集团说"不"且有"潜在危险"的另一个重量级人物——浙东文人圈领袖刘基。

● 非淮右集团第二位悲剧大臣刘基及其浙东文人圈

朱元璋在南京开创大明帝国前后，尽管手下人才济济，但从领导核心来讲，最主要由两部分人组成，即以李善长和"后起之秀"胡惟庸为核心的淮右集团和以刘基、宋濂为首的"浙东文人圈"。作为皇帝的朱元璋与李善长为核心的淮右集团之间的关系，前面我们已经讲过，那么他与刘基、宋濂为核心的"浙东文人圈"的关系又是如何的呐？

○ 朱元璋与"浙东四先生"

前文说过，朱元璋最早接触到浙东文人圈应该是在攻下婺州和处州后，"初上（指朱元璋）在婺州，既召见宋濂，及克处州，又有荐基及溢琛者。上素闻其名，即遣使以书币征之"。1360年总制孙炎向朱元璋提出，延聘"浙东四先生"来南京，朱元璋当即下令让他上浙江去聘请。刘基、宋濂、章溢、叶琛等就是这样被请"出山"的。（《明太祖实录》卷8）1363年朱元璋在南京城里盖起了礼贤馆，将刘基等安排在那里任职（《明太祖实录》卷12）。"浙东四先生"中的叶琛后来出任洪都南昌知府，上任没多久就死于江西省丞相胡廷瑞外甥康泰等人的叛乱之中；章溢曾被朱元璋任命为浙东按察副使等地方官职，长期远离政治中心，直到大明开国时才与刘基并拜为御史中丞，但后来又被外派，因此说他基本上也是远离朱元璋政权的领导核心；再说宋濂，虽然他是一代名儒，但出山后主要担任朱标太子的老师、《元史》总裁官、翰林院学士等文职官，说白了，也没有真正进入大明帝国的核心领导阶层。（《明史·刘基、宋濂、叶琛、章溢传》卷128）

所以说，"浙东四先生"或言"浙东文人圈"自出山后实际上已经被朱元璋"拆散"了，只有刘基才算得上是真正进入到了朱元璋政权的核心，他曾任朱元璋的军师，两人关系曾经好得跟一个人似的，但最终他却也不得善终，这是为何？

○ 为什么无所不能的"大神人"军师刘基没有出任大明宰相？

事情还得从刘基出山后说起。话说刘基出山后的"表现"还真不俗，连连正确无误的军事前瞻和决策，不仅使他赢得了"神人"军师的美誉，而且也提高了自身在朱元璋政权中的威望。

应天大捷之前刘基料定张士诚眼光短浅，不会与陈友谅合伙进攻南京，于是他向朱元璋提出速决战略，诱敌深入，痛击陈友谅，使朱元璋军事被动转为军事主动；安丰告急，朱元璋要去救小明王，又是刘基及时地作了提醒，只是朱元璋没听进去，走了一着险棋,终因对手愚蠢,这才没有铸成大错,这一切都让事后的朱元璋唏嘘不已;更为惊险的还要数鄱阳湖上刘基救驾了……(《明史·刘基传》卷128)

这一切不仅显示了刘基的超人胆识和机智,而且也充分展现出刘基杰出的军事谋略和远见,换句更为直白点的话来讲,就如民间所传扬的刘基在军事上特别能神机妙算。

要说刘基的杰出才能还远不止于他在军事决策上拥有了常人所没有的"超前的意识",在堪舆学和天文学方面他同样也有杰出的天赋。大明帝国建立之前,明皇宫的选址就是由刘基等人来卜定的,虽然后来建在燕雀湖上的明皇宫出现了部分下陷,但那是洪武中晚期的事情,刘基已经作古了。而在大明建国之际,在迷信十足的朱元璋眼里,明皇宫占尽了紫金山的龙气,刘基理所当然是世界上数一数二的堪舆学家了;更为人们所惊叹的是刘基在天文学上也"身手不凡",大明开国大典的佳日良辰也是由刘基来选定的,神乎?这些都给自称是"天生圣人"和"命定天子"的朱元璋增添了无数的神秘的光环,刘基说出了许多朱元璋想说而不知如何说的话,做了许多朱元璋想做而没办法做的事,对此,朱元璋能不喜欢他吗?!于是君臣两人关系进入了"蜜月期",好得跟一个人似的。(《明史·刘基传》卷128)

史书记载说,刘基长相不错,身材高大伟岸,性格直爽,慷慨大方,说起民族前途与国家安危时,往往是一脸的正经和严肃。朱元璋看到这位老先生对他一片至诚之心,就将他当作自己的知己与心腹。每次找刘基议事,往往叫周围和手下的人都退下,他们两人低声密语好一阵子。刘基感慨自己碰到了朱元璋,真是难得一遇好主子,所以常常想到什么就讲什么,遇到十分紧急为难的事情,他敢于面对,及时筹划应对策略与计谋;要是一旦有了空闲的功夫,便向朱元璋讲讲"王道"之术,而朱元璋每次都能恭恭敬敬地倾听刘基的,并尊称其为"先生",而不呼其名,甚至还将他比作为汉高祖刘邦身边的谋士张子房张良,由此可见朱、刘君臣关系已非同一般。(《明太祖实录》卷99;《明史·刘基传》卷128)

但有件事情很奇怪,尽管朱刘两人关系已到了亲密无间的地步,但刘基的政治待遇似乎并不算太高。吴元年,他被任命为太史令;朱元璋登基称帝后,他被拜为御史中丞兼太史令。御史中丞是御史台——后来改名为都察院的长官,刘基任职的御史中丞实际上就相当于监察部部长,而掌握大明帝国政府大权的中书省宰相府却始终与他无缘,换句通俗话来说,刘基充其量当个部长,却一直没有当总理的份。这到底是为什么?

第一,刘基出山时,朱元璋已经在南京站稳了脚跟了,他的政权里已经有个"大能人"李善长,每当朱元璋忙于前线军事战务时,李善长十分称职地担当起后方总指挥的角色。不可否认,李善长的才能也是一流的,总不能因为刘基来了,就要将李善长这样的一流人才给换下来,这是不恰当的。再说,刘基再聪明,要接替李善长这个类似于宰相的角色也要有时间。

第二,朱元璋是个很聪明的人,他对人才的观察比任何人都仔细,刘基的长处是"能掐会算",留他作军师与参谋最合适,这叫知人善任。如果不是这样,将刘基换到李善长的位置上,刘基或许能干好,但李善长的老部下不一定会买刘基的账,所以最好还是不动"人事"。

第三,从应天大战前夕高层决策时刘基对"投降派"怒目而视的细节来看,他这个人很正、很直,不大绕弯子,所以朱元璋在大明开国前后让刘基出任御史中丞兼太史令,去搞天文堪舆、监察和修订法律,这也叫用人所长。做宰相要有很好的"内功",俗称叫"宰相肚里能撑船",刘基明显不合适,还是叫表面"一团和气"的李善长继续做宰相更为妥当。

第四,尽管朱元璋表现出对刘基很好,但刘基来到他身边毕竟时日不长,而朱元璋偏偏又是个猜疑性很强的人,他不会用自己不太了解的人到最为要害的岗位上。(参见《明史·刘基传》卷128)

第五,朱元璋叫花子出身,又是安徽人,他与刘基、宋濂这些"大儒"毕竟不是"同类项",真正达到"神合"似乎是不可能的,加上语言上浙江方言也是一大问题。与此相比较,朱元璋倒与李善长、徐达、胡惟庸他们更合得来,都是安徽同乡,习俗、语言甚至审美情趣都十分接近,加上情感上,他们之间有着更长的"情义"了,所以说,明初的宰相人选只能是在李善长为首的淮右集团内而不可能是刘基为首的浙东集团的了。

○ 由"管天"到"管地"、管监察、管法律,可刘基最终还没能管得了自己?

刘基没有出任大明帝国的宰相,朱元璋老早就叫他去当太史令,专管天文历法的推算——主管大统历的修订,换句话来说,有点类似于现在的国家气象台的气象观测与研究。不过,刘基可没有600年后的现在气象预报员那么神气,在电视屏幕上一站,拿了根棒棒指指点点,一夜之间就成为家喻户晓的"气象超男"。话得讲回来,当了太史令,刘基还挺忙的,他不仅要管天象,而且还要管"地象",因为古代中国人相信"天人感应",天降灾异,必定是地上人们有什么地方得罪了"上天",一般的"明君"就要广纳谏言,检查自己治国理政的得失。所以说太史令工作的本职是"管天",而它的下延自然就是"管地"了。吴元年上半年,南方大旱,人们纷纷议论。刘基认为这是因为天下有太多的冤案、错案,所以上天才会以大旱来惩罚当政者。

于是朱元璋就派刘基去重新审理那些冤假错案,神奇的是,平反工作才结束,雨从天降,不管是民间还是朝廷内外,就此都把刘基奉为神仙。刘基借着这种机会又向朱元璋进言,要求编定法律,为日后执法与定罪量刑提供依据。(《明史·刘基传》卷128)

这事过了没多久,有一天,有人传言说,不知是什么原因,朱元璋要处决一批人。刘基听后心急火燎地赶往朱元璋那里,想问个原因。朱元璋告诉说:他做了梦,梦见了什么什么,刚开始不理解梦里的事情,现在听人报告是某某人触犯了天条,所以就下令将这些人抓起来了,正要开刀问斩,你老先生来了。刘基连忙劝阻:"您说的梦里的那些事情啊,是好事! 这是得天下得民心的预兆啊,万万不可滥杀无辜啊!"果不其然,三日之后,海宁被打下来,并适时归降了。这下可把朱元璋给乐坏了,他立即下令,将那些本来要被砍头的"犯人"全部交给了刘基处置,刘基当即予以全部释放。(《明史·刘基传》卷128)

可以这么说,在朱元璋登基称帝前后,刘基不仅为朱元璋运筹帷幄,决胜于千里之外,而且帮助他立纲陈纪,为大明帝国的开国奠基做出了极大的贡献。此时二人的关系非常和顺,为了表达对刘基的感激和对他工作的肯定,朱元璋没忘给他加官晋爵,拜他为御史中丞兼太史令。不仅如此,还要追封刘基的祖上三代。而此时的刘基并未利欲熏心,一方面由于自己到了知天命的年纪,看透人间世事,另一方面,他深谙儒家思想和道家理论,因而也就没有像李善长那样贪婪,更不可能像胡惟庸那般胡作非为,面对如此的名利与殊荣,他婉言谢绝了。好在朱元璋并未强行,而是在核定天下粮税时,尽管重赋江南却对刘基家乡青田的税收实行减半,目的是想让人们世代记住刘基的恩泽。(《明太祖实录》卷99;《明史·刘基传》卷128)

如此看来,虽然朱元璋没让刘基出任宰相,但在大明开国前后,朱刘关系还是相当不错的,那么,后来究竟发生了什么事情让他们之间发生了隔阂呢?

○ 能掐会算的刘军师与无所不能的朱皇帝之间的矛盾来自何方?

朱元璋与刘伯温关系恶化主要来自三大事件:

◎ 刘基与朱元璋之间关系的第一次缝隙——明初"李彬案"

第一件事情——明初"李彬案"。大明开国的洪武元年年中,徐达率领大明军北伐节节胜利,皇帝朱元璋赶赴汴梁,去考察那里作为都城的可行性,走前将南京城托付给了刘基和李善长共同管理。其中由李善长来管理日常的政务,刘基负责监察官场不正之风。鉴于"宋、元宽纵失天下,今宜肃纪纲",刘基下"令御史纠劾无所避,宿卫宦侍有过者,皆启皇太子置之法,人惮其严。"(《明史·刘基传》卷128,

列传16)

可就在这个档口,中书省都事(相当于宰相府秘书长)李彬将李善长搬进新宰相府后空出来的老宰相府改造成了一个高档的娱乐休闲场所,再把从张士诚那里俘来的娇姬美眷充当"三陪"小姐,并进行权色交易和买官卖官。这个案子在历史上被称作"李彬案"。若从案件的表象来看并不复杂,台面上的主角就是中书省都事李彬,但实际背景很复杂,李彬与李善长家公子关系很铁,又是李善长的心腹,且跟李善长的红人胡惟庸关系也很亲密,换句话来说,他是李善长为首淮右集团的中坚人物。

尽管台前人物李彬买官卖官做得很隐蔽,但还是给暗中监察的刘基手下的得力干将知道了(一说杨宪侦知),将此事报告给了刘基。刘基决定一查到底,并把侦查到的结果发加急书信,向正在北方视察的朱元璋汇报了此事,并请示如何处置。朱元璋下令:"杀!"就在这个节骨眼上,大明第一人臣、淮右集团核心人物李善长从幕后走了出来,为李彬"打招呼"。刘基向来严格执法,刚正不阿,绝不通融,李善长只好另想办法。当时南京城及其周围地区出现了大旱,这在今天人们的眼里是件很普通的事情,但在相信天人感应的古代人看来,那可是异常的天象,人间肯定有什么地方不对劲,对罪了上苍。李善长就以此作为理由,请求刘伯温暂缓对李彬行刑。可刘基绝不买账,坚持按法执行,处决李彬。(《明史·刘基传》卷128)

李彬还挺讲哥儿们义气的,至死也没说出腐败窝案中的其他任何人,这对李善长为首的淮右集团来说真是天大的好事,关键人物死了,大家都可以躲过一劫了;相反,这事对案件的主管人刘基和杨宪等人来说却十分不利,他俩从此与丞相李善长为首的淮右集团结下了梁子(后来杨宪被李善长置身于死地,刘基被胡惟庸毒死,都充分地说明了问题);同时通过这个案件充分表明了以丞相李善长为核心的淮右集团在新兴的大明帝国中占据绝对的优势和拥有相当大的影响。说实在的,在这个新兴帝国政权中,就连皇帝朱元璋本人跟淮右集团也有说不清道不明的关系。据《明史》记载,朱元璋回南京后,淮右集团的人不断地向他告状,一股脑地说刘基如何不好,如何霸道,假借皇帝的名望,任意胡为。告状的人多了,朱皇帝也就分不清是与非,但有一点他是肯定的,那就是绝不容忍底下人的权力超过他。于是人们看到,回到南京后的朱元璋不是去深查李彬案的背景,而是做了件令人一头雾水的事情:严斥刘基的不是。(《明史·刘基传》卷128)

以上是刘基与朱元璋之间关系第一次出现的缝隙或言隔阂。我们中国人最讲究人际关系,最难处理好的也就是人际关系的失和。因为一旦失和、翻脸了,就很难弥补和愈合,尤其是君臣关系,那就更不好处理了。而就在朱、刘之间第一次出现缝隙尚未来得及愈合之际,第二次缝隙或言隔阂又不期而至了。

◎ 第二次缝隙出现与隔阂的增大——刘伯温第一次"天灾人事"预言失验

第二次朱、刘缝隙或言隔阂起源于刘基的预言失验。朱元璋叫刘基任太史令,确实也是任人所长,刘基对自己的"专业"不仅很热衷,而且常常是乐此不疲。问题也就出在这里,朱元璋很迷信,尤其相信天人感应,而刘基也特别自信,相信自己的每次推算都能很正确、很灵验。殊不知这是一种反科学的高级迷信罢了,谈不上什么正确率,但有一定的巧合性,如果有一两次应验也属正常,但时间一长,自然会毛病百出,预说者与听者之间也不免会引起误解与矛盾。

明朝刚开国那几次灾害都让刘基给"算"准了,但对接下来的这次旱灾,刘基的推测就没那么运气了。却说当时天下大旱,朱元璋再次找到刘基,要他看看究竟是怎么回事。在经过一番观测与推算后,刘基禀告说:"这次旱灾的起因有三个:第一,死亡将士的妻子们全被另行关着,人数约有几万,阴气郁积得很厉害;第二,南京城的工匠死亡得太多,至今他们的遗骸大多还没有入殓;第三,东吴张士诚手下投降过来的将士不该编入军户,否则有违于天下和气!"朱元璋一向很佩服刘基的"神测妙算",这次听完"大神人"的指点后就一一纠正前失,该抚恤的就抚恤,该放回的就放回。

该做的都做了,但过了许多时日,老天还是照样大旱,未曾下过一滴雨水,这下可将朱元璋"逗"火了。而恰恰在这时,刘基得罪过的那些人又乘机蠢蠢欲动,逮住机会在皇帝面前拼命攻击刘基,由此刘基与朱元璋的隔阂更加增大了。(《明史·刘基传》卷128)

◎ 第三次缝隙出现与隔阂的增大——"营建中都"的争议

自洪武元年"李彬案"中无意间与淮右集团交上了手,刘基在大明朝廷内的处境并不佳,用今天话来说,他处于绝对劣势的少数派行列,在朱元璋政权中没有多少的亲和力。作为熟读经史之籍的著名文人,刘基不是不知道这一点,加上皇帝朱元璋对他的态度也大不如以前。文人的敏感性使得刘基本能地反应——及早地脱身朝廷这个是非窝。碰巧洪武元年(1368)八月,近60岁的刘基家中妻子过世了,他借口回家安葬,顺便向朱元璋提及,想从此归隐青田老家。从史书的记载来看,朱元璋似乎也没有执意要强留他(《明太祖实录》卷34)。刘基心里到底如何,我们不得而知,想必也不会太好受。不过他这个人就是耿直,对大明帝国忠心耿耿。行前,向朱元璋道别,顺便不忘规劝皇帝,提醒要他注意两件事:第一,"凤阳虽帝乡,然非天子所都之地,虽已置中都,不宜居";第二,明军在与元朝残余交战时千万不可轻视了扩廓帖木儿即王保保的部队(《明太祖实录》卷99)。但志得意满又刚愎自用的朱元璋哪儿听得进去,就在刘基离开南京之际,他还送给刘基一首诗:"妙策良才建朕都,亡吴灭汉显英谟。不居凤阁调金鼎,却入云山炼玉炉。事业堪同商四老,功劳卑贱管夷吾。先生此去归何处?朝入青山暮泛湖。"意思很明白,就是叫刘基在青田老家"朝入青山暮泛湖",不要多管闲事。

再说回家后的刘基心灰意冷、情绪格外低落,下葬了妻子后,就在家里过了几天清闲的日子,本以为就此可以安度余生了。没想到几乎是要将自己撵回老家的洪武皇帝却突然间又急吼吼地召他回京。朱元璋之所以要急着召回刘基:一来是由于他在营造中都的事情上出了麻烦(前面讲的工匠"厌镇法");二来是由于徐达率领的明朝军队在与元朝残余扩廓帖木儿即王保保交战的过程中骄傲轻敌,吃了败仗。在这样非常的时刻,朱元璋如梦初醒,发现眼前所发生的一切,都让老军师刘基事先给说着了,于是越发觉得刘老先生了不起,随即发出手谕,让刘基迅速返回朝廷。

刘基回到了南京后,皇帝朱元璋不仅对他好生招待,赏赐甚厚,而且还给他加官晋爵,甚至要追封刘家上两代为永嘉郡公,但这一切都让刘基给一一谢绝了。(《明史·刘基传》卷128)

○ 祸从口出——关于宰相人选的君臣对白

适逢此时皇帝朱元璋对淮右集团核心人物丞相李善长极为不满,想罢他的相位,于是就跟刘基探讨起继任宰相的人选。刘基听后极为公正地评价李善长,分析了李善长为相多年来所取得的政绩,认为他作为开国元勋,善于调和朝廷内外的各种矛盾,能力很强又能服众,是不可多得的人才。朱元璋听后十分耐人寻味地说道:"李善长曾多次想加害于你,而你刘先生却如此公正无私地说出这番话?我实话告诉你,我想找个合适的人才接替他的相位。"刘基听后回答道:"这换相如同屋子上换柱子啊,必须得用大木头,如果弄根小木头凑合地用,那房子肯定要倒塌的。"刘基的话太直露了,明白告诉朱元璋,若想镇住天下,必须找一个有大器之才的人来当宰相,否则是镇不住的!话已说到这个份上,但朱元璋是个极有个性的人,他最终还是将李善长的宰相之职给罢免了,想立杨宪继任为相,于是又征询刘基的看法了。虽然刘基与杨宪的个人关系不错,但当听说皇帝要拜杨宪为相时,他立马规劝道:"这万万不可,虽然杨宪有当宰相的才能,但他却没有宰相的器量。做宰相的要有像水一样平的心态来看待一切事和人,要以国家的大义大理作为为政的根本,而自己又不能有什么偏心与私心啊,杨宪就不是这样的人。"朱元璋接着询问:汪广洋是否合适？刘基说:"这人的肤浅完全超过了杨宪。"换句话来说,汪广洋还不如杨宪。接着朱元璋又询问起他心目中的第三个人选胡惟庸如何？刘基做了一个比喻,他说这人就像一只小牛犊,他有的是力气,给他一辆马车,他会奋力往前拉,直到把马车给毁坏掉。意思是说,胡惟庸功利心太强,什么样的事情都会做得出来,不可信任和重用。朱元璋接着又说了:"我大明朝的宰相人选还真是没有人超过你刘先生!"刘基不假思索地说:"我啊,不行,我这个人疾恶如仇,又不能忍受那种繁复的工作细务,如果叫我做宰相,恐怕要辜负了皇上您的一片圣恩了。不用担心天下没有人才,只要圣上您认真用心去寻找,总会找得到的。不过,目前这几个人真的都不是相才啊!"(《明史·刘基传》卷128)

从这历史性的君臣对话中折射出如下的信息:

第一,朱元璋对刘基还是挺信任的,否则怎么会与他商议丞相人选？

第二,朱元璋知道刘基与李善长他们不是一条道上的,却竟然说什么"李善长曾经多次想加害于你"之类的话,由此看来,皇帝出卖了李善长,同样他也有可能卖刘伯温。作为君主最起码的素质连一般"君子"水准都达不到,大明难有安宁!

第三,朱元璋向刘基透露了李善长的阴损,说明当时朱元璋对尽管罢了相(洪武四年)的淮右集团核心人物李善长所拥有的潜在实力及其影响还是有着充分认识的。

第四,尽管刘基看人的目光很准,说事论人也很公允,但最终洪武皇帝还是没听他的劝告。由此说来,朱元璋真正信任的还是淮右集团,压根儿就没把刘基的话当作一回事。接下来一个接一个的宰相变换没有一个是刘基认为合适的,事实上他们确实也差那么一点点。

第五,朱元璋曾想让刘基出任宰相,没想到遭到了谢绝。而刘基说话似乎也太过头了点,什么我这个人疾恶如仇,就算你的老冤家李善长被罢相了,朝中还有恶人和坏人啊？难道我大明朝就你刘基一个人是君子……就连今人听到这番言论也会往这个方向去想,更何况朱元璋是历史上有名的雄猜之主,刘基的话肯定不会给他留下太好的印象,而事后刘基的运气似乎一直都不佳,处境更为不妙。

○ 刘基心冷隐退与青田知县的"热心"造访

这些靠感觉出来的气息,作为敏感人群的知识分子本来就比一般人要强多了,更何况刘基是文人中的精英了。事实上在洪武三年(1370)十一月明初大封功臣时,刘基的受封待遇就不高,他是弘文馆学士,兼任开国翊运守正文臣、资善大夫、上护军,被封为诚意伯,俸禄240石(《明史·刘基传》卷128)。而相比之下,一样是朱元璋的左膀右臂的李善长却被封为公,公的级别自然在伯两等之上,且李善长的俸禄是4 000石,几乎是20倍于刘基的俸禄。刘基当然会有自知之明,这也许是李彬事件,也许是他与朱元璋关于宰相人选的那一番谈话,得罪了李善长为首的淮右集团,他们在皇帝面前竭力诋毁自己。刘基为人比较低调,通常遇到这样的境况,就选择归隐乡里。洪武四年春他写了一份辞呈,请求皇帝批准他告老还乡。奇怪的是皇帝朱元璋居然又同意了,这至少说明自己的直觉还是对的,隐退自保应该说是一种最佳的选择了。

可事实上这回刘基又想错了,或者说他帮别人算了一辈子,却没有算到自己晚年的境遇。当他十分低调地在青田老家准备颐养天年,不问朝廷是非之时,却突然遭人陷害。

刘基自从归隐老家后,格外谨慎地处理自己周围的一切关系。皇帝朱元璋有什么天象方面的问题要问,就写好专门的书信叫人送到青田的刘家,刘基一条条地详细解答。不过此时他的心里还是惦念着国家和民族的命运,于是就借着回答天象问题的机会,经常在给朱元璋的回信中表达出这样的意思:"凡是霜雪之后,一定是艳阳高照的好天气。现在大明国威已建立起来了,眼下应该是以宽仁来治理天下啊!"在信上是这般表达,但在行动上他却极端低调、谨慎。每日粗茶淡饭,喝酒下棋,从不以功自居,也不再过问国事。可即便如此,或许是他给朱元璋回信中的借题发挥所招惹的,或许是朱皇帝本身疑心病太重了,于是出现了青田知县多次想要拜见他的"怪事",但都被刘基婉言谢绝了。(《明史·刘基传》卷128)

有一天晚上很晚了,刘基正在家中洗脚,听说有一个乡野村夫来刘家要拜见刘老先生。听说是"乡野村夫",刘基未加思索地叫人将他引入自家的茅屋里去,真诚地招待他。"乡野村夫"大受感动,如实相告:自己就是青田知县某某某。刘基一听到来访者真实身份是朝廷命官青田知县,顿时就连滚带爬,跪地直呼:"小民刘基叩拜知县大老爷!"(《明史·刘基传》卷128)

送走青田知县后,恐惧之心久久不能平静的刘基更加谨慎了,一直不见外人。可即使这样,最终还是没能逃脱别人的暗害。

那么,究竟是谁害死了"大神人"刘基刘伯温?说来可能大家都不敢相信,他就是淮右集团骨干主将、被刘基称为"小牛犊"的胡惟庸。胡惟庸?他怎么会有那么大的能量来害死皇帝朱元璋的军师?

要想说明清楚这个问题,我们还得要从明朝第一任宰相李善长"内退"前后大明中书省宰相人士变动说起。

● 洪武皇帝与李善长为首的淮右集团之间的矛盾升级

前文已述,自从秉公处理李彬案、得罪淮右集团后,刘基与皇帝朱元璋之间的关系整体上都不怎么样,弄到后来连刘基回家了都不得安宁;这里边当然有刘基的误测天机、误判时势人事等因素,但更为主要的是由于皇帝朱元璋的极度猜忌和李善长为首的淮右集团的"捣糊",前者无须赘言。后者即淮右集团的"捣糊"对于极度精明的洪武皇帝来说,难道真的没有一点觉察出来吗?也不见得!自洪武三年杨宪被杀后,皇帝朱元璋似乎也逐渐看出了一些名堂,自觉或不自觉地流露出对李善长及其中书省宰相府的不满与疏远。

○ 李善长"提前退休"和出任中都宫殿建造总指挥

对此,李善长也有所感觉,为了证实自己的第六感觉的判断,洪武四年(1371),李宰相生了一次病,有好多天未到丞相府——中书省上班,心中有些不安,如何表达呢?老谋深算的李善长上疏恳请致仕即申请退休,其目的有两个:第一,多日不上班,有负于皇恩,心中很为不安;第二,借口身体不好,申请提前"内退",以此来试探一下皇帝朱元璋对自己的恩宠是否衰退了,这也是历代大臣惯用的伎俩。以李善长当时的估测,凭着他的杰出的才干和他与朱元璋这样的"黄金搭档",自己一上书,朱元璋极有可能会下诏谕,予以挽留。但这次李善长大大地算错了。当朱元璋收到李宰相的"申请内退"的奏疏后,立即批准了"申请"。这着实是李善长所始料未及的,无疑头上挨了一闷棍。(《明史·李善长传》卷127)

朱元璋"同意"李善长"提前退休"的深刻用意在于:第一,让李善长"退休养病"离开中书省,这样可以减少自己与李善长之间的摩擦,从而能保全他;第二,让李善长"退休养病",明白地表示出皇帝对他的恩宠已经衰微,以此来警示他不要再恣意妄为,也只有这样他才可得以善终,或至少能保持晚节。

洪武四年,李善长被批准"内退"后,皇帝朱元璋将临濠(后改名为凤阳)的若干顷田地赏赐给李善长,并配给他守冢户150家,佃户1 500家,仪仗士20家。到了洪武五年新年到来时,李善长身体"好了",朱元璋就命他在临濠担任中都宫殿建造的总指挥。因当地人口有限,皇帝又下令强迁所谓的"江南富民"14 000(户)到濠州去安家落户,由李善长对他们进行管理。

朱元璋做出这样的处置有两个目的:一是让李善长远离政治中心,以免产生不必要的是非,而从朱元璋角度来说,他可以排除李善长的干扰,好好地对大明帝国政治做些布置;二是李善长不在南京,朱、李碰不到头,这样可以免除双方遇上了尴

尬与不快,让时间来慢慢地抚平双方关系的裂痕吧。(《明史·李善长传》卷127)

○ 朱元璋对老宰相的"打打揉揉"

不过这样一来就引出了另外一个问题:洪武皇帝在开国之初毕竟那么高度地评价过李善长,让他位居明初分封的六公之首。如今李善长毕竟也没犯什么大的过错,一下子让他"走人",似乎显得过于薄情,或者说近于毒狠,在旁人看来也会感觉心寒。朱元璋是个心细之人,很快意识到这一处置的问题及缺陷,为了弥补缺陷,他不仅在经济上给予李善长优厚的赏赐,而且还将李善长的弟弟李存义提拔为太仆丞,就连李存义的儿子李伸、李佑也都给封了一定的官职(洪武七年)。至此,洪武皇帝还没停歇,随后又利用儿女婚姻来向世人表示,作为皇帝的他对老宰相李善长是特别的有情有义。洪武九年(1376),朱元璋将自己的长女临安公主下嫁给李善长的长子李祺,李祺一下子成为位于伯爵之上的驸马都尉,李家也随之成了皇亲国戚。皇恩甚隆,双方关系似乎比以前更加密切了。(《明太祖实录》卷107)

但就在朱、李两家这个当时南京城里第一、第二大家的大喜过后没几天,皇帝朱元璋大病一场,据说病得还不轻,有十几天没上朝。而同属社会顶尖阶层又是皇亲家的李善长居然不闻不问,作为驸马的李善长长子李祺居然对皇帝丈人一病不起的事似乎也漠不关心,他6天不上朝。后来被叫到大殿上时,还没有意识到自己所犯之罪,御史大夫汪广洋、陈宁上奏皇帝朱元璋,要治李善长父子"大不敬"之罪。(《明太祖实录》卷108)朱皇帝虽说最终并没有按汪广洋、陈宁所拟的罪名来处罚李氏父子,但还是将李善长的岁禄4 000石削成2 200石;不久又命令李文忠与李善长一起总揽中书省、大都督府、御史台,共同商议军国大事。

朱元璋的这一举措明显是冲着李善长而来的,提拔自己的亲外甥李文忠,兼管起原来李善长的"大本营"中书省,这无非是在老宰相"大本营"里掺点沙子,同时也起到消除其潜在影响的作用。当然,在表面上洪武皇帝还是做得非常圆滑,没叫李文忠、李善长只管中书省一个机构,而是同时兼管三个重量级的大摊位,让人不大觉得这事是直接针对淮右集团核心人物李善长而来的,于理于面子都讲得过去。(《明史·李善长传》卷127;《明太祖实录》卷112)

○ 夹气板:明初第二任宰相汪广洋

朱元璋虽然以"同意内退"的方式稳妥地处置了第一宰相李善长,但同时又不得不对中书省宰相府的领头人空缺问题加以认真和周全的考虑。在他看来,中书省宰相府之所以对皇权构成侵犯和威胁,关键在于淮右集团核心人物李善长居功恣肆;如果换上一个小心谨慎的大臣可能不会这样,而且这个人的资历还不能太老,这样他就无功可居,所有的问题也就迎刃而解了。那么具备这样条件的宰相候选人究竟是谁?朱皇帝看中了秘书出身的汪广洋!

汪广洋,字朝宗,江苏高邮人,少年时拜元末大学问家余阙为师,广学博览,精通诗书,后流寓到安徽太平。朱元璋渡江时,汪广洋被召为元帅府令史,这是一个相当于参谋兼秘书的职务,因此说汪广洋是朱元璋的老部下,先后在江南行省内任行枢密院掾史、江南行省提控、正军都谏司等职。(《明太祖实录》卷128)

《明史》对汪广洋是这么评述的:说他"淹通经史,善篆隶,工为歌诗","廉明持重"和"剖繁治剧"(《明史·汪广洋传》卷127)。换句话来说,汪广洋精通经史,擅长篆书和隶书,诗歌也写得不错。一句话,他是一个地地道道的文人;接着《明史》又讲起了汪广洋的性格特征,说他遇事很能深思,心细又精明,善于处理烦琐的细务工作。因此说,他是一个典型的秘书型人物,不可称之为人才。但即使这样,汪广洋还是很为朱元璋所赏识。问题也就出在这里,秘书出身的人往往没多大的主见,重用这样的人,其好处就在于听话,在领导的眼里他是个好干部、未来的红苗子。故而汪广洋在朱元璋心目中还是占据了一定的地位。

◎ 谨小慎微的老实人也会遭人害

汪广洋在干了几年元帅府秘书后,被朱元璋提升为江南行省都事,类似于江南行省的秘书长。再后来就被提拔为中书右司郎中,又被"外放"为江西行省参政(可能近似于副省长)。洪武元年,北伐军攻占山东后,他被朱元璋任命为山东行省参政,"抚纳新附,民甚安之"(《明史·汪广洋传》卷127;《明太祖实录》卷128)。也就是洪武元年十二月汪广洋被召入了宰相府,任中书省参政,这是汪广洋第一次"入政"中书省,但时间很短。洪武二年汪广洋又被"外放"为陕西参政。洪武三年,宰相李善长一度病假,中书省长官空缺,皇帝朱元璋采取变通办法,任命汪广洋权领中书省右宰相事,即主持宰相府工作,这是汪广洋第二次进中书省工作,其职务有了明显的提升(具体实务则更多的是由精明能干的右丞杨宪去处理)。可令汪广洋没想到的是,自己回中书省工作不到半年,就让野心勃勃的手下人杨宪给撵回了高邮老家。杨宪撵走汪广洋的由头是,说他赡养老母不周到,也就是有"不孝"的犯罪嫌疑。可就在汪广洋回到老家不久,戏剧性的事情又发生了,"撵人者"杨宪突遭身首异处的不堪结局。那么究竟是谁与杨宪有着这么大的过节而要下这么狠的毒手?淮右集团核心人物李善长!(《明太祖实录》卷128)

◎ 杨宪被杀的警示

因为杨宪曾经上奏皇帝朱元璋,说李善长不是一块宰相的料,又因为杨宪想利用自己在位主持工作之际,对整个中书省宰相府做了大手术、大改造,这就等于要砸烂淮右集团的"大本营"!无形之中也就冒了天下之大不韪了,其结果毋庸赘言。(《明太祖实录》卷54)

杨宪的悲剧告诉当时的人们:谁要想在淮右集团的"大本营"中书省宰相府头上动土,那你得首先掂量掂量自己。而在这场实力角逐和斗智斗勇中,基本上一直躲在幕后的淮右集团核心人物李善长在人们不经意间轻轻松松地赢了个大满贯。什么叫借刀杀人?想必那时的淮右集团的人都会会心一笑。杨宪被杀了,下令杀人者是皇帝,那么当时朱元璋是否意识到这表象背后的种种玄机?似乎还没有,不过他倒是想起被杨宪劾奏的"老秘"汪广洋或许是受了冤枉了。

◎ "老秘"汪广洋政治人生顶峰时刻的开始与终结

就在杨宪被诛杀后,汪广洋被皇帝召回。洪武三年十一月,他被朱元璋封忠勤伯,食禄360石。朱元璋在诰词中高度评价汪广洋为"刬繁治剧,屡献忠谋,比之子房、孔明。"(《明史·汪广洋传》卷127;《明太祖实录》卷58)可能这是汪广洋一生享受到的朱元璋给予的最高评价。洪武四年正月,李善长以病去位,朱元璋就正式拜汪广洋为右丞相。这是汪广洋第三次入中书省,也是他在中书省任职时间最长的一次(整整在那里工作了三年),且还是独相,即以副宰相身份主持宰相府工作整整三年。

这三年对于很有创见的人来讲,应该是极易发挥个人才干,搞出一些像样的工程与政绩,让人们刮目相看;可对于谨小慎微的汪广洋来说,这三年却过得不容易啊!

汪广洋与李善长原先都是朱元璋的旧人,且在元帅府里共事过。但他两个性差异很大,也可能不投缘,两人之间似乎往来并不多。因此说皇帝拜汪广洋为右相,实为用心良苦:

第一,李善长为相时很独断,宰相府中的人员基本上都是他安置的。在这个"铁桶"一般的宰相府里安排一个与李善长来往不密切、不属于淮右集团的人容易发现问题。

第二,汪广洋谨小慎微,没有李善长那样张扬、揽权,由他来出任宰相府官长,相权与皇权也就不容易冲撞。

对于朱皇帝的这番良苦用心,作为他的老部下又以心细著称的汪广洋当然会心领神会;而对于前任宰相下台的原因及其背后的潜台词,他也看得一清二楚:第一,不能独断专行,要多向皇帝请示;第二,皇帝朱元璋对老宰相李善长已经不太"感兴趣"了。于是以谨慎为其职业首务的"老秘"汪广洋上来后主动地疏远李善长这个"下台"干部。

汪广洋这样做,很得皇帝朱元璋的赞赏。但不久麻烦来了。疏远了老前辈李善长,汪广洋在工作上很不顺畅,中书省大多数人都是李善长提拔的,你汪广洋对他们的"大恩人"如此不恭敬,他们当然会在工作中不配合,于是汪广洋麻烦不断,烦恼多多。对上即朱元璋,由于他谨慎小心,廉明持重,常常向皇帝请示、汇报,刚开始时,朱元璋认为这是自己慧眼识才,很为得意,但时间长了,终于厌烦了汪广洋:"大小事情都要向我汇报,我还要你这个宰相来干什么?!"终于洪武六年(1373)正月,因为"无所建白",汪广洋被朱皇帝降为广东行省参政。(《明史·汪广洋传》卷127;《明太祖实录》卷128)

● 淮右集团权势巅峰时刻的到来——明代第三任宰相胡惟庸"独相"

汪广洋因为"无所建白"——说白了就是因为窝囊、抖抖豁豁而被罢相,这时大明帝国的中书省又缺少了领头的长官,相比于汪广洋的无能,朱元璋倒是想起了"老战友"、"能人"李善长来了。李善长虽说致仕居家,但他对政务的影响力依然很大,且中书省的属员,如左丞、右丞、参知政事等官,都是他一手提拔、安置的,他人虽去职,但声威仍在,很有遥控政柄的作用。要跳过他有时候还很困难。再说李善长尽管独断,但能见利害于机先,决成败于庙堂,一个宰相应有的基本条件,他都具备了,就是有个令人无法容忍的大毛病——他太贪权了。要是既不让他当宰相,又能将国家大事处理得很好,这样的万全之策该有多妙啊!于是朱皇帝就有了这样的想法:李善长毕竟没有明显的大错,一下子那样处置,似乎也过分了点,再说有些事连我这个做皇帝的自己也拿不准主意,还得要请教请教他老宰相呐。如此做法,也好显得我朱元璋如今虽然贵为天子,但绝非是薄恩寡义之徒。朱皇帝拿定主意后经常上李善长家跑跑,多咨询咨询,如此下来,表明皇上对老宰相的眷恋与恩宠依旧。而汪广洋办事乏力,皇帝朱元璋就往李善长那儿跑得更勤。对于这一点,李善长也看出来了:皇帝对汪广洋已经失望,他就因利乘便地向朱元璋推荐起与自己亲厚的人进中书省,这个人就是胡惟庸。(《明太祖实录》卷60)

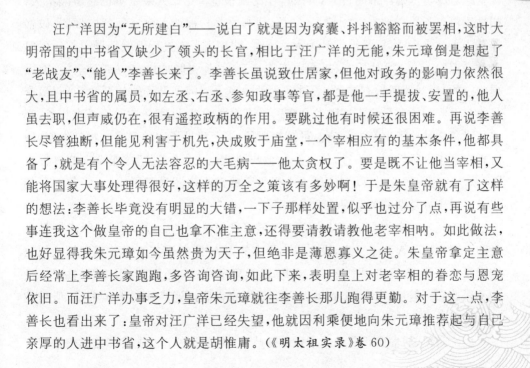

○ 600年前的"跑官"高手、淮右集团的中坚骨干——胡惟庸粉墨登场

胡惟庸,安徽定远人。当年朱元璋军队打到安徽和州时,他前来投奔,被授予元帅府奏差——跑腿的低级官吏。不久,被提拔为江西宁国知县。后来又迁为吉安府通判、湖广按察佥事等官职,可胡惟庸还不满足,他朝思暮想要当大官,要尽快扩大自己的权势。

吴元年胡惟庸想到了一个很有权势的老乡——李善长(也是定远人),于是就到处打听这位朱元璋政权第一权臣的个人爱好,用卡耐基的话来说,就是寻找人性的弱点来。胡惟庸费了很大的劲,最终摸清楚了:这个老乡虽然贵为第一权臣,但与常人没有什么两样,个人爱好就是贪财好色。既然他有所好,就不信"打不倒"!胡惟庸想好了,就从这儿下手,找了个机会,携带了300两黄金,去拜见他的老乡。李善长本是"里中长者",娴于辞令,明习事故,他当然明白这位小他好多岁的老乡胡惟庸前来拜见的用意,否则他带300两黄金总不会为见一面吧!不过还有一说,胡惟庸跑官跑成后,为感谢李善长的栽培之恩而奉送了300两黄金。(《明太祖实录》卷202)

不管何种说法,奉献300两黄金在明初那个物价低廉、人们收入普遍不高的年代里绝对算得上是巨额的投入,其所产生的回报也肯定令人羡慕不已。事隔不久,胡惟庸再也不用在地方上"混"了(知县、通判之类),被调入南京朝廷内任职,破格提升为太常寺少卿,后又被擢升为太常寺卿,即相当于中央正部级领导干部。(《明太祖实录》卷129)找对了人,胡惟庸连连高升,就连当时的中书省都事李彬(前面提到过的)也对他尊敬有加,为了讨好这颗一夜之间闪亮登场的朝廷政坛新星,李彬将自己弄到的东吴张士诚雕龙金床送给了胡惟庸,胡惟庸又转送给了李善长,李善长又将它献给了皇帝朱元璋。可没想到是,朱元璋见了这种奢侈之物就发怒,顿时把它砸了个稀巴烂。不过,从这个酷似蚂蚁搬运大军"搬运"雕龙金床的过程来看,以李善长为核心的、以胡惟庸为中坚骨干的淮右集团早已形成,一张覆盖面甚广且背景十分复杂的关系网也已铺开了。

洪武元年发生的"李彬案"实际主谋很可能就是胡惟庸或李善长,所幸的是当时的主犯李彬一人扛了下来,没有供出更多的大人物,甚至与李彬关系密切的胡惟庸也没有涉及,更没牵到李善长。对此,洪武皇帝是否知道真相,因史料的缺失,我们不得而知。但从洪武元年到洪武六年胡惟庸官职连连高升的事实来看,似乎是当时的朱元璋还并不太清楚。

洪武三年,胡惟庸晋升为中书省参知政事(类似于副宰相或者说是宰相助理);

洪武六年七月，也就是汪广洋在中书省第一次为右丞相的最后半年，胡惟庸被任命为中书省的右丞相。(《明太祖实录》卷83；卷129)自从投靠了李善长以后，胡惟庸真可谓官运亨通。一个后来者居然与一个"老前辈"同为右丞相，这实在是不合乎常规的。以历来的规例而言，汪广洋早早就入中书省，资历在前，理应升为中书省左丞相，胡惟庸后来者就任右丞相，这样两人一左一右，稍见轩轾，才吻合官场之常理。但现在的局面很蹊跷，两人同为右宰相，虽说没有职位高下之分，但明眼人一看就明白，皇帝朱元璋对汪广洋的恩宠已衰，汪丞相将不能久居其位了。

而对早已从宰相位置上退下来的李善长来说，他之所以这么卖力地推荐胡惟庸，是不是因为当初收受了对方300两黄金？恐怕事情没那么简单。综合起来看，李善长青睐胡惟庸可能有着三个方面的考虑：

第一，收人钱财，予人办事——地道的贪官。既然胡惟庸来李府拜见，一出手就是300两黄金的厚礼，这说明此人"有魄力"，见世面，懂规矩。

第二，随着胡、李交往的增多，相互之间的"友谊"也日渐深厚，双方家族成员也更加熟识，结为儿女亲家似乎是再自然不过的事了，胡惟庸把自己的侄女儿许配给了李善长弟弟李存义的儿子李佑。如此下来，胡家在官场上不仅有个"知音"，而且有儿女亲家罩着。你说李善长不帮胡惟庸家还会帮谁？(《明太祖实录》卷129)

第三，胡惟庸也确实是个精明干练的人物，李善长把他推荐到中书省去可以说是"一箭三雕"：一来自己中书省的那些旧属们都会帮胡惟庸，我李善长可以落个慧眼识才、举贤不避亲的美名；二来可以及时掌握政府的动态，有这样精明且对自己恭敬有加的"耳目"在中书省做事那是再有利不过了，同时还可以遥控政柄；三来现在的那个皇帝"老秘"汪广洋——一个小字辈人物居然当了右宰相后对我李善长敬而远之，这实在让我气愤不已。乘着这个时候皇帝朱元璋对他日渐不满之际，我李善长赶紧推荐这个精明干练的胡惟庸，将那该死的"老秘"踢下去，最好能一脚踢出中书省，免得他老窝在我淮右集团"大本营"里头，碍手碍脚的。想到这些，李善长就乘着机会不断地向皇帝推荐胡惟庸。

再说胡惟庸确实也有些才干，他不仅文字功底深厚，而且工作起来十分干练，属于精明能干型的干部；加上老宰相推荐，他一被皇帝拜为右宰相，中书省内李善长的老部下们立马意识到，这个新任的右宰相背景深厚，前途无量，他不仅是老领导李善长"线"上的人，而且还是儿女亲家呢！所以胡惟庸一当上右宰相，工作起来就得心应手，凡事都搞得头头是道，一下子就把同为右宰相的汪广洋给比了下去。本来半信半疑的朱元璋这下也感到：汪广洋确实不是一块宰相的料。洪武六年正月，"以(汪广洋)怠职左迁广东行省参政"。(《明太祖实录》卷128)

○ "小牛犊"胡惟庸独相中书省

再看胡惟庸,刚开始任右宰相时他确实不错,小心谨慎又精明干练,所以给人感觉:他既没有像李善长那样遇事往往专断,又没有像汪广洋那样过于谨小慎微而大小事情都得请示。胡惟庸处理事情很有分寸,该汇报的就汇报,不该汇报的就自己处理。在那时朱元璋的眼里,这正是集李善长与汪广洋两人之长而又无两人之短,实在是个理想的宰相人选。

但时间一长,情况就有所不同了,胡惟庸逐渐变了。胡惟庸变化的原因大致有三个:

第一,他觉得皇帝对他工作是肯定的,甚至是信任的,否则怎么会将同为右宰相的汪广洋给撵走,留下他一人为相?由此,自己也就大可不必像以前那样事事倍加小心了。

第二,同样为右相的汪广洋被撵走后,中书省少了一个碍手碍脚的人在那里看着,自己作为淮右集团的中坚骨干完全可以在中书省这个淮右集团的"大本营"里放开手脚好好干干。

第三,胡惟庸不是通过正常的"组织程序"一步步上来的,而是通过"跑官"跑出来的。跑官者对升官的窍门自然是心领神会,那就是说,绝不靠长期的脚踏实地地实干干出来,而是通过搞些形象工程,一时取悦于关键的当权者就行了。因此从长时间的角度来讲,胡惟庸的尾巴迟早是要露出来的。

当然跑官这种丑恶现象并非明朝有,也绝非古代才有,只要社会政治体制是专制主义的人治,那么,跑官永远不可能绝迹。综观专制政体下的跑官事实,我们不难发现跑官者具有如下几个特征:第一,他有主见,同时野心也很大,有用的,他跑,没有用的,他不跑;第二,跑官者脸皮特别厚,万一跑错了,被人骂出来,他也不会在乎,心理调节功能强;第三,跑官者一般以金钱或美女作为武器,也就是今人常说的"财贿赂"和"性贿赂";第四,跑官者一般都能跑成,跑成后,拼个命地捞钱,堤内损失堤外补;第五,跑官者眼光独特,善于观察人、琢磨人;第六,跑官者对上"会办事",表面上做得漂漂亮亮的,对与自己不利的,能隐瞒则隐瞒,对下盛气凌人,独霸一方。

胡惟庸就是这么一个典型的人物。当他的层层"画皮"退去的时候,精明、心细又雄猜的皇帝朱元璋通过自己特殊渠道和方式及时地掌握了一些胡惟庸的情况:第一,贪婪好利、遇事隐瞒、专断,甚至比李善长还有过之而无不及;第二,胡惟庸与李善长是穿连裆裤的,他们早就勾结在一起,胡惟庸在中书省台前干着,李善长拿着遥控器在后面指挥着。为此,皇帝朱元璋十分光火,他逐渐回想起了胡惟庸刚刚被拜为中书省右丞相时,与汪广洋同省主事的那番"美景",由此联想起:汪广洋在中书省时虽然办事不力,但毕竟多汇报,甚至可以说快成了皇帝的耳目了。现在可好,汪广洋不在,自己反倒成了"瞎子"和"聋子",想想自己过去对待汪广洋似乎过了点?无论怎么说,他毕竟没有什么大错,将他斥之千里之外是否太冷酷了?

○ 汪广洋在广东准备了3年的反击

皇帝朱元璋在想汪广洋,身为广东参政的汪广洋也在想皇帝,他不仅在想皇帝,而且还在琢磨皇帝将他逐出南京城的根本原因。汪广洋是这么想的:过去自己之所以能入值中书省,还不是因为皇帝圣明,再说皇帝是神圣的,绝对不容置疑。自己之所以最后被贬黜出中书省,主要是胡惟庸来了的那半年处处表露出他比我汪广洋强,硬是把我给挤出中书省。可恨的胡惟庸!不,最关键的还有他"后台老板"李善长,他才是真正的主谋。汪广洋从南京城一路出来,主意就逐渐拿定,擒贼先擒王,我要出气就要从胡惟庸的后台李善长身上入手。所以说尽管汪广洋人在广东,却心一直在南京。通过关系,他收集整理到了不少李善长干下的不法阴事,随即开始第二步行动,与曾经一起同事过的御史大夫陈宁联合起来奏疏,参劾李善长,罗列了许多李善长的不法罪行,安了一个"十恶"重罪中的"大不敬"的罪名,将疏本上呈给了皇帝朱元璋。(《明太祖实录》卷108)

○ 朱元璋对中书省人事的重新安排

朱元璋接到疏本后十分高兴,但并没有按照"大不敬"的罪名去治罪李善长,他有自己的想法:本来么,汪广洋就与胡惟庸、李善长不同路的,如今这疏本不就明白地说明了一切。对了,应该将汪广洋调回朝廷,给胡惟庸、李善长多设一道障碍,也给本皇帝多添置一个耳目,免得他们淮右集团骨干分子老串通一起。主意打定,洪武七年(1374)三月,皇帝朱元璋下令"召广东参政汪广洋入为左御史大夫"。(《明太祖实录》卷88)

而后朱元璋又对中书省的正副宰相的人事安排作了精心的设计:将左御史大夫汪广洋再次调入中书省,考虑到他的能力相对有限但还算忠心,于是又一次委任他为右宰相,用他来监视胡惟庸;而对胡惟庸的办事能力,皇帝朱元璋也不得不信服,他要依靠他来办事,虽说这3年是胡惟庸独相了的3年,但也是他的职位原地踏步的3年,现在如果不给他升格,还要把曾经被贬黜的汪广洋调回来,与他平起平坐做右宰相,无论怎么说都是欠妥的。于是朱元璋最终想到:将胡惟庸升格为左宰相,以此来宽慰他;同时又将谨小慎微的汪广洋调回中书省,官复原职,作为皇帝的耳目。如意算盘打好,洪武十年(1377)八月,朱元璋下令,"命中书右丞相胡惟庸为左丞相,御史台左御史大夫汪广洋为右丞相,右御史大夫陈宁为左御史大夫,中书右丞丁玉为右御史大夫"。(《明太祖实录》卷115;《明史·汪广洋传》卷127)

○ 汪广洋第二次出任右相和朱元璋对淮右集团中坚骨干的最后忍耐

可这回朱皇帝的如意算盘又打错了。汪广洋调回中书省后更加谨小慎微,在广东时的锐气早就随着他从南国北上南京的一路颠簸而化为乌有。汪广洋之所以如此,原因恐怕有四:

第一,他本来就是一个谨小慎微的人,当年被贬黜出南京城时满腔愤怒,将所有的恨都集中在胡惟庸和李善长身上,所以后来才会壮大了胆、铆足了劲向皇帝朱元璋上疏,状告胡、李的不法行为。而如今已经官复原职,总算上天给了个公道了,中国有句古话说得好:得饶人处且饶人!穷追猛打、不依不饶是不合"君子之道"的!

第二,在汪广洋看来,想当初自己和陈宁都是省部级领导干部,还不是一般的七品御史,联手起来参劾李善长,可最终都没把他怎么的,或者说丝毫影响也没有,可见李善长的根基有多深!淮右集团势力有多强大!如果再去参劾他(们),似乎也太不明智了,或者说自不量力啊!

第三,汪广洋过去在中书省与胡惟庸共过事,虽说受过胡的抑制、排挤,但对他的干练办事能力还是蛮佩服的。胡惟庸点子多,汪广洋自感不是他的对手,现在调回来了两人还得要继续共事,还是息事宁人为上。

第四,在汪广洋的心里,他这次调回南京全赖皇帝的圣眷。不过,当今圣上对胡惟庸也不错,让他独相了这么多年,现在又将他升职为左宰相,这说明胡惟庸等淮右集团骨干分子还是很得皇帝的认可,甚至是信任的,而胡的后台老板李善长受到那么大的指控,居然还能纹丝不动,识时务者为俊杰,还是知趣点吧!

正因为有了这样的认知,所以汪广洋在第二次回中书省任右宰相时,对胡惟庸、李善长等人敬而远之,也就是说,既不走近他们,也不给他们找麻烦,虚与委蛇、"和平共处"。但他的内心却是极其痛苦,史书说:"广洋颇耽酒,与惟庸同相,浮沉守位而已。帝数诫谕之。"(《明史·汪广洋传》卷127;《明太祖实录》卷128)

而对于胡惟庸来说,皇帝朱元璋为什么要把汪广洋调回来,他是心知明肚的,开始时当然不怎么愉快,但在最终宣布人事安排时,皇帝给他升了格——左宰相,这在他的眼里,皇帝还是挺"在乎"自己的。想到这些,胡惟庸心里就宽慰了许多;至于对汪广洋重回中书省,他压根儿就没多大在意,自己过去曾作为新手在中书省与汪广洋同为右宰相时,尚且没把他放在眼里,如今自己地位又要明显高于他,那就更不会正视这位老当右宰相的老同事了。由此,胡惟庸更加放肆,汪广洋愈发怯弱,皇帝朱元璋的所有算计全都落空。

由汪广洋的日益畏缩、胡惟庸的愈发放肆,回想起李善长的独断,此时皇帝朱元璋心目中对宰相制存在的合理性产生了严重的质疑。他正酝酿撤销中书省、废除宰相制的具体步骤。因为宰相制在中国历史上至少已经存在了1500多年,"存在的就是合理的"。要使它不存在就首先得证明它的不好。朱元璋忍耐着,寻找机会为废除丞相制铺垫——经常斥责相臣,数落他们的不是。而所有这些都没有引起人们太多的重视与注意。尤其是作为新任的中书省第一把手的"小牛犊"胡惟庸,还真以为皇帝朱元璋非常看重他的能力与才干,所以他愈加趾高气扬,忘乎所以,最后到了不知天高地厚和任意胡为的地步了。

○ 淮右集团权势巅峰时刻——"小牛犊"胡惟庸的最后的疯狂

第一,独断专行。"自杨宪诛,帝以惟庸为才,宠任之。惟庸亦自励,尝以曲谨当上意,宠遇日盛,独相数岁,生杀黜陟,或不奏径行。内外诸司上封事,必先取阅,害己者,辄匿不以闻"(《明史·奸臣传·胡惟庸传》卷308);"由是四方奔竞之徒,趋其门下。及诸武臣谀佞者多附之,遗金帛、名马、玩好不可胜数。"(《明太祖实录》卷129)

这是说,胡惟庸为相期间控制和垄断着大明朝政。凡是上奏的折子,一定要经他先过目,如果发现对己不利的,他就把奏折给隐匿起来而不上报。这样一来,各处仕途不顺的文武官吏争先恐后地前去贿赂他。他在这些年里收受的金银珠宝、名马和玩物多得数不胜数。

◎ "大神人"刘伯温是被胡惟庸杀害的吗?

第二,杀害异己。最著名的案例就是毒害刘基。由于刘基为人过于耿直,之前曾经在皇帝朱元璋面前说过胡惟庸作为宰相的不妥。胡惟庸知道后一直想要报复刘基,甚至想要置其于死地而后快,但就是没找到合适的机会。嗨,你还别说,说到机会,有时说来就来了。

自从刘基与皇帝朱元璋之间弄得不愉快回家后,一直低调行事,就连家乡父母官造访也予以婉言谢绝,这才有了前面讲的青田知县夜晚扮作村夫前来探访一事。即使这般谨慎,但刘基最终还是没能逃出政治是非漩涡,真可谓树欲静而风不止。

话说刘基回乡,时间一长,对周边的事情了解也多了。有一天他听人说起,就在青田不远处有个叫谈洋的地方,因为地处闽浙交界,元末天下大乱时,这里成了官府严厉打击的私盐贩子聚集的一个据点,这些私盐贩子后来投靠了方国珍,长期作乱,老百姓深受其害。即使大明开国了,但天高皇帝远,谈洋仍为私盐贩子的乐土,社会治安成了当地的一个严重问题。刘基虽说告老还乡,但不能对这样的事情视而不见听而不闻呀,于是他就上书给洪武皇帝,说明这里的情况,请求朝廷在此设立巡检司,加强社会治安管理。朱元璋批准了他的请求,命令地方有司着手办理。谁料当地的一些老百姓不干了,有人说这个谈洋地属温州府管辖,是民田,不是无主空地。如此一搅和,设立巡检司一事就泡汤了,地方治安依然如故。刘基实在看不下去,就赶写了个奏折,向皇帝做了详细的说明。写好以后,他反复叮嘱长子刘琏直接送给皇帝朱元璋,奏明此事,千万不能让中书省胡惟庸他们知道。

再说刘琏到达南京时,正是淮右集团中坚骨干胡惟庸主持中书省工作之际,一个曾经在皇帝面前说过自己"坏话"的仇人之子莫名其妙地来南京,必定有什么紧要事情,胡相胡惟庸赶紧派人侦查,很快就获悉:刘琏好像代父来朝奏请什么事的,且他还想跳过中书省,直接向皇帝朱元璋奏报。这下胡惟庸发怒了,命令下属的刑部衙门,迅速将刘琏抓起来,随即来个恶人先告状,向皇帝朱元璋说,谈洋这个地方有王气,刘基之所以要这样做,就是要把这里据为己有,以便百年之后留作他的墓地。可当地老百姓不答应,他才写了这本折子。朱元璋听了以后虽然没有立即给刘基定罪,但十分震怒,下令剥夺刘基的俸禄。而刘基虽然非常冤枉,却被迫以衰颓之身再次回到南京,引咎自责,并且从此再也不敢说回老家去了。(《明太祖实录》卷99;《明史·刘基传》卷128)

此次来到南京,目睹了淮右集团中坚骨干、"小牛犊"胡惟庸所言所行,已经风烛残年的刘基不无担忧地说:"但愿我说的关于胡惟庸当宰相之后的国家命运的预言不要应验,那将是天下苍生的福气了!"忧愤之中,他疾病发作,且每况愈下,最终病倒了,且还病得不轻。作为大明朝的开国重臣、昔日朱元璋智囊的刘基本是个极受人们关注的"公众人物"。他这一病,不要说整个朝廷,就是南京城里的人都知道了。皇帝朱元璋知道后就派宰相胡惟庸带了医生前去探望病中的刘基,这也实在是耐人寻味。"帝遣(胡)惟庸挟医视(刘基)",即派了病人的老冤家去看病人,胡惟庸"遂以毒中之"(《明史·奸臣传·胡惟庸》卷308)。据说胡惟庸乘着这么一个"好"机会,叫医生给刘基开了一服药。刘老先生吃了药后,顿感腹中有巨块堵着,连喘气都成了问题,病情愈加恶化(《明太祖实录》卷99)。洪武八年三月,皇帝朱元璋派人护送刘基回了老家。到家一月之余,刘基便告别了人世。弥留之际,他将自己一生在天文学上的造诣写成的心血之作交给长子刘琏,让他日后好生保管;同时交给次子刘璟一个奏折,说:"我本来是想将此作为遗表上奏给皇帝,可现在看来已经来不及了。我要奉劝皇上修德省刑,注重礼仪教化,少些严刑处罚,只有这样我大明朝才能永享天命。治国理政当以宽猛相济,天下各显要地势的守护,应该与京师南京连同在一起考虑。我死之后,皇上必定会问起,要是他一旦问了,你就把这个奏折秘密地呈上去!"

一代风云人物、能掐会算的大"神人"刘基就此抱憾而亡,享年65岁。(《明太祖实录》卷99;《明史·刘基传》卷128)

刘基走了,第二位敢于向淮右集团说"不"的大明朝廷重臣终于以悲剧告别了人世。不过,淮右集团的中坚骨干胡惟庸等并没有就此歇手。刘基死后,他的长子刘琏"为惟庸党所胁,堕井死"。(《明史·刘琏传》卷128)

第三,异想天开。胡惟庸自以为是,不知天高地厚。他不仅明目张胆地扩充自己的势力,而且还"制造"出上天眷恋和垂青于他的种种"祥瑞"。一会儿说他定远老家的宅子里的那口老井里突然出奇地长出石笋,这石笋居然高出水面好几尺;一会儿又说他家的祖坟上每天晚上都有火光,火光烛天。人们纷纷议论开来了,这是非凡的"祥瑞"啊!胡惟庸听后更是沾沾自喜,自负不已,私下里开始密谋造反了。(《明太祖实录》卷129;《明史·胡惟庸传》卷308)

第四,陷害同僚。胡惟庸为相时,通过大明科举考试而崭露头角的新科状元吴伯宗很得宠,洪武皇帝朱元璋"赐(吴伯宗)冠带袍笏,授礼部员外郎,与修大明日历"。但因为吴状元不肯屈从胡惟庸而被"坐事谪居凤阳"(《明史·吴伯宗传》卷137)。更为悬乎的是,胡惟庸还想对洪武皇帝的亲家、被誉为"大明第一大将军"的徐达下手。由于徐达为人正派,不为胡惟庸的淫威所吓倒,经常在皇帝朱元璋面前揭发其龌龊行为。为此胡惟庸恨得咬牙切齿,一直伺机报复。经过反复观察后,他打算收买徐达家的一个叫福寿的门人来共同"揭发"徐达的"不轨"行为,不曾想到自己看走了眼,这个福寿对徐达忠心耿耿,非但没被利用,反而将他蝇营狗苟的行为给揭发了出来。(《明太祖实录》卷129;《明史·胡惟庸传》卷308)

第五,结交"犯错误"的同僚,行为不轨。吉安侯陆仲亨从陕西办完公事后回南京,按照当时的规制,他是不能随便启用大明帝国驿道的。可陆仲亨就是不遵守规定,擅自乘用。皇帝朱元璋知道后相当恼火,狠狠地斥责他:"中原战争刚刚结束,百废待兴,老百姓才开始恢复家园,政府按照户籍让他们几家凑合起来购买良马,从而建起了驿站,畅通了驿道,多不容易啊,多苦啊!假如官员们都像你这样,那老百姓都得要卖儿鬻女!"随后,朱元璋责罚陆仲亨上代县去抓强盗。

另一个叫费聚也是个人物,他的爵位是平凉侯,曾奉皇帝朱元璋之命去苏州抚恤百姓。可是当他看到苏州美女如云时,顿时就起了淫心,也不顾自己的身份和大明的法纪,擅自将看中的美貌女子强占为己有。有了美女,加上美酒,平凉侯费聚简直是掉进了蜜缸里了。皇帝朱元璋知道了后，非常生气，下令让平凉侯费聚到西北去招降蒙古残余势力，戴罪立功。

可无论是吉安侯陆仲亨还是平凉侯费聚最终都无功而返，皇帝朱元璋为此大发雷霆，严加斥责。见此，两个侯爷害怕起来，就怕皇帝万一降罪下来，那就自己小命也不保了，怎么办？这急啊！整天急得像狗一样团团转。而这一切全被胡惟庸暗中观察到了，胡宰相以利害关系来"开导"两个侯爷。要说这两个侯爷向来以"戆勇"著称，说白一点就是脑子不会转弯的。他们看到胡惟庸是当朝的第一宰相，对他们俩这么"好"，不像皇帝朱元璋那样，高高在上，薄恩寡义，对比下去两人顿时都喜欢起胡宰相来了。而胡宰相也适时邀请他俩上府前去喝喝酒。酒过三巡，正在兴头上，突然胡宰相叫周围的人全部退下，然后对两侯爷说："我们这些人做的事情多是国法所不容的，你们有没有想过，如果事情一旦败露怎么办呢？"两人听了这话，一下子慌了神，纷纷请求胡丞相指点迷津。于是胡惟庸就趁机告诉他们，迅速收集兵马，暗中扩张自己的势力，以做谋反准备。(《明太祖实录》卷129)

◎ 朱元璋"先扒皮再抽筋"

对于淮右集团中坚骨干胡惟庸的如此行为，一向不容别人与其争权和猜忌成性的洪武皇帝有何反应？据现有的史料来看，当时可能并不全知情的朱元璋也采取了一些"外围"手段，来限制与削弱淮右集团的"大本营"中书省宰相府的权力。

洪武九年正月，他命令中书省右丞丁玉与中山侯汤和、颍川侯傅友德、金都督蓝玉、王弼等一起带领军队前往陕西延安去防边(《明太祖实录》卷103)，巧妙地支走胡惟庸的下属；同年闰九月，在诏定中书省、大都督府和御史台三大府长官品秩时，虽然将中书省的左右宰相品秩定为正一品，但同时取消了中书省副宰相平章政事、参知政事等官职，"惟李伯升、王溥等以平章政事奉朝请者仍其旧"(《明太祖实录》卷109)。这样一来，整个中书省主持日常工作的就剩下右丞相胡惟庸一个长官了。洪武十年五月，朱元璋令太师韩国公李善长和曹国公李文忠共议军国重事，节制中书省、都督府、御史台三大府。(《明太祖实录》卷112)

洪武十年六月，洪武帝冠冕堂皇地跟中书省大臣胡惟庸等人说："清明之朝，耳目外通；昏暗之世，聪明内蔽。外通则下无壅遏，内蔽则上如聋瞽。国家治否，实关于此。朕常患下情不能上达，得失无由以知，故广言路，以求直言。其有言者，朕皆虚心以纳之，尚虑微贱之人敢言而不得言，疏远之士欲言而恐不信，如此则所知有限，所闻不广，其令天下臣民，凡言事者，实封直达朕前。"(《明太祖实录》卷113)至此，内功极好的朱元璋还没有直说不要中书省宰相府的人指手画脚，而借着说官民上书之事,要求"实封直达朕前";与此几乎同时,他又命令六部及其所属诸司"奏事毋关白中书省"(《明史·太祖本纪二》卷2)。这样一来几乎将胡惟庸的中书省与六部诸司以及地方衙门的往来联系给切断了,使其成为一个空架子。

再说"小牛犊"胡惟庸看到洪武皇帝的如等招数,心有不甘,"主上鱼肉勋贵旧臣,何有我耶,死等耳,宁先发,毋为人束,死寂寂"(【明】焦竑:《国朝献征录·胡惟庸》卷11)。随后他决定要与"主上"搏一搏,借着自己在中书省任一把手的有利条件,将右宰相汪广洋冷在边上,叫上御史大夫陈宁等一同策划谋反。

◎ 真真假假的胡党骨干陈宁

御史大夫陈宁,茶陵人,通经有治才。元末为镇江小吏,朱元璋在南京建立政权时,他前来投奔,很受器重,擢升为江南行省掾史,后升任广德知府和枢密院都事,再改提刑按察司佥事、浙东按察使。一年后又被擢升为中书省参议,但任职一年未到,因事牵连被降职为太仓市舶令。洪武元年,入朝为司农卿,不久升任兵部尚书。洪武二年,出任松江知府,不久又升为中书省参政。(《明太祖实录》卷129)

从陈宁的早期经历来看,尽管宦海沉浮不定,但主子似乎很喜欢他。洪武三年,皇帝朱元璋赐名他为陈宁,哪知道又没多久,因坐事而外放为苏州知府。在苏州为官期间,陈宁为了自己的政绩,竟然不顾大明重赋江南的残酷现实,拼命催促手下人抓好税粮的征缴工作,要是有谁缴不出的话,他就让人将拖欠税粮者抓起来,用烧好的烙铁去烫,苏州老百姓都恨死他了,叫他为"陈烙铁"。可即使这样的一个酷吏,在洪武皇帝的眼里却成了可信赖的好官,苏州人再骂,朱元璋最多将"陈烙铁"给挪个窝,将他调往浙江去,担任那里的布政司参政,相当于省长助理吧。而陈宁野心又很大,不想老被外放,做外官做到老死也做不大,可又不敢直接说出来。正当他十分为难之际,胡惟庸出来推荐,让他担任御史中丞,后升任为御史大夫,由此两个佞臣走在了一起,且好得跟一个人似的。(《明太祖实录》卷129)

陈宁本来与皇帝朱元璋关系不错,但后来发生了变化。至于为什么会发生变化?《明实录》说:陈宁的儿子陈梦麟看到父亲为政处事十分严酷,几次提出了劝诫,哪知道残忍成性的陈宁不仅不听,反而将自己的亲生儿子给活活打死了。皇帝朱元璋听到这个悲惨的故事后,曾愤愤地说:"陈宁对待儿子尚且如此,作为大臣,他对待君主也好不到哪里去!"据说陈宁听到皇帝的这番感慨后十分恐惧,就与胡惟庸"黏"在一起"通谋",他们在中书省里私自翻阅大明帝国的军马籍册,并叫都督毛骧收罗卫士刘遇贤及亡命之徒魏文进作为自己的心腹,并关照说:"我将来可要大用你们啊!"(《明太祖实录》卷129;《明史·胡惟庸传》卷308;《明史·陈宁传》卷308)

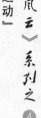

● 扑朔迷离的胡惟庸"谋反"案之突发

就在中书省左宰相胡惟庸、御史台御史大夫陈宁等越发不能自已，而右宰相汪广洋又明哲保身、沉醉于酒香温柔梦中时，南京城又发生了一些突发事件直接引发了胡惟庸案的爆发。

也就是从这里开始，《明实录》和《明史》以及其他一些史料对胡惟庸事件的爆发之记载出现了紊乱，那么为什么会出现这种史料上的紊乱？

我想很可能是由于胡惟庸事件的突发与处置得过快所造成的，就像现在所讲的"从速从快"，否则不足以平民愤，即先定性，再判案。中国历史上的许多冤假错案就是这样形成的——证据链出现了问题，头脑一发热，只要领导一定性，下面的人就开始判案了。事实上，胡案定性处理十来年后才找到了所谓的证据，包括前面提到的所谓真实发生的"史实"，都是由定性后相关案犯在严刑逼供下供出来的供词所组成。因此说，胡惟庸案件本身是个证据不明的钦定"逆案"或言"糊涂案"。按照当时的记载，接下来有一系列事情直接引发了胡惟庸事件的爆发，而其中的第一件事情，就是洪武十二年的占城朝贡事件。

○ 占城朝贡事件——第一种说法

占城是明朝时期越南中南部的一个小国，以盛产占城稻出名。在洪武十二年九月，占城的外交使节来南京向大明王朝朝贡，这是国家外交上的大事，一般来说，外国或属国来朝，皇帝要对他们进行恩赐。如果说皇帝朱元璋是代表大明帝国的话，那么中书省丞相府则是代表了政府，都应该予以一定规格的外交上的招待和进行礼仪活动。但是中书省一把手胡惟庸压根儿就没把这件事情禀报给皇上朱元璋。可是世界上有些事情就是巧，真叫无巧不成书，拜见过中书省大臣的占城来使刚好被皇帝身边的宦官从后宫出来时看到了，宦官马上将这事禀报给了洪武皇帝。朱元璋顿时就勃然大怒，中书省分明是一手遮天了，连这等外交上的大事居然都不让我知道，哪是什么人臣所为？更有可能他们私吞进贡之物！真是狂妄透顶，太可恶了！于是下令，将中书省左丞相胡惟庸、右丞相汪广洋找来问罪。两位宰相大人在捶胸顿足地谢罪的同时，又把过失责任推诿给了主管朝廷礼节的礼部，而礼部又像踢皮球一样把这事的责任踢回给了中书省。皇帝朱元璋忍无可忍，"尽囚诸臣，穷诘主者"，即说他最终将与这件事情有关的官员全部逮了起来治罪。（《明史·奸臣传·胡惟庸传》卷308）这时突然出现了御史中丞涂节告变之事，直接引出胡惟庸谋反案来了。（《明太祖实录》卷126）

除此之外,关于胡惟庸案件的爆发,还有另外的说法,这就与刘基死因调查有关。

○ 朱元璋暗中调查刘基死因引出汪广洋"二奶"事件——第二种说法

刘伯温死后,人们一直在传言,是胡惟庸下了毒,害死了刘伯温。这个流言传了4年左右,突然在"(洪武)十二年十二月,中丞涂节言刘基为惟庸毒死,(汪)广洋宜知状。"(《明史·汪广洋传》卷127)朱元璋突然之间想起了它的价值。至于朱元璋为什么要等上4年的时间才去查一个连死得骨头都可能散了架的人命案?

第一,刘伯温晚年与朱元璋处得很不好,或者说朱元璋对刘伯温很有"看法",刘是掌握机密的大臣,死了反而使得朱元璋更加"省心"。

第二,有一种观点认为,刘伯温生病了,是朱元璋让胡惟庸去看望他,"帝遣惟庸挟医视,遂以毒中之。"(《明史·胡惟庸传》卷308)所以,有人认为,很可能是朱元璋暗示胡惟庸杀了刘老先生。(吴晗:《由僧钵到皇权》,在创出版社,1944年版)若是,胡惟庸也就死定了,只是时间问题。中国古代检验中毒的法医学很发达,像毒死之人,短时间内很容易辨认出来,骨头呈黑色;等上几年的时间再查,毒死之人就连骨头也难以辨认。朱元璋要的就是这个效果。

第三,朱元璋调查刘基死因案件的切入口本身就有问题。他首先找的是汪广洋,刘死于洪武八年(1375),汪广洋于洪武六年(1373)正月"以怠职左迁广东行省参政,逾年召为左御史大夫,十年复拜右丞相。"(《明太祖实录》卷128)也就是说,汪广洋是在刘基死后两年左右才与秘密杀害刘基的犯罪嫌疑人胡惟庸再次成为中书省同事的。但皇帝朱元璋的逻辑是:胡惟庸与汪广洋同处一个府衙,两人有过过节,尤其是汪广洋对胡惟庸的后台老板李善长恨之入骨,从汪广洋那儿一问一个准。于是就将汪广洋召入宫中秘密加以询问,"上(指朱元璋)问广洋,广洋对以无是事。上颇闻基方病时,丞相胡惟庸挟医往候,因饮以毒药,乃责广洋欺罔,不能效忠为国,坐视废兴,遂贬居海南。"(《明太祖实录》卷128)

朱元璋本来是想从汪广洋那里至少能听听人们是怎么议论胡惟庸毒死刘老先生的,但没想到对方的回答实在令人失望。要说这个汪广洋,还真算得上是个君子,一生持正以身,做事一板一眼,不愿捏造事实,入人以罪。再说他的回答确实也是事实,但作为君子的汪广洋这回大大的失误就在于,不善于在不同的形势下巧妙地周旋和自保,或许他是B型血的人,不善于捕捉对方的心理反应。由此,当他做出这般回答后,不仅没有化解洪武皇帝对他"恨铁不成钢"的怨尤,反而招惹了朱元璋对他朋欺的指控,悲剧由此而生。

朱元璋在这个时候特别恨汪广洋,给他定了一个"朋欺"(庇友欺君)之罪名,把他贬往广南(有的书上写"海南")。过了一阵,朱元璋还是怒火未消,想想自己精心设的局全给这个该死的汪广洋给毁了。我将他从万里之外调回南京来就是叫他看住胡惟庸的,可他现在居然与胡惟庸合伙起来蒙蔽我。朱元璋回忆思绪之闸门一打开,就一发不可收。他想起了,侄儿朱文正在南昌胡为乱来时,汪广洋正出任江西行省参政,就在朱文正身边,他却坐视不管,事后也不报告;杨宪在中书省结党营私,作为杨宪的上级领导,汪广洋却默不作声,也不揭发其奸佞行径……真是有负圣恩,罪不容诛!想到这里,朱元璋一下子改变了主意,派出一行专使,捧着赐死诏书,拼命追赶汪广洋,追到安徽马鞍山南边当涂——当时称太平,终于将乘船的汪广洋给追上了,就地"正法"了汪广洋。(《明史·汪广洋传》卷127;《明实录》对朱元璋赐死汪广洋进行了极度掩饰,说汪广洋因恐惧而自尽,见《明太祖实录》卷128)

说实在的,汪广洋做"老秘"还不错,而要他做宰相确实不是这块料。但他没做什么坏事,更谈不上要赐死他。理性而言,汪广洋的死确实很冤。对此,清代学者认为:汪广洋"为人宽和自守,与奸人同位而不能去,故及于祸"(《明史·汪广洋传》卷127)。换句话来说,汪广洋当了别人的出气筒。其实这话只说对了一半,我认为,他成为专制君主发泄淫威的牺牲品或言是胡惟庸等为中坚骨干的淮右集团走向坟墓的殉葬品,包括涂节在内,也是这样。后来涂节首告胡惟庸谋叛,如果他也参与了,绝不可能出来告发胡惟庸毒死刘基这样的大事来的。因为既然参与了谋叛,按照古时候的法律,即使是最先告发者,但最终还是要被处罚的。

◎ 由汪广洋的"二奶"事件引发出中书省的大恐慌

汪广洋被赐死之后,给胡惟庸的震动很大。朱元璋对胡惟庸和中书省越发不满,由过去的旁敲侧击的警告发展到现在公开性的经常斥责。随之,围绕胡惟庸、汪广洋及整个中书省的所有人和所有事的秘密调查也紧锣密鼓地进行。不久,有人查出与跟随汪广洋从死的美妾陈氏,曾经是获罪官员陈知县的女儿。按照当时的规矩:官员获罪,妻女没官,配给军队的功臣,文官无权享用,但汪广洋贪恋美色,先自己"笑纳"了。这事查出后,洪武皇帝更加恼火,甚至可以说是震怒,他说:"没官妇女,止给功臣家。文臣何以得给?"敕令法司部门彻底追查此事,"于是(胡)惟庸及六部堂属咸当坐罪"(《明史·奸臣传·胡惟庸传》卷308;但《明实录》却不这么记载)。但皇帝朱元璋似乎还没有迅速逮捕胡惟庸,而是经常性地训斥他,就连他的左右甚至下人都惶惶不安。

在这个节骨眼上,一向家教不严的胡公子在南京城里闯出了大祸,直接引发了胡惟庸案。

○ 胡公子命案追责——第三种说法

胡惟庸的儿子是当时南京城里的有名的纨绔子弟,甚至可以说是恶少,由于父亲胡惟庸品行不端,疏于管教,胡公子就成了京城中的一大恶霸。一般人见到他上街,都纷纷地躲避开来,惟恐一不小心碰到了他而招致大祸。可有一天可能是胡公子喝了酒,歪歪斜斜地坐上马车后,就嚷着叫马车夫快速加鞭,想以此飙车一回。马车夫不敢违命,猛抽马鞭,马车顿时飞箭似地在街上飙了起来,忽然间马车夫发现前方有人,赶紧拉住马缰绳,来个紧急刹车,不曾料到惯性作用,将马车上的胡公子给颠了下来,且很不巧当场就给颠下来摔死了。胡惟庸听到自己宝贝儿子死了,顿时就怒不可遏,叫人将马车夫给绑来,随即将其活活打死。

皇帝知道后大为震怒,胡惟庸马上派人送给死者家里好多的金银绢帛作为抚恤,意思也就是让他们不要再上告了。可朱元璋不依不饶,坚持要按法办事,这下胡惟庸真的害怕了,于是决定铤而走险,与御史大夫陈宁、中丞涂节等"谋起事,便遣人阴告四方及武臣之从己者"。(《明太祖实录》卷129;《明史·胡惟庸传》卷308)

○ 胡宅祥瑞与云奇告变——第四种说法

还有一种广为流传的说法,据《明朝小史》和《明史纪事本末》等书所载:就在胡公子出事前,胡惟庸家已经"祥瑞"不断光顾,定远老宅的旧井里忽然长出石笋,高出水面好几尺。胡家祖坟上夜夜冒红光,这可是大吉大利的瑞兆啊。于是,胡惟庸愈发异想天开,未来的皇帝梦越做越多。不曾想到儿子飙马车给飙死了,皇帝朱元璋不仅不为他说话,一点情谊与面子都不讲,反而为下等的马车夫之死深究不歇,胡丞相越想越火,顿时就有了这样的念头:没什么大不了的,看看你我到底谁厉害,于是就策划了一起杀害朱元璋的大逆不道的阴谋。

洪武十三年(1380)正月有一天,胡惟庸气喘吁吁地来到明皇宫,向皇帝朱元璋报告说:他南京家中的水井里出怪事了,老在冒醴泉,就是我们平常讲的甜蜜的美酒。按古时的讲法,这是皇帝将天下治理得好才会引来上苍的"奖励"与肯定,是非同一般的瑞兆啊,包括皇帝在内,天下都得重视,甚至应该要好好地庆贺一番。(【明】郎瑛:《七修类稿》卷74)

据说,朱元璋听说后,也觉得十分好奇,决定前往胡宅去看个究竟。他叫上随从,走出皇宫,正走到西华门时,一个太监名叫云奇的,直冲到他的车马前,拉住了马缰绳,想说什么,可他的舌头像是被夹住似的,就是急得说不出话来;加上这个叫云奇的宦官本是南奥人,说话时常常含含糊糊,不知道他在说些什么。而直撞皇帝的御驾,在那时可是一项大罪,更何况冲撞者是低贱的"刑余之人"。当时皇帝朱元璋一下子就火冒三丈,命人将宦官云奇拿下,叫武士们好好地教训教训他,让他懂点事。武士们还真不含糊,三下五除二,一顿暴打,将云奇的右臂也给打断了,就差一点要了他的命。但这个云奇却忍着剧痛,手指胡惟庸家的方向。这时皇帝朱元璋似乎明白了什么,马上命令返回皇宫,登上宫城城楼向胡宅望去,只见胡惟庸家里黑压压的一片,墙道间处处都埋伏着士兵。一切都明白了,皇帝立即发动御林军,包围胡宅,逮捕胡惟庸。(【明】吕毖:《明朝小史·洪武纪·臂折犹指》卷1;【明】郎瑛:《七修类稿》卷74;【清】谷应泰:《明史纪事本末·胡蓝之狱》卷13)

但这段"故事"在清朝就有人进行翔实的考证,考证出来的结论是"凿空说鬼"。那么真实的情况到底是如何呢?

○ 扑朔迷离的特级大案要案

胡公子出事后,洪武帝没将胡惟庸怎么的,但更多的是严厉斥责。朱元璋不显山不露水地敲山震虎,目的就在于以威慑来促使胡惟庸"叛逆奸党"内部土崩瓦解,其中的胆小者最先会动摇,甚至是告密。朱元璋是老"运动员"了,在经历了无数生与死的炼狱生活后,他很有自己的一套。果然,洪武十三年(1380)正月初二,御史中丞涂节最先出来告发,说"左丞相胡惟庸与御史大夫陈宁等谋反,及前毒杀诚意伯刘基事"。接着另一个被贬为中书省属吏的原御史中丞商暠也出来揭发胡惟庸众多的不轨阴事。(《明太祖实录》卷129)

朱元璋在接到告发后,马上组织朝廷大臣对胡惟庸案进行廷审,凡是审究出来的"谋叛"人员,立即予以逮捕。由于政治高压,用刑也猛,涉及的人员越牵越多,到后来就连首先告变者涂节和另一个曾经与汪广洋共同疏劾李善长的御史大夫陈宁都给扯了进去,朝中廷臣认为:"节本预谋,见事不成,始上变告,不可不诛。"(《明史·胡惟庸传》卷308)

正月初六,胡惟庸为首的一大批"奸党"分子及其家族被全部处死,不过在《明实录》中对朱元璋做了美化,说他赐死胡惟庸与陈宁等人。(《明太祖实录》卷129)

四天时间就处理完了"谋反"这么一个大案,实在令人惊讶和狐疑!谋叛本是一项特别大的罪名,属于传统社会中所谓的"十恶"大罪中的首恶之罪,而所被告发的又是当朝的在职的左宰相,一人之下,万人之上,这绝对可以称得上是明初特大要案,非同小可。按常理,办理这类事情绝不能操之过急,而是慢条斯理地穷本溯源,这样才能将其一网打尽。但在这件事上洪武帝似乎做得相当马虎草率,这也有违于他的一贯做派,令人费解。

对此史学界有截然相反的两种观点:第一种观点认为:朱元璋之所以要这么急急忙忙地处理"胡惟庸谋反案",其真实的意图是想保全李善长。李善长既是谋叛"逆党"胡惟庸的亲家,又是当今皇帝的亲家,这是京师南京甚至全国人民都知道的事实。就从这一点上来讲,深追下去,肯定会牵连到李善长,所以还是这样快速了结此案吧。

第二种观点正好与此相反,认为在粉碎"谋逆"胡党、废除丞相制后,朱元璋感到对自己有着潜在威胁最大的依然是已经"出局"了的老宰相李善长。李善长树大根深,他背后还有一大批淮右功臣勋贵,不是你想要除去,就能一下将他除掉的。而胡惟庸被人告发谋反,这事本来就证据不足,当时皇帝朱元璋公开宣布胡惟庸等人的罪行为"窃持国柄,枉法诬贤,操不轨之心,肆奸欺之蔽,嘉言结于众舌,朋比逞于群邪,蠹害政治,谋危社稷。"(《明太祖实录》卷129)认真比对一下《大明律》,上述没有一条可以完全对得上号的,或言之,胡惟庸等人有犯罪意图,而无犯罪确实证据。如果深究下去,很有可能就连胡惟庸也定不了死罪,到时候那就更难牵连到李善长等具有重大潜在危险的淮右功臣勋贵了。所以说尤其这样倒还不如现在迅速地将胡惟庸等定为"谋反"死罪,立即执行。这样就造成了"铁定"的事实。至少说它有两大好处:第一,将那贪婪和胡作非为的淮右集团中坚骨干分子胡惟庸给办了,顺便将他的走狗、朋党迅速地收拾了,造成钦定的谋反大案要案,杀一儆百;第二,处死了"谋反"首犯,连坐同党,甚至连坐到告发者,造成死无对证。日后若再需要,就只要将他们往这个"钦定铁案"上扯,任何讨厌的政敌和潜在的危险分子都可以收拾了。

就在胡惟庸为首的一大批"谋危社稷"分子被处死的第二天,即1380年正月初七,皇帝朱元璋宣布进行一项重大的政治制度变革,废除已经存在了约有1500年的宰相制度(《明太祖实录》卷129)。也由此开始,大明朝的"勋臣不与政事"(《明史·郭英传》卷130),就是说从洪武朝的那个时候起形成了一条不成文的规制:功臣勋旧除了继续领兵打仗外,基本上都不再让他们担任行政领导了。(参见陈梧桐:《洪武皇帝大传》,河南人民出版社,1993年6月第1版,P470)

废除存在了1500多年的宰相制度,清除淮右集团中坚骨干胡惟庸为首的"谋反逆党",摧毁对于君权有着相当隐患与威胁的淮右集团的"俱乐部"——中书省,如此下来,君主专制主义统治得以强化与稳固。至此,洪武皇帝朱元璋总该感觉安全和满足了?没有,在他的潜意识里头,这样清除威胁君权的政治运动还仅仅开了个头;因为虽然捣毁和废除了很有潜在危险的淮右功臣勋旧的文职行政系统"大本营"——中书省和宰相制度,但具有相当隐患与威胁的淮右集团的核心人物还在,他像幽灵一般游荡着、活动着。只要他存活着,那股潜在的威胁君主统治的势力随时都有发动颠覆大明君位的可能。那么如何清除这"幽灵"和"幽灵"势力呢?就如从速从快地处决胡惟庸等人那般,将人给抓了,把刀按在脖子上,像切西瓜似地切下去?事情远没有这般简单。千万别忘了,这个"幽灵"可是淮右集团的核心人物,他与那些握有兵权在外作战的淮右功臣勋旧到底有着多深的关系?这将是拭目以待!

● 深挖政界最大的潜在威胁——淮右集团核心人物李善长

胡惟庸案突发时,有人曾将其与"后台老板"李善长之间的密谋阴事给揭发了出来,说"太仆寺丞李存义者,善长之弟,(胡)惟庸之婿父也,以亲故往来惟庸家,惟庸令存义阴说善长同起",而李善长先是惊诧,经劝慰、诱惑后转变为默认,到最后还参与到了密谋当中。由此朝廷群臣强烈要求洪武皇帝立即逮捕和处死李善长,可朱元璋实在"不忍心"杀老哥儿们、老搭档,在明皇宫大殿上他当场做了"忆苦思甜",核心意思是在我艰难时刻,李善长投奔了我、帮助我,我怎么能忍心杀他呢?(《明太祖实录》卷129)

○ "外松内紧"地对淮右集团核心人物李善长外围的调查

皇帝朱元璋不仅"不忍心"杀老哥儿们,而且在胡惟庸案处置后不久还将"以年老养疾"(《明太祖实录》卷130)的老宰相、太师李善长给请了出来。当时专门负责监察的朝廷监察机构御史台正缺少领导,因为御史大夫陈宁参与了胡惟庸的谋反,御史中丞涂节的嘴巴惹了祸,都给一一处死了。洪武十三年五月,皇帝朱元璋就让李善长去管理御史台。李善长的能力是相当强的,做宰相管理中书省那么大的一个摊子都给他收拾得井井有条,现在让他去管理御史台,这还不是小菜一碟,顿时御史台的工作开展得有声有色。(《明太祖实录》卷131;《明史·李善长传》卷127)

更让人看不懂的是,"犯了那么大的事"的李善长不仅没有遭受胡惟庸案件的半点"冲击",反而受到了皇帝朱元璋的这般恩宠,而且连李善长的弟弟、那个与胡惟庸结为儿女亲家的李存义、李存义的儿子、胡惟庸的侄女婿李佑都给留在朝中继续做官,这实在是让当时的人们坠入云里雾里。

朱元璋毕竟是朱元璋,要饭时的饥饿他忍过来了,乞讨时被辱他忍过来了,死亡的威胁他也忍过来了,人生还有什么不能忍的?想当年开国初我朱元璋还将李善长誉为汉代的萧何,话已说得够满了,太师李善长的功劳也太大了,看他那个处世之道,满朝文武似乎多少都与他有些关系,这可了不得,不能轻易动他,对于这种潜在的危险可不能像农田里割草那样,一刀下去,发现没割干净,再来第二刀。在政治上这叫幼稚,这叫打草惊蛇,弄不好李善长他们真谋叛起来,那将得不偿失。我朱元璋过去可吃过谢再兴、邵荣他们谋叛之苦了,还是从长计议吧。

所以胡案以后,洪武皇帝朱元璋并没有穷追猛打,而是表现出对潜在的危险分子的出奇"大度",于是出现了表象上的政治宽和,亲如一家。但事实上在胡惟庸案子"了结"后,他充分发挥了当时的特务组织——拱卫司的作用,暗中加紧对胡案的深层调查。为了加强皇帝自身"耳目"的力量,在胡惟庸被处决后的第3年即洪武十五年(1382),朱元璋终于作出决定,创造性地健全专业特务机构——锦衣卫。这是一个以专门刺探文武百官臣僚的言行为使命的皇帝直接掌控的特务系统,其下设镇抚司,拥有自身独立的监狱和法庭,侦查、逮捕、审问、判刑等"一条龙服务"到底,由此侦办的案件称为"诏狱"(《明史·刑法志三》卷95)。朱元璋这样做无非是让锦衣卫的奴才们在暗地里对诸如胡惟庸谋反等案子的那些漏网分子盯紧点。换句话来说,在胡惟庸案了结后,李善长及其家族表面上的平静维持了5年的时间,实际彻底清除胡党的暗流一直在涌动着。而所谓的平静,只不过是当时一般人们包括"胡党分子"诸如李氏家族成员没有意识到罢了。经过五六年的暗查,到了洪武十八年时,朱元璋开始对李善长家族动手了。

○ 李善长的"冷漠"和朱元璋的"不爽"

洪武十八年(1385),有人再次出来告发,说李善长的弟弟李存义,不仅是胡惟庸的亲家,而且实际上还是胡惟庸谋逆案的同谋,不能让他们再逍遥法外,理应也治罪。这个罪名可大了,按律,伙同谋反,不仅伙同者要治以死罪,就是他的族人也要受到株连。但令人们再次没想到的是,皇帝朱元璋又一次网开一面,对李善长亲族们的处置范围特别小、发落特别轻,仅下诏说:皇恩浩荡,李存义、李佑父子免死,全家发配到崇明岛闲住。(《明史·李善长传》卷127;《明史·奸臣传·胡惟庸传》卷308)而李善长不仅毫毛未损,没受到任何牵连,且纹丝不动,继续管理他的御史台。朝中好多大臣看到这种情势,纷纷议论:李善长功高望重,深得帝心,什么事也都不会影响到他这位老宰相的。从过去的常例来讲,家族里发生了参与"谋逆"这样大的事,皇帝对你李善长真是格外的"恩宠",李善长理应立即上表谢主隆恩,先行自责一番,什么家门不幸,管教不严,终成大祸。即使自己及家族没有半点错,也应该这么做,因为皇帝永远不会有错。接着就要演一出戏,引咎辞职,以慰帝心,以平众忿。但李善长压根儿就没有这么做,好像家族里发生这么大的事与他真的毫无关系。

对于李善长的"冷漠",有一个人极为不悦,谁?皇帝朱元璋!至于李善长为什么要这么"冷漠",目前有三种解释:第一种:认为李善长疏忽了。但以李善长的精明干练来看,似乎说不过去。第二种:认为李善长这样做,主要表明他与朱元璋之间亲密无间的君臣关系,正因为非同一般关系,免得俗套,何必多此一举。但问题是李善长并不清高,而且还是个俗不可耐之人。第三种:认为李善长年纪大了,倚老卖老,只想安度晚年,不想多说什么了。但如果李善长真的以为自己老了,那他为什么还要出来管理御史台?

李善长真实想法到底是什么?我们现在无法解答,只有去问他本人了。

但李善长的"冷漠",使得朱元璋大为不爽(《明史·李善长传》卷127),更要命的是死神正朝这位淮右集团核心人物李太师一步步地走来。

○ 南倭——林贤通倭事件突发——胡惟庸死后6年才暴露

洪武十九年(1386),就是李善长弟弟家出事的第2年,又有人出来揭发了一件谋反大案——明州卫指挥林贤通倭。通倭在那年代可是件大案了,所以一定要严加审查。而审查下来的结果正合洪武皇帝的"口味",林贤通倭是奉了丞相胡惟庸之命进行的。(《明史·奸臣传·胡惟庸传》卷308;《明太祖实录》卷129)这下可乐坏了朱元璋,朱元璋是这么想的:人们都认为胡惟庸被处死时,实际上他谋反的证据不充分,阴谋还没有全部暴露。朕早就看穿胡惟庸不是什么好东西,要谋反啊,这下怎么说,"铁证"如山了!此时距离胡案爆发已经6个年头,表面看来林贤通倭直接指向的是已经满门抄斩的胡惟庸,但胡家已经什么都没有了,灭族的灭族,流刑的流刑,所以实际指向的应该是胡惟庸步步高升的引路人、淮右集团的核心人物李善长。等上6年才逐渐切入"正题",朱元璋要的就是这个效果,他过去什么都能忍,难道就忍不住这么几年吗?

从此开始,李善长厄运连连。

● 淮右集团核心人物李善长的大限——洪武二十三年(距胡案10年)

无论从哪个角度来讲,即使是从世界史范围来看,洪武二十三年即公历的1390年并不是什么特别的年份,但对于当时大明帝国来说,这一年却似乎笼罩在更多的云雾和雷电之中,那时的前宰相李善长,身体还算硬朗,精神也很好,可大明人主和中央朝廷上下似乎都不约而同地讨厌这个77岁还活着的老头,李善长的大限到了。

李善长的第一道"催命符"实际上是自己下的。这道"催命符"的名称依照史书上的说法叫"耄不检下"。什么意思?就是古稀之年也不"检点"自己的行为。那么李善长干了什么事得了这么个"催命符"?

○ 李善长"自找"的第一道"催命符"——私借营卒扩建造府宅案

综观史书记载:李善长一生言行有两大特征:第一,十分注意人生享乐。前文已述,就在大明开国前夜,已经位近人主的李善长几乎什么都不缺,却在胡惟庸前来"跑官奉献"时,一次性笑纳了300两黄金(《明太祖实录》卷202)。由此看来,这人很贪婪。要这么多的钱财干吗?花呗。否则的话,无法解释他要这么的钱财到底有何用处?钱是好东西啊!更何况人生苦短,还是及时行乐吧!至少说,直到洪武二十三年(1390)年初的李善长还是这么想的,也是这么做的。这一年,李善长已经77岁了,在那个年代里,这个年龄绝对算得上是古稀之上的老寿星了。老寿星精神矍铄,还想要好好地度过"夕阳红"的每时每刻,于是便想到了要增添一些院落,嬉戏人生暮年。

而就在这时候,李善长个性的第二大特征被无限地放大,那就是对周围环境不敏感。他要增修府第,但条件不足,人手少。不过,这样的小事是难不倒曾经运筹帷幄决胜千里之外的淮右集团的核心人物李善长的,他向老乡、同事、据说又是朋友的信国公汤和借些人手。一般民间借贷也就"小来来",可人家李善长曾经是大明帝国的宰相,是个见过大世面的人,所以也就"大手笔",一开口就向武将汤和要借营卒300人。以营卒为工役在传统中国包括明朝在内原本是个平常事,不过要借300个营卒,这么大的数字可将在淮右功臣勋旧当中以胆小怕事、谨小慎微而著称的信国公汤和给吓坏了。(《明史·汤和传》卷127)

这个汤和何许人也?他是朱元璋小时候一起长大的小玩伴,当今皇上朱元璋之所以有今天,还不是因为汤和的那封信所起的作用么。不仅如此,尽管汤和驰骋疆场、九死一生,什么也不怕,但他打小就"服"一个人,谁啊?朱元璋!大明建国时,汤和被封为信国公,历经明初数次"政治运动",最终成为大明帝国中为数极少的几个保全功臣之一。汤和之所以能善终,关键点不在于他与皇帝朱元璋之间的关系有多"铁",而在于他尽管是一介武夫,但对皇帝百分之百的恭顺与忠心,为人处世特别之小心谨慎,多一步路也不敢乱走。所以,当李善长向他借300个警卫兵时,汤和的心就像小兔子一般猛跳着,随之聪明劲上来了:既然人家前帝国宰相又同是老"高干"、老同乡,无论从哪个角度都应该借;但这个前帝国宰相李善长的恩遇早已衰颓,换句换来说,他现在实际上是个皇帝不喜欢的人——这事就连京师南京大街上的人都知道,如果真的将300个警卫兵借给一个皇帝并不喜欢的人,皇帝会不会怪罪下来?而且所借的是警卫兵——武装力量,什么都可以借,就是这种借是最危险的"借",要是借了以后,皇帝不高兴,这岂不自己也有危险了。这叫借了不是,不借也不是,最后他想到了一个万全之策,如数照派300个警卫兵给李善长;与此同时,他在暗中向皇帝朱元璋奏明了此事。在做好两面工夫以后,汤和觉得心安理得了,至于他是否等于向皇帝朱元璋告了密——李善长正聚集兵力,他可管不了那么多了。而事实是以猜忌著称的皇帝朱元璋知道以后,自然而然地充分发挥起自己的猜忌特长,李善长"自找"的第一道"催命符"就这样催生出来了。(《明史·李善长传》卷127;【明】焦竑:《国朝献征录·中书省左丞相太师韩国公李善长传》卷11)

○ 李善长"自找"的第二道"催命符"——丁斌徙边案

也许洪武二十三年真该是李善长的大限年份,他不仅"自找"了第一道"催命符",且接着又为自己找了第二道"催命符"——丁斌徙边案。

就在汤和向朱元璋密报李善长"暗中借兵"一事不久,凑巧又发生在李善长身上的一件在中国历代官场上最为常见的"打招呼"事件,就此将他置身于十分尴尬的境地。

事情的原委是这样的:当时京师南京城里有一批因事连坐的罪犯要移向边塞去实边——朱元璋把一些可杀可不杀的罪犯"留"下来,发配他们到边荒地区去开荒,这就叫做实边。在这些罪民中有个叫丁斌的人,是李善长家的亲戚,他也在被发配的行列。丁斌家人得到信息后,立马去找李善长出面"打招呼",这也是中国历代官场上极为常见的一件普通事情,是中国特色的国情使然。而这样的事情在被洪武皇帝封为大明第一功臣的李善长看来,只不过是件区区小事;再说他向来对自己的亲戚和周边的人很关照,这也是历朝历代培植私人势力最为常见的有效手段。所以当丁家人向他"求救"以后,李善长就几次三番出面为丁斌说情求免。也许真的是大限到了,李善长不出面倒也没什么大不了的,而一出面却惹出大祸来了。由于皇帝朱元璋对他越来越狐疑和恼怒,不但不允他的请求,反而命令:立即将丁斌拿问,交由法司严加审讯——让他供出他所知道的李氏家族所做的一切不法事情。这个丁斌起初还够哥儿们的,就是不说,但他再硬也硬不过朱元璋可能也曾参与设

计的酷刑,到后来就像倒豆子似地将一些人们所不知的阴事全给倒了出来。(《明史·李善长传》卷127)

原来这个丁斌不仅是李家的亲戚,又与胡惟庸家关系非同一般。曾被李家推荐给胡惟庸,在那里做过事,所以他耳闻目睹了不少李、胡两家相互往来的事情。但在重刑之下,这些李、胡两家相互往来的事情便迅速转为了反叛的阴谋密议,既然已经被处决的胡惟庸"定性"为谋反,那么与他家密切来往的李家人能不参与吗?更何况又有这个对胡、李两家密切关系有深度了解的丁斌的"口供",这下就首先坐实了胡惟庸的亲家李存义、李佑父子伙同谋叛的罪状。朱元璋知道后,立即下令,将李存义、李佑父子从发配地崇明岛拘捕回京师南京,重新对他们进行审讯论罪。(《明史·李善长传》卷127)

○ 李善长"自找"的第三道"催命符"——李存义、李佑父子的口供

原本是为"丁斌徙边案"打招呼的一件极为普通的事情,却引出了坐实胡惟庸的亲家李存义、李佑父子伙同谋叛的惊天大案来,这对李善长将获重咎来说,简直是火上浇油,更加速了他祸事的爆发。

大家知道,家庭血缘关系一直是中国社会当中最为坚韧和最为基本的社会关系的纽带,比起西方人,中国自古就特别重视家庭家族伦理与家族结构等级秩序的建设,所以很多学者认为,在中国一直没有独立的人格和自由的人,所谓的中国人实际上都是大集体或言血缘家族里的人。因此中国历史上经常出现这样的家族发展变化规律:一荣俱荣,一损俱损。想当年李存义、李佑父子为什么能与大明帝国当朝宰相胡惟庸结为亲家,还不就是因为李存义有个可以荣耀的、位近人主的哥哥李善长。现在李存义父子倒大霉了,中国历代家族发展变化规律再次起作用。

由于这是皇帝钦定的案子,法司部门绝不敢有半点马虎,而事实上他们工作得不仅特别的认真,而且还"成绩斐然"。因此,李存义父子从崇明押回南京重审时,很快就供出了许多惊天"秘密":亲家胡惟庸曾要求李存义做一件大得吓死人的事情,劝说哥哥李善长一同谋反。在一个上蹿下跳的亲家和"策画多中"的哥哥面前,李存义就显得有点弱智了。当他跟哥哥说及此事时,李善长的第一反应是极度的震惊和恼怒,随之叱呵弟弟道:"你说你们想做什么?看看你们所密谋的事情,那要灭九族的!"在哥哥面前碰了一鼻子灰后,李存义又回去告诉了亲家胡惟庸。可胡惟庸还是不死心,又找了李善长的老朋友、铁哥们杨文裕去劝说,并许诺:"若谋反事情成了,就封李善长李太师为淮西王。"听到这样的诱惑,李善长不免有所心动,但内心还是充满了极度的恐慌,所以也就没同意谋反的主张。这时"小牛犊"胡惟

庸已经看出李善长"松动"了,于是就亲自去李府劝说,可是李善长还是没同意。就这样僵了好久,最终胡惟庸又派自己的亲家李存义去劝说他的哥哥,李善长听后叹道:"我已年迈了。等我死了以后,你们自行其事吧!"(《明史·李善长传》卷127;《明太祖实录》卷129)

上述"事实"如果是由别人说出的,尚有怨仇之嫌,而由绝对有恩于自己的亲弟弟说出,谁会不信这是真的!所以说,李存义父子的被捕及其所作的口供,对于李善长来说是致命的。我们完全可以将它看作为李善长"自找"的第三道"催命符"。但事情至此还没完,从根本上来说,要给这个"罪大恶极"的老家伙、"策画多中"的老狐狸李善长定罪还不是时候,在政治斗争的大风大浪中不断胜出的人主朱元璋比任何人都清楚,应该怎么掌握好处理这等人这等事的火候,他还要深挖其"罪大恶极"之根源与网络,最好还能搞出更多案中案来。

○ 案中案——李善长"自找"的第四道"催命符"——私放北虏降臣封绩案

在再度深挖胡惟庸党案运动紧锣密鼓进行之际,又有人出来告发了:李善长前年犯下的一起案子:洪武二十一年(1388),大将军蓝玉率领明军北征沙漠,打击蒙古,在捕鱼儿海逮到了一个"奸人"封绩。封绩是元朝的旧臣,后来投降了明军。据说他经常往来于蒙汉之间,曾经为宰相胡惟庸送过勾结元嗣君的书信,在书信里胡惟庸不仅对元嗣君称臣,而且还请北元嗣君派兵作为他谋反的外应。(《明太祖实录》卷202)

上述说辞本身就漏洞百出:第一,胡惟庸本是很精干的人物,他与北元嗣君连面也没见着就冒冒失失地写这样的书信,这似乎是说这位前大明帝国的宰相原本是个意念狂想症者或是个不折不扣的"二百五"。第二,胡惟庸在书信中对元嗣君称臣,若是真的,那肯定也是他神经错乱了。要知道胡惟庸在大明帝国中的地位已经到了一人之下,万人之上了,他现在要谋反,即使成了,仍要称臣,冒那么大的风险还在官位"原地"踏步,只有神经错乱的人才会这样胡来。但问题是这些都不重要,反正胡惟庸死了,死了就好,死无对证。要命的是上述这些封绩的供词都是他再次被捕(洪武二十三)时才审出来的。蓝玉初次捕到封绩时,也不知怎么的,李善长不仅"匿不以闻",就说没有将此事汇报给皇帝朱元璋,而且私自将封绩给放了。两年后的洪武二十三年(1390),这个封绩第二次被捕入狱,一审居然就审出了这么多的"花头"来,这是李善长"自找"的第四道"催命符",也许李善长该活到头了。(《明太祖实录》卷202;《明史·李善长传》卷127)

○ 李善长的第五道"催命符"——天怒人怨——不杀不行!

洪武皇帝朱元璋要的就是这个效果,大明帝国的大臣们谁都看出来了现在的形势,负责监察工作的御史们更是不遗余力地尽其所能,"闻风奏事"。中国历史上常常出现这样奇特的政治风景:每当某个大人物倒台时,不说他的同僚,就是他昔日的"朋友"、"亲人",甚至是服侍他的下人们都会表现出高度的政治觉悟:揪出那些叛逆分子,揭发他(们)"不忠不孝"的罪行,最好再能踏上一脚,叫他(们)永世不得翻身。李善长"赶上"的正是这样的"好光景"。

洪武二十三年五月,监察御史劾奏太师韩国公李善长罪状。李善长的家奴卢仲谦等人一夜之间提高了政治觉悟,与洪武朝廷中央保持高度的一致,出来检举说:大约十年前,在胡案爆发前的某天,丞相胡惟庸亲自造访李府。尽管李府大家长李善长先前已经几次委婉地表示,拒绝参与谋反,但胡惟庸开出的条件也实在太诱人了。所以当胡丞相再次光顾李府时,李善长就明白了他的来意,立即屏退了身边的人员,同他凑在了一起,窃窃私语,时而又频频点头。而后不久,李善长又接受了胡惟庸派人送来的稀世珍宝——西域古剑、玉刻蛟龙蟠桃卮(古代一种盛酒器)、白玉壶等贿物;作为答谢,李善长派出了家奴耿子忠等40人,帮助胡惟庸谋反。从此李、胡之间的关系更加密切,李给了胡谋反的一切支持。(《明太祖实录》卷202)

事情至此,胡惟庸谋反案背后的"真相"所有的指向都对李善长极为不利,说得更为直白一点,不仅李善长对胡惟庸谋反案知情不告,甚至最终还"参与"了进去。案件查到这一步,差不多可以了结了。最终认定:胡、李二人伙同谋反,胡惟庸私通倭寇,准备里应外合,图谋社稷;李善长则竭力外饰周旋,交通关节。身为开国元勋和皇亲国戚,事先知晓胡惟庸谋反,却知情不告,狐疑观望,首鼠两端,最终还参与到"谋反活动"当中去,李善长犯下了大逆不道的滔天罪行。(《明太祖实录》卷202)

满朝文武官员无不愤慨,大家纷纷表示,杀了李善长以谢天下,而不杀李善长就不足以平群愤。不过此时的大明天子朱元璋却似乎表现出极度的"不忍心",他没有立即下令处决李善长及其家人。(《明史·李善长传》卷127)

皇帝是"仁慈"的,是"爱惜"开国功臣的,问题是李善长为首的开国功臣实在是大逆不道,坏事做绝,弄得人言鼎沸,群情激愤,这就应了人们常挂在嘴边的"人怨"说法。还有"天怒"吗?有,你别急,马上就来"天怒"了。

这个"天怒"说来就来了,当时主管大明帝国天文历法的官员出来说话了,他发现天上有星变。星变就星变,这是自然现象,跟人间又有何关联!这是现代人们的科学自然观。可过去人们不这么看,不仅不这么看,还有另外一番说法:星变喻示着上天对地上所发生事情不满意而发出的警告。而不听上天的警告,则会有大麻烦甚至大灾难降临。你看那皇帝老子,什么人间的事都是他永远正确,但在上天面前,他却表现出无以复加的恭敬。既然现在上天发怒了,怎么解救即将到来的上天降临的灾难?据说只有折伤大臣,说白了就是处死得罪了上天的大臣,这个大臣是谁呢?李善长啊!现在大明帝国就连3岁小孩都知道,这个引起"天怒人怨"的罪大恶极的"坏蛋"就是李善长!于是李善长最后的一道催命符已下达,还有什么可说的。(《明史·李善长传》卷127)

○ 洪武皇帝的"仁慈"与不忍之心

但大明帝国的人主朱元璋实在是"仁慈","不忍"下令处死这个大明第一功臣、如今已经古稀之年的老太师李善长。将群臣召集到明皇宫奉天殿上,对李善长的案件进行廷议,洪武帝朱元璋表现出"痛苦不堪",说起了当初与李善长一同创业艰难之艰辛和功成名就后的今天这等境况,说着说着就"泣不成声"了。皇上实在实在是不忍心啊,临行到右顺门时,他终于从牙缝里慢慢地挤出了如下"感人肺腑"的话语:"李太师已经年逾古稀了,但天命不可违啊!只将李太师的侄子李佑、李伸下狱,其他不问,以此来宽慰老太师之心!"大明洪武皇帝是何等之"仁慈",他不忍杀戮开国第一功臣啊!(《明太祖实录》卷202)

可大明帝国的大臣们似乎更讲原则、讲政治、讲正气,李善长平时的为人处世"外宽和内多忮刻"终于在今天得到了报应。大臣们认为,胡惟庸谋反,李善长的弟弟李存义结交胡惟庸,奔走于胡、李之间,往来劝说哥哥李善长参与谋反,罪从谋反;而李善长身为大明开国元勋和皇亲国戚,在知道胡惟庸策划谋反时不仅不上告,反而还派了家奴参与到了谋反当中去,"反状甚明",且收受谋反首逆胡惟庸的贿赂,实在是大逆不道;更有大臣直截了当地说:"李善长不自爱,多方受贿,参与谋反,且反迹明显,理应绳之以法!皇帝陛下,李善长过去是我们大明的第一功臣,您的老哥儿们,这个我们大家都知道,但您千万不能因此偏私而不讲原则啊!"

听到这里,目击大殿之上义愤填膺的群臣,皇帝朱元璋表现出极度的"无可奈何",叹息道:"犯了谋反罪,按律是要灭族的,法是这样,朕又能怎么办呢?"于是依照群臣所议,朱元璋立颁严敕,将李善长父子(除了长子一支以外)、妻女、兄弟、侄子等整个李氏家族中70余口人全都定成了死罪,统统诛杀。(《明史·李善长传》卷127;《明太祖实录》卷202,不过《明实录》美化了朱元璋,说李善长自尽而亡)

当然,洪武皇帝朱元璋还是相当"仁慈"的,他对有着自己血缘关系的女儿一家不杀——李善长家长子李祺因为娶了皇帝的长女临安公主,他与他的儿子李芳、李茂等人因而得到恩免,但是他们全被逐出南京城,迁徙到江浦去居住了(就连临安公主也一起被迁徙)。皇帝的"仁慈"还表现在他对李氏女家眷格外开恩——实际上按律没官,但李善长60多岁的妻子却被送到教坊司去做妓女,为大明帝国"创收"(非正史记载了此事)。朱元璋如此"仁慈"与"精心"地对待和处置他的潜在政治敌人,实在是中国历史上的一大"创造"。无独有偶,更为人们惊讶的,高皇帝的这些"聪明"之举在他的"好儿子"——篡位皇帝朱棣那里得到了完全的传承,甚至是发扬光大。"靖难之役"后,魔鬼朱棣在大开杀戒的同时,将黄子澄、齐泰等建文朝文臣之妻女送到南京城南风化区去接客,或送到自己燕军中去,让打了四年内战的燕军将士一起好好地"性福性福"。(详见笔者《大明帝国》系列⑦《永乐帝卷上》)

就在李善长一家遭受灭顶之灾的同时,过去与胡惟庸过从甚密的吉安侯陆仲亨的家奴封帖木等人的政治觉悟也突然"提高"了,他出来告发说:吉安侯陆仲亨、延安侯唐胜宗、平凉侯费聚、南雄侯赵庸、荥阳侯郑遇春、宜春侯黄彬、河南侯陆聚等,他们过去与谋反逆首胡惟庸经常往来,共谋叛乱(《明太祖实录》卷202)。洪武皇帝朱元璋发怒,"顺藤摸瓜",牵连蔓引,又追根刨底,坚决肃清"谋反逆党"的党羽,案子如滚雪球一般,越来越大,"词所连及坐诛者三万余人"(《明史·胡惟庸传》卷308),即说供词牵连和定死罪被斩的达30 000余人。活着的"逆党分子"理所当然是不可宽宥的,那么那些已经死去的,如营阳侯杨璟、济宁侯顾时等也不得安宁,他们也被列入了追坐的范围之内。(《明史·李善长传》卷127;《明史·胡惟庸传》卷308)

由所谓的胡惟庸谋反案"案发"到"胡案逆党"的肃清,在这十余年的时间里,皇帝朱元璋一再表露出他对李善长之辈开国功臣的"仁慈"与"不忍之心"。正因为有了洪武皇帝的"不忍",从而使得淮右集团核心人物李善长多活了十年;正因为有了朱元璋的"仁慈",从而使得胡惟庸谋反案的最终清查了结时,总计有30 000余人搭进了生命,更有数万人在人间炼狱里煎熬。在被杀的人当中有头有脸的,除了前面讲过的韩国公李善长、宰相胡惟庸、御史大夫陈宁、中丞涂节外,还有吉安侯陆仲亨、延安侯唐胜宗、平凉侯费聚、南雄侯赵庸、荥阳侯郑遇春、宜春侯黄彬、河南侯陆聚、靖宁侯叶升、临江侯陈德之子陈镛、申国公邓愈之子邓镇、毛骐之子大将毛骧、张士诚降臣李伯升、丁玉和朱皇帝老秘宋濂之孙宋慎等;被追坐胡党、革除爵位的有营阳侯杨璟、济宁侯顾时、宣德侯金朝宗、靖海侯吴祯、永城侯薛显、六安侯王志、汝南侯梅思祖、南安侯俞通源、巩昌侯郭兴、淮安侯华云龙、永嘉侯朱亮祖等,这就是明史上有名的"胡党之狱"。(《明史·李善长传》卷127;《明史·胡惟庸传》卷308;【明】钱谦益:《牧斋初学集·太祖实录辨正3、4》卷103~104;【清】赵翼:《二十二史劄记·胡蓝之狱》卷32)鳄鱼的眼泪也挤出来了,戏也该收场了。可大明帝国的开国雄主觉得问题远没有这么简单地了结了,他还要继续做下去。那么他到底还要做什么?

○《昭示奸党三录》——"该死"的,全死了,可事情没完,还须清算……

杀了30 000余人,尤其是京师南京几乎成了屠宰场,不过这个屠宰场屠宰的不是牲口,而是大明功臣勋旧及其牵引出来的无辜的生命,可以说当时的南京城里到处都弥漫着血雨腥风,这绝对说得上是一出人间大惨剧。

"该死"的全死了,可事情没完,还须彻底清除"谋反"逆党的恶劣影响。为了严正视听、统一思想,让全国臣民紧密地团结在洪武皇帝为首的中央朝廷的周围,同时又为了警示人们,教育臣民,在处理"胡、李党案"之后,朱元璋还把李善长及其从犯的供词编为一本名为《昭示奸党三录》的书籍,印刷了好多好多册,发往全国各地,让全国臣民都知道案件的"真相"。(《明史·李善长传》卷127;《明史·胡惟庸传》卷308)

洪武帝这样做的目的至少有两个:第一,昭示胡惟庸、李善长等"谋反者"的"滔天罪行"。在《昭示奸党三录》中,他列举出"首逆"分子胡惟庸的罪行可多了,罪恶可重了,什么"窃持国柄,枉法诬贤,操不轨之心,肆奸欺之蔽,嘉言结于众舌,朋比逞于群邪,蠹害政治,谋危社稷"和"私通日本、蒙古",等等。(《明太祖实录》卷129)这样做的一个最为直接的效果——让全国臣民都知道洪武帝的一片苦衷:他已经晓之以理、动之以情,甚至到了仁至义尽的地步,但这些可恶的"谋反逆党"分子却是怙恶不悛,在谋逆的道路上越走越远,所以皇帝才不得不杀他们,而他们是罪有应得。第二,晓谕臣民,使他们知道哪些是该做的,哪些是不该做的,哪些是必须惧戒的,防止以后谋逆事件的再次发生。

○ 600年的历史疑案——李善长死得冤不冤?

从洪武十三年诛杀淮右集团中坚骨干胡惟庸、端掉和彻底废除淮右集团"大本营"中书省和宰相制,到洪武二十三年最终消灭宰相制度的"活化身"、淮右功臣勋贵核心人物李善长,前后断断续续共持续了10多年。在这场清除"胡、李谋逆党案"中,洪武朝先后诛杀了30 000余人,旁及无辜,不计其数。惨!惨!惨!尤其是淮右集团核心人物李善长最终被处死时,尽管满朝文武几乎个个喊说要杀他,但当政治狂啸吹拂而过和一切尘埃落定之际,理性最终使得人类区别于野兽,人性本能的善终究还是起了作用。有良知的人们往往会重新审视这段已经过去但充满了血腥的历史。

淮右集团核心人物李善长的最终结局确实很悲惨,也很令人同情。但可怜之人必有可恨之处,《明史》在评述李善长的为人处世有着这么的概括:"外宽和而内多忮刻",换成现代话来说,李善长外表很随和,给人一种宽和的感觉,但其实内心很尖刻,胸襟并不宽敞,因而他的人缘并不算好。所以我们不难看到,当他倒霉的时候,几乎人人都喊杀。而朱元璋杀李善长用的罪名似乎也并不怎么确切,换句话来说,皇帝用了一个很勉强的罪名杀了他,即说他协同胡惟庸谋叛。(《明史·李善长传》卷127)就这么个罪名不仅使得李善长个人被杀了,而且还被灭了族。细细想想实在是太冤了。可是当时满朝文武居然没人站出来为他"打抱不平"或鸣冤或"解解围",可见李善长"做人"也做得"到家"了。

○ 大胆的小官为李善长鸣冤

但自古以来中国就不乏不怕杀头、不怕坐牢而敢于说真话的人,这是中华民族的脊梁。对于李善长之死是否为冤,最终还是有人出来说了真话,不过,这不是发生在李善长"案发"时,而是在李善长被处决后的第二年。当时大明帝国君臣上下正在轰轰烈烈地展开清除"胡惟庸谋叛逆党"运动,四处搜捕,一片杀伐,血腥和恐怖依然笼罩着大明帝国的天空。就在这种绝对"血色"恐怖政治的形势下,有个虞部郎中叫王国用的人,居然大胆地给皇帝朱元璋上书,为李善长诉冤。

王国用在上书中首先说到李善长的功劳及其所取得的荣耀,接着他从四个方面指出了李善长之死实在是个冤案。王国用说:

第一,想当初,李善长与您皇帝陛下齐心协力,多次冒着生命的危险,历经了无数次磨难,最终才取得了天下,开创了大明帝国。李善长位居开国功臣之首,有生之年被封为公爵,死后按制当追封为王,他的长子娶了皇上您的宝贝女儿临安公主,李家亲属都被封了官。从做臣子的分上来看,李善长已经达到所有臣子的最高点了。除非他想自立为帝,似乎还说得过去;而现在说他竟想辅佐胡惟庸谋反,自己再做勋臣,这实在是太难让人相信了。(《明史·李善长传》卷127)

第二,人世间的亲情啊,莫不如此:一个人爱自己的儿子一定胜过爱他兄弟的儿子,能平安地享受万无一失的荣华富贵的人,一定不会抱着侥幸心理去追求那只有一丝希望的富贵。李善长与皇帝您的关系是直接的亲家关系——李善长的长子娶了朱元璋的女儿,而他与胡惟庸之间的亲家关系是间接的——李善长的侄儿娶了胡惟庸的侄女,由此说来李、胡两家彼此之间的关系隔了一层,相距已经远点,哪来与您皇帝这边亲啊!李善长是个精明之人,总不会糊涂到了连亲疏都分辨不

清的地步,除非他脑子进水了。(《明史·李善长传》卷127)

第三,假如李善长辅助胡惟庸谋反真的成了,他充其量也不过拥有现在这样的地位:封为第一功臣、太师、国公和死后封王,等等,难道还有比现在他更高的臣子位置吗?没有了!放着现成的福不享,却要冒着危险去追求最多与现在人臣之极相同的地位与福分,这可能吗?更何况李善长难道不知道,天下是不能靠侥幸来取得的。想当年元末天下大乱,一心想成就帝王之业的人何其之多,但最终能保住性命的有几个?李善长亲历目睹了这一切,现在却要以耄耋之年的衰倦躯体再次去尝试一下,这可能吗?要这么做的话,一定有着深仇大恨或重大的激变——这就到了几乎不得已的地步,以至于有可能父子之间相互挟持来摆脱眼前的灾祸。但现在的事实是李善长的儿子李祺娶了陛下您的亲骨肉,他们家庭和美,没有半点不睦,他也没有什么理由要那样辅助别人谋反,这是何苦呐?(《明史·李善长传》卷127)

第四,如果以天象有变为名,说什么当杀大臣来应星变,这尤为不可取。若是这样,小臣担心,天下之人听说后会这么认为,像李善长拥有这么大功劳的人尚且落得这般下场,其他人更不敢想象了,四方闻之都会纷纷解体。现在李善长已经被处死了,说了也没法使他复活。小臣惟一的愿望是陛下以此作为未来治国的借鉴。(《明史·李善长传》卷127)

○ 朱元璋的精明与老辣

王国用的上书可以说鞭辟入里,它将李善长冤案的迷雾抽丝剥茧似地一一拨开,说得有理有节,丝丝入扣,简直是无懈可击。但在那杀人如麻的岁月,这样逆鳞上书不知会招来多大的灾祸,当时满朝文武有好多官员都为这个胆大的小官捏了把汗,有的甚至将心都悬到了喉咙口。但这回使人万万没想到的是,王国用上书后,暴怒无常、残忍成性的朱元璋居然什么也没说,什么也没做。王国用还是像没上书之前一样,平平安安地上班,平平安安地回家。(《明史·李善长传》卷127)这着实使人大跌眼镜。那么,这到底是为什么?

有人认为:朱元璋多精明啊,他也清楚,处死李善长的罪名很勉强,整个案子也漏洞百出。要是理睬了王国用,就会有争辩,这一争辩不就把讹误与漏洞告知了天下之人!沉默是金,这是最聪明的办法,也是他最为老辣的表现。

王国用的上书将明代的特级大案要案的冤情大白于世人,只不过当时没有官方的正式认定而已。朱元璋没这么做,事事都要打着"祖制"旗号的朱子朱孙们当然也不会改变祖宗的既定做法了。至于朱元璋为什么要将十年前的一个案子与李善长牵强附会地连在一起,其真实的目的是什么?

我们不妨回忆一下：洪武十三年淮右集团中坚骨干胡惟庸被诛，朱元璋马上宣布撤除淮右集团"俱乐部"中书省和永久性地废除宰相制。但淮右集团核心人物李善长尚健在，他可是大明帝国的第一任宰相，人们尽管知道宰相制没了，但还是将李善长称为"老宰相"，甚至将他看作宰相制的"活化身"。而这个老宰相实在是树大根深，这些年朱元璋也充分领教了他的厉害：原本中书省都是以他为核心的淮右集团的世界，而大明朝廷上下也都有他的爪牙势力。胡惟庸死了，他一点也不收敛、不检点，胡惟庸通倭通虏，他"有份"——私放封绩；胡惟庸谋反，他不仅不上告，最后还参与了进去，这个"策事多中"的老宰相要真有那么一天"谋"了什么事，我朱元璋可吃不了兜着走，不仅皇帝当不成，甚至连老百姓也可能做不了。你看他向淮右猛将汤和借兵，文臣要兵干吗？修房？他已经77岁了，修了能住几年？肯定是为了造反做准备。还有为丁斌说情，到处他插手，到处都是他的人，这个老宰相实在是可怕。要是哪天朕不幸比他早归天了，这位第一功臣、前宰相同时又是淮右集团的核心人物还不把我大明玩得团团转？再说那些淮右新贵们有几个能像汤和那样真正有脑子的？造反、打仗，没得说的，但要是有那么一天，一旦让他们的核心人物李善长给"点拨到位"了，我大明帝国主人还会姓朱？所以说，必须要清除这个讨厌的老宰相、淮右集团的核心人物，最好还能连根拔起。只有这样，才能打击桀骜不驯的淮右集团，才能解除来自自身政权内部的那股潜在的巨大危险势力。

穷追猛打"蓝玉逆党" 兔死狗烹 鸟尽弓藏——洪武二十六年（1393）

前后持续10多年的胡惟庸党案之狱终于在洪武二十三年年底告个段落。尽管大明行政机构中淮右功臣勋旧的"俱乐部"早被彻底摧毁，淮右集团中坚骨干胡惟庸、核心人物李善长都被一一送上了西天，但在军事系统还有不少具有潜在危险的淮右功臣勋旧在边防上领兵戍守，担负起保卫大明边疆的重任。对此，洪武皇帝也很不放心，就在株连和杀戮李善长为首的所谓"胡党"余孽的同时，他采取了三项措施，限制和防范军队系统中的淮右功臣勋旧。

● 洪武帝再出三招，限制与防范军中功臣勋旧

第一，将诸王分封到北疆去当塞王，以此来对北疆上领兵打仗的功臣勋旧进行

严密监视和节制。"是时,(洪武)帝念边防甚,且欲诸子习兵事,诸王封并塞居者皆预军务……大将如宋国公冯胜、颍国公傅友德皆受节制。"(《明史·诸王一》卷116)

第二,鼓励淮右功臣勋旧"告老还乡",远离南京政治中心。洪武十八年(1385)八月,朱元璋颇有深意地跟大明礼部官员这般说道:"虽说功臣们在京师南京都有自己的府宅,可他们年纪大了,回到老家颐养天年,却没有合适的居所,这不仅从礼仪上讲不过去,而且在情理上也说不通啊!这样吧,我大明朝廷拿些钱出来,赐给功臣们,每人都有份,让他们回老家去盖些漂亮的府第,以便日后能快乐地安享晚年。再说百年之后,这些气派的府宅传给了他们子孙,也可算作是我大明朝廷优待功臣的礼数见证吧!"随即给每个公侯各赏赐10 000锭,且做了说明:专款专用,让大家专门用于还乡造房的。(《明太祖实录》卷174)

这样的事情后来再次发生了:洪武二十一年六月,朱元璋小时候的玩伴、信国公汤和提出告老还乡,"时公侯皆在京师,见(汤)和之请,亦次第以为言。上(指朱元璋)嘉之,各赐钞万锭,俾建第于凤阳。"(《明太祖实录》卷191)

第三,给淮右功臣勋旧配备"铁册军",加强对他们进行监视。洪武二十三年六月,也就是淮右集团核心人物李善长被杀后的第二个月,朱元璋下诏给礼部,"制公侯伯屯戍百户印及敕赐铁册。先是上以公、侯、伯于国有大勋劳,人赐卒百十有二人为从者,曰奴军。至是以公侯年老,赐其还乡,设百户一人,统率其军,以卫护之,给屯戍之印,俾其自耕食,复赐铁册……于是魏国、开国、曹国、宋国、信国、颍国、凉国诸公,西平、江夏、长兴、江阴、东平、宣宁、安庆、安陆、凤翔、靖宁、会宁、怀远、景川、崇山、普定、鹤庆、东川、武定、沈阳、航海、全宁、西凉、定远、永平诸侯,皆给以兵,时号'铁册军'。"(《明太祖实录》卷202;【明】沈德符:《万历野获编·铁册军》卷17)

洪武皇帝是这般设计的,即便淮右功臣勋旧"告老怀乡"了,在凤阳的高级别墅里悠闲着也得要受到本皇帝"恩赐"的"铁册军"的监视,其宗旨就在于力图将潜在的巨大危险势力置身于自己的掌控之中。

但即使做到了这样,那些淮右功臣勋旧中还是有人会时不时地越轨"犯事",甚至干出些犯法乱纪的事情,例如:会宁侯张温,洪武二十年秋,"帅师讨纳哈出余众,从北伐,皆有功,后以居室器用僭上。"(《明史·张温传》卷132)

景川侯曹震家有个叫"喜奴"的"小美眉",洪武二十六年二月初蓝玉谋反案发后,她被锦衣卫带去审讯,道出了曹震与蓝玉密议之事。就这个名叫"喜奴"的小美眉当时年仅15岁,"云南白人子人氏,系景川侯妾。"(【明】朱元璋:《逆臣录》卷1)这是由明太祖钦定的官方文书上明确记载的,我们暂且不说喜奴证词的可信度有多少,单说她当时的身份与年龄问题。15岁的花季正是人生开始梦想的美好时刻,让人不得不怀疑的是,这个叫喜奴的小美眉那么小的年龄就懂得人世间的那件事?

要不是被曹震将军强占,她会心甘情愿地当"N奶"?

再如郑国公常茂,朱元璋曾在《大诰》里这样说,"他是开平王(常遇春)庶出的孩儿。年纪小时,为他是功臣的儿子,又是亲上头(皇太子朱标的舅子),抚恤他,着与诸王同处读书,同处饮食,则望他成人了,出来承袭。及至他长成,着承袭做郑国公。他却交结胡惟庸,讨他母亲封夫人的诰命,又奸宿军妇(军队女家眷),又奸父妾,多般不才。今年发(应该为'罚'字,朱皇帝写白字了)他去征北,他又去抢马,抢妇人,将来降人砍伤,几乎误事。他的罪过,说起来是人容他不得。眷恋开平王上头,且饶他性命,则发去广西……"(【明】朱元璋:《大诰武臣·常茂不才》卷2,P731)

要说最为严重、恶劣影响最大的就数凉国公蓝玉了。

● 中青代顶级军事人才蓝玉及所谓的"蓝党谋反"案

○ 洪武年间中青代顶级军事人才——蓝玉

蓝玉,定远人,开平王常遇春的小舅子,大老粗出身,但上苍对他还算不错,让他长得又高又大,虎头虎脑,膂力过人。虽然最初在姐夫常遇春手下当个小小兵,但因武艺高强,很快就显山露水了。在两军交战时,蓝玉常常是勇不可当。比起徐达、常遇春、傅友德这些"老将",蓝玉的岁数要小,应该属于大明军中"少壮派"。洪武初年他曾经跟随傅友德去攻伐四川明玉珍儿子明升的割据政权,取得了成功;后又跟随徐达北征,讨西番,多次立功。洪武十二年,被封永昌侯,食禄2 500石,超过了当年朱元璋的军师刘基的年俸禄。不仅如此,他还被赐予了免死铁券。(《明太祖实录》卷127)洪武十四年,蓝玉又随颍川侯傅友德远征云南,"擒元平章达里麻于曲靖,梁王走死,滇地悉平,玉功为多",皇帝朱元璋给他"加薪水",将年俸禄加到了3 000石,甚至还将他的女儿选为自己的儿媳妇——蜀王妃,真是皇恩浩荡!(《明史·蓝玉传》卷132)

洪武二十年(1387)正月,朱元璋任命冯胜、傅友德、蓝玉等率明军200 000人,出关进兵辽东,讨伐元朝东北的残余势力纳哈出。蓝玉率轻骑冒着大雪,夜袭盘踞庆州的北元军,取得了令人意想不到的战果。接着他配合大将军冯胜合围东北金山的纳哈出,迫使纳哈出出降,从而使明军取得了重大胜利。就在这时有人告发大将军冯胜私自藏匿北征中所获的良马,皇帝朱元璋下令收回大将军印,将冯胜召回。冯胜走后,大明军队没了主将,怎么办?朱元璋就把屡次战功显赫的蓝玉拜为大将军,总领明朝的北征军,移屯蓟州。至此可以说,蓝玉的人生达到了巅峰时刻。(《明史·蓝玉传》卷132)

第二年即洪武二十一年(1388)三月,朱元璋又命蓝玉率领 150 000 大军一路追击北元主——元顺帝之孙脱古思帖木儿。蓝玉以极快的速度穿越了人间极地——北方沙漠与严寒地带,在捕鱼儿海几乎全歼了北元军,创造了大明军事史上的奇迹。洪武皇帝闻讯后十分激动地跟大臣们说:"戎狄之祸,中国其来久矣。历观前代受其罢弊,遭其困辱,深有可耻。今朔漠一清,岂独国家无北顾之忧?实天下生民之福也!"听到这里,朝堂上的大臣们立即顿首称贺,朱元璋遣使赍敕书慰劳蓝玉等,其文曰:"周、秦御胡,上策无闻;汉、唐征伐,功多卫、李。及宋遭辽、金之窘,将士疲于锋镝,黎庶困于漕运,以致终宋之世,神器弄于夷狄之手,腥膻之风,污浊九州,遂使彝伦攸斁,衣冠礼乐,日就陵夷。朕用是奋起布衣,拯生民于水火,驱胡虏于沙漠,与民更始,已有年矣。近胡虏聚众,复立王庭,意图不靖。朕当耆年及今弗翦,恐为后患,于是命尔等率十余万众北征,去年夏游骑至金山之左。尔(蓝)玉亲拘纳哈出来降。今兹复能躬擐甲胄,驱驰草野,冲冒风露,穿地取饮,禁火潜行,越黑山而径趋,追蹄踪而深入,直抵穹庐。胡主弃玺远遁,诸王、驸马、六宫后妃、部落人民悉皆归附。虽汉之卫青、唐之李靖,何以过之。今遣通政使茹瑺、前望江县主簿宋麟赍敕往劳,悉朕至怀。"(《明太祖实录》卷 190)简言之,朱元璋派人前往蓝玉军中慰劳,将蓝玉比作汉朝的卫青和唐朝的李靖。(《明太祖实录》卷 190;《明史·蓝玉传》卷 132;【清】谷应泰:《明史纪事本末·胡蓝之狱》卷 13)

但让人看不懂的是,就在这年年底,洪武帝对蓝玉进封,原准备封他为梁国公,可最后却封成了"凉国公"。那为什么朱元璋要将"梁国公"改为"凉国公"?难道要饭出身的他当了这么多年皇帝还是个"梁"、"凉"不分的文盲或半文盲?还有,立有如此赫赫战功的大将军凉国公蓝玉最终为什么会被高度赞誉他的皇帝朱元璋所杀呢?(《明太祖实录》卷 194)

○ 不断"犯错误"的蓝大将军

主要问题就在于蓝玉大将军在不断立下赫赫战功的同时,又在不断地"犯错",其主要"错误"如下:

第一,奸污元主妃子,有损大明形象。洪武二十一年,明军在捕鱼儿海大俘获后,大老粗出生的蓝玉想起女人来了。可沙漠和极寒地带哪来什么女人?有啊!一直在被北元主消受和享用的元主妃,这可长得如花似玉,让男人见了没有不掉魂的,蓝大将军控制不住自己,"碰"了这个不该碰的女人——奸污了她。元主妃羞愤难当,自缢而亡。皇帝朱元璋听到后十分恼火,怒斥道:"没想到蓝玉这样无礼,这难道是一个大将军所做的事吗?!"并告诫蓝玉"率德改行"。(《明太祖实录》卷

192;【清】谷应泰:《明史纪事本末·胡蓝之狱》卷13)

第二,捣毁喜峰口关,私自提拔军中将士。

蓝玉北征取得了大明朝空前的军事胜利,班师回来,已是后半夜了。喜峰口关的守关官吏早已安顿休息,蓝玉就叫手下人去叩门,守门官吏还没来得及打开城门,蓝大将军就发怒了,命令手下士兵毁关,让大军进驻城里去。更为严重的是,蓝玉还碰了"高压线",居然不按大明军中规矩,私自提拔军中将士,对犯了错的军士也私自进行刑罚处置,在军上脸上黥刺。(《明太祖实录》卷225)

第三,蓄养数千庄奴假子,纵容儿子霸占民田。

蓝玉老农民出身,底层人暴富起来的常见心态,无非是炫耀炫耀。但这世上还真有不少"墙头草",认蓝玉为义父。蓝玉是一介武夫,一喝酒,什么都好说。恐怕连他自己都不太清楚,到底认了多少个义子?史书说他"蓄养庄奴假子数千人"。有这样不内敛、没修养的老子,就会有不知天高地厚专门欺压百姓的儿子。蓝玉儿子仗着老子的威势,强占了东昌(今山东聊城)的民田。御史依法问罪,蓝玉不仅不责备自己儿子,反而拿了"家伙"捶打驱逐御史。(《明太祖实录》卷225;《明史·蓝玉传》卷132)

第四,侵夺民利,沮坏盐法。

明代沿袭历代传统,实行盐业国家专控。要想从事盐业买卖,就必须要获得国家专控的"盐引",有了"盐引"就会获利多多。蓝玉利用权势,在拿到国家"计划票"盐引10 000条后,就让家人到云南有司衙门直接兑换支取,获取高额暴利。皇帝朱元璋听说后十分愤慨地说道:"这是侵夺民利,沮坏盐法啊!"随即下令对蓝玉等功臣家非法获取的盐引进行了没收。(【明】刘辰:《国初事迹》)

第五,受封不公,口无遮拦。

西征回师时,朱元璋晋升蓝玉为太子太傅。以当时蓝玉的功劳可以说完全超过同时西征的宋国公冯胜和颍国公傅友德,但在晋封官爵时他却位居在冯、傅之下。为此,蓝大将军牢骚满腹:"上位取我回来,着我做太师,如今又着别人做了。"这样口无遮拦,朱元璋隔墙有耳,听到了当然会很不舒服,所以每次上朝时,凡是蓝玉所奏之事,皇帝都嫌他粗俗无礼,不愿意多听。次数一多,即便蓝玉是个粗人,也能看出来了,于是他就更加怏怏不满。(《明史·蓝玉传》卷132;【明】宋端仪:《立斋闲录》卷1)

对于朱元璋的警告,蓝玉置若罔闻,一无所改。西征北元回来又连连肇事,所以洪武皇帝最终在封爵时就改了主意,将梁国公改封为凉国公,并将他的过错镌刻于铁券上。更有蓝玉在觐见皇帝时,语言傲慢,毫无人臣之礼,这就愈发引起朱元

璋的反感。(《明太祖实录》卷194)

第六,违诏出师,越礼犯分。

就在蓝玉西征回来没多久,四川西部的建昌地区发生了叛乱。朱元璋心中十分清楚,到建昌去平乱,除了蓝玉这样的军事天才还真找不出第二个能稳操胜券的人来,因为这时大多数大明开国老将要么死了,要么连自己走路都嫌累,在"少壮派"中只有蓝玉最有军事才干、最合适。虽然这时蓝玉又犯了可以说是潜在的但也足以致命的错误,那就是"违诏出师,擅作威福"。这是君主专制下最为犯忌的,尽管朱元璋恨得牙根都痒痒的,但没有"动手",就是因为四川那边不太平,要用兵!在洪武二十五年(1392)年初,朱元璋将蓝玉召到明皇宫里,任命他为西征大将军,并想单独面授出兵计宜。当时蓝玉想都没多想,就随身带了几员重要的将领一同去觐见皇帝。皇帝一见蓝玉这样的来头,心中顿感不快,但他还是想把作战出兵计宜单独授给蓝玉,于是就示意其他人退下。可谁知,与蓝玉一起来的几个将领,像木头一样还竖在原地。这时大老粗蓝玉倒是反应过来了,向几个将领挥了挥手,几个将领这才退了下去。这件事对朱元璋的触动太大了。一支军队连皇帝的命令都不听了,只听他们大将军的,这还了得!

据《明实录》记载,蓝玉被处死后的第三年,洪武朝廷君臣又道出了蓝玉的一大罪状:"越礼犯分,床帐、护膝皆饰金龙,又铸金爵以为饮器,家奴至于数百,马坊、廊房,悉用九五间数。"换句话来说,作为臣子的蓝玉已经僭越到了几乎要与大明天子一般的规格档次。(《明太祖实录》卷243)

○ "狗急跳墙"似的蓝玉"谋反"背后

就在洪武中晚期大明君臣关系到了十分微妙的关键时刻,蓝玉还卷入了朱棣与朱标太子之间的纷争漩涡之中,他曾提醒自己的外甥女婿朱标:"臣又闻望气者言,燕地有天子气。殿下宜审之!"太子朱标说:"燕王事我甚恭谨?!"最后蓝玉还是没忘这样叮嘱:"殿下问臣,臣不敢隐,故尽其愚恳耳,惟密之!"(《明太宗实录》卷1)本来就不是东西的朱棣知道了自然从心里恨死了蓝玉。据说,朱标死后,朱棣入朝多次向父皇朱元璋提醒:"诸公侯纵恣不法。"这是官方记载下来的,至于朱棣单独跟朱元璋说了什么,我们不得而知,反正不会说蓝玉如何如何好吧。蓝玉不恰当的掺和,朱棣拼命的反击,使得本来就对蓝玉大为不满甚至感觉可恨的洪武帝最终下定了决心除掉蓝玉。(【清】夏燮:《明通鉴》卷10)

不过当年明朝官书却对朱元璋诛杀蓝大将军进行了全力的掩饰与美化,它说:洪武二十五年八月,在听到自己的亲家、靖宁侯叶升以"交通胡惟庸"罪名被逮的消息后,蓝玉就怀疑叶升可能熬不住酷刑而招出了他是胡党分子,担心皇帝朱元璋会对他猜疑,他说:"前日靖宁侯为事,必是他招内有我名字。我这几时见上位(指皇帝朱元璋)好生疑忌,我奏几件事,都不从。只怕早晚也容我不过,不如趁早下手做一场。"(【明】朱元璋:《逆臣录》卷1)蓝玉认为洪武帝岁数大了,"病缠在身",且皇太子朱标死后新立的皇位继承人朱允炆"年纪又小",现在"天下军马都是我总着",倒不如下手好好干一场。于是就秘密派上亲信,暗中联络鹤庆侯张翼、普定侯陈桓、景川侯曹震、舳舻侯朱寿、东莞伯何荣等以及自己的老部下,将他们召到凉国公府来进行秘密策划,"谋收集士卒及诸家奴,伏甲为变"(《明太祖实录》卷225)。蓝玉狗急跳墙似煽动着:"如今天下,不用老功臣。以前我每(们)一般老公侯都做了反的,也都无了,只剩下我每(们)几个,没来由,只管做甚的,几时是了?"(【明】朱元璋:《逆臣录》卷1)诸将听后很有同感,随即分头行动,做好造反的准备,打算在洪武二十六年二月十五日皇帝朱元璋外出藉田时动手。二月初一,蓝玉对担任谋反主力的府军前卫百户刘成下达谋反命令:"我想二月十五日上位出正阳门外劝农时,是一个好机会。我计算你一卫里五千在上人马。我和景川侯两家收拾当家人,有二三百贴身好汉,早晚又有几个头目来,将带些伴当(档),都是能厮杀的人,也有二三百通些,这人马尽勾(够)用了。你众官人好生在意,休要走漏了消息。定在这一日下手!"(【明】朱元璋:《逆臣录》卷2)

可十分奇怪的是,明朝国史《明实录》对于高祖皇帝钦定的如等大案要案的事发经过却寥寥数语,这就使得我们后人不得不要将研究的目光放在更加宽广的视野之中。

洪武朝钦定的《逆臣录》中说:蓝玉二月初一下达起事命令,想发动突然袭击,搞掉皇帝朱元璋。可恰恰是明朝国史《明实录》中却记载着这样一件事情:洪武二十六年二月丁丑(初二),即所谓蓝玉下达起事命令的第二天,"上(指朱元璋)命晋王总宋国公冯胜等所统河南、山西马步军士出塞,胜及颍国公傅友德、开国公常升、定远侯王弼、全宁侯孙恪等驰驿还京,其余将校悉听晋王节制。"(《明太祖实录》卷225)在这些被召回南京的边关大将中,王弼、孙恪等人后来被洪武朝廷定为蓝党分子而遭受杀戮。既然以蓝玉为首的蓝党要发动政变,那么高瞻远瞩的高皇帝还要十万火急地将蓝党分子叫回南京城来,岂不是帮助蓝党造反吗?若是,高祖皇帝朱元璋不是白痴,就是精神出问题了。

○ 毫无准备的蓝党"密谋造反"与"蓝党之狱"——两天内处死了大将军

事情真相应该是这样的:朱标太子的突然薨世,使得洪武皇帝朱元璋最终痛下决心,除尽蓝玉为首的具有巨大潜在危险的功臣勋旧。洪武二十五年四月,寄予无限希望的朱标太子突然驾鹤西去,洪武帝悲恸欲绝。(《明太祖实录》卷 217)五个月后的九月十二日,他立了朱标的儿子 16 岁的朱允炆为皇位继承人,可这位皇太孙比起他的父亲皇太子朱标还要柔弱。(《明太祖实录》卷 221;《明史·刘三吾传》卷 137)在朱元璋的眼里,他老头子在世时,像蓝玉这类武夫就已经桀骜不驯了;等他一升天,叫柔弱的皇太孙来当大明帝国之主,还不等于将羔羊扔进了狼群里。所以必须要除掉这群狼,必须清除掉来自朱家之外一切可能潜在的威胁。再说现在天下也太平了,没什么战事,狡兔死,走狗烹,飞鸟尽,良弓藏么。当然,除恶要务尽,老朱皇帝是苛求"完美"的人,宁可错杀一千,也不可使一个漏网。于是一张大网正在张开,一场政治大屠杀就在眼前,一触即发,关键是由谁来点燃这根导火索的问题了。

对此,大将军蓝玉却几乎一无察觉。洪武二十五年年底,建昌平叛胜利,蓝玉率领明军回朝。洪武二十六年正月初十日,蓝玉一行回到了南京。不久就到明皇宫里报到,开始上班,在南京待了前后 20 来天;二月初八,又是上班期间,早朝快要结束时,锦衣卫指挥蒋瓛突然出来控告,说蓝玉谋反。蓝玉当场被逮捕,居然一点反抗的准备也没有。(《明太祖实录》卷 224;卷 225)

蓝玉是个粗人、俗人,粗俗到了有时跟动物差不多,大块吃肉、大碗喝酒,体内骚热,随便找个女人就解决问题,哪想过什么造反?奋勇作战,只不过想立功,炫耀炫耀自己而已。但自进入锦衣卫的大牢里可说什么也没有用了,什么皇帝发的免死铁券统统作废,反正后来蓝玉脑子也"清醒"了,"交代"了许多,"想"起了自己的姻亲、去年因为被查出是"胡惟庸案"的涉案漏网分子而被处决的靖宁侯叶升就是自己的同党,老亲家被杀,他蓝玉既不满又害怕,于是就萌发出叛逆之心。(【明】朱元璋:《逆臣录》卷 1)由此一来,就"坐实"了蓝玉的谋反之事?按照古代的法制与办案程序,还要别的证人,到哪里去找蓝玉谋反案的证人呢?其实这最好办了,蓝玉是大将军,底下有的是将士;又是凉国公,这么一个高官,豪门宅院,家中妻妾成群,奴仆扎堆,将他们找来"问问话",顺便让他们"见识见识"大牢里的刑具。于是一切就顺理成章了,案件与供词大致都很"清楚"了:蓝玉西征回南京,见了皇帝朱元璋后,发现自己已经处于危险的境地,于是决定铤而走险,他经常对亲信们说:"以前胡党案发,多少当官的被杀了。我可不想束手就擒,还是早早下手。"供词似乎说得有鼻子有眼睛:蓝玉与大家约定好,二月十五日"伺上出劝农时举事",就是乘朱元璋出皇宫去祭祀先农神时,事先埋伏好武装,举兵叛乱。(【明】朱元璋:《逆臣录》卷 1;《明太祖实录》卷 225)

二月初八"先知先觉"的锦衣卫领导蒋瓛及时出来揭发惊天大阴谋,于是蓝玉突遭逮捕。隔了一天,二月初十,蓝玉被磔于市,即在闹市区被千刀万剐。事情到此仅仅开了头,洪武皇帝要彻底追查"蓝案逆党分子"。于是,所有的侯爷、文武大臣直到偏裨将卒,只要与蓝玉或所谓的蓝党分子有点关联的统统要被抓起来,一一过堂,最终被处死。

○ "蓝党"大狱到底冤不冤?

那么蓝玉周围及其相关的人如何被扯上"蓝党"的?而所谓的"蓝党"大狱到底冤不冤?

我们不妨来看看当年由洪武帝钦定的《逆臣录》及官方编定的国史中所记载的已经勘查坐实了的所谓罪犯"犯罪事实":

以洪武帝为首的中央朝廷首先将蓝玉锁定为胡党余孽:"(蓝玉)初与胡、陈之谋"(【明】朱元璋:《御制逆臣录·序》),"胡、陈之反,(蓝)玉尝与其谋"(《明太祖实录》卷225)。这类话用耳熟能详的语言来表达,即说蓝玉是深藏在革命队伍里的反革命分子,长期以来他一直从事反对、分裂和颠覆洪武朝廷中央的罪恶活动。皇帝朱元璋洞察秋毫,"数加诫谕,(蓝玉)略不知省,反深以为责辱,遂生忿怒,乃同曹震、朱寿、祝哲、汪信等合谋,阴诱无知指挥庄成、孙让等,设计伏兵,谋为不轨。"(【明】朱元璋:《御制逆臣录·序》)《明实录》则描述得更为具体些:"当是时鹤庆侯张翼、普定侯陈桓、景川侯曹震、舳舻侯朱寿、东莞伯何荣、都督黄辂、吏部尚书詹徽、侍郎傅友文及诸武臣尝为(蓝)玉部将者,玉乃密遣亲信召之,晨夜会私第,谋收集士卒及诸家奴,伏甲为变,约束已定,为锦衣卫指挥蒋瓛所告。(洪武帝)命群臣讯状具实,皆伏诛。"(《明太祖实录》卷225)

至此,所谓的蓝党谋反之事被演绎有声有色又惊心动魄。那么其犯罪证据又在哪里呢?

◎ 酷刑下蓝玉的儿子、哥哥、侄儿及家中下人都说蓝大将军要谋反,但就不见其有实质性的行动,怪否?

翻遍《逆臣录》,再查《明实录》,十分奇怪的是,"首恶"主犯蓝玉居然没供词留下。这怎么可能呢?犯下如此滔天罪恶、涉及数万条生命的惊天大案之主犯最终却什么也不留下,这让天下人如何信服?洪武帝朱元璋是个了不得的政治家,同时也是细致之人:既然首犯没有或言留下了不便公之于世的"供词"与证据,那么就从主犯周围最为关键的人群入手。

蓝闹儿,又名蓝碧瑛、蓝大舍,蓝闹儿是他的小名,蓝玉长子,蓝党谋乱一旦成功了的新帝国王朝太子,他的证词应该是很"重要"的。我们不妨来看看他招供了什么?

洪武二十六年正月二十八日,蓝玉邀请了军中许都督、孙都督、徐都督、周都督等到蓝府"饮酒议事"。四五天后的二月初二日,蓝玉又邀请了府军前卫孙指挥、刘指挥、孙百户到自己家里喝酒,喝酒间蓝大将军说:"借马鞍七十副、马四十三匹,我要商量作些事。"("我要商量作些事",做什么事?酷刑之下的蓝闹儿居然没说。本书作者注)为了能够在审讯过程中得到供词,坐实蓝玉与昔日胡惟庸谋反案有关,审讯人员动足了脑筋,用尽了刑罚,终于得到了蓝闹儿的这样的供词:就在喝酒时,蓝玉又说道:"小孙指挥,你父日前与我在胡丞相(胡惟庸已经被杀了十三四年,骨头可能都开始烂了。笔者注)家商量的话,你年小不理会,我使儿子去(你们)庄子上取军去了(即要些兵马人手)?"小孙指挥回答:"怕上位(指皇帝朱元璋)得知不好。"蓝玉说:"有我不妨。我自有主张,事成便着你做大官人。"小孙指挥听到这里立即拜谢。(【明】朱元璋:《逆臣录·蓝玉男蓝闹儿》卷1)

除了向小孙指挥(即孙让),蓝玉还向府军前卫刘指挥、石千户等借军马。蓝闹儿供述:洪武二十六年正月里,具体哪一天他不记得了。只记得刘指挥、石千户等来到蓝家,蓝玉叫火者添受拿出两件红普鲁袄子送给刘、石两人,然后跟他们说:"上位如今老了,不管事了。你卫里有多少军马?"刘指挥回答道:"军都上直(通假字'值')了!"(此话的意思是我卫中的兵士都给调到外面去)蓝玉不甘心,又问:"刘指挥,你随我不肯?"刘指挥很好奇,反问:"什么事?"蓝玉说:"我如今要做事,使家人李清取马去了。"刘指挥听说后当即说道:"只怕上位得知。"蓝玉拍着胸脯给他壮胆:"有我在,你怕什么!"刘、石两军官听到这里,齐声说好。(【明】朱元璋:《逆臣录·蓝玉男蓝闹儿》卷1)

不过即使到了这一步,蓝玉还不放心。为了使底下军官们能与他一起造反,他还对刘指挥、孙指挥、武指挥、严百户等部下不断进行引诱,甚至威逼相加:"我征西征北受了多少苦,如今取我回来,只道封我做太师,却着我做太傅,太师到着别人做了。你每肯从我时便好,若不肯时,久后坏了你。"众将领听后没有不害怕的,随即应允了,齐声回答:"大人要借马用,我到二月初七送将马来。"(【明】朱元璋:《逆臣录·蓝玉男蓝闹儿》卷1)

从酷刑底下蓝闹儿"逐招"供词来看,要说蓝玉与军中将领密谋造反,好像有那么一回事,但又不能不让人感到有点勉强,且孤证难以令人信服。大家别急,深刻领悟大明帝国伟大领袖指示精神的锦衣卫力士、校尉们很快就寻找到了新的"突破口"——蓝荣的供词。

蓝荣是蓝玉的亲哥哥,从情理来讲,如果真有所谓的"蓝党",那么这个蓝荣应该属于蓝党的核心成员,我们不妨来看看他的供词:

《逆臣录》记载:"一名蓝荣,年六十三岁,凤阳府定远县人,系蓝玉兄。先任府军右卫指挥,为因年老,将男蓝田替职,调江北权管英武卫事。荣致仕在闲。"蓝荣"状招洪武二十六年正月二十九日,有侄蓝闹儿到家,对(蓝)荣言说:'父亲教请伯伯来说话。'是(蓝)荣应允,就同闹儿前去见弟。蓝玉留歇至夜,饮酒间,蓝玉对说:'我想胡党事公侯每(们)也废了多,前日靖宁侯为事,必是他招内有我名字。我这几时见上位好生疑忌,我奏几件事都不从,只怕早晚也容我不过,不如趁早下手做一场。我如今与府军前卫头目每(即"们")议定了,你可教蓝田知道,着他也收拾些人接应。'是(蓝)荣允从,回说:'我明日写信去,教儿子自来商量。'说罢至初三日,是(蓝)荣使人前去唤男蓝田,为因本卫有事,未曾来到。不期事发,取问罪犯。"(【明】朱元璋:《逆臣录·蓝玉兄蓝荣》卷1)

案件审理到这里,似乎有了眉目,矛头指向的是蓝党核心成员蓝荣之子即蓝玉的侄儿蓝田。那么蓝田怎么供述的?

"一名蓝田,凤阳府定远县人,系蓝玉侄男。自兵革以来,于和州在城十字街住坐。有父蓝荣,先任府军右卫指挥,年老,令田替职。洪武二十五正月内,钦调江北权管英武卫事。状招洪武二十六年失记的日(具体日记不记得了),有父令妹婿许升送信前来任所,报说:'叔父征进回还(征讨回来),因见亲家靖宁侯胡党事发,生怕连累,唤你过江说话,准备些人马伺候。'是田依允,就对妹婿言说:'你且回去,对老官人说,这个不是小可的事,我随后自来商量。'不期叔父蓝玉事谋未成败露,提问罪犯。"(【明】朱元璋:《逆臣录·蓝玉侄蓝田》卷1)

至此,有关蓝玉谋反的惊天大案似乎可以坐实了,犯罪动机:第一,受封不公,皇帝朱元璋原来说要封蓝玉为太师的,结果却封了他做太傅,矮了一截;第二,蓝玉是胡党余孽,这从他跟小孙指挥的谈话内容可以看出。既然胡惟庸是"铁定"的谋反首逆,那么胡党余孽蓝玉就是潜伏着的谋乱者;第三,亲家靖宁侯叶升是胡党余孽,且已被处置了,而蓝玉自己又曾参与了胡惟庸谋反,由人及己,无论从哪个角度来讲,蓝玉谋反赌一把,总比束手待毙要强;第四,皇帝朱元璋已经怀疑蓝玉有不轨之举。

从上述口供所涉及的四个层面来看,蓝玉首倡谋逆造反有着充分的动机,那么其依据或言行为证据又在哪里?蓝荣说弟弟蓝玉让他去叫蓝田准备接应,蓝田口供也证实了他父亲的口供。似乎一切都说得有鼻子有眼,但细细想想就是没什么过硬的铁证。那怎么办？锦衣卫的人有的是"本领"，他们从蓝家的下人火者（应该是指宦官，待研究，笔者注）中找到了一个叫赵帖木儿的出来作了"关键"之证："一名赵帖木儿，高丽人氏，系蓝玉家火者。逐招于后：一招洪武二十六年二月初八日，有凉国公差令火者董景住前去临清取马15匹，真定取马15匹，前来骑用。有火者董景住对赵帖木儿说：本官（指蓝玉）要谋反，就领着府军前卫参随，他的旧马军胜子余等100名都是好汉，一个当5个，在西华门听候，等上位茶饭时一同下手。"又"一招洪武二十六年二月初五日，有蓝玉安排酒，请景川侯。吃酒中间，有蓝玉言说：'我（们）每到处出征，回来别人都做大官人，我后头才封我做太傅。上位每日长长怪我。'蓝玉又说：'景川侯你每（们）各自收拾些军马下手。'景川侯回言：'是好。我心里也如常想着。要收拾些旧根的伴当（档），一同拣好日便下手。'不期事谋未成败露，到官，取问罪犯。"（【明】朱元璋：《逆臣录·赵帖木儿》卷1）

凉国公要造反，派了家中火者董景住到山东临清去取了15匹马，真定也取了15匹马，而就是这个叫董景住的凉国公"特使"还对同为下人的火者赵帖木儿说：主子蓝玉已着手进行造反准备，计划乘皇帝朱元璋御用茶饭之际，从明皇宫西华门开始下手。看到这样的说辞，人们似乎可以认定蓝玉造反确有其事，真的吗？我们不妨想想：为什么蓝玉造反想乘皇帝朱元璋御用茶饭之际，从明皇宫西华门开始下手？这些极度机密与关键性的信息在蓝玉儿子蓝闹儿和哥哥蓝荣的供词中没有，却偏偏是让蓝家下人之间相互通报呢？第二，蓝玉造反既然是密谋，火者董景住为什么还口无遮拦地直言相告于火者赵帖木儿，这还叫密谋吗？第三，蓝玉派董景住到山东临清、河北真定各取马15匹，一共加起来才30匹，这么个数字的马匹用来给所谓的蓝党分子骑着出去旅游旅游还差不多。若蓝玉等真是要谋反的话，那得要上多少个地方去凑足够的军事力量？要是到全国各地都去走走，一一调集人马，这岂不是告诉全国军民：我蓝玉要造反！这可能吗？

◎ 蓝党核心成员景川侯曹震儿子说的蓝党谋反时间要比钦定的蓝党谋乱时间迟两个多月，这到底是怎么一回事？

不论蓝府下人们的说辞逻辑有多荒唐，但有一件事还是说得蛮到位的，那就是军官武夫蓝玉经常在府中与景川侯曹震等人一起喝酒、喝茶、说事。案件审理到此，就涉及景川侯曹震等人了，那么我们来看看蓝玉的这个哥儿们到底为何会与洪武后期的这起特大谋反案搅和在一起的？曹震及其家人又有何等"说辞"？

"曹震，濠人。从太祖起兵，累官指挥使。洪武十二年，以征西番功封景川侯，禄二千石。从蓝玉征云南，分道取临安诸路，至威楚，降元平章阇乃马歹等。云南平,因请讨容美、散毛诸洞蛮及西番朵甘、思曩日诸族。诏不许。又请以贵州、四川二都司所易番马,分给陕西、河南将士。又言:'四川至建昌驿,道经大渡河,往来者多死瘴疠。询父老,自眉州峨眉至建昌,有古驿道,平易无瘴毒,已令军民修治。请以泸州至建昌驿马,移置峨眉新驿。'从之。二十一年,与靖宁侯叶升分道讨平东川叛蛮,俘获五千余人。寻复命理四川军务,同蓝玉核征南军士。会永宁宣慰司言,所辖地有百九十滩,其八十余滩道梗不利。诏震疏治之。震至泸州按视,有支河通永宁,乃凿石削崖,令深广以通漕运。又辟陆路,作驿舍、邮亭,驾桥立栈。自茂州,一道至松潘,一道至贵州,以达保宁。先是行人许穆言:'松州地硗瘠,不宜屯种。戍卒三千,粮运不给,请移戍茂州,俾就近屯田。'帝以松州控制西番,不可动。至是运道既通,松潘遂为重镇。帝嘉其劳。逾年复奏四事:一,请于云南大宁境就井煮盐,募商输粟以赡边。一,令商入粟云南建昌,给以重庆、綦江市马之引。一,请蠲马湖道租。一,施州卫军储仰给湖广,溯江险远,请以重庆粟顺流输之。皆报可。"(《明史·曹震传》卷132)

从《明史》的这段撰述来看,曹震尽管是早期一起跟随朱元璋打天下的"老革命",但在明初猛将如云的行列里,他的军事战功与才能算不上什么,因此在洪武三年的第一次大封功臣中就没他封爵的份儿。曹震那个景川侯的爵位是在洪武十二年的第二次大封功臣中与蓝玉等其他11个人一起获得的,对此《明实录》有着较为详细的记载:"洪武十二年十一月甲午朔,(朱元璋)封大都督府佥事仇成为安庆侯、蓝玉为永昌侯、谢成为永平侯、张龙为凤翔侯、吴复为安陆侯、金朝兴为宣德侯、曹兴为怀远侯、叶升为靖宁侯、曹震为景川侯、张温为会宁侯、周武为雄武侯、王弼为定远侯,皆赐铁券。"(《明太祖实录》卷127)

在这次封爵的12个功臣中,宣德侯金朝兴于洪武中期跟随傅友德远征云南,洪武十五年七月卒于会川,后"追封沂国公,谥武毅"(《明太祖实录》卷146)。安陆侯吴复在远征云南时身负重伤,两年后的洪武十六年因"金疮发,卒于普定。追封黔国公,谥威毅"(《明史·吴复传》卷130)。安庆侯仇成于洪武二十一年七月因病退居二线。皇帝朱元璋"赐内酝,手诏存问。卒,赠皖国公,谥庄襄"(《明史·仇成传》卷130)。除了这早逝的3人,其他9个侯爷基本上都很健朗,且还屡立战功,成为洪武中后期大明帝国军事上的中流砥柱,尤其是永昌侯蓝玉迅速崭露头角,挤入了明初名将冯胜、傅友德等大将军的行列。那么在这三位大将军之外,洪武中后期大明军界要说较为突出的人才,恐怕就要数景川侯曹震了。

曹震的军事功劳大概有三:从征西番;从蓝玉征云南;经营四川军事。史书说:"(曹)震在蜀久,诸所规画,并极周详。蜀人德之。"(《明史·曹震传》卷132)而从个人之间的交往与友情来看,由于曹震较长时间是跟随蓝玉出征的,战场上的生死考验早已将他俩连在了一起。所以当蓝玉出事了,曹震是接下来第一个被人算计到的,"论逆党,以(曹)震为首"(《明史·曹震传》卷132)。那么这位景川侯曹震对于这场所谓的逆党叛乱留下了什么口供?

翻遍《逆臣录》和《明实录》,与凉国公蓝玉一样,曹震居然没有一句供词留下来,我们现在所能看到的就是他的儿子曹炳和5个火者、3个"二奶"的口述检举揭发。

"一名曹炳,年三十八岁,系景川侯男。状招洪武二十六年二月初七日,有父(指景川侯曹震)在凉国公直(值)房内吃酒,带醉至晚回家,与(曹)炳言说:'我每(们)同许都督三人在凉国公家饮酒,商议如今天下太平,不用老功臣似以前,我每(们)一般老公侯都做了反的也都无了,只剩得我每(们)几个没来由只管做甚的,几时是了?原根(跟)随我的府军前卫孙指挥、武指挥,还有些旧头目都是些好汉,等今年四五月间,问他卫家收拾些好人马,我每(们)再去各处庄子上也收拾些家人仪仗户等。今年上位年老不出来,我每(们)预备下,伺候做事业,务要成就。'所招是实。"(【明】朱元璋:《逆臣录·曹震男曹炳》卷1)

这样的供词与前面提到的蓝闹儿、蓝荣和蓝田等人供词大同小异,唯一让笔者觉得有价值的是,所谓蓝党谋逆核心层面的曹震之子曹炳在洪武二十六年二月被捕后说他父亲要"等今年四五月间,问他卫家收拾些好人马,我每(们)再去各处庄子上也收拾些家人仪仗户等"。这就不得不让人发问:所谓的蓝党谋乱时间到底定在哪个时候?是曹炳供词中所说的洪武二十六年四五月间,还是前面提到的洪武二十六年二月十五日"伺上出劝农时举事"?见此有人可能要说,会不会人家曹炳记错了日期?问题是这可能吗?上面供词记录中说,曹炳当时38岁,正值壮年,对于密谋造反这种弄不好要杀身灭族、大得不能再大的事情,他会轻易记错时间——相差了两个多月?这似乎太离谱了。

可更为离谱的还在后头,景川侯府上有三四个20～30岁之间的火者供述:主子曹震分别让他们出去取几副铠甲、兵器什么的。就几副铠甲、兵器,够造反用吗?难道朱元璋开创的大明帝国是纸糊的?让人忍俊不禁的还有,曹震平日十分疼爱的"二奶"们在这个十分关键时刻却一点也不顾共同夫君的颜面与生死安危,相反她们从昔日的"被压迫者受苦"的角度和高度的政治责任感出发,划清界限,揭发蓝党骨干分子曹震的"罪行"。这几个"二奶"分别是24岁四川籍的张回奴、28岁北平籍的金氏、15岁云南籍的喜奴,其中最小的喜奴供述如下:

"一名喜奴,年一十五岁,云南白人子人氏,系景川侯妾。逐招于后:一招洪武二十六年二月初七日,有景川侯在直(值)房和蓝大人吃酒后回家,对老夫人说:'蓝大人请我同吃酒,教我同他起意。我只道好意请我吃酒,原来叫我说这等话。'老夫人言说:'你却不要依着他,那蓝家胡子却不是人,你若依着他,我便寻死去,你快去窑上躲了他便罢,你不躲时,我便(上)皇孙殿下处说去。'系喜奴递茶听得。"(【明】朱元璋:《逆臣录·曹震妾喜奴》卷1)

  由喜奴的供词来看有两点值得我们注意:第一,蓝玉"起意"不得人心,否则曹家老夫人怎么会骂他'蓝家胡子却不是人';第二,曹家老夫人有着十分清醒的头脑,坚决反对谋反和分裂中央朝廷的叛乱。至此,问题聚焦到了关键点:老夫人供词在哪里?没有啊!翻遍《逆臣录》都找不到。而十分有趣的是,像凉国公、景川侯这样的公侯家里的人,似乎地位越高脑子记忆越不好,反倒那些越是底层的"受压迫者"越能提供蓝党分子阴谋叛乱的确切信息:

  "一名汤日新,凤阳府定远县人,系景川侯家佃户。状招洪武二十六年正月内,因送粮到于景川侯府内,拜见本官了当。至当日晚,本官赐酒吃饮,言说:'如今凉国公征进回来,要谋大事,他与我每(们)众公侯并府军等卫头目每都商量摆布下人马了,早晚便要下手。你明日快回去说与你一般佃户每(们),也要安排伺候着。若这里下手时,我便差人来叫你每(们)来接应。若事成时,都有大官人做。'日新明知所说系干谋逆,自合随即赴官首告,却不合要得进用,辄便应允,拜辞回还,与一般佃户邓姚保、李旺经、驴儿、李来保、穆佛奴、穆四等说知前因。各人允许,常去听候谋逆。不期事发,罪犯。"(【明】朱元璋:《逆臣录》卷1)

  检举揭发者汤日新为曹震凤阳老家的佃户,像这样的佃户对于一个侯爷府来说是根本算不上什么的。佃户交租,充其量管家出场算是了不得了。现在可好,不仅本家老爷景川侯曹震赐酒,而且还要这个佃农回去与其他佃农一同说定,时刻准备好跟随主人一起造反。统帅过千军万马的景川侯难道会弱智到了不懂得什么叫密谋?难道一辈子在军中混的人,曹震想谋反却调不到自己的部下而要去叫只会使用农具进行劳作的农民远道来接应?这岂不是向皇帝朱元璋报告或宣战了:我们正开始准备造反了!这样的证据简直是荒唐透顶。不过再怎么荒唐,有人认为可信啊。谁?朱元璋及其那些办案人员。那有人要说,难道朱元璋没看出其中有什么不对劲的?

◎ 奇怪:退休了两三年且远离京城的鹤庆侯张翼居然也参加了突发性的蓝党谋乱?!

  其实在政治场上就根本没有什么真正的真理与真相可言的,揣着明白装糊涂,利用大案要案不断地做大做强,将政界与军中一切潜在的危险分子消灭殆尽,这才是政治家制胜的一大法宝！朱元璋何尝不是这么想呢，所以军中在职的高层人物如普定侯陈桓、景川侯曹震、舳舻侯朱寿、东莞伯何荣、都督黄辂等都让他给一一收拾干净。那么对于退居二线且与蓝玉并无多大往来的高级军事将领如鹤庆侯张翼一类的，该如何处置？我们不妨来看看相关史料：

"张翼，临淮人。父聚，以前翼元帅从平江南、淮东，积功为大同卫指挥同知，致仕。翼随父军中，骁勇善战，以副千户嗣父职。从征陕西，擒叛寇。擢都指挥佥事，进佥都督府事。从蓝玉征云南，克普定、曲靖。取鹤庆、丽江，剿七百房山寨。捣剑川，击石门。十七年论功封鹤庆侯，禄二千五百石，予世券。"（《明史·张翼传》卷132）

蓝玉一案发生前三年，晋升为鹤庆侯没几年的张翼退居二线，且回了老家河南汝宁府遂平县定居，远离了是非之窝京城（详见下文他的供述）。按理说，他与蓝党谋反案没什么关系，可洪武朝廷却不这么认为。《逆臣录》记载：

"一名张翼，系河南汝宁府遂平县人，任鹤庆侯，逐招于后：一招洪武十一年不记月日，为见胡惟庸行事，好生有权。是（张）翼不合纠同延安侯、李太师（指李善长）、吉安侯、南雄侯、靖宁侯、普定侯、景川侯、会宁侯等，时常前去本官家往来，饮酒结交，商议谋反事情。不期洪武十三年胡党事发，已将各官节次伏诛了当。是（张）翼一向侥幸，不曾败露。后至洪武二十三年间，为因年老，钦蒙放回原籍，致仕去讫。至洪武二十五年正月内，因庆贺到京，有婿王信、兄王礼任龙虎卫前所镇抚，本官前来拜望，就留宿歇。当晚备酒吃饮间，是（张）翼将左右伴当（档）喝退，对王礼并婿王信言说：'比先我与延安侯、李太师、吉安侯、南雄侯众人结交胡丞相，商量反事，也不曾成得，到（倒）杀了些好公侯。如今止是存留得靖宁侯、普定侯、景川侯、会宁侯与我，托赖祖宗福荫，不曾有人招出我每（们）名字。不知久后下场头如何？昼夜忧心，为这件事不曾下怀。如今只愿我得一场病死，到免得（连）累了一家老小。'说罢酒毕，各歇了当。至本月内，回还原籍去讫。至本年十二月内，有婿王信到于汝宁府家，是（张）翼分付本婿言说：'如今凉国公差人到这里说他要谋反，料想我久后为胡党事也熬不出去，莫若随顺他做一场到（倒）好。你快回去与你哥哥说得知道，我这里庄上收拾些好汉伺候接应。凉国公教你兄那里也寻些人听候着。你去蓝家时常讨分晓，下手时快差人来教我得知。'有王信听允，至次日回京。至洪武二十六年二月内，一向不见信息回报。是（张）翼又令侄张勇并家人张锁儿前去探消息。不期蓝党事发，已将各官问决了当，幸不招出。至三月初八日，有旨宣（张）翼到京，为见王礼亦为党事败露，提送锦衣卫收问。是（张）翼惧本官招出前项情由不便，又对婿王信言说：'你可自去出首，也免得我一家老小性命。'有王信依听前来出首，不期就行拿问，招出前情在官。"（【明】朱元璋：《逆臣录》卷1）

从上述退休高干、老革命张翼的供词中我们发现至少有三个方面信息值得注意：

第一，张翼与胡惟庸谋反有关，洪武早期他"时常前去本官（指胡惟庸）家往来，饮酒结交，商议谋反事情"。这样就一下子将这个退休高干、老革命锁死在胡惟庸谋反案上，即使他真没参与蓝党谋逆活动，那也必死无疑。

第二，张翼被牵连到蓝党谋逆一案中更大的可能性就是他的女婿王信及其哥哥王礼的"不当言行"。因为张翼曾经跟随蓝玉等远征云南，两人原是上下级关系，倘若真有蓝党谋反一事，张翼作为洪武后期幸存的为数不多的几个侯爷，他的老上级、老领导蓝玉不会不想到他，不会不去告诉他或征求他的意见，由此反倒证明蓝玉谋反或许正是子虚乌有。

第三，张翼供词"不期蓝党事发，已将各官问决了当，幸不招出。至三月初八日，有旨宣（张）翼到京，为见王礼亦为党事败露，提送锦衣卫收问"。这是讲在洪武二十六年三月初八日，当张翼被人提送到南京锦衣卫审问时，所谓的蓝玉谋反案的核心骨干人物凉国公蓝玉、景川侯曹震等已经被处决了，但大肆捕杀蓝党分子还仅仅是开了个头。

◎ 清除所谓的蓝党分子实际上就是对遍及全国各地的大明军中中高层领导进行了一次大清洗

由此看来，当时真实的情形应该是，只要与蓝玉、曹震等所谓的蓝党有关系的军中人士统统都要被逮捕、审查，随即予以处死。具体地说，有如下有头有脸的军中人物被卷入了这场所谓的谋反大案之中：

金吾前卫指挥姚旺、金吾后卫指挥李澄、羽林左卫指挥戴彬、羽林右卫指挥严麟、府军卫指挥李俊、府军前卫指挥武威、府军左卫指挥轩兴（【明】朱元璋：《逆臣录》卷2）、府军右卫指挥袁德、府军后卫指挥龚广、虎贲左卫指挥赵祥、锦衣卫指挥陶幹、旗手卫指挥潘荣、神策卫指挥孟德、豹韬卫指挥陆肃、武德卫指挥张杰、沈阳卫指挥魏杰、沈阳右卫千户张伟（【明】朱元璋：《逆臣录》卷3）、蒙古左卫指挥法古、蒙古右卫指挥司敏、水军左卫指挥徐礼、水军右卫指挥刘麟、虎贲右卫指挥王敬、骁骑右卫指挥梁谦、鹰扬卫指挥王贵、龙骧卫指挥黄忠、留守左卫指挥潘显、留守右卫指挥刘钺、留守中卫千户邵永、留守后卫指挥顾胜、江阴卫指挥徐兴、龙江左卫千户沈文、龙江右卫指挥周兴、兴武卫指挥董翰、龙虎卫指挥刘本、横海卫指挥缪刚、广武卫指挥时清、应天卫指挥邓雄、广洋卫指挥陈佐、飞熊卫百户郑子才、镇南卫指挥彭让、天策卫薛贵、中都留守司指挥周原、湖广都司指挥陈镛、四川都司指挥周助男周鉴、成都左护卫指挥刘渊男刘义、成都中护卫千户张忠（【明】朱元璋：《逆臣录》卷

4)、武昌中护卫指挥陈幹、武昌右护卫指挥姜昺、武昌左卫指挥田胜、岳州卫指挥草里不花、海宁卫指挥陈春、河南中护卫指挥鲁威、河南左护卫指挥张玘、河南右卫百户石贵、陕西中护卫指挥刘荣男刘泓、兖州护卫指挥徐华、滁州卫指挥胡炳、安庆卫指挥蔡海、皇陵卫指挥许亮、留守中卫镇抚王覆、凤阳中卫指挥朱和、怀远卫百户李春、凤阳右卫百户刘杰、长淮卫千户田胜、庐州卫指挥王义、镇江卫指挥戴复、扬州卫百户张宽、泰州卫百户侯世杰、大河卫指挥袁荣、颍州卫指挥吴彬、颍昌所百户凌进、九江卫指挥陆旺、镇海卫指挥沙保、永宁卫指挥孟麟、清平卫指挥蒋义、蒙化卫千户刘宽、营州屯卫充军指挥沈谅、达达指挥乃儿不花，等等。(【明】朱元璋:《逆臣录》卷5)

由此我们不难看出，当年清除所谓的蓝党分子实际上就是对遍及全国各地的大明军中中高层领导进行了一次大清洗。

◎ 本来是清洗军中有可能存在的危险势力，但朝中两个重量级的文臣——吏部尚书詹徽、户部侍郎傅友文却也被卷入其中，这是为何呀？

通览当年的明代官方文书，在这场全面清除蓝党分子的大运动中，追捕、杀戮与大将军蓝玉谋反案有关的军中人士多少让人感觉似乎还有那么一点点的由头。可令人大感不解的是，在这场大运动中还有两个重量级的文臣——吏部尚书詹徽、户部侍郎傅友文也被卷入其中。这是为何呀？

詹徽，湖广黄州府黄冈县人，秀才出身。洪武十五年十月出任刚刚改组的大明都察院监察都御史，正七品(《明太祖实录》卷149)。詹徽出仕时50岁，人生经历很丰富。但他的人品不咋样，常常观风使舵，竭力迎合主子心思而行事，故而他被提升得相当快。在出任监察御史一年不到的时间里，詹徽就被任命为都察院左佥都御史(《明太祖实录》卷155)，可能相当于最高检察院实习副检察长，四个月后被授予实职(《明太祖实录》卷157)。又数月后，詹徽升为都察院左都御史(《明太祖实录》卷169)，即大明都察院第一把手。这时距离他入仕为官大约只有3年时间。一个"秀才"花了3年的时间当上了大明文职事务官中的最高官僚，由此可以说，詹徽这个人实在不简单。

詹徽的"不简单"不仅反映在当官上平步青云，扶摇直上，而且还能紧跟大明第一人，力做洪武皇帝的好臣子、好学生。洪武中期爆发胡惟庸谋反大案后，朱元璋尽管一再声称用刑要宽严适中，但实际上他所推行的还是严刑峻法。对此，詹徽心领神会，每当用刑施法时，他总是就重不就轻。朝中很多大臣为之侧目，而皇帝朱元璋对他却"情有独钟"，曾向人这般解释道："都御史詹徽刚断嫉恶，胥吏不得肆其贪，谤讪满朝。"(《明史·唐铎传》卷138)

正如民间俗话所说的：真的假不了，假的真不了。詹徽真实面目在许多同事眼里还是一清二楚的。都察院二把手右都御史即詹徽的副手凌汉就是一个正人君子，他很看不惯两面派的领导，两人常常"论议不合，每面折（詹）徽，徽衔之"。朱元璋似乎看出了其中的道道来，随后将凌汉"左迁刑部侍郎，改礼部"。可即使到了这一步，詹徽还是不依不饶，不断弹劾凌汉，直到最后皇帝将其降为左佥都御史才罢休（《明史·凌汉传》卷138）。直臣茹太素也因看不惯詹徽的小人样，几次向皇帝朱元璋直谏，不料被詹徽所知，"谪御史，复坐排陷詹徽，与同官十二人镣足治事。后竟坐法死"（《明史·茹太素传》卷139）。大才子解缙出于满腔的正义之气，"尝为王国用草谏书，言韩国（李善长）事，为詹徽所疾，欲中以危法。伏蒙圣恩，申之慰谕，重以锡赉，令以十年著述，冠带来廷。"（《明史·解缙传》卷147）

比起其他佞臣来，詹徽的小人之举就在于他在人们不经意间向主子进谗言，不露声色地耍奸使坏，以争取自身利益的最大化，因而即使像朱元璋这样屡经风浪的"老江湖"却也一直未发现他有什么不轨之举，相反，还不断地奖赏他，提升他：洪武十六年九月辛酉日，"赐刑部尚书开济、都察院左佥都御史詹徽罗衣人一袭"（《明太祖实录》卷156）；洪武十六年十一月，"赐礼部侍郎朱同、佥都御史詹徽、左通政蔡瑄等十二人袭衣"（《明太祖实录》卷158）；洪武二十三年闰四月壬辰日，朱元璋"命都察院左都御史詹徽署通政使司事"，即让他一人兼任两个中央部院的第一把手（《明太祖实录》卷201）；洪武二十三年六月，又"命左都御史詹徽兼吏部尚书"（《明太祖实录》卷202），也就是说至此为止，詹徽同时担任了大明朝廷中央三部院的一把手，这是有着何等权势的大官啊，谁能企及？！洪武二十五年十二月甲戌，洪武帝"以宋国公冯胜、颍国公傅友德兼太子太师，曹国公李景隆、凉国公蓝玉兼太子太傅，开国公常升、全宁侯孙恪兼太子太保，詹徽为太子少保兼吏部尚书，茹瑺为太子少保兼兵部尚书，任亨泰为詹事府少詹事兼翰林院修撰，杜泽、楚樟为詹事府丞，徽等以下兼官者并给其俸"（《明太祖实录》卷223）。换言之，到蓝玉党案爆发时，一介书生出生的詹徽已经位列为大明江山冲锋陷阵立下汗马功劳的宋国公冯胜、颍国公傅友德、凉国公蓝玉等功臣勋将同埒的"师保"之伍，真是风光无限！

◎ 洪武宠臣詹徽突然变成了蓝玉谋反集团的核心骨干，这究竟是哪门子的事？

就在詹徽人生达到辉煌之巅时，凉国公蓝玉谋反案突发，原本文武官僚并不多大搭界，作为文职官的主管领导詹徽却被牵连到武夫谋反的大案之中，冤不冤呢？到底有没有什么依据？我们不妨来看看当年詹徽的供词：

"一名詹徽，年六十岁，湖广黄州府黄冈县人，任吏部尚书，逐招于后：一招洪武二十六年正月内失记的日,因见凉国公征进回还,权重,不合要得交结,同男詹绂前去凉国公宅内拜见,留于后堂。吃茶毕,本官对说:'如今朝中无甚么人了,老官人你常来这里走遭,有一件紧要的话商量。'是(詹)徽依允回还。""一招常于直(值)房内与凉国公商量谋事。至二月初二日,有男詹绂传凉国公言语对说:'本朝文官那(应为"哪")一个有始终,便是老太师(指李善长)、我亲家靖宁侯也罢了。如今上位病得重了,殿下年纪小,天下军马都是他掌着,教说与父亲讨分晓。'(詹)徽回说:'知道了。'朝退,至长安西门见何尚宝(应指东莞伯何荣弟弟何宏,其任尚宝司少卿),是(詹)徽对说:'前日凉国公谋的事,上位知觉了,早是我当住两日,未拿下。你便去对哥哥(应指东莞伯何荣弟弟何贵,其任镇南卫指挥)说,教他上紧下手,莫带累我,就报与凉国公知道。'""一招本年正月内失记的日,是(詹)徽对男言说:'我与崈都督说了,许我一匹马,你可去取来用。'有男依听前去本官宅内讨马一匹,回家听候谋逆。""一招本年二月内,是(詹)徽令男到祝都督家要马一匹,又行分付:'你去上覆都督官人,叫他明日自来说话。'有男依允前去,牵到黑色马一匹,回家备用。""一招本年二月二十一日申牌时分,有金吾前卫指挥姚旺前到部内。是(詹)徽问说:'你今日怎么得暇?'本官回答:'上直(值)守卫,来望大人。'彼时就留姚指挥于后堂内,茶话间,是(詹)徽因与本官心腹,将伴当喝退,潜对本官言说:'凉国公造反不曾谋成,倒把各卫头目都废了。'姚指挥又说:'我一卫的指挥都拿尽,止存得小人一个,好歹也是数里的人。'(詹)徽应说:'我也这般忧虑。近日见上位好生疑我,必是连我也拿下。'言罢各散。"(【明】朱元璋:《逆臣录·吏部尚书詹徽》卷1)

  从上述詹徽及其儿子和其他相关人员的口供来看:第一,詹徽与蓝玉之间的交往并不太多,可能就是同僚间的一般性拜会应酬而已,所以当詹徽带了儿子詹绂前往蓝府拜谒时,尽管蓝玉说了些颇有水平的煽动造反之言之语(假如这是真的话),但詹徽当场并没表态认同。事后蓝玉托詹徽儿子詹绂回家追问老子时,詹徽就说了句模棱两可的话:"知道了!"说到底他还是没认同,更不用说去直接参与其中了。第二,从詹徽在长安西门对自己儿子詹绂的上级领导尚宝司少卿何宏所说的"教他上紧下手,莫带累我"那番话来看,詹徽根本没有参与蓝党谋反活动,只想保持荣华富贵的现状,甚至还担忧起眼前即将降临的大祸——"近日见上位好生疑我,必是连我也拿下"。第三,詹徽尽管在朝堂上表现得似乎很清正,但骨子里却十分贪婪、也很奸诈,向崈都督要了一匹马,又向祝都督要了一匹马。要马就等于造反?若是这等逻辑,那就太荒唐了!

  詹徽的这种供述在他的儿子詹绂、詹三保和户部侍郎傅友文的口供中也得到了几乎完全相同的佐证,因此说将詹徽牵进蓝党一案,确实有点冤了! 但又可以说不怎么冤,理由是:第一,如果蓝玉之乱属实的话,那么詹徽的儿子詹绂似乎参与或认同了蓝党叛乱:大明尚宝司少卿何宏招供:"洪武二十六年正月十三日,有凉国公晚朝到尚宝司闲坐,是(何)宏同詹尚宝向前作揖。有蓝大人对宏说:'你尚宝司正管着被甲的金牌,可取出200面来。我明日教府军前卫孙指挥来领。'是宏听允,常同詹尚书于南厨内取出'礼'字号金牌200面、'信'字号金牌100面,在北厨顿放,伺候谋逆。不期凉国公奸党败露,伏诛了当。今因事发,被马黑黑指出,提问罪犯。"(【明】朱元璋:《逆臣录·尚宝司少卿何宏》卷1)第二,取出被甲的金牌就凭蓝大将军一句话,尚宝司主管领导何宏、詹绂也够听谋逆首恶的话了,想想这事不得不让人一身冷汗。就此而言,朱元璋也不会放过詹徽父子。第三,詹徽平日里耍奸使滑,害了一批人,积怨甚深,又兼任朝廷中央三部院的一把手,权势太大了。臣下权力过大,朱皇帝最为不放心。第四,前文所言,詹徽随口向两个军中都督要了两匹马,两匹马应该是什么价值? 就相当于我们现在两辆进口豪华轿车的价值。大明人事部部长詹徽索贿够大胆的! 朱元璋一向注重反腐倡廉,没想到平日看上去还不错的詹尚书是这等人,不杀不行! 所以说将詹徽卷进大案里头,且把他杀了,似乎还真不怎么冤。

要说蓝玉党案中真正有着大冤的朝中文职大臣,就数傅友文了。

◎ 什么事也没有的户部侍郎傅友文却被扣上了蓝党谋乱首恶分子的帽子而被处死,冤否?

傅友文,陕西巩昌府陇西县人,洪武二十二年六月,由户部主事升为试右侍郎,后转而实授。(《明太祖实录》卷196)明代正史对他的记载相当之少。我们现在只晓得,傅友文在当户部侍郎时,他的上级领导就是户部尚书赵勉。赵勉是翰林学士刘三吾的女婿,洪武二十五年闰十二月他因犯贪赃罪而被逮捕入狱,后被处决(《明太祖实录》卷223;《明史·刘三吾传》卷137)。这样一来,户部尚书一职暂时空缺,该部实际工作由傅友文主持着。

由上述傅友文的简单经历介绍来看,作为一个管粮管钱的中央财政部副部长怎么说都与军队搭不上多大的界,那么他是如何被卷入蓝党大案的? 我们还是来看看当年傅友文被诛杀前的口供记录吧:

傅友文供述:"洪武二十六年正月内失记的日早,行至吏部直(值)房前,见詹尚书对说:'凉国公回来了,我与你去望他一遭。'是友文应允,一同本官前到凉国公直(值)房内。拜见毕,本官请坐吃茶,因话间问道:'傅侍郎你一向如何?'是友文回说:'托大人福荫。'本官又说:'我日同你根(应为'跟')殿下(指懿文太子朱标)到陕西时,见你好生志诚,常切想你。我因亲家靖宁侯为事之后,时常虑念。又见赵尚书为事,只怕(连)累了你,幸得公且无事。你如今把钱粮掌得清着,我已与詹公计定,若早晚事成,便要粮储接应。'是友文回说:'大人放心,动手时我与詹尚书两个自有分晓。'言罢各散。在后是友文时常到于本官并景川侯宅内往来,商量谋逆。又蒙景川侯赐马一匹,与友文骑坐。不期本官奸党败露,今被尚书詹徽招出前情,罪犯。"(【明】朱元璋:《逆臣录·户部侍郎傅友文》卷5)

从酷刑底下傅友文交代的内容来看,他与蓝玉关系并不怎么密切,甚至可能还不如詹徽与蓝玉之间的关系呐。大老粗蓝玉关心傅友文,担心的就是赵勉事件将他给牵进去,但实际上却没有,由此反倒可以看出,傅友文处事还是蛮谨慎的——赵勉是在洪武二十二年由刑部尚书之职与杨靖任职的户部尚书互换(《明史·杨靖传》卷138),到洪武二十五年年底出事,赵勉与傅友文一起共同工作了3年左右。3年左右两人中1人因贪赃出事,而另一人却无事,在苛繁暴政的洪武年代,傅友文可谓不易啊!至于所谓蓝玉谋乱要他做好财政上的准备,傅友文似乎没有正面回答,只说:"大人放心,动手时我与詹尚书两个自有分晓。"而上文提到的詹徽也是这样回答蓝玉的,且在实际行动中是持反对的态度,所以要说傅友文参与密谋叛乱,伏甲为变(《明太祖实录》卷225;《明史·蓝玉传》卷132),纯属无稽之谈。

那么朱元璋到底为什么要将傅友文也牵进蓝玉谋反大案?倒是蓝玉给傅友文说的一句话给了我们一些启示:"我日同你根(跟)殿下到陕西时,见你好生志诚,常切想你。"原来洪武二十四年七月皇太子朱标巡抚陕西(《明史·太祖本纪三》卷3)是由蓝玉、傅友文这两位重量级的文武大臣一路陪伴的,可回来后的洪武二十五年(1392)四月丙子日,朱标却突然薨世了。这样一来,昔日所有对接班人的准备和努力顷刻之间化为乌有(《明太祖实录》卷217)。当了20多年"朱白劳"的朱元璋终于为此病倒了,"几将去世"。(【明】朱元璋:《周颠仙人传》)

一文一武两个大臣陪同太子到了一次陕西去,回来后太子很快就没了,而两个大臣却活蹦乱跳好得很,尤其是那个蓝玉还蹦跳得让已经垂垂老矣又雄猜狐疑的洪武皇帝感觉到极度难受:他跟傅友文说的那句:"我日同你根(跟)殿下到陕西时,见你好生志诚",到底什么意思?这是说他蓝玉早就不"志诚"?只有不"志诚"者才会胆大妄为!由此而言,蓝玉必须死!既然蓝玉必须死,那么与其相关的那个一同上陕西去的傅友文也得要死。以此推演,任何潜在的危险分子与危险势力必须得清除干净,我大明帝国江山社稷才会长治久安!这恐怕就是生藏不露又满腹狐疑的朱元璋晚年大肆杀戮功臣勋旧、屡兴全国大运动的真正思维逻辑!

或许正是出于这样的逻辑思维,朱元璋发动清除蓝党大运动格外快捷、格外威猛,只要与蓝党分子有所关联的,不管是谁,统统都要逮捕、审讯,直至最终处死他们。在这样规模空前的政治大清洗中,有相当一部分人既不来自军队,也不是蓝党分子在朝廷中的同僚,仅仅因为工作、生活等方面的因素,他们与所谓的蓝党及蓝党相关的人有所来往、联系而被扣上了蓝党分子的帽子,遭到了无辜的杀戮。苏州"十才子"王行(前文已述)、广东顺德文人画家孙蕡、苏州粮长顾学文等人就是这样一类的倒霉蛋。

○ 文人画家孙蕡因为蓝玉家的画题了几个字竟成了蓝党分子而被杀

孙蕡,字仲衍,广东顺德人。自小机灵聪明,喜好读书,诸子百家,各类书籍,无所不读,因此成年后的孙蕡可谓是学富五车、才高八斗,每每写诗作文,援笔立就,词采灿然。除此之外,孙蕡还特别讲究人的德行,凡是发现志不同、道不合者概不交往。

元末天下大乱,何真割据岭南,自成一方势力,他曾下令开府辟士,即征召天下有志之士来广东当官做事。可能由于长期处于元朝抑制下无法施展自己才华的缘故,也可能是由于当时礼贤下士的政策诱惑,孙蕡与王佐、赵介、李德、黄哲等数位当地文化名人一起受聘于何真,人称其为"五先生"。朱元璋派遣廖永忠统帅大军南征两广时,何真眼看大事不妙,决计投降,孙蕡为其起草降表。可能是文才出彩的缘故吧,孙蕡很快在投降的岭南文臣中崭露头角,为廖永忠"辟典教事"。洪武三年大明首开科举,孙蕡参加了该年的考试,并一举成功,被授予工部织染局使,后迁虹县主簿(可能相当于虹县办公室主任吧)。

当时大明刚刚建立,各地战事尚未了结,虹县地处淮河边,那里自元末起一直是兵燹动乱之地。孙蕡上任后十分注意与民休养生息,"劳徕安辑,民多复业",恢复发展当地经济。可能是干得比较出色的缘故,一年后皇帝朱元璋将他调入朝廷,任翰林典籍,参与编修《洪武正韵》,"九年遣祀四川。居久之,出为平原主簿。坐累逮系,俾筑京师望都门城垣。"(《明史·文苑一·孙蕡传》卷285)

一个文化人当了几年官,当着当着当到了做犯人的活——筑城墙,这事搁在一般人身上都无法舒心,甚至有可能抬不起头来。可孙蕡却不是这样,他性情乐观,多才多艺,不仅擅长诗文,而且还会将其与岭南乐曲相融合,并美妙地唱出来。城墙修筑管理者常常为孙蕡所唱的粤语歌曲所陶醉,有一天在明皇宫汇报工作时,他就跟洪武皇帝说起了这事。没想到朱元璋听说后立即叫人将孙蕡找来,让他在宫殿大堂上来一曲。当孙蕡将那一曲唱完时,朱皇帝早已龙颜大悦,令城墙修筑管理者立即放了他。洪武十五年苏州府衙缺个经历官,朱元璋想到了孙蕡,随即下令让他前去赴任。可没多久,"复坐累戍辽东"。(《明史·文苑一·孙蕡传》卷285)

就在孙蒉戍边辽东时,蓝玉党案爆发,随即全国各地兴起了彻底清查蓝党分子的大运动,有人出来检举揭发:孙蒉曾为蓝玉家收藏的画题了字,其应被视作为蓝党分子。由此孙蒉遭受逮捕、审讯,最后论死。临刑前,作诗长讴:"鼍鼓三声急,西山日又斜。黄泉无客舍,今夜宿谁家。"

孙蒉被杀后,有人上南京去将孙大才子的临终诗上呈给了洪武帝。朱元璋读完后不停地赞叹道:"好诗,好诗!孙蒉临终还能写出这样的好诗,监斩官为什么不上报?"随后下令将监斩官给宰了。据说孙蒉还曾写过一首令人拍案叫绝的好诗《又访驸马不遇》,题壁云:"踏青驸马未还家,公主传宣坐赐茶。十二阑干春似海,隔窗闲杀碧桃花。"(【明】董穀撰:《碧里杂存》上卷)除此之外,他曾留下了很多著作,如"《通鉴前编纲目》《孝经集善》《理学训蒙》及《西庵集》《和陶集》,多佚不传。番禺赵纯称其究极天人性命之理,为一时儒宗云"(《明史·文苑一·孙蒉传》卷285)。可惜,这么一个多面手才子却在彻底清查蓝党分子的大运动中被稀里糊涂地冤杀了。

◎ 花心"富二代"陈学文勾引美少妇,没想到却把自己"送"上了不归路

更为荒唐的是,有人借此清查蓝党的机会,挟私报复,居然也能将"仇家"弄得家破人亡、妻离子散。吴江同里镇有个姓陈的人,在洪武朝廷当个礼仪小官序班,虽说官小,可占据的位置十分重要,能与大明"红太阳"保持着零距离接触,所以他的家势在吴江地方上算得上显赫了。可美中不足的是,陈序班家中有个儿子生得呆戆,只会吃喝玩乐,老爷子陈序班绞尽脑汁给他取了一个如花似玉的妻子,指望将来能有个虎虎神威又一表人才的孙子,可不知什么原因,就是见不着陈家第三代的降生。陈序班的戆儿子可能智商、情商都有问题,但瞎玩绝对没问题,有时玩得几天几夜都不回家,这下可把家中有着国色美姿的妻子梁氏给晾在了一边。幸好梁美女知书达理,喜好琴棋书画,对于瞎玩丈夫从不过问,自己独守空室,作诗弄画,聊以度日。(弘治:《吴江志·杂记》卷12)

当时洪武皇帝推行粮长制,专门在税粮大户、富民大款中挑选出粮长来。距离同里镇不远的周庄镇上有个富户叫顾学文的很有名,他是江南首富沈万三的女婿,因为特别富,被当地人推为粮长。那年头当粮长是个很累的差事,自己家弄些船,来往"辖区"内的各家农户,催促大家赶紧备粮上缴,所以当粮长的一天到晚奔波在外,辛劳就不用说了。不过辛苦归辛苦,当粮长的也有好处,咱不说皇帝老爷看中了给个官当当,就天天泡在外面,各地小码头都熟悉,各路人马都认识。顾学文到陈序班家几次,发现了这么个情况:家中男主人好像老不在,这是一个什么样的家庭?顾学文一打听,邻居就说了:这是陈序班家,他家儿子……但他家儿媳妇却长

得倾国倾城之貌,只可惜鲜花插在牛粪上!邻居这么一说,顾学文更好奇了,他想要好好看看那个梁氏到底长得有多美,于是找借口到陈家去。有时说是天热找水喝,有时说天热找个地方乘个凉,有时说要借个坑上个厕所,目的只有一个,就是看看梁氏的美貌。而梁氏呢,一天到晚也闷得很,听到是大富翁出来催粮,也想看看江南首富家的女婿到底长成啥模样的。一个有情,另一有意,眉来眼去,双方心有灵犀一点就通了,只等得有合适的机会。(弘治:《吴江志·杂记》卷12)

机会是要创造的,这个道理对于天天在外跑的粮长顾学文来说太娴熟了。于是他找了机会,将同里镇上的无赖找来,给不少钱,让他们专门找陈序班的儿子一起去玩,没日没夜地在外瞎玩,与此同时,顾粮长又买通了镇上能说会道的妇人带上稀奇古怪的妇女首饰上陈序班家去,给梁氏摆弄,惹得梁氏十分眼馋,但又无力购买,只能唉声叹气。这时镇上妇人就说了:"我是受顾粮长委派而来的,那大款没得说的,出手就大方,他说这些首饰全送给你,不过顾粮长有个小小的要求……"梁氏急不可待地问:"什么要求?只要奴家做得到,你尽管说。"妇人说:"其实也没什么的,他就是想要夫人您的一首美人诗!"梁氏听完不好意思起来,过了一会儿,终于挥笔书写了。(弘治:《吴江志·杂记》卷12)

有了美人诗,这不明摆着美人春心已动了,接下来就是抓紧双方之间进一步的密切往来。顾学文想好了,就以酬谢梁氏美人诗为名,登堂入室,奉上自己的诗作,趁着美人不注意时捏捏手,四目对视……一来二去,两人就有了十分的默契。但顾学文再胆大也不敢在陈序班家来真的,于是双方依依不舍,只好再约相聚了。

顾学文走后,梁氏读着超级富翁的情诗,两脸通红,心跳得如小鹿一般,读读后来就不能再读了,放了下来。过了几天她将那诗稿纸头捻置灯檠下,想从此不要再过多地心跳不已了。不过梁氏与顾学文的这一切,却没逃脱得过一双眼睛,他像猎犬一样一直在暗中死死地盯着,他就是陈序班的哥哥陈缩头。虽说陈序班家父子常不在,但这个陈缩头却天天蹲守着。看到顾学文走了,看到侄媳妇魂不守舍的样子,陈缩头就把自己的小孩子叫来,让他到梁氏的房间里去看看有没有什么纸,他要用。小孩子可什么都不懂,到了梁氏房间就翻这翻那,一会儿就将顾学文的情诗给翻走了。陈缩头拿到了顾学文的情诗后,偷偷地将它寄给了在南京工作的弟弟。陈序班接到哥哥寄来的情诗,顿时就明白家中可能出事了,但这属于家丑啊,捅出去这脸往哪儿搁?再说即使说成顾学文与自家儿媳妇通奸,也不一定会判他们死罪啊,牙齿咬得咯咯响的陈序班最终拿定主意:忍,等待合适机会再出手!(弘治:《吴江志·杂记》卷12)

洪武二十六年蓝党案发,追查蓝党分子运动在全国各地风风火火地开展起来了,只要脸上不写字的,每个人都有可能被打成蓝党分子。陈序班找了机会,当着皇帝朱元璋的面直接上奏说:"臣本县二十九都正粮长顾学文出备钱粮,通蓝谋逆。"竟然有这事,无比惊讶的洪武皇帝下令马上逮捕蓝党分子顾学文。随后顾学文父亲顾常、弟弟顾学礼、顾学敬,妻子娘家即沈万三家的沈旺、沈德全、沈昌年、沈文规、沈文矩、沈文衡、沈文学、沈文载、沈海等,统统都成了蓝党分子而遭受杀戮。(弘治:《吴江志·杂记》卷12)

○ "蓝党之狱"一共杀了多少人?100 000人?

从洪武二十六年(1393)二月初十蓝玉被处死,到五月初一日,一共80天的时间里,大约有1 000名"蓝党"骨干分子遭受杀戮。自此,从京城南京到各地的军府、卫所的中高级以上官员和将领差不多全被杀光了。被杀的主要人物除了前面讲过的凉国公蓝玉外,还有开国公常升(一说常升未被杀,这段历史很模糊,笔者注)、景川侯曹震、鹤庆侯张翼、舳舻侯朱寿、东莞伯何荣及其弟弟何贵和何宏、吏部尚书詹徽、户部侍郎傅友文、宣宁侯曹良臣之子曹泰、会宁侯张温、普定侯陈桓、怀远侯曹兴、东平侯韩敬之子韩勋、全宁侯孙兴祖之子孙恪、西凉侯濮英之子濮玙、海西侯纳哈出之子沈阳侯察罕、徽先伯桑世杰之子桑敬以及都督黄辂、汤泉、马俊、王诚、聂纬、王铭、许亮、谢熊、汪信、萧用、杨春、张政、祝哲、陶文、茹鼎等;被追坐蓝党、革除爵位的有航海侯张赫、定远侯王弼、颖国公傅友德、宋国公冯胜等(《明史·蓝玉传》卷132;【明】王世贞:《弇山堂别集·高帝功臣公侯伯表》卷37;【明】钱谦益:《牧斋初学集·太祖实录辨证5》卷105;【清】赵翼:《二十二史劄记·胡蓝之狱》卷32)。这就是明史上有名的"蓝党之狱"。

洪武年间朱元璋封赏的公爵、侯爵和伯爵及其最终结局之简表

	受封爵位	受封者	籍贯	受封情况、享用俸禄及最终结局	史料出处
1	魏国公	徐达	濠州	5 000石。吴元年九月,朱元璋封徐达为信国公。洪武三年十一月改封为魏国公。洪武十八年二月徐达卒,传闻吃了朱元璋赐予的蒸鹅发病而亡。长子辉祖嗣爵;次添福授勋尉,早世;次增寿擢右军都督府左都督,次膺绪中军都督府都督金事。增寿在建文朝时因吃里爬外而被杀,朱棣上台后追封其为定国公,子景昌嗣爵	《明太祖实录》卷25;【明】谈迁:《国榷·勋封》卷首之2;《明太祖实录》卷171;【明】徐祯卿:《翦胜野闻》;《明史·徐达传》卷125;《明太祖实录》卷171;《明太宗实录》卷9;《明太宗实录》卷32

续表

	受封爵位	受封者	籍贯	受封情况、享用俸禄及最终结局	史料出处
2	韩国公	李善长	定远	4 000石。吴元年九月,朱元璋封李善长为宣国公。洪武三年十一月改封为韩国公。洪武二十三年五月,监察御史劾奏太师韩国公李善长罪状,"会有言星变,其占当移大臣。遂并其(指李善长)妻女弟侄家口七十余人诛之",李家几乎被灭尽。爵除	《明太祖实录》卷25、卷58、卷202;《明史·太祖本纪三》卷3;《明史·李善长传》卷127;【明】谈迁:《国榷·勋封》卷首之2
3	鄂国公	常遇春	怀远	4 000石。吴元年九月,朱元璋封常遇春为鄂国公。洪武二年七月常遇春军次柳河川,因疾而卒。洪武三年大封爵时朱元璋将常遇春子常茂封为郑国公	《明太祖实录》卷25、卷43;【明】谈迁:《国榷·勋封》卷首之2;《明史·太祖本纪二》卷2;《明史·常遇春传》卷125
4	曹国公	李文忠	盱眙	3 000石。洪武三年十一月朱元璋封李文忠为曹国公。洪武十七年三月李文忠卒。长子李景隆嗣爵。永乐初年礼部尚书李至刚等奏劾:李景隆兄弟图谋不轨。朱棣下令,"夺景隆爵,并增枝及妻子数十人锢私第,没其财产"。嘉靖时以性续封为临淮侯,世禄1 000石	《明太祖实录》卷58;《明太祖实录》卷160;【明】谈迁:《国榷·勋封》首之2;《明史·李文忠传》卷126;《明太宗实录》卷32;《明世宗实录》卷127
5	卫国公	邓 愈	虹县	3 000石。洪武三年十一月朱元璋封邓愈为卫国公。洪武十年西征回途中卒于寿春。长子邓镇嗣,改封申国公,因其妻为李善长外孙女,善长败,坐奸党诛,爵除。嘉靖时以继坤续封为定远侯,世禄1 000石	《明太祖实录》卷58;《明史·邓愈传》卷126;《明太祖实录》卷116;【明】谈迁:《国榷·勋封》卷首之2;《明世宗实录》卷127
6	郑国公	常 茂	怀远	3 000石。洪武三年十一月朱元璋封常遇春子常茂为郑国公。洪武二十年,"坐前惊溃虏众罪",安置于广西,并死于那里。爵除。嘉靖时以玄振续封为怀远侯,世禄1 000石	《明太祖实录》卷58;《明太祖实录》卷185;《明世宗实录》卷127;《明史·常遇春传》卷125

续表

	受封爵位	受封者	籍贯	受封情况、享用俸禄及最终结局	史料出处
7	宋国公	冯胜	定远	3 000石。洪武三年十一月朱元璋封冯胜为宋国公。"太祖春秋高,多猜忌。胜功最多,数以细故失帝意。蓝玉诛之月,召还京。逾二年(即洪武二十八年),赐死,诸子皆不得嗣"	《明太祖实录》卷58;【明】谈迁:《国榷·勋封》卷首之2;《明史·冯胜传》卷129;《明太祖实录》卷236
8	信国公	汤和	濠州	3 000石。洪武十一年正月,进封中山侯汤和为信国公。二十八年八月汤和卒。长子鼎从征云南,道卒。少子醴积功至左军都督同知,征五开卒于军。鼎子晟,晟子文瑜,皆早世,不得嗣。嘉靖时以六世孙绍宗续封灵璧侯,世禄1 000石	《明太祖实录》卷117;《明太祖实录》卷240;《明史·汤和传》卷126;【明】谈迁:《国榷·勋封》卷首之2;《明世宗实录》卷127
9	颍国公	傅友德	宿州	3 000石。洪武十七年四月,论平云南功进封颍川侯傅友德为颍国公。子忠尚寿春公主,女为晋世子济熺妃。二十五年,友德请怀远田千亩。帝不悦后除。二十七年被赐死。爵除	《明太祖实录》卷161;《明史·傅友德传》卷129;【明】谈迁:《国榷·勋封》卷首之2
10	凉国公	蓝玉	定远	3 500石。洪武二十一年十二月,进封永昌侯蓝玉为凉国公。洪武二十六年二月,蓝玉谋反冤案发。"狱具,族诛之。列侯以下坐党夷灭者不可胜数。"爵除	《明太祖实录》卷194;《明太祖实录》卷225;《明史·蓝玉传》卷132;【明】谈迁:《国榷·勋封》卷首之2
11	开国公	常升	怀远	3 000石。洪武二十一年十月洪武帝命开平王常遇春子常升袭封开国公,"升之没,《实录》不载。其他书纪传谓,建文末,升与魏国公辉祖力战浦子口,死于永乐初。或谓升洪武中坐蓝玉党,有告其聚兵三山者,诛死。"爵除	《明太祖实录》卷194;【明】谈迁:《国榷·勋封》卷首之2;《明史·常遇春传》卷125
12	梁国公	胡显	临淮	3 000石。建文二年革爵。永乐三年,除凤阳卫指挥同知	【明】谈迁:《国榷·勋封》卷首之2,但其他史书未见有载

续表

	受封爵位	受封者	籍贯	受封情况、享用俸禄及最终结局	史料出处
1	延安侯	唐胜宗	濠州	2 500 石。洪武三年冬封延安侯。二十三年坐胡惟庸党诛,爵除	《明史·唐胜宗传》卷131;【明】谈迁:《国榷·勋封》卷首之2
2	吉安侯	陆仲亨	濠州	2 500 石。洪武三年冬封吉安侯。二十三年,治胡惟庸逆党,家奴封贴木告仲亨与费聚、赵庸皆与通谋,下吏讯。狱具,帝曰:"朕每怪其居贵位有忧色。"遂诛仲亨,籍其家。爵除	《明太祖实录》卷58;《明史·陆仲亨传》卷131;《明太祖实录》卷202;【明】谈迁:《国榷·勋封》卷首之2
3	江夏侯	周德兴	濠州	2 500 石。洪武三年十一月封江夏侯。《明实录》:洪武二十五年八月,江夏侯周德兴以帷薄不修,伏诛,命收其公田。《明史》:二十五年八月,以其子骥乱宫,并坐诛死。爵除	《明太祖实录》卷58;《明史·周德兴传》卷132;《明太祖实录》卷220;【明】谈迁:《国榷·勋封》卷首之2
4	淮安侯	华云龙	定远	2 500 石。洪武三年十一月封淮安侯。镇北疆,威名甚著;建燕邸,增筑北平城,皆其经画。洪武七年,有言云龙据元相脱脱第宅,僭用故元宫中物。召还,命何文辉往代。未至京,道卒。子中袭。李文忠之卒也,中侍疾进药,坐贬死。二十三年追论中胡党,爵除	《明太祖实录》卷58;《明史·华云龙传》卷130;【明】谈迁:《国榷·勋封》卷首之2;《明太祖实录》卷90
5	济宁侯	顾时	濠州	2 500 石。洪武三年顾时进大都督同知,封济宁侯。十二年卒,葬钟山。子敬,十五年嗣侯,为左副将军。二十三年追论胡惟庸党,榜列诸臣,以时为首,敬坐死,爵除	《明太祖实录》卷58;《明史·顾时传》卷131;《明太祖实录》卷127;【明】谈迁:《国榷·勋封》卷首之2
6	长兴侯	耿炳文	濠州	2 500 石。洪武三年,封长兴侯。永乐初年被劾"衣服器皿有龙凤饰,玉带用红鞓,僭妄不道"而自杀。爵除。子璇尚懿文太子长女江都公主,永乐初杜门称疾,坐罪死;次子瓛与弟尚宝司卿瑄,皆坐罪死	《明太祖实录》卷58;《明史·耿炳文传》卷130;【明】谈迁:《国榷·勋封》卷首之2;《明太宗实录》卷35

续表

	受封爵位	受封者	籍贯	受封情况、享用俸禄及最终结局	史料出处
7	临江侯	陈 德	濠州	2 500石。洪武三年，封临江侯。十年还凤阳。十一年卒。追封杞国公。子镛袭封。洪武二十三年，追坐陈德胡惟庸党。爵除	《明太祖实录》卷58；《明史·陈德传》卷131；【明】谈迁：《国榷·勋封》卷首之2
8	巩昌侯	郭 兴	临淮或言濠州	2 500石。洪武三年，封巩昌侯。洪武十七年卒，赠陕国公，谥宣武。洪武二十三年追坐胡惟庸党，爵除	《明太祖实录》卷58；《明史·郭兴传》卷131；【明】谈迁：《国榷·勋封》卷首之2
9	六安侯	王 志	濠州或言临淮	2 500石。洪武三年，封六安侯。十九年卒。子威嗣侯。后坐事谪安南卫指挥使。卒，无子。弟嗣，改清平卫，世袭。志亦追坐胡惟庸党	《明太祖实录》卷58；《明史·王志传》卷131；【明】谈迁：《国榷·勋封》卷首之2
10	平凉侯	费 聚	临淮或言五河	2 500石。洪武三年，封平凉侯。二十三年自云南召还。李善长败，语连聚。帝曰："聚囊使姑苏不称旨，朕尝詈责，遂欲反耶！"竟坐党死，爵除	《明太祖实录》卷58；《明史·费聚传》卷131；【明】谈迁：《国榷·勋封》卷首之2
11	江阴侯	吴 良	定远	2 500石。洪武三年，封江阴侯。洪武十四年卒。子吴高嗣侯，建文时抵抗"靖难"军。永乐八年被夺爵，后戍海南	《明太祖实录》卷58和卷140；《明史·吴良传》卷130；【明】谈迁：《国榷·勋封》卷首之2
12	靖海侯	吴 祯	定远	2 500石。洪武三年，封靖海侯。洪武十二年得疾卒，子忠嗣侯。二十三年追论祯胡惟庸党，爵除	《明太祖实录》卷58；《明史·吴祯传》卷131；【明】谈迁：《国榷·勋封》卷首之2
13	南雄侯	赵 庸	庐州	2 500石。洪武三年，封南雄侯。洪武二十三年，以左副将军远征古北口，降乃儿不花。还，坐胡惟庸党死。爵除	《明太祖实录》卷58；《明史·赵庸传》卷129；【明】谈迁：《国榷·勋封》卷首之2
14	德庆侯	廖永忠	巢县	2 500石。洪武三年，封德庆侯。洪武八年三月坐僭用龙凤诸不法事，赐死。子权十三年嗣侯。后坐逆党，爵除	《明太祖实录》卷58；《明史·廖永忠传》卷129；【明】谈迁：《国榷·勋封》卷首之2

续表

	受封爵位	受封者	籍贯	受封情况、享用俸禄及最终结局	史料出处
15	南安侯	俞通源	巢县	2 500石。洪武三年,封南安侯。洪武二十二年卒。子祖,病不能嗣。逾年,追论胡党。子祖坐党诛,爵除	《明太祖实录》卷58;《明史·俞通源传》卷133;【明】谈迁:《国榷·勋封》卷首之2
16	广德侯	华高	含山	600石。洪武三年,封广德侯。洪武四年卒于琼州。以无子,纳诰券墓中。爵除	《明史·华高传》卷130;【明】谈迁:《国榷·勋封》卷首之2
17	营阳侯	杨璟	合肥	2 500石。洪武三年,封营阳侯。洪武十五年八月卒。子通嗣爵。二十三年,诏书坐璟胡惟庸党。爵除	《明太祖实录》卷58;《明史·杨璟传》卷129;【明】谈迁:《国榷·勋封》卷首之2
18	蕲春侯	康铎	蕲州	2 500石。洪武三年,康铎以父康茂才功封蕲春侯,后卒于远征云南军中。其子康渊坐法,爵除。弘治末,录茂才后为世袭千户	《明太祖实录》卷58;《明史·康茂才传》卷130;【明】谈迁:《国榷·勋封》卷首之2
19	永嘉侯	朱亮祖	六安	2 500石。洪武三年,封永嘉侯。十二年出镇广东,因诬奏害死道同,被皇帝杖死。二十三年追论亮祖胡惟庸党,次子昱亦坐诛。爵除	《明太祖实录》卷58;《明史·朱亮祖传》卷132;【明】谈迁:《国榷·勋封》卷首之2
20	临川侯	胡美	沔阳	2 500石。洪武三年,封豫章侯。十三年改封临川侯。洪武十七年坐法死,二十三年追坐胡党,爵除	《明太祖实录》卷58;《明史·胡美传》卷129;【明】谈迁:《国榷·勋封》卷首之2
21	东平侯	韩政	睢州	2 500石。洪武三年封东平侯。洪武十一年卒,帝亲临其丧。追封郓国公。子勋袭。二十六年坐蓝党诛,爵除	《明太祖实录》卷58;《明史·韩政传》卷130;【明】谈迁:《国榷·勋封》卷首之2
22	宜春侯	黄彬	江夏	2 500石。洪武三年封宜春侯。黄彬原系西线红巾军将领,后归降朱元璋。洪武二十三年坐胡惟庸党死,爵除	《明太祖实录》卷58;《明史·黄彬传》卷131;【明】谈迁:《国榷·勋封》卷首之2
23	宣宁侯	曹良臣	寿州或言安丰	900石。洪武三年封宣宁侯。洪武五年跟随副将军文忠北征,战死于阿鲁浑河。子泰袭侯,后坐蓝玉党死,爵除	《明太祖实录》卷58;《明史·曹良臣传》卷133;【明】谈迁:《国榷·勋封》卷首之2

续表

	受封爵位	受封者	籍贯	受封情况、享用俸禄及最终结局	史料出处
24	汝南侯	梅思祖	夏邑	2 500石。洪武三年封汝南侯。洪武十五年卒于云南任上。赐葬钟山之阴。二十三年追坐思祖胡惟庸党,灭其家,爵除	《明太祖实录》卷58和卷149;《明史·梅思祖传》卷131;【明】谈迁:《国榷·勋封》卷首之2
25	河南侯	陆聚	不明	2 500石。洪武三年,封河南侯。曾与信国公和练兵临清。寻理福建军务。洪武二十三年坐胡惟庸党死,爵除	《明太祖实录》卷58;《明史·陆聚传》卷131;【明】谈迁:《国榷·勋封》卷首之2
26	永城侯	薛显	萧县	2 500石。洪武三年,封永城侯。曾跟随冯胜远征金山纳哈出,洪武二十年卒。二十三年追坐显胡惟庸党,爵除	《明太祖实录》卷59;《明史·薛显传》卷131;【明】谈迁:《国榷·勋封》卷首之2
27	荥阳侯	郑遇春	濠州	2 500石。洪武三年,进同知大都督府事,封荥阳侯。后曾受命驻临濠行大都督府。坐累夺爵。寻复之。二十三年坐胡惟庸党死。爵除	《明太祖实录》卷58;《明史·郑遇春传》卷131;【明】谈迁:《国榷·勋封》卷首之2
28	西平侯	沐英	濠州	2 500石。洪武十年受封,二十五年闻皇太子薨,哭极哀而卒。子春、晟、昂皆镇云南。昕驸马都尉,尚成祖女常宁公主。传闻英为高皇帝私生子,沐家后来世镇云南,俗称"云南王"	《明史·沐英传》卷126;【明】谈迁:《国榷·勋封》卷首之2;【明】黄景昉:《国史唯疑·洪武·建文》卷1
29	安庆侯	仇成	含山	2 500石。洪武十二年十一月,封大都督府佥事仇成为安庆侯。二十一年七月因疾而卒,赠皖国公,谥庄襄。子正袭爵。后绝	《明太祖实录》卷127;《明史·仇成传》卷130;【明】谈迁:《国榷·勋封》卷首之2
30	永平侯	谢成	濠州	2 000石。洪武十二年十一月,封谢成为永平侯,世指挥使。二十七年坐事死,没其田宅。爵除	《明太祖实录》卷127;《明史·谢成传》卷132;【明】谈迁:《国榷·勋封》卷首之2
31	凤翔侯	张龙	濠州	2 500石。洪武十二年十一月,封张龙为凤翔侯。洪武三十年以老疾卒。子麟尚福清公主,授驸马都尉。永乐初,失侯	《明太祖实录》卷127;《明史·张龙传》卷130;【明】谈迁:《国榷·勋封》卷首之2

续表

	受封爵位	受封者	籍贯	受封情况、享用俸禄及最终结局	史料出处
32	安陆侯	吴复	合肥	2 500石。洪武十二年论功封安陆侯。十六年征云南，金疮发，卒于普定。子杰嗣。建文时吴杰战白沟河，失律，谪南宁卫指挥使。爵除	《明太祖实录》卷127；《明史·吴复传》卷130；【明】谈迁：《国榷·勋封》卷首之2
33	宣德侯	金朝兴	巢县	2 500石。洪武十二年论功封宣德侯。十六年征云南，进次会川卒。长子镇嗣封。二十三年追坐朝兴胡惟庸党，降镇平坝卫指挥使	《明太祖实录》卷127；《明史·金朝兴传》卷131；【明】谈迁：《国榷·勋封》卷首之2
34	怀远侯	曹兴	不明	2 000石。从沐英讨洮州羌有功，洪武十二年，封怀远侯。理军务山西，从北征有功。后数年，坐玉党死。爵除	《明太祖实录》卷127；《明史·曹兴传》卷132；【明】谈迁：《国榷·勋封》卷首之2
35	靖宁侯	叶升	合肥	2 000石。洪武十二年西征有功，封靖宁侯。二十五年八月，坐交通胡惟庸事觉，诛死。爵除。凉国公蓝玉，升姻也，玉败，复连及升，以故名隶两党云	《明太祖实录》卷127；《明史·叶升传》卷131；【明】谈迁：《国榷·勋封》卷首之2；【明】朱元璋：《逆臣录》卷1
36	景川侯	曹震	濠州	2 000石。洪武十二年，以征西番功封景川侯蓝玉败，谓与震及朱寿诱指挥庄成等谋不轨，论逆党，以震为首，并其子炳诛之。爵除	《明太祖实录》卷127；《明史·曹震传》卷132；【明】朱元璋：《逆臣录》卷1
37	会宁侯	张温	不明	2 000石。洪武十二年论功封会宁侯。二十年秋师讨纳哈出余众，从北伐，皆有功。后以居室器用僣上，获罪，遂坐玉党死	《明太祖实录》卷127；《明史·曹温传》卷132；【明】朱元璋：《逆臣录》卷1
38	雄武侯	周武	开州	2 000石。因跟随沐英西征有功，洪武十二年封雄武侯。二十三年卒，爵除。子兴世龙江右卫指挥同知	《明太祖实录》卷127；《明史·周武传》卷130；【明】谈迁：《国榷·勋封》卷首之2
39	定远侯	王弼	定远或言临淮	2 500石。因跟随沐英西征有功，洪武十二年封定远侯。二十六年从北方练兵处召还，被指为蓝党赐死。爵除	《明太祖实录》卷127；《明史·王弼传》卷132；【明】谈迁：《国榷·勋封》卷首之2

续表

	受封爵位	受封者	籍贯	受封情况、享用俸禄及最终结局	史料出处
40	普定侯	陈 桓	濠州	2 500石。因远征云南有功,洪武十七年封为普定侯。二十年同靖宁侯叶升征东川,总制云南诸军。后召还,坐玉党死。爵除	《明太祖实录》卷161;《明史·陈桓传》卷132;【明】谈迁:《国榷·勋封》卷首之2
41	东川侯	胡 海	定远	2 500石。洪武十七年,论功封东川侯。二十四年七月,病疽卒。长子斌都督同知,征云南战殁。次玉,坐蓝党死。次胡观,尚南康公主	《明太祖实录》卷161;《明史·胡海传》卷130;【明】谈迁:《国榷·勋封》卷首之2
42	武定侯	郭 英	临淮	2 500石。郭兴之弟,朱元璋小舅子。因远征云南有功,洪武十七年封为武定侯。子孙世袭。洪武末年,诸公、侯且尽,存者唯炳文及武定侯郭英二人	《明太祖实录》卷161;《明史·郭英传》卷130;【明】谈迁:《国榷·勋封》卷首之2;《明史·耿炳文传》卷130
43	鹤庆侯	张 翼	临淮	2 500石。与父张聚一起老早就参加朱元璋军。后因跟随蓝玉征云南有功,洪武十七年封鹤庆侯,予世券。二十六年坐玉党死。爵除	《明太祖实录》卷161;《明史·张翼传》卷132;《明史·蓝玉传》卷132
44	崇山侯	李 新	濠州	1 500石。洪武十五年以营孝陵,封崇山侯。二十六年,督有司开胭脂河于溧水,西达大江,东通两浙,以济漕运。二十八年以事诛。爵除	《明太祖实录》卷150;《明史·李新传》卷132;【明】谈迁:《国榷·勋封》卷首之2
45	东胜侯	汪兴祖	巢县	1 500石。汪兴祖为早期名将张德胜养子,洪武四年跟随傅友德征蜀,战死。洪武四年十二月,追封东胜侯。子又疾卒,爵除	《明太祖实录》卷70;《明史·汪兴祖传》卷133;【明】谈迁:《国榷·勋封》卷首之2
46	航海侯	张 赫	临淮	2 000石。洪武二十年十月,以屡涉风涛之险,服勤漕运以给辽海之军而受封为航海侯,前后往来辽东十二年。病卒。子荣以蓝党受迫害,爵除	《明太祖实录》卷186;《明史·张赫传》卷130;【明】谈迁:《国榷·勋封》卷首之2

续表

	受封爵位	受封者	籍贯	受封情况、享用俸禄及最终结局	史料出处
47	舳舻侯	朱寿	不明	2 000石。转战南北,积功晋升都督佥事。洪武二十年十月,以屡涉风涛之险,服勤漕运以给辽海之军而受封为舳舻侯。坐玉党死。爵除	《明太祖实录》卷186;《明史·朱寿传》卷132;【明】谈迁:《国榷·勋封》卷首之2
48	全宁侯	孙恪	濠州	2 000石。洪武二十一年八月因念孙兴祖之功和其子孙恪随蓝玉北征捕鱼儿海有劳,封孙恪为全宁侯。赐第中都。后恪坐蓝玉党死。爵除	《明太祖实录》卷193;《明史·孙兴祖传》卷133;【明】谈迁:《国榷·勋封》卷首之2
49	西凉侯	濮玙	合肥	2 500石。濮英随征纳哈出被俘,绝食不言,后自尽。为表彰忠义,洪武二十一年八月,朱元璋封濮英儿子濮玙为西凉侯。洪武二十六年,濮玙坐蓝玉党,戍五开死	《明太祖实录》卷193;《明史·濮英传》卷133;【明】谈迁:《国榷·勋封》卷首之2
50	越巂侯	俞渊	巢县	2 500石。俞通海、俞通源、俞渊三人为俞廷玉之子。俞通源既坐党,太祖念廷玉、通海功,洪武二十五年封渊越巂侯。二十六年坐累失侯,遣还里。建文元年召复爵。随大军征燕,战没于白沟河。次子靖嗣官	《明史·俞通海传附俞通源、俞渊传》卷133;《明史·蓝玉传》卷132;【明】谈迁:《国榷·勋封》卷首之2
51	永定侯	张铨	定远	1 500石。洪武二十三年十月,封右军都督府都督佥事张铨为永定侯,世指挥使。《国榷》载:后爵除	《明太祖实录》卷205;《明史·张铨传》卷130;【明】谈迁:《国榷·勋封》卷首之2
52	承恩侯	陈普才	沔阳	陈普才系陈友谅父。朱元璋平武昌后封陈普才为承恩侯(象征性的)。《国榷》载:后爵除	《明史·陈友谅传》卷123;【明】谈迁:《国榷·勋封》卷首之2
53	归德侯	陈理	沔阳	朱元璋平武昌后俘获陈友谅儿子陈理,封其为归德侯。后因陈理居(武)昌郁郁不乐,颇出怨言。徙之高丽	《明太祖实录》卷14、卷71;《明史·陈友谅传》卷123;【明】谈迁:《国榷·勋封》卷首之2

续表

	受封爵位	受封者	籍贯	受封情况、享用俸禄及最终结局	史料出处
54	归义侯	明升	随州	洪武四年明军攻灭夏国，俘虏明玉珍儿子明升，封其为归义侯。徙之高丽	《明太祖实录》卷67；卷71；《明史·明玉珍传》卷123；【明】谈迁：《国榷·勋封》卷首之2
55	崇礼侯	买的里八剌	蒙古	洪武三年大明第三次"清沙漠"，俘获元顺帝孙子买的里八剌，封其为崇礼侯。洪武七年九月朱元璋遣人将其送回漠北	《明太祖实录》卷53、93；《明史·鞑靼传》卷327；【明】谈迁：《国榷·勋封》卷首之2
56	海西侯	纳哈出	蒙古	2 000石。洪武二十年冯胜率领大明军逼降纳哈出，朱元璋随即封纳哈出为海西侯。后其随傅友德等往征云南，行至武昌，疾复作，卒	《明太祖实录》卷185、192；《明史·冯胜传》卷129；【明】谈迁：《国榷·勋封》卷首之2
57	沈阳侯	察罕	蒙古	2 000石。洪武二十一年八月癸丑，命故海西侯纳哈出子察罕袭爵，改封沈阳侯。洪武二十六年四月，察罕坐蓝玉党伏诛	《明太祖实录》卷193、卷227；《明史·冯胜传》卷129；【明】谈迁：《国榷·勋封》卷首之2
1	归仁伯	陈友富	不明	陈友富为陈普才长子，陈友谅长兄。朱元璋攻灭大汉国后封陈友富为归仁伯。后爵除	《明史·陈友谅传》卷123；【明】谈迁：《国榷·勋封》卷首之2
2	怀恩伯	陈友直	不明	陈友直为陈普才二子，陈友谅二哥。朱元璋攻灭大汉国后封陈友直为怀恩伯。后爵除	《明史·陈友谅传》卷123；【明】谈迁：《国榷·勋封》卷首之2
3	忠勤伯	汪广洋	高邮	360石。洪武三年十一月，汪广洋被封为忠勤伯。洪武十二年，洪武帝"责广洋朋欺，贬广南。舟次太平"，皇帝改主意，诛杀之。爵除	《明史·汪广洋传》卷127；《明太祖实录》卷128；【明】谈迁：《国榷·勋封》卷首之2
4	诚意伯	刘基	青田	240石。洪武三年十一月，刘基被封为诚意伯。洪武八年夏四月刘基卒。嘉靖时禄九世孙瑜嗣爵，世禄700石	《明太祖实录》卷58、99；《明史·刘基传》卷128；【明】谈迁：《国榷·勋封》卷首之2

续表

	受封爵位	受封者	籍贯	受封情况、享用俸禄及最终结局	史料出处
5	东莞伯	何　真	东莞	1 500 石。洪武二十年七月朱元璋封广东割据势力头领、时湖广布政使致仕何真为东莞伯。子荣嗣。与弟贵及尚宝司丞宏皆坐蓝党死。真弟迪疑祸及己，遂作乱。广东都司发兵讨擒之，伏诛。爵除	《明太祖实录》卷 183、《明太祖实录》卷 225；《明太祖实录》卷 230；《明史·何真传》卷 130；【明】谈迁：《国榷·勋封》卷首之 2
6	徽先伯	桑　敬	无为	1 700 石。洪武二十三年，朱元璋封早期名将桑世杰之子桑敬为徽先伯。后敬坐蓝党论死。爵除	《明太祖实录》卷 204；《明史·桑世杰传》卷 133；【明】谈迁：《国榷·勋封》卷首之 2

（注：①洪武时期大封功臣大致有三四次：洪武三年、洪武十二年、洪武十七年、洪武二十一年。②本表中的公侯伯爵俸禄参照《明实录》《明史》和《国榷》等综合而定。③表中的陈普才几乎很少有书提到他，《明史》中只有一处记载道："陈普才五子：长友富，次友直，又次友谅，又次友仁、友贵。友仁、友贵前死鄱阳。太祖平武昌，封普才承恩侯，友富归仁伯，友直怀恩伯，赠友仁康山王，命所司立庙祀之，以友贵祔"（《明史·陈友谅传》卷 123）。④表中的公侯伯之籍贯在《明史》与《明实录》等史料中的记载并非完全一致，这可能是由于明初朱元璋建立凤阳府"特区"而造成了原来县级区划上的部分"紊乱"，或是由于这些公侯伯早年生活动荡带来了记忆上的混淆，现笔者尽可能地将诸说并存。）

"胡党之狱"有 1 公、14 侯、13 个将军被杀，株连处决 30 000 人（【清】赵翼：《二十二史劄记·胡蓝之狱》卷 32）；据《明世法录》等所载，"蓝党之狱"有 1 公 13 侯 2 伯（可参见上面《洪武年间朱元璋封赏的公爵、侯爵和伯爵及其最终结局之简表》），几十位将领被杀，株连被杀者 20 000 人（【明】陈仁锡：《明世法录》卷 85；【明】谈迁：《国榷》卷 9；【清】查继佐：《罪惟录·列传》卷 8 下；【清】谷应泰：《明史纪事本末》卷 13。而《明史·蓝玉传》卷 132 引洪武二十六年九月洪武帝诏中所言的"族诛者万五千人"）。两案合起来人称其为"胡蓝之狱"，当时官方的说法共计杀人 45 000 人；但明代文人笔记中说两案"牵连戮者十万人"。（【明】王文禄：《龙兴慈记》）

○ 洪武皇帝钦定《逆臣录》——清查"蓝党"运动一直持续到洪武末年

到了洪武二十六年(1393)九月，大规模杀人杀了七个月的朱元璋十分大度地下诏，宣布大规模清除蓝党运动结束："蓝贼为乱，谋泄，族诛者 15 000 人；自今胡党、蓝党概赦不问"（《明史·蓝玉传》卷 132）。但实际上运动并没有结束，从方志的记载来看，直到洪武末年大明地方上还在进行清查"蓝党"分子。（见下文，史料

来源：乾隆十二年《吴江县志·旧事》卷5、6)

在当时的朱皇帝看来，他不仅要搞垮、整死"蓝党"分子，而且还要将其"批倒"、"批臭"，让他们在天地人间和地狱里都永世不得翻身，于是就亲自上阵作序，专门将蓝党分子的名单及其"罪行"(近千人在酷刑底下的口供)公告天下——《逆臣录》诏示全国。

在开篇《御制逆臣录·序》中，朱元璋这样说道："朕观自有载籍以来，乱臣贼子何代无之，然未有不受诛戮而族灭者云何？人君开创基业，皆奉天命，故遣将出师，无征不克，无坚不摧。其乱臣贼子，初无他意，因奉君命，总数十万精锐以出战，将不下数千百员，所向成功，皆战将与士卒之力也。及其功成，归之大将，见其若此，以为己能，遂起异谋。孰不知君奉天命则昌，臣奉君命则胜，若违君命，逆天心，安有不灭亡者乎？呜呼！朕本布衣，因元纲不振，群雄蜂起，所在骚动，遂全生于行伍间，岂知有今日者邪。继而英俊来从，乃东渡大江，固守江东五郡，日积月增，至于数十万，修城池，缮甲兵，保全生齿，以待真人。此朕之本意也。奈何皇天眷命，兵威所加，无坚不摧，疆宇日广，为众所推，元归深塞，遂有天下。自乙未渡江，至今洪武癸酉，已有三十九年矣。即位以来，悖乱之臣，相继叠出。杨宪首作威福，胡、陈继踵阴谋，公侯都督鲜有不与谋者。赖天地宗庙社稷之灵，悉皆败露，人各伏诛。今反贼蓝玉，又复逆谋，几构大祸。其蓝玉，幼隶开平，数从征伐，屡有战功。初与胡、陈之谋，朕思开平之功及亲亲之故，宥而不问，累加拔擢(应为'擢')。因诸将已逝，命总大军，号令所加，孰不听其指麾，故所向有功。蓝玉见其若此，自以为能，殊不知此乃皇天后土福佑生民，眷顾我朝及将士之力所致。设使不授以命，不与士卒，纵有勇力能敌几乎？此等愚夫，不学无术，勇而无礼，或闲中侍坐，或饮宴之间，将以朕为无知，巧言肆侮，凡所动作，悉无臣礼。及在外，非奉朝命，擅将官员升降，黥刺军士，不听诏旨，专擅出师，作威作福，暗要人心。朕数加诚谕，略不知省，反深以为责辱，遂生忿怒，乃同曹震、朱寿、祝哲、汪信等合谋，阴诱无知指挥庄成、孙让等，设计伏兵，谋为不轨。其公侯都督皆系胡、陈旧党，有等愚昧不才者，一闻阴谋，欣然而从；有等无义公侯，虽不为首，谋危社稷，任他所为，坐观成败，欲为臣下之臣，岂期鬼神不容，谋泄机露，族灭者族灭，容忍者容忍。其容忍者，若能知感，省躬自责，则必永远无患，与国同久。特敕翰林，将逆党情词辑录成书，刊布中外，以示同类，毋得再生异谋。洪武二十六年五月朔日序。"(【明】朱元璋：《逆臣录》卷首)

通览上文，我们作个解读，在这近千字的"最高指示"中，洪武皇帝向全国人民讲述了如下几大问题：

○ 批倒批臭"蓝党"，踏上一脚，叫他们永世不得翻身——明史的睁眼瞎

第一，自古以来乱臣贼子为什么没有不受身戮族灭的？

朱元璋解释说：因为人君开创江山基业，都是敬奉了天命而行，所以一旦遣将出师，往往战无不胜、攻无不克，所向披靡。而在这过程中，乱臣贼子并无什么不轨的想法，他们往往承奉君命，统领数十万精锐大军，就连跟着跑龙套的将帅手下也得要有数百上千个兵士，你说这仗能不打赢？其实说到底，军事胜利是战将与士兵们拼死努力的结果，是由于朝廷中央的正确领导啊！但在某些将帅看来却不是这样的，一旦功成了，他们往往将之归结于自己，总以为自己如何如何有能耐与本领，遂生不轨之心，殊不知君主是敬奉天命而使事业兴旺的，臣下只不过是尊奉了君命而取得胜利的。倘若他们违背君命，也就是逆天而行，那么这样的乱臣贼子哪有不灭亡的！【明】朱元璋：《逆臣录》卷首）

第二，我朱元璋为什么会当皇帝？告诉你们：我是奉天承运，可不是犯上作乱的乱臣贼子！

我朱元璋原是淮北乡下的一个普通农民，时值元朝纲纪不振，群雄蜂起，我们连一个安身度日的地方都没有，我当初是没办法才去当兵的，不曾想到会有今天。再说我当兵以后，天下豪杰络绎不绝地前来投奔我，我就率领大家一起东渡长江，来到了南京，坚守江东五郡，日积月累，将队伍发展到了数十万人。即使到了这一步，我还号令大家修筑城池，整缮铠甲，训练兵士，制造武器，保全百姓，等待上苍派出真人来作万民之主，这是我的本意！不曾想到皇天眷命于我，我军出征无坚不摧，无城不克，疆土日益广阔，而我又被众人所推戴，恰好蒙元人识趣地逃回了他们的漠北老巢，我这才君临天下啊！（【明】朱元璋：《逆臣录》卷首）

在这里，朱元璋讲述自己帝王事业经历一大半为真，譬如他起兵、渡江与建都南京，等等，这大体上与历史相符，但在四个节骨眼上他施了"障眼法"：第一，红巾军起义如何打击与牵制元军主力，便于郭子兴、朱元璋队伍发展。第二，朱元璋自己如何在郭子兴那里发家，最终取而代之？如何搞得郭子兴断子绝孙的？第三，朱元璋如何费尽心机开创、发展以应天为中心的江南地区政权？第四，朱元璋如何冒着生命危险指挥军队进攻对他及应天地区毫无威胁的浙东元军和侵犯并无多大攻击性的东邻张士诚，如此不常之举又仅仅是为了保全自身政权下百姓生命？说到底，这些个个都是致命的话题，决不能提及，巧舌如簧的朱元璋就来个大而化之，含糊其辞。"看不见"的就说成是"皇天眷命"，这样一来为自己"枪杆子里面"打出来的帝国政权涂上了一层天命的神秘色彩；看得见且为全国人民都知道——"鞋拔

子"脸自己在应天城里称帝,那就将它说成是"为众所推",换成耳熟能详的话来讲,那就是全国人民共同愿意的必然选择,不信、不服?我们有的是枪杆子!这就是中国传统社会里那些嘴巴大的权位高势能者所竭力唱响的主旋律。用朱元璋那美妙说辞来讲,就是"奉天承运,庶见人主,奉若天命,言动皆奉天而行,非敢自专也"(《明太祖实录》卷29上)。而这样的"天命"不仅仅体现在皇天眷命我朱元璋开创大明,而且还反映在它保佑我大明朝廷粉碎了一次次犯上作乱的阴谋活动。

第三,自我大明开国以来历次政治阴谋为何会破产?就是因为"天命"不佑!

朱元璋在回顾自己的"伟大"创业史时曾这样说道:自从1355年我率领大家渡江定鼎南京,至今已有39个年头,从我即位称帝算起到今年也有26个年头,虽说以前大明外面战事不断,但我朝廷内外也不见得安宁呀,悖乱之臣,相继迭出。先是杨宪擅权,作威作福;随后又是胡惟庸、陈宁谋反,朝廷敕封的公侯、都督几乎没几个不参与的。再说眼下的反贼蓝玉同党案犯不以前车为鉴,一意孤行,谋逆作难,差一点就要构成大祸,幸亏我宗庙社稷神灵保佑,也承蒙上苍眷顾我大明,这些政治阴谋都一一破产了。大家知道这是为何呀?"天命"不佑他们啊!(【明】朱元璋:《逆臣录》卷首)

"天命"一词可能是朱元璋公开说辞中使用频率很高的词汇,《明实录》中最早可见的记载是在滁州根据地面临危险,朱元璋率兵东向救援六合起义军时使用了该词(《明太祖实录》卷1)。1363年朱元璋与陈友谅血战鄱阳湖时又使用了(《明太祖实录》12),吴元年朱元璋攻灭东吴张士诚政权时再次大量使用该词,(《明太祖实录》卷24);随后在指挥徐达大军开启北伐时重复使用"天命"之说(《明太祖实录》卷26),……洪武十三年正月粉碎"胡党"、废除丞相制时洪武帝再次这样说道:"朕膺天命,君主华夷"(《明太祖实录》卷129),云云。

由此可见,在感到自身事业与命运到了重大转折时,朱元璋往往要将自己打扮成"天命所归者",也就是我们平常所说的正确路线的代表,以看不见、摸不着的"天命"之使者自赋,君权神授色彩更加浓烈,无形之中告诉人们:你们中任何人都没法与我朱某人相比,包括你这个不知天高地厚的蓝玉,你想谋反,不先自己照照镜子,看看自己是什么模样!随即朱皇帝开始将话题转入编辑出版《逆臣录》的真正主旨、专讲蓝玉。

第四,蓝玉真有那么大的功劳?大明军出征的胜利是我朝廷内外集体努力的结果啊!

蓝玉年轻时是开平王常遇春手下的一员战将,因为经常跟随出征,屡有战功。洪武十三年胡惟庸、陈宁谋反案爆发,有人举报说蓝玉也是"胡党"分子。当时朕有所顾忌：一来他是开平王的内弟，看在立有不世之功的开平王常遇春份上，我也不能不有所考虑；二来蓝玉是我皇太子朱标的妻舅，虽说皇太子现在不在了，可开平王之女、蓝玉之外甥女常氏为太子妃，这可是铁定的事实，遵循自古以来儒家'亲亲'的原则，我也不能不对蓝玉网开一面，并屡次予以擢升。考虑到洪武中期，诸位老将相继去世，朝廷军队总得要有人领班吧，我就任命了蓝玉统领大军，众将士就此开始听命他的指挥，南征北伐，所向披靡。可蓝玉见此却以为都是他自己有能耐、有本领，沾沾自喜，殊不知这是皇天后土福佑我朝百姓，殊不知这是我朝廷与将士们共同努力的结果啊！假设当初我不授命你蓝玉那么大的军事指挥权，不让你带兵，纵使你蓝玉再有本领、再有能耐，就你一个人能抵挡几个敌人？（【明】朱元璋：《逆臣录》卷首）

第五，我为什么要摧垮与清除蓝党？蓝党有何罪状？

我们再来看看蓝玉有着何等德性。他不学无术，莽撞无礼，简直就是一介愚夫。平日里要是有所闲暇或者在喝酒时，他往往巧言肆侮，所行所语，毫无臣礼，还以为我都不知道这一切。在外时，他擅自升降将校，黥刺军士，甚至违诏出师，恣作威福，暗地里又在收买人心，或挟制下属（《明太祖实录》卷225）。对此，我曾几次予以告诫和劝谕，可他置若罔闻，依然我行我素，不但不懂得自我反省，反而以为我的责怪是对他的侮辱，由此从心底里恨上了我，遂与曹震、朱寿、祝哲、汪信等人合谋，偷偷地引诱无知指挥庄成和孙让等，设下伏兵，图谋造反。在这些图谋造反的蓝党骨干成员中，公、侯和都督原本都是胡惟庸、陈宁的旧党，有的愚昧不堪，一听说蓝大将军要谋反了，他们就欣然加入；有的虽没有这般积极主动地参与，但相当无政治头脑，面对那些阴鸷的坏蛋谋危社稷，颠覆朝廷，他们却任其所为，坐观成败，甚至还有人想做易主之臣。可让他们没想到的是，天地鬼神不容此！于是蓝党阴谋暴露，灭族的已被灭族，这叫什么？天命啊！（【明】朱元璋：《逆臣录》卷首）

第六，解决"蓝党"问题的原则是什么？为什么要公布《逆臣录》？

朱元璋不厌其烦地对"天命所归"与蓝玉及其蓝党的"罪恶"做了一番简单介绍后，随即转入了另一个话题：全国范围内解决"蓝党"问题的原则是什么？灭族的已被灭族，未杀容忍的暂时容忍。不过朕希望他们有所感知朝廷的仁情厚意，省躬自责。倘若真能这样，那么他们将永远无患，与国久久。今天我让翰林院文臣们将蓝玉逆党分子的供词辑录成书，刊布朝廷内外，目的就是要让那些与蓝党分子有着相同忤逆之心的人赶紧断了这种念头，毋得再生异谋！否则的话，就不怕灭族？！（【明】朱元璋：《逆臣录》卷首）

以上便是《御制逆臣录·序》的主旨，而《逆臣录》的正文大致是讲，大约有

1 000个蓝党骨干分子在蓝玉回南京后的20多天的时间里陆陆续续前往蓝府,密谋造反。笔者给它算了一下,20多天一天都不拉下,平均每天大约要有40~50人到凉国公府去(【明】朱元璋:《逆臣录》卷1~5),这样的阵势还叫密谋吗?那简直就是去开会,或者告诉南京城里的人,在凉国公府我们大家正在集会,准备谋杀皇帝朱元璋。这可能吗?有可能,除非这些蓝党分子个个都是精神病人。

更为不可思议的是,《逆臣录》正文中还有大量蓝党分子讲述的如何协助谋反的精彩故事,譬如前文提到的江南首富沈万三女婿顾学文就曾这么供述:"一名顾以成,即学文,系苏州府吴江县北周庄正粮长。状招因见凉国公总兵多有权势,不合要得投托门下。洪武二十五年十一月内,央浼本官(指蓝玉)门馆先生王行引领,前到凉国公宅内。拜见蓝大舍之后,时常馈送礼物及异样犀带,前去往来本府(蓝府)交结,多得意爱。洪武二十六年正月内,有凉国公征进回还,是学文前去探望。本官正同王先生在耳房内说话,言问:'这个是谁?'有先生禀说:'是小人乡人沈万三秀女婿。'本官见喜,赐与酒饭吃饮,分付(应为'吩咐',后相同)常来这里说话。本月失记的日,又行前到凉国公宅内,有本官对说:'顾粮长,我如今有件大勾当对你商量。'是学文言问:'大人有甚分付?小人不敢不从。'本官又说:'我亲家靖宁侯为胡党事发,怕他招内有我名字,累了我。如今埋伏下人马要下手,你那里有甚人,教来我家有用。'是学文不合依听,回对一般纳粮副粮长金景并纳户朱胜安等说知前因,俱各喜允,前到本官宅内随从谋逆。不期败露到官,取问罪犯。"(【明】朱元璋:《逆臣录·豪民顾以成等》卷5)

"故事"讲得很"精彩",也很形象,但假如你细细再读一遍的话,或许会发现问题了:蓝玉密谋要造反,但似乎手里兵力不够,所以第一次见到沈学文时就迫不及待地向对方打听:"你那里有什么人,教来我家有用"。姑且不谈别的,仅就这一件事的叙述来看,存在着两大漏洞:第一,蓝玉是武夫,但绝不是白痴,他想谋反,总不至于跟一个第一次见面的人就讲:我在密谋一个天大的阴谋——造反;第二,蓝玉行事鲁莽,可能不假,但脑子不可能有问题,否则的话他怎么能指挥千军万马取得那么大的军事胜利。但据上面的顾学文供词所述,蓝玉要他准备些造反人手或言辅助军事力量,这吻合逻辑吗?顾学文是江南富户、粮长,若向他要些钱粮作赞助,尚且讲得过去,而向他要帮忙造反的人手或言辅助军事力量,这叫什么?牛头不对马嘴,痴人说梦。

当然有人可能不这么认为,因为顾学文毕竟是粮长,手下有粮户,那么我们再来看看下面两个土得快要掉渣的蓝党分子的供词:

"一名蒋名富,凤阳府定远县凤停乡人,原系蓝玉家打鱼网户。状招洪武二十六年正月内,为见本官征进回来,是名富自备酒物鱼鲜等项前来本家拜望。彼时赐与酒食。吃饮间,有凉国公言说:'老蒋你是我的旧人,我有句话和你说知,是必休要走了消息。如今我要谋件大事,已与众头目每(们)都商量定了,你回去到家打听着,若下手时,你便来讨分晓,久后也抬举你一步。'是名富就便拜谢出府。回家听候谋逆间,不期前党事发,诛除了当。今被同乡民人尹大等二名首发,罪犯。"(【明】朱元璋:《逆臣录·蒋名富》卷1)

"一名徐改安,应天府句容县民,状招洪武二十六年正月内,在京(做)买卖,因与凉国公家仪仗户李三相识,前去相探本人。茶话时,李三密说:'如今家里大人(指蓝玉)在四川回来,已与各卫头目商量定了,要谋大事。你那里若有好汉,收拾得些来出气力,久后也得些名分做。我如今就带你去拜见他。'是改安明知谋逆,要得相从,当即根(跟)随本人前去拜见。本官问说:'这是甚么人?'李三禀说:'这是我相识(即认识的熟人),句容人。'当有本官叫李三:'你去办些酒食与他吃,就分付他去,着他寻些人来听候。'当即回到李三家,饮酒间,有本人亦将前事密说。改安当即应允回家,与同周关关等议说前事。各人又回说:'想当初,指望胡丞相做得成时,带挟我每(们)。不想犯了,争些害了我每(们)。久后也不知如何?既如此时,我每(们)再去收拾些人,听候接应他。'当令戎梅保前去京城凉国公门首打听消息,不期党事发露,致被力士将本人拿获,招改安等在官,提问罪犯。"(【明】朱元璋:《逆臣录·徐改安》卷5)

从上面供词的表象来看,所谓的蓝党分子包藏祸心,蠢蠢欲动,唯恐天下不乱。但细心琢磨一下,问题就来了:

第一,蒋名富和徐改安等所谓的蓝党分子做了有罪供述,似乎表明蓝玉谋反的触角早已延伸到了京城以外的大江南北,形势十分严峻啊!但大家不要忘了,蒋名富是个渔民,徐改安是个做生意的小商人,说到底一个就是打打鱼的,一个就是做做小买卖的,叫他们一起来谋反?想必读者朋友看到这里肯定要喷饭,蓝大将军手下缺人总不至于缺成这样吧!

第二,蓝玉第一次认识句容小生意人徐改安,就跟他说密谋造反的事情,这可能吗?除非是蓝玉的脑子不正常了。

第三,蓝玉阴谋造反,托徐改安回句容去"寻些人来听候",这岂不是要徐改安去组织发动乡民?这还叫密谋造反吗?

《逆臣录》正文中这类荒唐的供词比比皆是,数不胜数。一句话,洪武后期所谓的蓝党谋反一案纯属子虚乌有,蓝玉及数万条生命都是被冤杀的。

蓝玉包括蓝党分子是被冤杀的,这在清朝初年人们已经为之平反了。在张廷玉主编的《明史》中蓝玉的地位已被"扶正",他没有像胡惟庸那样"背",一直被列在"奸臣传"里,而是放到了功臣武将一栏,这基本上是公允的和客观的。但话要说回来,蓝玉被杀多少让人有一点"罪有应得"的感觉,但下面的两个大将军、公爵的被杀,实在是让人愤懑不已。

● 洪武帝双重亲家、大将军傅友德杀子案——洪武二十七年（1394）

在明朝开国的功臣勋旧中,一个是徐达,一个是傅友德,他们俩在生前可以说是荣华之至。这不仅是因为两个人都曾被封为公爵,而且他们俩都是皇帝朱元璋的"双重亲家公"。能与皇帝攀上"双重"亲家,在人们的心目中该是多么荣耀的事!有人说,那不一定,说不准是小两口两情相悦而木已成舟了,做父母的来个顺水人情,那是600年后的现代社会里才会发生的事情。再说,我们民间经常说及这么一个长相遗传规律:儿子像母亲,女儿像父亲。我在想,朱元璋那个猪腰子脸要是他的几个公主女儿长得像他了,那肯定可以在超级国际美女大赛中获奖。但皇帝女儿再丑也不愁嫁不出去。俗话不是说,皇帝的女儿不愁嫁么,朱元璋几个女儿嫁的都是开国功臣儿子或极其体面的上层人物,被洪武帝誉为"大明开国第一功臣"的李善长之子得了一个,现在我们讲的傅友德的儿子也得了一个;更有傅友德的女儿还被选聘为洪武皇帝三子晋王朱棡世子朱济熺的妃子(《明史·傅友德传》卷129)。朱元璋是一个苛求"完美"的人,能与这样苛求"完美"的皇帝结上双重亲家,可以肯定地说,这个人在朱元璋心目中的地位是非同一般。那么,傅友德到底是怎么一个人呢?

○ 倒霉蛋傅友德遇到了"知音"

一般的历史书上都大讲徐达、李善长、蓝玉等,不知出于什么原因,都不大提到傅友德。据有关史料记载,傅友德祖籍是安徽宿州人,后来迁徙到了安徽的砀山。傅友德早年运气一直很背,到哪里,哪里都不重用他。他最先参加了元末北方红巾军,曾经跟随刘福通的部将李喜喜进军四川,不料李喜喜军被打败。傅友德就投靠了已经入川的徐寿辉部将明玉珍,可一只眼瞎了的明玉珍果然眼力不佳,没看出傅友德的才干,于是傅友德只好改投别的军队。刚好那时陈友谅在武昌声势正壮,傅友德就投靠他。可这个陈友谅尽管眼睛比明玉珍好,但看人的本领却与明玉珍一个水准。这样一来,傅友德相当郁闷:难道天底之下就没有重用我傅友德才干的地方吗？幸好还是生在乱世，这山不容可以跳到那山，要是生在"和平"年代，像傅友德这样连连跳槽者可能早就遭到那些"老总"们集体封杀了。对于当时傅友德来说，乱世的好处就在于，只要人不死，机会还是多多的。朱元璋进攻九江小孤山时，傅友德投奔了他。史载："帝（指朱元璋）与语，奇之，用为将。"就是说，当时谁也没有料到，这么一个倒霉蛋后来成为大明开国前后仅次于徐达的重要大将，看来还是心细的朱元璋发现了他，又一个杰出的军事人才终于在这个纷乱的年代里横空出世了。(《明史·傅友德传》卷129)

○ 傅友德大器晚成

但命运之神似乎跟傅友德还是开了个玩笑，当他来到朱元璋军中时，周边的"压力"很大，徐达、常遇春等一批猛将和军事奇才早已闻名遐迩了，所以他来后并没有马上冒出来，而是作为偏将参与到每次重大的军事行动当中去。由此，在洪武三年大封功臣时，傅友德也仅被封为颍川侯，年俸禄1 500石。从中我们看到，傅友德在明初名将林立时代里并不突出。但在随后的大明统一战争中，他开始出足了风头。洪武四年，与汤和等率明军西征，攻灭明升政权，立下赫赫战功，朱元璋在制《平西蜀文》中，"盛称（傅）友德功为第一"。(《明史·傅友德传》卷129)

洪武五年(1372)正月，大明帝国发动第三次"清沙漠"军事行动，傅友德出任冯胜西路军的副将，也就是这次"清沙漠"让傅友德在明朝名将徐达、李文忠等面前树立了自己的威信。由于当时徐达与李文忠的中路、东路军都先后中了埋伏，很大程度上损兵折将，唯独西路军在傅友德的率领下，在五个月的时间里总共打败了北元军十几万人，七战七捷，最后使得北元军见到傅友德的军队就躲，造成后来西路军无仗可打了，这才收兵还朝。(【明】陈仁锡：《明世法录》卷84;《明太祖实录》卷74;《明史·傅友德传》卷129)

洪武十四年，傅友德出任大将军，率领沐英、蓝玉等南征云南，攻取大理，基本上荡平了云南，将南部中国的最后一个省份归入大明帝国的版图。洪武十七年傅友德晋封为颍国公，享用年俸禄3 000石，并得到了皇帝颁发的免死铁券。在这前后，傅友德还主帅或配合冯胜等多次北征蒙元，又取得了重大胜利，被晋封为大将军、太子太师等衔，至此可以说是傅友德的人生顶峰时刻。(【明】陈仁锡：《明世法录》卷84;《明太祖实录》卷74;《明史·傅友德传》卷129)

洪武二十六年蓝玉被杀后，傅友德与冯胜虽然都年事已高，但还是大明军中数一数二的人物了。更难能可贵的是傅友德为人处世低调，可能是他人生前期经历了太多的磨难吧，也可能是本身的性格因素使然，即使贵为大将军，但傅友德还是爱兵如子,平日里沉默寡言,战场上常常是身先士卒,据说他身上的刀剑伤痕不下百余处,是个地地道道从死人堆里爬出来的英雄。

功成名就时,他依然保持着端正的品行,内敛自重,丝毫没有蓝玉的跋扈,也没有李善长的贪婪,更没有胡惟庸的狂妄,正因为有着如此优良品质和他为大明帝国立下的那么多的卓越功勋,朱元璋十分喜爱他,竟将自己最最喜爱的女儿寿春公主嫁给了傅友德的长子,特赐吴江肥田120余顷,年收地租8 000石,超过了任何一个公主的陪嫁,是其他公主陪嫁的几倍。(【明】王世贞:《弇山堂别集》卷36)由此可见朱元璋对寿春公主和傅友德家的喜爱。

傅友德共有儿子四个,老二过继给了自己的弟弟,老三是朱元璋皇家卫队的军官,老四不幸死在战场上。因此,虽然傅友德有四个儿子,但到了后来实际上只剩下两个儿子了,即老大驸马爷和老三皇家卫队军官了。因为老二过继给人,在古代的时候就算作别人的孩子了。可能傅友德自己早年的磨难太多,也可能四子实际只剩下两个儿子的缘故,反正傅友德晚年对两个儿子十分的怜爱,这是当时人都知道的事。可让所有的人都没有想到的是,最终作为老亲家和老上级的朱元璋居然要逼他杀子自裁。那么究竟是什么原因促使朱元璋要痛下如此狠的心呢?

○ 傅友德自裁到底为何?

《明史·傅友德传》说洪武二十五年,傅友德向皇帝朱元璋要一块在怀远的田地,这地有一千亩。为此朱元璋相当不开心,就跟傅友德说:"我给你的俸禄不薄啊,你还要侵夺老百姓的利益,到底安了什么心?"从历史记载来看,傅友德一直很内敛,现在竟然狮子大开口,似乎不太吻合他的个人性格。再说,就算这个记载是真实的,那傅友德毕竟是向皇帝要,没有像蓝玉儿子那样,来个先占为上!朱元璋不给就不给,批评也批评了,但人家傅友德毕竟没有其他不轨和违纪犯法的事啊。谁也没想到洪武皇帝最后还是下手了。对此,《明实录》中"洪武二十七年十一月乙丑"条就记载7个字:"颍国公傅友德卒"(《明太祖实录》卷235);《明史》则用2个字"赐死"。那么傅友德到底为什么死的?怎样死的?都没有说清楚,倒是另外有一些史料作了补充:

洪武二十七年十一月二十九日,南京明皇宫里举行宴会。众人刚落座,皇帝朱元璋就莫名其妙地向傅友德发难了,说傅家三儿子即那个皇家卫队军官傲慢无礼,值班时不佩戴"标准化"的锦囊,目无君上。傅友德一听皇帝的话不对头,马上就站起来,连忙替儿子赔罪。没想到朱元璋脸一板,厉声说:"我说你儿子呀,你站起来干什么?是谁让你站起来的呀?"皇帝的厉声责问,犹如一闷棍直打在傅友德的心口,作为臣子,碰到这样的君主,还有什么话可说的呀,于是就闷闷地坐下了。可又没想到傅友德屁股刚一落座,朱元璋再次发难了:"去!把你的那两个儿子给我叫来!"皇帝开口了,做臣子的哪有不遵之理!傅友德只好站起来叫儿子了,可他刚到门口时,皇帝朱元璋又发话了:"不要叫人啦,把两个人的首级给我带来就可以了!"说完将一把宝剑递了过去。傅友德心如刀绞,整个人几乎都要崩溃了,自己怎么走出宫门的,怎么杀了两个儿子的,几乎一概不知。当他提了两个儿子的人头回到皇帝宴会处时,已经什么也说不出了,傻傻地站在朱元璋的面前。朱元璋见了发呆的傅友德,厉声斥责道:"你这个人怎么这么残忍,连自己的儿子也杀了?要不然就是怨恨我?"傅友德终于爆发了,发疯似地吼道:"你不就是要杀我们父子三人吗?今天我就遂了你的心愿!"说完他就在朝门外援剑自刎。(【明】张岱:《石匮书·冯国用、冯胜、傅友德列传》卷71;【清】查继佐:《罪惟录·启运诸臣列传上·傅友德传》卷8,浙江古籍出版社1986年5月第1版,P1392)

朱元璋没想到傅友德这么刚烈,居然当着他的面自杀了,越想心里越恼火,越想心理越变态,最终下令,除了自己的外孙以外,整个傅家全部抄没,发配到由傅友德率领的明军经过浴血奋战而夺得的云南等地(朱元璋自己的女儿在案发时早已去世了)。(【明】张岱:《石匮书·冯国用、冯胜、傅友德列传》卷71;【清】查继佐:《罪惟录·启运诸臣列传上·傅友德传》卷8,浙江古籍出版社1986年5月第1版,P1392)

● 明初唯一的真正儒将冯胜私埋兵器案——洪武二十八年(1395)

朱元璋杀傅友德时,似乎不要有什么理由,"君要臣死,臣不得不死"!傅友德就是这样一类的悲剧大臣,他死得很无奈,死时的场面令人撕肺裂胆。老朱皇帝已经杀红了眼,只要想起还有哪个功勋和名将的存活可能还会隐含哪怕是一丝的危险,就必须要将他送到地狱里去。蓝玉党案几乎将军队中高层将领一网打尽了;与"蓝党"没办法扯上关系的傅友德,杀子后又自杀;还有一个很能打仗、曾经指挥几十万大军的大将军还活着,他的存在总归是一个危险,朱元璋"忍无可忍",最终还是拿他开刀了。他就是大将军中最后一位被杀者冯胜。

○ 儒将冯胜的荣与辱

冯胜也是定远人,与徐达、常遇春都是同县同乡,与朱元璋是"大同乡"。冯胜投奔朱元璋时,朱元璋还在借助着老丈人郭子兴的那份家底进行创业呐,但他已经很有野心,想进一步发展,可又苦于肚子里没有"墨水",武略尚可,就是"文韬"差了点。就在这个节骨眼上,冯国用、冯国胜(后改名叫冯胜)兄弟俩前来投奔。哥哥冯国用似乎很有政治眼光,一来就给朱元璋指点迷津:攻取帝王之都金陵,然后以此为根据地,进取天下。后来朱元璋的统一战略没有出其右,因此说,冯国用应该是朱元璋的第一个政治启蒙老师。朱元璋对他也很信任,曾任命他为亲军都指挥使,相当于中央禁卫军的头头。但不幸的是,冯国用寿命不长,早年就病死于朱元璋的军营中。(《明史·冯胜传》卷129)

冯国用死时儿子很小,所以由弟弟冯国胜来继承哥哥的官职——亲军都指挥使。冯胜这个人政治上没哥哥那么厉害,但他喜欢兵法、兵书,看多了心中就有了个谱,在那个战争年代,还真管用。早年冯胜一直跟着别人后面跑跑"龙套",也犯过"错误",曾跟随徐达在苏北作战,误中敌计,损失 1 000 多名兄弟的生命,让朱元璋召回南京,廷杖一通,最后被罚步行回到苏北。他立即改了自己轻敌的毛病,与诸将合力打败了张士诚军。(《明史·冯胜传》卷129)

严格来说,在名将辈出的大明帝国的早期,冯胜的那些军事才能算不上什么,但与名将在一起,他的"龙套"也认真跑,所以不断地得到提升。洪武三年大封功臣时,冯胜被封为宋国公,食禄 3 000 石。从当时朱元璋对他的诰词来看,皇帝还是挺喜欢他的。否则怎么会在功勋并不突出的情况下,让他成为大明帝国建立之后第一批被册封的六大公爵之一呢!也许明初的名将太集中了,所以冯胜的军事才干与军功并不像其他几位公爵那样光彩夺目。但到了洪武中晚期,在以徐达、常遇春、李文忠等为代表的一代名将或病亡或因罪被处罚,同时以蓝玉为代表的新生代尚未真正成长起来的这种新老交替之际,他与傅友德等人刚好起到了承上启下的作用。洪武二十年(1387)正月,大明发动第八次北征蒙古"清沙漠"时,冯胜被皇帝朱元璋任命为征虏大将军,统帅大明军,围攻东北蒙元残余势力,逼降了纳哈出 200 000 人大军,取得辉煌的胜利。朱元璋闻讯后喜不胜收,七月,遣使赍敕谕大将军冯胜等曰:"近捷书至,喜动神人,朝野欢庆。自古汉胡相攻,至元未已。及天革元运,朕命中山武宁王、开平忠武王攘之塞外,远者数千里,迩者数百里。二王既往,余虏常为边声,由是命尔等率马步屯驻大宁,审势进讨。今得所奏,即有征无战,非尔等诚格于天,忠义服人,何若是之,易邪!然自古至今,凡为将功成名遂,千万岁不磨者,不过数人。盖摧坚抚顺之际,机奇而仁布,处之有道,故也。今纳哈出心悦来归,当抚绥以诚,务安其众,毋致惊扰。胡虏生计,惟畜牧是赖,犹汉人资于树艺也。若少(通'稍'字)有侵渔,则众心生怨,易变难安,不可不慎! 前二王功成名遂，由严号令于诸军，不苟取于来降，以致偃兵华夏，功烈昭于后世。今二王已位，尔等能继靖虏庭，成此奇勋，则可以追踪二王，同垂不朽，岂不伟与！"（《明太祖实录》卷183）

极度兴奋中的洪武帝将冯胜与明初最为杰出的军事统帅中山武宁王徐达、开平忠武王常遇春相提并论，并几乎视其为继二王之后的大明军界第一人。而就在这样关键的时刻，冯大将军冯胜第二次犯"错误"了，"多匿良马，使阉者行酒于纳哈出之妻求大珠异宝，王子死二日强娶其女，失降附心，又失濮英三千骑，而茂（冯胜女婿，常遇春儿子）亦讦胜过"。皇帝朱元璋知道后大发雷霆，收了他的大将军印，并说："（冯）胜自是不复将大兵矣。"（《明史·冯胜传》卷129；《明太祖实录》卷236）

但朱皇帝似乎很快就忘了自己对冯胜的"制裁"，在第二年又派他远征云南曲靖，取得了军事胜利。洪武二十五年，冯胜"（受）命籍太原、平阳民为军，立卫屯田。皇太孙立，加太子太师，偕颍国公友德练军山西、河南，诸公、侯皆听节制"，此时的冯胜可以说是风光无限。（《明史·冯胜传》卷129；《明太祖实录》卷236）

○ 冯胜自动隐退，但朱元璋也没有放过他

但冯胜毕竟肚子里有"墨水"，功成名就后便在家养着，看看他喜欢的兵书，几次冤狱与"屠杀"似乎都与他毫无关联，这也是中国人津津乐道的明哲保身的"好方法"。可洪武晚期杀红了眼的朱元璋什么都不管了，《明史》说他要杀冯胜，什么理由也没给，就两个字"赐死"。但在《罪惟录·冯胜传》中讲到了这么一件事：冯胜晚年确实也不问政治了，就在自己家读书养性。但几十年的战争生活现在突然戛然而止了，心里老觉得痒痒的；于是他就在家不远的旷野里埋了一大堆的小口大肚子瓦瓮，然后跨上马背，快马加鞭，在那上面驰骋，其后面拖着战车，那战车辚辘压过埋着的瓦瓮，发出"咚咚"响声，好似战鼓一般。这事用今天话来说，至多算是高级游戏。可谁也没想到，冯胜就因此而丢命。洪武二十八年（1395）正月春节过后，冯胜有个亲戚与冯家吵起架来了，这个亲戚也真做得出，居然向皇帝朱元璋诬告，说冯胜仰望天象，颇有不乐之色，私埋兵器。洪武皇帝正愁着找不到借口杀冯胜呐，这下可好了，省事了，就以"私埋兵器罪"将冯胜赐死了。据说朱元璋赐酒给冯胜后，还此地无银三百两地说道："朕不问！"冯胜喝完御酒，回家就死了。【清】查继佐：《罪惟录·启运诸臣列传上·冯胜传》卷8，浙江古籍出版社1986年5月第1版，P1388）

至此，大明洪武年间所封的11个公爵只剩下1个信国公汤和。那时的朱元璋

之所以没对汤和下手,不仅是因为他第一个交出兵权,而且这个时候的汤和已中风了,只会流口水,什么也不知道了。57个侯爵只剩下2个没被杀。"及洪武末年,诸公、侯且尽,存者惟(耿)炳文及武定侯郭英二人"。(《明史·耿炳文传》卷130)

由此可见,为了朱家的天下,朱元璋已经不惜一切代价要将任何可能潜在的"危险人物"送进地狱,越到后来越是直白,杀你就杀你,什么理由也没有,真是机关算尽,毒事做绝,功臣杀光。

在讲完朱元璋大杀功臣时我们一直没讲朱元璋最要好的哥儿们、亲家,大明开国军事第一人——徐达是怎么死的?有人说徐达也是被朱元璋杀害的,那么事实真相到底如何?

● 大明第一大将军徐达到底是怎么死的?

从朱元璋滥杀大将勋臣的时间顺序来看,徐达之死绝不是最后一个。我将他放在最后来讲,主要是由于徐达这个人在大明帝国开国前后的特殊地位和他与朱元璋之间的特殊关系:

第一,徐达是朱元璋政权中最早参加起义军的一个大将军。徐达本人是农民出身,史书说他家世代为农,大体可以想象徐达的遗传基因中起码具有这样的优点:朴实、肯干和本分。徐家似乎没有迁徙的历史记录,不像朱元璋的祖上到处漂,到处漂的农民就不一定本分了。朱元璋祖上在镇江交不起租子就来个人间蒸发,头脑也够活的;而到了朱元璋的少年时代,由于家庭的不幸和天灾,他到处流浪要饭,这确实是苦难,但也"培养"了他灵活的或者说是狡猾的心态。狡猾的人猜忌心很重,狡猾的人因为自己狡猾了,就很希望别人是老实的,所以朱元璋见到徐达的老实、本分,就一下子喜欢上他了,且在以后的几十年战争生涯中两人之间的友谊日益笃厚。

○ 南京莫愁湖边使君莫愁与胜棋楼

朱元璋中年丧妻,心里受到的打击相当大,于是经常去找徐达,在今天南京莫愁湖边上下棋娱乐。为此,他还下令在莫愁湖边盖了阁楼,专门用于两人品茗对弈。据说朱元璋的棋艺很臭,但他与徐达对弈时每回都能赢,有人就说这是徐达故意让着朱元璋的,人家是皇帝,你不能让他出来散散心的时候还受气啊。朱元璋似乎也听到这样的传言,心里挺受不了的。有一次,他又来到莫愁湖边,与徐达摆开"战局",但这次朱皇帝有话在先:"今天下棋,你不妨将真本领拿出来给我看看,你要是真赢了我,我就将这个楼送给你了!"徐达本来话就不多,只是遵命而已。于是他俩从上午一直下到下午就是没分出什么胜负来。再往后,朱元璋连吃了徐达两个子,徐达却迟迟没有动,此时的朱皇帝很为得意,就阴阳怪气地问了:"大将军为何迟迟不动呀?"谁知徐达说:"皇上,请您细细观看全局!"朱元璋闻言就开始端详起棋盘局势了,嗨,这个徐达不得了,已将棋子巧妙地布成了"万岁"两字。此时的朱元璋从内心由衷地佩服老朋友的高超棋艺。高兴归高兴,皇帝说出的话是金口玉言,于是当即就兑现,将那莫愁湖旁下棋的楼赏给了徐达,后人就将此楼取名为"胜棋楼"。(参见叶皓主编《金陵文脉》,南京出版社,2006年9月第1版,P62~63)

当然也有人说,根本没那回事,明初莫愁湖还没有完全形成,仅是一泓湖水,皇帝总不至于到水沟边上去盖楼,再找个人下棋消磨时光吧! 我们不去考证这胜棋楼到底是不是这么来的,但有一点可以肯定,朱元璋中晚年心目中的徐达还是最为忠实的伙伴,否则,会经常找一个看了就来气的人对弈吗?

第二,朱、徐两家关系也非同一般。据有关史料记载,朱元璋曾经跟徐达约定过,咱俩是最早一起打天下的哥儿们,亲如兄弟,今后我们两家的儿女大了,就互相许配为婚。后来徐达的大女儿嫁给了朱元璋的第四个"儿子"朱棣,这就是明代第三位皇后——文皇后;次女为代王妃;又次女为安王妃。可以这么说,徐达的女儿几乎全嫁给了朱元璋的儿子(据南京民间所传和文人笔记所载:徐达尚有一幼女后来为姐夫朱棣所逼迫,出家当了尼姑),这不是一般的皇亲国戚了,应该说是皇亲国戚的 N 次方了,这在大明王朝当中绝无仅有。(《明史·徐达传》卷125;《明太祖实录》卷171)

第三,徐达在大明开国前后的军事上可以说是功高第一人。

朱元璋当初那点本钱,怎么得来的? 徐达最清楚,其中也有他的一份。可徐达这个人就是厚道,从不向朱元璋伸手要他的那个"股份"或"股权",继续保持着他老徐家世代为农的朴实本质,实实在在地干:进攻集庆(今南京)、激战陈友谅、消灭张士诚、北伐中原、攻占元大都(今北京),等等,明朝开国前后每一次重大的军事行动,几乎都离不开徐达,大明帝国版图大半以上都是由他率领和指挥的军队打出来的。正因为徐达如此战功卓绝,皇帝朱元璋对他也就格外喜爱,曾拜他为太傅、中书右丞相、征虏大将军,晋封为信国公,后改封为魏国公。而后徐达又多次受命,率军北征蒙元,为大明帝国的统一和巩固战斗到自己生命的最后。因此,可以这么说,大明帝国开国武将中没有一个人能超过徐达的,徐达是大明开国前后军事功勋第一人,是大明帝国的一根擎天柱。(《明史·徐达传》卷125;《明太祖实录》卷171)

第四,徐达谨慎为臣,正直做人,作风正派,尊上爱下。

在大明帝国的开国将领中，徐达虽然是功高第一，但他自始至终谨慎为臣，从不骄傲胡为。"每岁春出，冬暮召还，以为常。还辄上将印，赐休沐，宴见欢饮，有布衣兄弟称，而（徐）达愈恭慎。"据说在皇帝朱元璋面前，徐达"恭谨如不能言"，从未有过半点的懈怠。但史书又说徐达"言简虑精，在军，令出不二，诸将奉持凛凛"，这是讲，他在军队中很是威严，平时与部下将士同甘共苦，因为自小就喜欢读书，虽然没有机会成为科举状元，但他身上的书卷气还是挺浓的，是一个比较典型的儒将。徐达爱护部下将士，将士们也很愿意听从他的命令，战斗中特别地卖命，因此徐大将军率领的军队常常是战无不胜，攻无不克，其"所平大都二，省会三，郡邑百数，闾阎井晏然，民不苦兵"。最难能可贵的是，徐达在成功和胜利面前保持着朴实的本质，"归朝之日，单车就舍"，他没有像冯胜那样乘着胜利之际捞点小外快，收藏点个人爱好，更没有像蓝玉那样，胆大妄为，不仅要拿，而且要抢，甚至还要强占（元主妃）。所以朱元璋对徐达很是喜欢，高度评价他："受命而出，成功而旋，不矜不伐，妇女无所爱，财宝无所取，中正无疵，昭明乎日月，大将军一人而已。"（《明史·徐达传》卷125；《明太祖实录》卷171）

○ 南京吴王府与大功坊

同是功臣，同为皇帝亲家，徐达比起傅友德还要好的是，傅友德会开口向皇帝要田要地，可徐达不仅不开口要，而且连人家皇帝主动要给他，他还不要。《明史》记载了这么件事：鉴于徐达为大明江山立下那么大的功勋，皇帝朱元璋总觉得再怎么行赏他也不为过，同时也为了试探试探徐达是否居功自傲甚至有什么非分之想。有一次他到南京城南徐达府（即今天夫子庙瞻园一带）去，看到徐府不够宽大，就跟徐达说："徐大将军功劳那么大，可在京城里还没有一座像样的府第。这样吧，朕将原来的吴王府送给你算了。"朱元璋说的倒也是事实，自从他搬入明都新皇宫后，原先他称吴王时住的吴王府一直空置着。算了，也不给徐达盖新的了，节俭为本，就将吴王府赏赐给徐达。徐达闻听此言，赶紧跪下，说什么也不敢要这吴王府。洪武皇帝被徐达万般推辞搞得实在没办法，人家不敢要，硬给也不行，后来他就改主意了，要考验考验徐达对自己的恭谨和忠诚是否是始终如一？（《明史·徐达传》卷125）

有一天，朱元璋邀请徐达上已经好久不住的吴王府去喝酒。喝着喝着，徐达发现自己快要不行了，他想不喝，可皇帝还是一味地拼命劝酒。最终徐大将军不胜酒力，醉倒了，什么也不知道。等到醒来时，猛然间发现自己居然斜躺在吴王府的御床上，身上还盖着只有皇帝才能用的盖被，他顿时吓得一身冷汗，连滚带爬下了床。

惊魂甫定，徐达忽然发现有人在暗处嘁嘁发笑，仔细一看，是皇帝朱元璋！这下他更吓坏了,赶紧磕头谢罪:"臣罪该万死,罪该万死,醉酒失态……"见此,朱元璋满心欢喜,走了过去,将徐大将军慢慢扶起,又拍了拍他的肩膀,说:"我知道你对我一片忠心,我要将吴王府送给你,你执意不要。这样吧,就在这吴王府的边上,我给你建个大功坊,以示你徐达大将军的卓越功勋!"随即洪武帝下令,让有关部门在吴王府旁盖个像样的府第,并在牌坊上写上"大功"的字样。这就是南京中华路一带的"大功坊"由来,如今大功坊虽已不在了,但其名尚存。(《明史·徐达传》卷125;【明】徐祯卿:《翦胜野闻》)

上述故事既见于正史,倒也颇为吻合徐、朱两人的个性,今存录与读者朋友共赏。不过,我认为徐达不是真的什么也不要,洪武三年大封功臣时,徐达被授予开国辅运推诚宣力武臣、魏国公,食禄五千石,他不是要了吗? 甚至还看中人家同事、战友谢再兴的女儿,想必谢大姑娘长得太美了吧,否则,见多识广的徐大将军怎么会有想法呢? 而朱元璋为了笼络徐达,也乐意将人家的姑娘硬配给可以喊伯伯的人做二奶或三奶或 N 奶。(【明】刘辰:《国初事迹》;【明】钱谦益:《国初群雄事略》卷7)

不过从整体上来看,徐达是个谨慎、正直的人,作风正派,尊上爱下,在大明朝很有威望,就连不知天高地厚的胡惟庸也怕他三分。"胡惟庸为丞相,欲结好于(徐)达,达薄其人,不答,则赂达阍者福寿使图达。福寿发之,达亦不问;惟时时为帝(指朱元璋)言惟庸不任相。后果败,帝益重达。"(《明史·徐达传》卷125)

但就是这样一个忠心耿耿、颇具威望的功臣勋旧,在大明帝国行将功德圆满的洪武中晚期却突然地"走"了。那么徐达到底是怎么"走"的?

至今为止,大致有两种说法:第一种说法是被朱元璋害死的。这种说法以民间野史为主体。我前面讲过,并不是所有民间野史都不可信,也不是正史都可信,问题要看证据和证据链及其合理性。民间野史中说起徐达之死时是有血有肉,绘声绘色。事情经过大致是这样的:

○ 南京鼓楼岗一片火海——徐达哀求似地说:"皇上真的一个都不留啊?"

大明帝国建立以后,军事上一路凯歌,帝国大一统的期望行将实现。皇帝朱元璋下令在南京鼓楼岗的山坡上建造了一个功臣楼,打算在此为凯旋的勇猛将帅们举行庆功大典。

庆功大典的日子定下来了,大家都翘首以待好日子的早早到来。可谁知,军师刘基却突然向朱元璋告辞,说要回老家青田养老。朱元璋同意了,刘基走前没忘与老同事徐达道个别。徐达很吃惊:"干吗? 你不参加庆功大典了?"刘基只说自己身体不好,想老家也想得太久了,所以就不参加庆典了。临别时,刘基关照徐达:"庆功大典那天,你要一直跟着皇帝陛下,千万不能离开他半步!"徐达听了觉得不对劲,但又不好多问,最后十分感伤地送别了刘基。

不久就到庆功大典的日子,那天鼓楼岗一带喜气洋洋,人山人海,尽是些达官显贵。庆典正式开始,人们激动啊,欢呼啊,能与皇帝零距离地共度美好的时光,该是多快乐啊!也正因为自己是功臣,才有这个资格参加这么盛大辉煌的庆典,这是多么的荣耀啊!不过在这人群中有一个人闷闷不乐,他就是大明第一大将军徐达。只见他一直焦虑地注视着皇帝朱元璋的一举一动。庆功宴吃到一半时,皇帝忽然离席走了,徐达马上跟了上去。朱元璋似乎也发现了有人在跟着,回头一看是徐达,就问:"大将军为何也离席呀?"徐达回答:"特来护驾。"朱元璋说:"不必不必了,大将军请回席吧!"徐达哀求似地说:"皇上真的一个都不留啊?"朱元璋一怔,但什么也没说,看了看徐达。徐达抖抖嚯嚯地又说:"皇上执意要臣回席的话,臣也不敢不遵命,只是臣家中老小还有赖于皇上照顾了!"说完转身就要回去。朱元璋喊住他:"大将军跟我来吧!"君臣两人一前一后,刚走出鼓楼岗数百米,只听见"轰隆"一声巨响,整个鼓楼岗一片火海,功臣楼顿时灰飞烟灭,所有功臣都被送了西天。

○ 朱元璋反复琢磨:天下都太平了,徐达在读兵书干吗?

徐达受惊了,不是一般的受惊,他经常郁郁不语,寝食难安,不久身上就长出一个背疽,俗称"发背",形似大疖子。"发背"是中医中比较难治的疾病,有个俗话叫"病怕无名,疮怕有名",徐达得的正是有名的疾病。徐达一病倒,作为老朋友、老兄弟、老亲家的朱元璋即使现在贵为天子,岂有不来探望之理!皇帝来看病中的徐达,少不了一番惊动,但因为君臣两人曾经是非同一般的关系,所以朱元璋在做足场面的应付后,就在徐达卧房内与老哥儿们聊开了,边聊边环视着周围,没过多久,他就要起身告辞,忽然间发现徐达床上有一本卷了页的兵书,不用说徐大将军最近还在读兵书,当时朱元璋的脸就阴沉了下来。

与徐达告辞后,朱元璋在返回明皇宫的路上反复琢磨:天下都太平了,这徐大将军还在读兵书,要干吗?莫非是有异心,要造反的不成?朱元璋越想越觉得可怕,他既然能帮我打下天下,也能帮助别人或自己单挑夺天下,留着这样的人后果不堪设想。于是心一横,一个歹毒的念头上来了。(【明】徐祯卿:《翦胜野闻》)

○ 徐达是吃了朱元璋给的蒸鹅死的吗?

再说徐达在家养病,由于请的都是很好的医生,经过调理后,背疽逐渐小了点。忽然有一天他听到有人在外面喊:"皇上派人来看望徐大将军!"徐达赶紧起身拜迎。只见宫中内监使臣手中拎了一个箪篮,里面有一个大的盘子,盘子里盛装着一整只蒸鹅。内监边取蒸鹅盘子边跟徐达说:"皇上天天挂念着徐大将军的病情,特地叫御厨做了只蒸鹅,请大将军务必趁热将它给吃了。"徐达见着蒸鹅,心如刀绞,他什么都明白了,中医上有说法:得了背疽的病人最忌讳吃蒸鹅,一吃蒸鹅,病就发。而眼前的一切不是明摆着,皇帝要他的命啊,真的一个都不留了!再说此时的宫中内监在旁不断地催促,要他吃完了,方可回去复命。徐达一阵酸楚,不禁潸然泪下,强忍内心痛苦,将蒸鹅吃下,不久病发而亡。(【明】徐祯卿:《翦胜野闻》)

除去上面的鼓楼岗炸死功臣勋将的故事外,主张徐达被毒死的还真有不少人。著名的明史专家吴晗先生在《朱元璋传》中就这么说:"徐达为开国功臣第一,小心谨慎,也逃不过。洪武十八年病了。生背疽,最忌蒸鹅。病重时皇帝却赐蒸鹅,只好流着泪,对着使者吃了。不多日就死了。"还有国内当代明史专家汤纲、南炳文两先生也是持这种观点。

第二种说法是以《明史》编撰者为代表,主张徐达是病死。(洪武)十七年,太阴星犯大将,对于这样的天文现象,皇帝朱元璋知道后心里十分不快。不久从北平传来消息,徐达在北平生了背疽病,后经过医治和调理,稍稍好了些。朱元璋立即派了徐达的长子徐辉祖带了皇帝问候前往北平去慰劳,不久徐大将军回南京休养。第二年二月开始病情突然加重,不久就逝世。闻听噩耗,"(皇)帝(朱元璋)为辍朝,临丧悲痛不已。追封中山王,谥武宁,赠三世皆王爵,赐葬钟山之阴,御制神道碑文。配享太庙,肖像功臣庙,位皆第一"(《明史·徐达传》卷125)。后来皇帝朱元璋又对群臣们发表这番讲话:"朕起自徒步,大将军为朕股肱心膂,戮力行阵,东征西讨,削平群丑,克济大勋。今边胡未殄,朕方倚任为万里长城之寄,而太阴屡犯上将,朕不意遽殒其命,一旦至此大故,天何夺吾良将之速!朕夜来竟夕不寐,欷歔流涕。思尽心国家为社稷之重,安得复有斯人?今欲有以报之,无所用其情耳。但著其勋烈宣于金石,永垂不朽,使后世知斯人,为开国之元勋也。"(《明太祖实录》卷171;《明史·徐达传》卷125)从这样的历史记载来看,徐达是在北平突然生病的,至于他到底是死在南京还是北京,似乎正史没有讲得太清楚。

○ 朱元璋没有必要去杀徐达

我个人认为徐达是病亡的,而不是被朱元璋毒死的,依据是:

第一,尽管朱元璋到了中晚年对大臣们已经杀红了眼,杀蓝玉开始朱元璋还要那块遮羞布遮遮盖盖,但杀到傅友德和冯胜时已经不要什么理由,叫你去见阎王就得去!但大家应该注意的是,这个时候大明帝国北疆上的元朝残余势力已经被解决,北元后来花了好大的力气和好长时间才恢复元气。换句话来说,蓝玉、傅友德、冯胜这些"走狗"应该是到了"烹"的时候了。而徐达死时是洪武十八年即1385年,那时南疆最后一个割据地区云南已归入大明帝国,但北疆上的蒙元势力尚存,且还很有实力,一股是东北的纳哈出,还有一股是北元主即元昭宗的儿子元顺帝的孙子脱古思帖木儿,他们都在伺机反扑。徐达是个久经沙场的老将,朱元璋要想解决北元问题,最好的人选非徐达莫属,一来他是老将,作战相当有经验,又屡次与蒙元交过手,临死前还在北方的前线北平,因此说派徐达解决北元问题是再合适不过了;二来朱元璋已经多次考验了徐达,而徐达始终忠心耿耿,没有半点违法乱纪的行为和不臣之心,没有必要杀他,留着他还有用。这才有朱元璋在徐达死后痛心疾首地哭说道:"今边胡未殄,朕方倚任为万里长城之寄,而太阴屡犯上将,朕不意遽殒其命……"(《明太祖实录》卷171)

第二,从洪武帝晚年肆意屠杀功臣勋旧的最为主要动机来看,就是要消除任何潜在的危险势力,保护红彤彤的朱家天下,而那时他的心理状态已经极度扭曲了。洪武二十五年四月朱标太子的突然薨世,几乎将算计了几十年的朱元璋置身到了精神崩溃的边缘,差不多从那时起,大明也没有什么大的军事行动需求,杀戮功臣勋旧是为保住朱家天下的"必需"之举,而徐达死时,朱标太子还好好的,朱元璋还没有到了丧心病狂的地步,所以从常理上来讲,也没有必要去杀掉徐达。

第三,徐达毕竟救过朱元璋的命,朱元璋似乎还很看重早年的几个关键的人物,譬如马皇后在他心目中就很有分量,别人话他都听不进去,马皇后讲了,他还是能听的,为什么?不就是当年他被郭子兴关禁闭时马皇后救了他。朱元璋的为人确实很阴险,但在对他没有危险的前提下,不能全说他知恩图报,但至少说他还是讲点情义的。

第四,从朱元璋一口气为三个儿子娶的三个媳妇来看,确实是他对徐达家很有好感,否则要是发现不好,干吗要这样;再说徐达死时,朱元璋还没有到精神变态状态,更没必要去杀徐达。而从徐达死后的情势来看,魏国公子孙后代嗣封不替,两个被封为公爵,两个任都督府都督和都督佥事等高官,可以说是簪缨不断。有明一代,洪武诸功臣中惟徐达最为朱元璋信赖,这才有了后来徐家的近300年相继不替的荣华富贵。(《明史·徐达传》卷125;《明太祖实录》卷171)

综上所述,徐达之死并非朱元璋暗杀所致的。徐达死时,大明全国性的政治运动虽已如火如荼地开展着,尤其清除胡党、株连功臣勋旧运动正在紧锣密鼓地进行,这也就是朱元璋杀戮功臣勋旧的第一波高潮,借着"胡惟庸案",诛杀了几万人,但杀的是以文臣和不太重要的武将为多;而洪武二十六年开始的第二波杀戮功臣勋旧高潮则是借着蓝玉案，诛杀以军队里的武将为主，也就是说第一波大杀功臣勋旧时，朱元璋还是留下些老底的，像蓝玉、傅友德和冯胜等一些有名的功臣武将不仅没被杀，还颇受重用，但到了第二波大杀功臣勋旧时，则几乎来了个诛杀精光（可参见《洪武年间朱元璋封赏的公爵、侯爵和伯爵及其最终结局之简表》）。

下章
严惩贪渎　"运动"深入

就在开展一场又一场政治大运动,消灭各种潜在政治危险势力的同时,朱元璋又在国家各级行政机构内兴起了严惩贪渎、清除经济腐败蠹虫的大风暴。而随着这样的大风暴之蔓延,洪武帝又发现了大明帝国上下还存在着许许多多的隐患与积弊,于是自洪武中期开始至洪武末年他相继发动了"尽逮天下官吏积年为民害者"、"清除社会惰民逸夫"、"罪妄言者"等一系列运动。就此而言,洪武"运动"在全国各地和各个领域得以深入开展和全面升级。

"歪打正着""空印大案"　永革旧习长治久安——洪武八年(1375),《明史》记载为洪武十五年(1382)

洪武中期起在国家各级行政机构内刮起严惩贪渎、清除经济腐败蠹虫的大风暴在历史上相当有名,这就是人们所熟知的洪武惩贪。其中以洪武八年清查"空印案"和洪武十八年深究"郭桓案"最为著名。如果我们将洪武元年那起高官腐败案——"李彬案"算在一起的话,那么到洪武十八年为止一共发生了三起清除腐败大案。

● 洪武开国后为何大明频频爆发腐败大案?

细心的读者可能会好奇地问了:不是说朱元璋在明初大明帝国的创建过程中,建立和创制了一系列以加强君主专制主义为核心的、以分权与制衡为基本精神的行之有效的官僚机构体制吗?既然是行之有效了,政治又严酷,那怎么会在大明开国的短短的十八个年头里居然还发生了三起腐败大案呢。这到底是为什么?

○ 明代实行的普遍低薪制——一个监察部长死了连口棺材也买不起

　　明朝在中国历史上是以低薪出了名的,而这一切都起始于朱元璋开国时的规制。有人以明初宰相的年薪与宋代宰相的年薪作了一下对比:发现宋代宰相的年薪折合成人民币大约为 1 800 000～2 000 000 元;而明代宰相的年薪折合成人民币大约为 10 000～20 000 元(转引自李亚平:《帝国政界往事·大明王朝纪事》,北京出版社,2005 年 10 月第 1 版,P95),也就是说明代"最高公务员"的收入比宋代"最高公务员"的收入要少十几倍,即相当于我们现在苏南地区一个科级公务员一年的正当收入。

　　有人看到这里,也许会说,够了,100 000 元够宰相一家三口开销了。真的是这样吗?问题就在于过去我们传统观念里多子多福,生不到儿子,再娶二房、三房……更有一个观念在现在人看来是不可思议的,中国传统社会一向倡导大家族生活方式和社会组织形式,反对"分家析产",并且写入了法律条文里,你要是不信,不妨就去查一下《唐律》《大明律》或《大清律例》。家族越大表示遵循传统道德规范越好,成为人世间的楷模。所以政治性的人物一般家族都很大。官越大,家族就越大,人口也就越多,佣人自然也多,开销当然也多,但国家给的"工资"不够,这就要想办法解决了。

　　有读者可能认为我的说法太玄,选的案例中人物级别太高。我换个例子来说事,明代的正七品知县,这个芝麻官我们老百姓"接触"的最多了,自然也就最熟悉了。那么明朝这个芝麻官的年收入(年薪金)有多少?我们现在缺少第一手直接的资料,有人找到了明代中期的"芝麻官"的实际年收入资料,约估 24 两银子还不到,平均每月收入在 2 两银子还不到点!有些读者还是不信,这怎么可能呢?

　　我再给大家举个史书确切记载下来的例子。明朝中期有个"古怪的模范官僚"(著名美籍华人学者黄仁宇先生语,见黄仁宇:《万历十五年》,三联书店,1997 年 5 月版,P138)叫海瑞,我们老百姓都亲切地喊他为"海青天",这似乎与黄仁宇先生对海瑞的"定位"不符。其实这不过是人们看海瑞时的视角不一样。喊海瑞为"海青天",是侧重海瑞刚正不阿、敢于与政治腐败势力斗争,为民做主,为民请命;喊海瑞为"古怪的模范官僚",只是从理解历史学出发,看到常人所没有看到的——海瑞在明朝中期官场上的处境很尴尬,他忠实地遵照大明帝国的规章制度,廉洁奉公,恪守职责,成为事实上的模范。但你千万别当真的,在那个逐渐走向黑暗与腐败的明代政治中,正因为海瑞太过于认真地按照规章来办事,在普遍腐败趋势下,他鹤立鸡群,若要评什么模范与先进,大伙儿不会去选他、不会去评他,用现代人的话来说,海瑞情商太低,否则怎么会格格不入的？所以有人就说他是"古怪的"官僚。

从上述对海瑞的两个"定性"中,我们不难想象海瑞当年是如何忠实执行大明帝国自朱元璋起制定好的"祖制"规章。海瑞科举出身,在福建南平当过教谕和在浙江淳安当过知县等地方官。嘉靖帝死后,他被隆庆帝委任为右佥都御史,巡抚应天府;万历时改为南京吏部右侍郎,后又升任为南京右都御史,相当于监察部副部长,正二品。这么一个高干,由于他两袖清风,从不贪污受贿,就靠大明朝廷给的"死工资",一辈子下来不仅没有什么财产积蓄,连自己死后下葬都成了问题。"(海瑞)卒时,佥都御史王用汲入视,葛帏敝籝,有寒士所不堪者。因泣下,醵金为敛"(《明史·海瑞传》卷226)。这是说海瑞死时穷到了连贫寒的读书人都不如,他的同事王用汲看到海家一贫如洗,直掉眼泪,最后他掏钱与海瑞女婿(海瑞无儿)一起将海瑞入殓安葬。由此可见明代实行公务员薪金之低了。

法国启蒙思想家卢梭曾说:"人性的首要法则,就是要维护自身的生存,人性的首要关怀,是对自身所应有的关怀。"(【法】卢梭:《社会契约论》,商务印书馆,2003年版,P5)明初开始实行低薪制,容易使人捉襟见肘,官员们不为生计考虑,那才怪了,这是明代官僚贪污腐败的一个直接诱因。

○ 大明法制尚处创建当中,有一个熟知、执行到遵守的过程

大明建国初期不到20年的时间就爆发了"腐败三大案",这样的情况似乎在中国历史上是并不多见的。诚然,官员工资收入太低是导致腐败的一个直接的"诱因",但这里边还有一个不容忽视的事实,那就是大明法制、法规尚处创建当中,有一个熟知、执行到遵守的过程。洪武元年的"李彬案"就是在这样的背景下爆发的。前面我们已经讲过了明初"李彬案",它发生在洪武元年(1368),而大明帝国的治国大典——《大明律》草创于1367年,"更定于洪武六年(1373),整齐于二十二年(1389),至三十年(1397)始颁示天下"。(《明史·刑法志一》卷93)

也就是1368年就发生了高级别的腐败案,应该说那时天下尚未太平,国家法律尚在修定当中,还未被人们所熟知,哪来那么多的人知晓和遵守。因此从最后的处理来看,生性多疑、"除恶务尽"和做事狠绝的朱元璋似乎很宽容,就杀了一个主犯李彬了事,没有深追下去。因此,史书对此记载也就寥寥几笔,但这个腐败案之影响不容忽视。诚如前文所言,由于刘基等人秉公处置了淮右集团的一员得力干将李彬,导致了李善长为首的淮右集团直接将目光集中到了刘基的身上,双方由此开始"交上了火",影响了明初政局的动荡。

有读者可能觉得这不可思议,洪武初年的第一大案"李彬案"就处理得那么草

率,会不会是冤枉了李彬?没有。《明实录》和《明史·刘基传》都记载得很清楚。那么到底为什么朱元璋没有深究呢?这是否与朱元璋后来无端猜疑、肆意攀牵和大肆杀戮的作风大相径庭?

其实在我看来,主要可能不是朱元璋对李彬案网开一面,而是当时初创的大明帝国军事形势处于北伐这个大前提下,大批的杀伐和不断的深究会引起人心的不安。因此说,李彬案处理得一点也不冤,甚至可以说是一个应该深查而没有深查、草草了之的腐败案。要说真正冤的倒是明初第二大案——"空印案"。

● 明初政治与社会局势由乱到治的复杂性及朱元璋生性多疑——"空印案"

"空印案"发生在洪武八年(1375)(《国榷》说是洪武九年,《明史》说是洪武十五年),那么明初的"空印案"到底是怎么一回事?

洪武初年规定,各地布政使司(省)、府、州、县每年都要派专管钱谷的官吏到京城南京的户部(相当于今天的财政部)来,呈报本地所有的钱粮数量和收支账目。而所有钱粮和军需等款项都得先层层上报,由县报给府,府报给布政司,布政司报给户部。到了户部,户部官员就要进行比对审核,其所掌握数字必须与各地布政司收支款项总和数字完全相合,而各布政司必须与其下辖的各府收支款项总和数字完全相合,这样才能结账。如果不一致,哪怕是分毫的数字差错,怎么办?对不起,中央户部老爷可不会专门伺候你的,你得回到你来的地方官府去,重新造好账册,然后加盖好地方官府的官印再送到中央户部来。(《明史·刑法志》卷94;《明史·郑士利传》卷139)

当时大明帝国的都城在南京,从南北方位角度来看大致处于中间,可从东西方位角度来说,南京明显是偏东了,所以史书说"省府去部远者六七千里,近亦三四千里"。但不管怎么说,这种无聊又严酷的"对账"要求即使是一万个不合理,也得执行,这就是传统中国人的思维定式:政府的政策不合理、臣民想不通,没关系,但必须执行,这是中国特色;随之第二个中国特色,就是中国人特别"聪明"——上有政策,下有对策。当时有人想出一个既方便又省事的方法:就是在上南京去呈报钱谷账册时,顺便携带好由本地政府加盖了官印的空白账纸,如果到南京,户部的官员说又错了,不急,拿出从地方政府那里盖了官印的空白账纸来,按照户部"正确"的数字抄一遍,多省事啊!这样既可免去往返路途的颠簸,又能节省大量时间,更为硬气的是还有地方官府的印章,"合理又合法",这就是人称的"空印"。类似于过去人们用的"介绍信",先从原单位携带出盖好单位公章的介绍信,到了具体要办事单位时就将对方单位的名称一字不漏地抄下来,正确、高效。(《明史·刑法志二》卷94;《明史·郑士利传》卷139)

问题是形式的合法不等于程序的合法。传统中国人向来讲究形式,讲究效率与功利,对程序的合法不合法是不怎么感兴趣的。"空印"小聪明发明以后,很快就悄悄地流行起来,凡是这个行当的人都知道这个"潜规则",即使是中央主管部门户部也知道,但谁也不愿冒什么风险多说什么,于是"空印"一直流行了好多年。(《明史·刑法志二》卷94;《明史·郑士利传》卷139)

直到洪武八年,因为要"考校钱谷册书",朱元璋发现了这么个"秘密",不过他可没有仅仅从表面去理解,而是从深层次去挖掘,认为肯定是相关部门与官员上下舞弊、共同贪污才这么干的,于是大发雷霆,咆哮道:"如此作弊瞒我,此盖部官容得私,所以布政司敢将空印纸填写。尚书与布政司官尽诛之!"(【明】刘辰:《国初事迹》)

其实就那个样,贪污什么的说不上来,不就是上下图省事么,但皇帝朱元璋偏要严令追查。这一查,能查到什么?不就是各级地方政府的主印官及在空白文书中署上名字的官员,都被逮捕,关入御史监狱,"系郡国守相以下数千百人狱,劾以死罪"(【明】方孝孺:《逊志斋集·郑处士墓碣铭》卷22)。最终,户部尚书周肃、各地方衙门长官和主印官全都坐以欺诈罪而被处死,佐贰官副手处以杖刑一百,发配边远地区。(【明】王世贞:《弇山堂别集·户部尚书表》卷48;《明史·刑法志二》卷94)

● "空印案"到底是不是腐败案件?

"空印案"爆发后,明眼人一看便知这案件里边的是非曲直,但当时正值洪武皇帝朱元璋的火头上,即使是位近人君的丞相和专门以"言事进谏"为职责的御史们,谁都知道空印本无什么大问题的,但就是没人敢进谏。

当然,自古以来,在我们中国不怕杀头、不怕坐牢的正直之士就一直不绝于史。就在这个噤若寒蝉的日子里,有个在湖北地方任职的名叫郑士元的官员,也是因为空印事件被牵连了进去,并被投到了监狱当中。郑士元有个弟弟叫郑士利的,就为此案及自己的哥哥打抱不平。他借着洪武九年皇帝下诏求言的机会,洋洋洒洒写了数千字,直接上书给洪武皇帝朱元璋,为"空印案"辩白。(《明史·郑士利传》卷139)郑士利主要讲了三个方面内容:

第一,皇上要严惩空印案的人,本来的出发点是好的,是害怕如果不制止这种官衙中的"潜规则",就会有奸吏以空印文书作为正式官方文件用来坑害老百姓了。正式的官方文件传递前必须要加盖官印方才有效。现在我们用正式官方文件的行文程式来对照一下"空印案"中所用的钱谷账册,这钱谷账册是有骑缝章的,它不同于只需盖一个官印的一张空白官方文书。拿了盖了骑缝章的一半官印的空印文书除了专门到户部去办事,其他地方是没有用的。

第二,钱谷等数字必须是府里与省里相符合,省里与部里相符合,而在地方上人们是很难预先确定好正确的数字,只有到了户部"对账"了才能定下来。但问题是省、府离南京城里的户部相距甚远,远一点的就有六七千里,近的也有三四千里,因此一旦到了户部被驳回后,地方官府相关官员就得回去重新核对填写,文书成册后才能加盖官印,做好了再到户部来,这样往返没有一年的时间是办不好的,因此人们就预先盖好印,携带在身边,到了户部对账后再填写数字。这也是一种权宜之计,且由来已久,没有什么值得重重地加罪处罚的!

第三,国家应该是先立法明示天下,而后如果有人犯法了,就以法论罪,这就是人们常说的明知故犯。但是自大明开国以来,从来也没有听说过有什么"空印之律",各级官府一直在沿用"空印",也从来不知这是有罪的。而现在皇上您突然要问罪这事,被问罪者岂能无话可说。而且这些被问罪者都是地方郡守、知府什么的,他们中不少还是正人君子。现在他们要被开刀问斩了,要知道杀人不同于刈草。刈草的话,刈了还会重新长出来,人被杀了,可就什么也没了。(《明史·郑士利传》卷139)

郑士利抽丝剥茧地剖析了"空印案"犯不能获其罪的几个方面的理由,最后向朱元璋呼吁:"皇上您为什么要用不成为其犯罪的罪名,来毁掉这些堪用之才呢?"

郑士利的上书为空印案的无辜者说了几句公道话,也有想到他的哥哥郑士元虽已被逮捕入狱了,但他并不是主印官,大不了受一顿杖刑的皮肉之苦就可出狱了,而他自己则做好了承担一切后果的准备。但最终的结果是,皇帝朱元璋见到奏书后大发雷霆,不仅不给空印案件一个复查的机会,而且还要深究郑士利的幕后主使。郑士利视死如归,慷慨激词:"我哪有什么主使,我所做的一切都是为了国家!"(《明史·郑士利传》卷139)

最后朱元璋将大胆上书者郑士利和郑士元一同处罚,将他们贬谪到江浦,罚作终身劳役。还有一位与郑士利有着相同做法的上书者给事中方征也被朱元璋贬谪为沁阳驿丞。(《明史·郑士利传》卷139;【清】夏燮:《明通鉴》卷6,第1册,P349)

● 这是一起明显的"冤案",朱元璋为什么要"一错再错"地深究与严惩?

第一,对"空印案"的严惩,用今天话来说,就是朱元璋挑战社会与官场的潜规则。在中国社会里,经常有这样见怪不怪的事情,这种事情往往是拿不到桌面上来,但人们在实际生活中又在默默地遵守或仿效着,即使法律要追究,一般也是罪不罚众,下不为例。明初官场上"空印"就是这档子事,它实际上沾不上什么腐败的边。但偏偏遇上的大明开国皇帝朱元璋是个敢于向潜规则开刀的强势君主。至于朱元璋为什么要这么做,我想主要还是由于他童年和青少年时代有着太多的缺憾和苦难,造成了他在成就自己事业与大明千秋大业时力求完美、甚至可以说是尽善尽美。洪武十九年十二月他在《大诰续编》中就曾这样说道:"朕所设一应事务,未尝不稳,一一皆尽的当。"(【明】朱元璋:《御制大诰续编·臣民倚法为奸》第1)这反映在明初财政经济方面则务求无比正确性。

第二,朱元璋是个敢于挑战"旧习"的强势君主,明代时历史学家朱国桢、谈迁都曾认为,朱元璋向来"深恶旧习",也就是我们今天说的挑战"潜规则"。但两位史学家都没有说明朱元璋为什么有这样的心理。我个人认为,主要因为朱元璋从小起就饱受元朝官场腐败政治与社会"陋习"或言"潜规则"之苦。比如官吏贪污、公开索贿是当时社会的公开秘密,其最大的受害者和牺牲品当然是社会底层的老百姓了,他们也自然会恨死腐败官僚和"潜规则",而自来社会底层的朱元璋内心深处就有这样的思维。对此,《明史》作者十分精辟地论述道:朱元璋"惩元政废弛,治尚严峻"。(《明史·太祖本纪三》卷3)

第三,朱元璋是个权力欲极强的君主,洪武年间,凡事不论大小,必须要向他奏请,才可以执行。官员们一旦背了他去做事,后果不堪设想。对此明代后期史学家朱国桢解释说:"粮税空印,虽行之已久,然高皇深恶旧习,事无小大,必经奏断,方与施行。今未尝奉旨,一发势在必诛。"(【明】谈迁:《国榷·太祖洪武九年》卷6,第1册,P542)

第四,从大一统帝国的长安久治来说,非重典严刑和重重打击,是不能铲除这些"潜规则"的,长此以往,一个国家的章法就有被搅乱的危险。明朝史学家谈迁曾这样评价朱元璋对"空印案"的处置的:"空印事诸主吏虽无他,然弊不可长,朝廷深惩之未为过。"而朱国桢的论述则更为肯定:"于是(自'空印案'后)每岁用御史查刷,其法至精,而空印事迹迄今永革。当日上下相沿之习,非此一怒必不能撤而去也。"这就是说,大明官场自此以后不搞空印之事了,照样还是将核实钱粮的工作做得好好的。(【明】谈迁:《国榷·太祖洪武九年》卷6,第1册,P542)

无论空印案的查究有再多的可取之处,但有一个十分关键性的问题,那就是,这个案件完全是一个捕风捉影、定性错误的冤案。诚然,国家管理是要有法度和"规矩",但在君主专制中央集权的政体下,法律与规章的缺失并不该是为下者之错吧！问题是在传统中国社会中,只有下面的错,没有上面的错,上级领导永远都是正确的。这是专制体制下的任何臣民都应该永远要记住的生存之道。可郑士利不这么认为,所以他要上书,为他的哥哥郑士元鸣冤。这个郑士元着实是个好官,案发时正出任湖广按察使佥事,他聪明好学,刚直廉洁,深受当地百姓的爱戴。当时湖北荆、襄等地的军队胡作非为,经常出来掳掠妇女,带回军营里去玩,当地地方官吏都不敢出来制止。正是这个郑士元,他站了出来,去找当地军队卫所的军官,叫他们把掳掠的民妇全部给放了。还有湖北安陆这个地方曾经发生了一个冤狱,这个本该属于御史主管的职责范围,但当时的御史们都不出来说真话,还是这个郑士元冒着触怒御史台领导的风险,上书平反。很可惜,就是这样一个有口皆碑的好官因为莫名其妙的空印案而被处罚了。(《明史·郑士利传》卷139;【清】夏燮:《明通鉴》卷6,P349)

当然因为这个案件而蒙冤的远不止郑氏兄弟了。我们再举个例子,建文朝有名的大臣方孝孺的父亲方克勤,也是个难得的好官,很可惜,在清查"空印案"中他也被莫名牵连了进去。

○ 好官方克勤因"空印案"而被冤杀,客观上"成就"了对君主极权专制主义反思的思想家——方孝孺

方克勤,字去矜,浙江宁海人。元朝末年台州地方上发生水上动乱,吴江同知金刚奴尊奉浙东行省之名招募水师,打算前去镇压。从小就饱读儒家诗书的方克勤由传统知识分子所具有的普通情怀——齐家治国平天下的角度出发,给地方当局出谋划策,不料却遭冷遇。随即爆发了元末大动乱,作为书生的方克勤遇到这样的岁月只能扶老携幼避至山中,但他积极有为的济世拯民之理想却始终没变。大明开国之初,百业待举,方克勤被人举荐出来,当了一段时间的县学训导,后因家中母亲年老不得不辞官归乡尽孝。洪武四年,方克勤再次为人所荐,上京师南京,参加吏部举行的官吏选拔考试,因成绩优异,名列第二,特授山东济宁知府。(《明史·方克勤传》卷281)

在方克勤看来,朝廷做出这样的任命决定,是当今皇上对他的非常之恩,作为臣子,自己一定要干好,否则的话就辜负了皇上的厚望。但方克勤到济宁时正值大明立国没多久,战争的创伤尚未愈合,各地抛荒现象十分严重。对此,朱元璋曾多次下令,鼓励百姓垦荒,甚至规定,老百姓以自己的能力为限,尽可能地开垦荒地,政府在百姓垦荒的最初三年内免收税收。可在实际生活中官员们可没这么好的耐心,要等上三年,自己的官位不就原地踏步踏了,于是他们就不顾朝廷的规定,擅自

到垦荒百姓那里不管三七二十一就要收税。这样一来，地方政绩好看了，"形象工程"做大做强了，唯独苦的就是老百姓，他们纷纷抱怨大明朝廷没有信用，皇帝诏令就好像是废纸，于是再度弃田抛荒。

方克勤到了济宁后了解了事情的真相，他与百姓们相约：以大明朝廷的诏令为准，济宁府绝不食言；与此同时，他将济宁的田地分为九等，按照等级高低分别差派徭役，拥有和耕种农田等级高的农户收效好，应服的徭役要重一点；拥有和耕种农田等级差的农户收入少，应服徭役就相对要轻一点。以此为准，衙门里胥吏不得使猾耍奸。除此之外，方克勤还下令，在济宁地区广立社学，修葺孔子庙堂，大行教化。(《明史·方克勤传》卷281)

高温盛夏季节，济宁的地方守将为了完成上级指派的任务，竟然不顾百姓死活，征发他们修筑城墙。方克勤见后十分不爽，当即说道："老百姓一年忙到头，耕耘不止，好不容易在盛夏农闲季节稍稍歇歇，怎么又在这样炎热的盛夏将他们征集起来干如此繁重的苦力?!"为此，他专门上书给朝廷中书省，请求暂停盛夏筑城这种苦役。当时承相制还没被废除，中书省官员接到方克勤的奏折后，觉得他讲得十分有理，就批准了他的请求。

有一年，济宁发生大旱，方克勤带领百姓向天祈雨。或许是上苍被他的爱民如子之心所感动，后来老天居然真的下起了大雨。济宁百姓为此高兴地唱道："孰罢我役？使君之力。孰活我黍？使君之雨。使君勿去，我民父母。"(《明史·方克勤传》卷281)

方克勤在济宁任知府的初年(1371)，济宁户口3万户，年税1万余石；到方克勤离任前一年(1375)，济宁户口增加到了6万户，年税增到了14万石。也就4年的时间，济宁府的户口净增率为100%，年税净增率为130%。由此出现了野无饿殍，民有积蓄，社会安宁的良好局面。

方克勤治政以道德教化为本，不喜欢急功近利，沽名钓誉。他曾这样说道："为政者如果是通过好大喜功来博取美名的话，那么必然会殃祸百姓，我实在是于心不忍啊！"

见此，今人很有可能会发出这样的感慨：作为官员，大多不就是口头上秀一秀，做足了文章，然后背地里贪污腐化、男娼女盗，这是我们当今社会中见怪不怪的常见官场"好风景"和"好公仆"。可当年的方克勤却不是这样，虽然自己已经当了地级领导干部，可他还是坚持过着简朴的生活，一件布袄穿了十年都舍不得扔掉，一天内如果有一顿是吃了肉的，那么接下来他就再也不吃荤了。洪武初年朱元璋以猛治国，好多文官学士一不小心就遭罪被谪。这些受难的人一旦路过济宁，方克勤总要给予他们一定的周济和抚慰。

永嘉侯朱亮祖曾率领船队远赴北平,路经济宁时,不巧碰上了北方的枯水季,船队无法通行,朱亮祖强征5 000名役夫来浚河开道。方克勤阻止不了,只好代替这些服苦役的役夫向上苍祈雨。说来也奇怪,还真的下起了滂沱大雨,积水有好几尺深,这下可好了,朱亮祖的船队一下子就通行过去了,老百姓再也不用做苦役了,为此,济宁当地人都将方克勤当作神。山东省内官府考绩,济宁府名列山东各府之首。(《明史·循吏·方克勤传》卷281,P4804)

方克勤的好官名声逐渐远扬,就连南京城里的皇帝朱元璋后来也听说了,他十分欢喜。洪武八年,方克勤上京师南京觐见,受到了洪武皇帝的赞赏和表扬,一向"小气抠门"的朱元璋还特地赐宴招待了方克勤。

但没多久,政绩斐然与美名远扬的方克勤却遭到了同僚的暗害,被贬谪到广东江浦去服役,干了近一年时间,将要被释放时,一场更大的灾难降临到了他的头上。

洪武九年(1376)"空印案"爆发(《国榷》说是洪武九年,《明史》说是洪武十五年),地方各州府县的主印官和主政官无一幸免遭受株连或杀戮,曾经的济宁知府方克勤也因此被牵连"逮死"。(《明史·循吏·方克勤传》卷281,P4804)

好官循吏方克勤虽因"空印案"被冤杀了,但在客观上"造就"了对君主极权专制主义进行深刻反思的思想家——方孝孺,我们将在《建文帝卷》中详述。

精明识破"郭桓大案" 除贪务尽洪武犯难——洪武十八年(1385)

如果说空印案的定性为明初"腐败三大案"中最冤的一个,那么又过了十年发生的郭桓案从性质上来看,倒是地地道道的腐败大案。有人可能要问,为什么会发生这样的惊天大案?笔者认为,最主要的原因是人性的丑陋——贪欲恶性膨胀。

● 人性的丑陋——贪欲恶性膨胀——"郭桓案"

洪武十八年(1385)三月初,监察御史余敏、丁廷举等上奏洪武皇帝,揭发当时主持大明户部日常工作的户部侍郎(相当于财政部副部长)郭桓、胡益、王道亨等犯下盗窃官府粮食七百多万石的罪行。朱元璋怀疑北平二司里赵全德、李彧等官吏与郭桓狼狈为奸,共同舞弊,于是下令法司部门对其进行严加拷问。这些省长大人平时里与中央的部长大人们可好了,用今天的话来讲,就是官场上的哥儿们。可在严酷的刑讯下就顾不上什么哥儿们了,他们倒豆子似全倒了出来,这样供词牵连到了工部侍郎麦志德、刑部尚书王惠迪、兵部侍郎王志和礼部尚书赵瑁等中央部级高官,再往下追查就发现:当时全国省级布政司共有12个,12个布政司个个都与这个腐败案件有关联,重灾区在南京应天、太平、镇江、宁国、广德五府州和浙西四府。(【明】朱元璋:《御制大诰·重科马草》第42,P604;【明】谈迁:《国榷·太祖洪武十八年》卷8,P653)按《明史》上的说法:自六部左右侍郎到各省的布政司、州、府、县等衙门官员都没能幸免。(《明史·刑法志二》卷94)

当然朱皇帝最终也没有忘了给那位具有"超前意识"的财神爷所贪污的钱粮核算出一笔经济账,在《御制大诰》中这样写道:"其所盗仓粮,以军卫之,三年所积卖空。前者榜上若欲尽写,恐民不信,但略写七百万(石)耳。若将其余仓分,并十二布政司通同盗卖见在仓粮,及接受浙西四府钞五十万张(贯),卖米一百九十万石不上仓,通算诸色课程鱼盐等项,及通同承运库官范朝宗偷盗金银,广惠库官张裕妄支钞六百万张(贯),除盗库见在宝钞、金银不算外,其卖在仓税粮,及未上仓该收税粮,及鱼盐诸色等项课程,共折米算,所废者二千四百万(石)精粮。"(【明】朱元璋:《御制大诰·郭桓造罪》第49,P607~608)

朱元璋说:郭桓等一共盗卖官粮700万石,加上其他的粮食损失总计有2 400多万石,实际上他们贪污之数还远不止这些,但考虑到长期以来官场上盛行的不断做大做强"数字游戏"——层层为了表功,层层虚报数字,所以我就将那些水分挤一挤,将就一点,粗估一下,总共朝廷损失2 400多万石粮食。

洪武皇帝的奇特之处就在于,不仅像历史上明君清官那样不依不饶揪出贪官,而且还要追赃,寻找弥补损失的办法。这确实表现出他的过人之处,依照他的逻辑:既然户部接受了省里布政使们的贿赂而舞弊,那么就追查省里布政使们贿赂的来处——府里,由府里追查到县里,一级一级地往下查,一直查到基层的大户们——这些也往往是勾结官府的腐败者的配角或帮凶,所以朱元璋要求一查到底。(【明】朱元璋:《御制大诰·问赃缘由》第27,P598)不仅如此,他还要涉案人员将国家的损失给补上。这样下来,案件定论后,不仅六部尚书侍郎,省级布政使,府、县老爷等,都被牵连了进去,而且连地方上如浙东、浙西等地区的一些豪门望族和故家巨室大多因罪而倾家荡产。

因此说,整个案件株连范围甚广,打击面极大,许多官僚和地方豪强也生怕再继续下去会殃及自己而纷纷上告;当然他们不敢公开明说买卖官粮是应该的、合法的,而是将指斥和攻击的矛头指向了处理这起案件的御史和法官们,且表示出很大的不满和恐慌,并说"朝廷罪人,玉石不分"。朱元璋解释说,有人说我们朝廷"玉石不分",这种话固然是很有道理,是君子之心,恻隐之道,可以称得上为至仁。对于君子,行仁、行恻隐之道是可以的,而对于小人就不能这么做!(【明】朱元璋:《御制大诰·朝臣优劣》第26,P597)

朱元璋坚持认为自己没做错,而且还要继续做下去。顿时朝廷上下舆论沸腾,局势变得复杂、严峻。这时主管"言事"的御史余敏、丁廷举等人向皇帝汇报了朝廷内外的不安情势。朱元璋感到有些被动,还是御史余敏等人最懂皇帝的心,当即进谏道:"郭桓等人胡说牵引,诬指乱咬,这都是主审法官们为了自己能立功而对案犯进行刑讯逼供,从而造成了不少冤案!"朱元璋叹气道:"朕原本是想要除去奸人,没想到今天反而又生出奸人来搅乱朕之臣民。如果今后再有这样的奸人,即使遇赦但也绝不能宽宥到他们头上!"于是他一面下令将郭桓等人处死并把他们的罪行张榜告示全国,辨明是非,说明反腐惩贪的必要性,一面又下诏将审刑司原审法官右审刑吴庸等人处以磔刑。(【清】夏燮:《明通鉴》纪8;【明】朱元璋:《御制大诰·朝臣优劣》第26,P597)

可怜右审刑吴庸等人可能至死也不明白,自己肩负皇命、领悟圣意怎么会落得个"以谢天下"的悲惨结局。因为在专制政体下,判断事情的正确与否不是客观的真理,而是谁的权力大,"真理"往往就掌握在权力大的那一边。因此说君主永远永远是"正确的",只有将吴庸等"奸人"处死,才能给"圣明"君主作最好的注解,才能平息这场到处散发出杀人血腥味的大案要案所引发的社会不安。

● "郭桓案"定性与量刑正确吗? 此案中到底有多少人被杀?

从洪武元年的李彬案到洪武八年或者九年的空印案,再到洪武十八年的郭桓案,明初18年的时间里先后发生三起大案要案,在这三个大案要案中,明初第一案李彬案可能是死的人最少的一个。至于空印案先后到底杀了多少人,至今没有一个确切的数字。《明史》和《明太祖实录》中都没有说出到底死了多少人。好多史书就将空印案与郭桓案联系起来,笼统地说,两案一共杀了几万人,至今为止笔者所看到的最大的一个数字是王春瑜先生主编的《简明中国反贪史》中所说的80 000多人。

空印案是一个完全定性错误的冤案,那么郭桓案属于什么类型? 从案件主从犯犯罪的手段与犯罪的性质来看,这是一起地地道道的贪污腐败大案。据朱元璋在《大诰》中所公布的主犯郭桓所贪污的数字来看,仅700万石官粮在明初普遍贫穷的历史形势下绝对可以说是一个天文数字,而且罪犯们的犯罪手段又极端卑鄙为了掩盖罪行,腐败分子居然在因贪污而亏空的官仓粮食里掺水,致使数百万石官粮到案发时全部发霉腐烂。就此而言,大明帝国蒙受的损失是相当巨大的,所以最终判处主犯们极刑,于情于法都是正确无误,量刑似乎与《大明律》上的规定的条款大致相符。问题是这个案件涉及的人数太多了,朱元璋曾在《大诰》中说:"洪武十八年,户部试侍郎郭桓事觉发露,天下诸司尽皆赃罪,系狱者数万,尽皆拟罪。"(【明】朱元璋:《御制大诰·朝臣优劣》第26,P597)皇帝都说了,有几万人因为此案而被关进了监狱。史学家谈迁说:"株累天下官吏,死徙数万人,寄染偏天下,民中豪以上皆破家。"(【明】谈迁:《国榷·太祖洪武十八年》卷8,P653)这确实是打击面太广了。

就算说中央六部尚书和侍郎、各省布政使、佐官和府县地方官老爷个个都有问题,全部合计在一起也不会超过20 000来人;如果将空印案中被枉杀的那些从中央到地方的所有各级官僚也算作20 000人,我们以王春瑜先生主编的《简明中国反贪史》中所说的两案被杀人数多达80 000人来计算,估计至少有60 000人是被枉杀的。(王春瑜主编:《简明中国反贪史》,四川人民出版社,2002年7月版)

● "盗用军粮10万石"的户部尚书滕德懋死后怎么会肠子里全是粗粮草菜?

由于明初短短的十八年中接二连三地爆发了大案要案,这就使得本来就生性多疑的朱元璋对于臣僚保持着高度的"警惕"与敏感,发展到了后来几乎到了神经质的地步,只要怀疑上某个官员有问题,就立即将他抓到大牢里来,甚至干脆杀头了事。洪武年间许多所谓的"腐败"冤案就此而形成。

譬如洪武十年,苏州知府金炯认为,他所治辖区内官田和民田的税粮之间存在的差异太过于悬殊,理应将它们摊平。应该说,这样的想法还是比较客观和公正的,因而迅速得到了中央户部尚书滕德懋等有识之士的支持。滕德懋因为出生在苏州,家乡父老的重负,岂能不知? 他也觉得朝廷的政策不太合理,但自己身为户部尚书,提出这样的建议似乎有偏袒家乡的嫌疑,而现在这种观点由出任家乡的父母官——苏州知府金炯提出,这岂不是更合情又合理?! 于是他认为应该采纳金炯的建议,将苏州官民田的税粮平摊了。可谁也没想到却因此招来了杀身大祸。

朱元璋接到奏书后就开始琢磨:要将苏州官田的税粮降低到与民田一样的地步,我大明帝国的国家收入岂不要损失多了。他还想到这个户部尚书滕德懋不是讲了一口苏州话么?! 对了,他可是苏州人,而那金炯就是滕尚书家乡的父母官,我也听人讲过,这个滕尚书是很赞同金炯的奇谈怪论的,他们俩会不会另有图谋？……于是就派人先去暗中调查金炯的情况。这不查不要紧，一查还真查出"名堂"来了，原来金炯家的民田就比官田少，官田多意味着上交税粮也多。朱元璋听到这样的调查结果后，牙根都咬得"咯咯"响，找了个罪名"挟私自利、罔上不忠"，翻译成现代文，就是说表面上大谈公家事情暗地里却挟带私利，欺骗皇上，实为不忠，下令处死金炯！事情到这还没有完，又牵涉到了户部尚书滕德懋，皇帝朱元璋马上下令将滕德懋关到大牢里，后又以"盗用军粮一十万石"的罪名将他给处死。(【民国】：《吴县志·杂记》卷78)

又一个冤案产生了，事情应该就此划上个句号？没有，朱元璋听人说了，户部尚书滕德懋盗用军粮多达10万石，那这么多的军粮会放到哪里去？一定要查个水落石出，于是又派人暗中潜行到苏州滕德懋的老家，去侦察一下滕家人的动向。滕德懋的妻子正在家里纺麻，有人来到了滕家，告诉滕妻："你家大官人滕尚书因为盗用军粮10万石，已被皇上处死了！"一般的妇道人家听到这样的消息通常是大哭且会不断地喊冤，可谁知这个滕德懋的妻子却非等闲之辈，她镇定自若，一边继续纺她的麻，一边冷冷地说："该死啊，我家大官人偷盗了国家那么多的粮食，却从不带回一粒来赡养我们一家妻儿老小，还要靠一个妇道人家纺麻度日啊！"这里注明一下，作为财政部长的滕德懋"贪污"了这么多，又没有拿回家，人们自然会想到现代"清廉"外表下的腐败官员最为喜欢做的事情，那就是包二奶或称"小三"。那么这个滕德懋怎么样？《明史·滕德懋传》明确记载说：滕德懋是个清廉之士，使各位很扫兴——滕部长绝没有时下的一些官员那般时髦，没包二奶，谁叫他早生了600多年！(【民国】：《吴县志·杂记》卷78)

前去苏州暗查的官员见到滕家这般清苦和滕妻如此辛勤劳作，顿时心里十分惊诧。回到南京后赶紧向皇帝汇报，朱元璋听后更不敢相信了，这怎么可能？不是审讯下来，有人汇报说他盗卖了10万石官粮？怎么滕家会一贫如洗？于是又派人去检查滕德懋死尸中的肚肠，这一查，让在场的所有人都惊呆了：滕尚书的肚肠里面全是粗粮草芥。这下皇帝朱元璋也不由地叹息道：滕德懋原来是个大清官啊！不该冤枉啊，但人都死了又没办法复活，皇帝下令让人买口棺材，给滕德懋收尸入殓，送回苏州老家安葬。(【民国】：《吴县志·杂记》卷78；另一说，滕德懋被免职但未被杀)

● 朱元璋严刑酷法惩治贪腐，创造中国反腐史之巅峰

纵观中国历史，可以这么说，朱元璋的反腐败达到了中国反腐史之巅峰。无论上述的明初三起大案要案还是它们的余波，我们看到明朝开国皇帝朱元璋惩治贪

污腐败的决心之坚定、手段之刚硬,甚至堪称为残忍。那么朱元璋惩治贪污腐败的手段残忍到了什么地步呢?我给大家列举一些朱元璋的治贪酷刑:

第一种叫剥皮实草。当时他规定:官吏贪赃银子达60两以上的,就要处以枭首示众和剥皮实草之刑。具体的做法是把贪官抓起来,先将人头给砍了,挂出去示众,这叫枭首示众;然后将贪污犯的人皮给剥下来,再用稻草之类的东西填满,这叫实草;最后把它悬挂在官府公堂座位的旁边,以警示后来继任者。因为有这么一项规定,当时在一般的府、州、县、卫衙门的左边都曾设有一个土地庙,不过这土地庙不是专门用来祭祀土地神的,而是用以剥贪官的人皮的,所以那时候的土地庙也被人们叫做"皮场庙"。(【清】赵翼:《二十二史劄记·明史·重惩贪吏》卷33;【明】祝允明:《九朝野记》卷1;【明】吕毖:《明朝小史·国初重刑》卷1)

第二种叫刷洗刑。如果国际上设有奇刑酷法吉尼斯纪录的话,我看大明天子朱元璋至少是榜上有名。不仅如此,而且他还可以拿个什么最具有讽刺性质的设计奖。也许是朱元璋这么认为的:天底下贪官污吏因为贪污了,他们全身都不干净,所以这位奇特的皇帝设计了一种奇特的刑罚叫刷洗刑。你贪污了,身上挺脏的,我大明天子帮你洗洗干净。其步骤是这样的:先将人犯放在大铁床上固定住,随即将不断沸腾着的开水浇在案犯的人体上,然后再用铁刷子刷案犯的身体,"洗刷刷","洗刷刷",一直刷到最终只剩下一具白森森的骨骸,这下贪污犯就不脏了。(【明】祝允明:《九朝野记》卷1;【明】吕毖:《明朝小史·国初重刑》卷1)

第三种叫秤杆刑。朱元璋经常教导底下的百官们,要以"仁爱之心"廉洁奉公,爱民如子,云云。百官们在写给上级领导的"总结报告"里人人都说自己如何两袖清风,管辖区内的百姓安居乐业。朱皇帝听惯了,甚至耳朵里也长出老茧了。不过他清楚,这些天天自我表扬的人没有几个是好官,他也特别恨这样的官员,要想尽办法来惩治他们。于是就形成了这样的逻辑:你不是说如何如何按照孔圣人所教导的以"仁爱之心"去"爱民如子"么,怎么忍心去搜刮如此多的民脂民膏?我要让天下之人都来看看你的心到底是什么样的?于是他就创设了秤杆刑——用铁钩将贪污犯的心脏钩住,然后吊起来示众,直到风干为止。(【明】祝允明:《九朝野记》卷1;【明】吕毖:《明朝小史·国初重刑》卷1)

第四种叫抽肠刑。这种刑罚设计没有太多的创意,如果谁目睹了,可能连隔夜吃的冷饭都会呕出来。它的做法是,将铁钩从案犯的肛门处进入,将肠子勾住并抽出,直到将内脏掏空为止,然后再将犯人尸体吊挂起来。(【明】祝允明:《九朝野记》卷1;【明】吕毖:《明朝小史·国初重刑》卷1)

第五种叫锡蛇游。按照朱元璋的理论:你搞贪污不就是贪这种白花花的东西吗？得了，我再送你一点，让你去见阎王时也能"风风光光"地去——将熔化的锡水灌进贪污犯的嘴巴，直到灌满肚子为止。(【明】祝允明：《九朝野记》卷1；【明】吕毖：《明朝小史·国初重刑》卷1)

除此之外，洪武年间为了严厉治贪等还恢复了在中国古代唐宋时代已经废弃的好多酷刑，如墨面文身、挑脚筋、挑膝盖、刖足、剁指、膑刑、断手、荆刑、阉割、斩趾枷令、常号枷令、枷项游历、枭首、凌迟、族诛、全家抄没发配边地，等等。(【明】朱元璋：《御制大诰》《御制大诰续编》《御制大诰三编》《御制大诰武臣》；【明】吕毖：《明朝小史·国初重刑》卷1)在此顺便说明一下：洪武时期这些酷刑并不仅仅用于惩治贪污犯，也不偶尔用之。著名明史专家黄云眉先生曾说："(洪武晚期)太祖(规定)不许后嗣用黥刺剕劓阉之行刑，则可知彼常用之矣。"(黄云眉：《明史考证》第1册，中华书局，1979年9月第1版，P46)

历史上先秦时代用来对付奴隶与战俘的残酷刑罚，朱元璋把它们从历史的废墟中全部给找了回来(实际上元朝时已酷刑多多)；历史上没有的酷刑，朱元璋乐此不疲地"创制"了许多，令人触目惊心，不寒而栗，集古今之酷刑，用重典治贪，朱元璋的如此做法，创造中国反腐史之"巅峰"。

● 朱元璋残忍治贪的根本目的是什么？

说到这里，人们不免要问这样的问题，历朝历代都有贪污和反贪污，但为什么朱元璋的治贪手段如此奇特、残忍，他究竟要达到怎样的目的？

朱元璋严厉治贪的目的大致可以分为三个方面：

第一，体恤民情，缓解官民矛盾，这是最为主要的一个目的。

朱元璋是从社会最底层上来的，他亲历了元末农民起义，对贪污腐败所造成危害的认识可能比一般人都要深刻。实际上中国老百姓很老实，一般都能逆来顺受，只要能够活得下去，那是绝不会起来造反的。由于中国历代统治者对于造反者的处罚极其残酷与野蛮——杀头灭族，而中国传统文化中又有"重生不重死"的观念，所以，我们经常听到周围人们所说的"好死不如赖活着"。正因为有着这两个方面的因素，所以我们看到，中国普通老百姓对自身生活要求并不高，只要有口吃的、能够活下去，就基本满足了。因此，自古以来中国人就没什么人权意识。当大明帝国一个个如温顺羔羊似的臣民山呼"万岁，万岁，万万岁！"时，英国的臣民却正在争取一部影响他们子孙后代长达600年的权利"宪法"——《大宪章》。中国的老百姓们可连这样的梦都不曾做过；而这时大明帝国的官僚中不少人却在盘算着，如何在这新建的大明帝国大锅里偷偷地挖它一勺子，至于经过元末长期战乱后那些可怜的细民小户是否能生存下去,他们可不管,死了也白死,谁叫他们没本事,不当官的。至于那些为民做主、心系天下的事情,那都是书呆子们才干的。郭桓不正是这样想的和做的吗?他一个人至少贪污了700万石粮食,而当时一般知县的月收入可能2两银子都不到,一个知县尚且活得这么不容易,百姓生活可谓更加艰难;可郭桓这等贪官如此黑心,慷国家之慨,祸国殃民到了无以复加的地步,如果不将这等腐败毒瘤清除掉,新兴大明帝国很可能重蹈元朝的覆辙。所以说朱元璋治贪不仅很有必要,而且还很有远见的。

第二,净化社会环境,构建和谐的社会秩序。

一个从旧的社会废墟上诞生起来的新政权,很可能出现这样的情况:这个新兴政权"无意识"地复制了旧时代的基因,譬如贪污在元朝是司空见惯的。而大明的开国功勋们都是在元末出生长大的,不论是有意还是无意,他们身上都会"残存"着这些旧时代的基因。贪污,这个毒瘤无时无刻都会"迸发出来",如果不及时地清除,它会迅速地毒化社会与官场风气,进而侵蚀整个新兴大明帝国。在这个问题上朱元璋是看得很准、很远的。只有反贪并严厉治贪,澄清吏治,才能构建起社会和谐的秩序,才会使得官民矛盾得到缓和,大明帝国才会长治久安——这也是朱元璋的理想治国理念的核心精神所在。

第三,铲除前朝陋习,警示后来者。

明末历史学家谈迁在谈到明初洪武年间查办的那些大案要案时大致是这么说的:"帝素恶元法之顽,最加意兵食,而当时死徙偏天下,一空印,一盗粮,祸至溢矣。盗粮至七百万未尽,计臣或符籍稽误,沿之大僇(即戮),盖狃元习而不之戒也,然自是法日详,奸民少戢矣。"(【明】谈迁:《国榷·太祖洪武十八年》卷8,P653)这是说,洪武年间朱元璋严厉治贪,不仅清除官员腐败和缓解官民矛盾,还有更深的一层含义,那就是朱元璋要坚决铲除前朝陋习,要创造一个崭新的社会。因为朱元璋最痛恨沿袭元朝恶习——这种恶习既是元朝亡国的一个重要原因,又曾经是底层穷苦人朱元璋等遭受苦难的祸根,至少在朱元璋看来是这样的。(《明太祖实录》卷39)因此只有用重典严厉治理,才会使全国臣民引以为戒。事实证明朱元璋的想法还是有道理的,他的做法还是有成效的,后来大明帝国内的元朝残留的陋习清除了好多,官僚们开始大为收敛,空印案后空印也没有了,虚报数字的也减少了。

● 朱元璋为什么会那么残忍地治贪?

我认为,这要从朱元璋早年的人生经历中去寻找他的反贪的"心理潜影"。朱元璋从小就生活在社会的最底层,这是中国历代帝王中所少有过的。他对贪官污吏的恨是咬牙切齿的恨，主要是来自童年和青少年时代所受到的贪官污吏的侵害而形成的潜在的心理创伤。这种创伤在登上大明帝国皇帝宝座的第二年即洪武二年(1369)二月他向群臣发表一番高论中有所表露，他说："以前朕在民间的时候，经常看见地方州县官吏不体恤百姓，往往贪财好色，见了百姓有好的东西他们就抢，见了美女他们就要占有，还经常饮酒作乐，把国家公事全给废了。凡是民间的疾苦，他们视而不见；凡是民间冤屈，他们充耳不闻，朕当时就从心里恨透了这样的贪官污吏。现在我大明帝国建立了，立法一定要严，凡是遇到官吏贪污蠹害百姓的，我们绝不能宽恕！"（《明太祖实录》卷39）这是一个帝王的"心理潜意识"，不同于一般的人，其产生的能量往往是无限的——因为君权无限，所以洪武严酷治贪，一切都在情理之中。

第二，朱元璋重刑治贪还有社会历史环境的因素——元朝统治的残暴。我们现代人似乎不太愿意讲元朝人残暴，甚至有些老左分子会扯出民族问题。其实历史归历史，我们后人都应该尊重历史。蒙古人建立元朝前的社会形态还很落后，他们到处杀人，有的地方人口被灭绝。建立元朝后，蒙古人稍稍改变了些，但处刑还极端残忍，史料记载说："元世祖籍阿合马家有人皮一张，符后诛阿合马之子阿散，亦剥其皮。是元代已有此非法之刑。"（【清】赵翼：《二十二史劄记·明史·重惩贪吏》卷33）由此从历史的惯性与传承而言，我们对朱元璋剥贪官的人皮就不会感到意外了吧！

第三，朱元璋严酷治贪还有个文化心理因素，那就是他接受和承继了中国传统的刑法理论：乱世用重典。朱元璋曾跟皇位继承人朱允炆说道："吾治乱世，刑不得不重。汝治平世，刑自当轻，所谓刑罚世轻世重也。"（《明史·刑法志一》卷93）

那么在元末明初这个乱世，朱元璋不断地更新和加重使用刑罚，用今天话来讲，就是从重从严，从而根绝了贪污腐败吗？没有。这就使得朱元璋大惑不解。

● 洪武帝困惑犯难：重典为什么不能根治贪污腐败？

郭桓案爆发后，几万人被杀，一些罪行轻一点的"案犯"，即使没有被杀，但也受到了肌体残害的处罚。按照一般的思维，这样的刑余之人应该洗心革面，重新做人了。事实真是如此吗？

○ 因贪污被墨面文身、挑脚筋去膝盖的康名远居然还要贪污，究竟该怎么惩治这等凶顽之徒？

在南京龙江卫有个小仓官名叫康名远的，伙同户部侍郎郭桓盗卖官粮，因为是属于从犯,他被"墨面文身、挑筋去膝盖",只留下一条狗命,形貌丑陋不堪,不仅在肌体上受到极大的残害,而且还留下永世的残疾,在普通人看来简直就是"怪物"一个,其内心应受到巨大的震撼而有所悔悟。可就在康名远受刑半年不到的时间里,有个进士到龙江卫仓库去放粮,早上他发出了200根筹码,到了晚上去收时却收到了203根,也就是说有3根筹码的官仓粮食被接筹的小仓官康名远给浑水摸鱼地"贪污"了,他将偷出放粮筹码转卖给大约半年前同样一起受过刑的"难兄难弟"小仓官费祐,用来盗支官仓粮食。(【明】朱元璋:《御制大诰·刑余攒典盗粮》第69)

这是一起典型的狼狈为奸的监守自盗。也很容易理解,因为我们中国人已经见惯了这种"靠山吃山,靠水吃水"的行为了,直到上世纪80年代我们耳边还一直萦绕着这样的"豪言壮语"呐。问题是龙江卫这两个小仓官半年前刚刚受过酷刑,身上的伤疤可能还没有完全愈合好,可他们的贼心又蠢蠢欲动,并伸出了贼手。当时那位去龙江卫放粮的进士实在气愤不已,当场斥责了他们的奸顽恶行,并把它给揭发了出来。

无所不能的朱元璋听说后顿感哭笑不得,最后颇为无奈地说:"呜呼!当是官、是吏受刑之时,朕谓斯刑酷矣,闻见者将以为戒。岂意攒典康名远等肢残体坏,形非命存,恶犹不已,仍卖官粮。此等凶顽之徒,果将何法以治之乎?"(【明】朱元璋:《御制大诰·刑余攒典盗粮》第69,P618)

朱皇帝大致是这么说的:"我用的刑罚已经够残酷了,听到的或看到的人都应该引以为戒了。可谁能想到,康名远这等奸顽小人面目给毁了,肌体残疾了,从外表看上去哪像个正常的人,我就饶了他们的狗命。可他们的恶行还是没改,还在盗卖官粮!对于这样的凶顽之徒,我还有什么法子去惩治他们呢?!"

○ 镇江丹徒县丞李荣中、应天府吏任毅等6人因贪污而被"各断十指","流血呻吟",但在戴罪工作中却又肆意贪渎,"见利忘生"

发出这样无奈感慨的还不止一次。洪武十九年十二月也就是"郭桓案"发生后的第二年年底,朱元璋在新编《大诰》中给全国人民这般说道:"古人制刑,所以禁奸止暴,使人视之而不敢犯。今有等奸贪顽恶之徒,视国法如寻常,受刑宪如饮食,虽身被重刑,残及肢体,心迷赃私,恬不自畏,愈造杀身之计。"(【明】朱元璋:《御制大诰三编·戴刑肆贪》第38,P723)

接着他讲了这么一个故事:镇江丹徒县丞李荣中、应天府吏任毅等6人的工作职责是负责各自辖内的徭役签派,而徭役签派是以各家各户资产与人丁多寡为依据的,这就是明初开国之际的一项重要立国精神——"右贫抑富"(《明史·食货志一》卷77)。通俗地说,官府根据民户的"丁粮多寡"来签派徭役"任务",丁粮多的,也就是劳动力与收入多的,徭役就要重一点;丁粮中等的,徭役也是中等;丁粮少的,徭役就是轻的。(《明太祖实录》卷203;万历《大明会典·兵部·皂隶》卷157)。除了农民外,还有那些手工业者也要服徭役,其签派原则精神与上述相同。不过实际操作起来就比较复杂了。譬如有人家里很富,身体也没什么问题,就像现在的"富二代"和"官二代",他们就是不愿意干活服徭役,那怎么办?出钱让地方官府去雇人代服徭役!像上面提到的镇江丹徒县丞李荣中、应天府吏任毅等6人就是官府里专门干这类工作的人,他们在操作过程中会碰到各式各样的人与事,譬如说,某大款家里的人不愿服徭役,给官府1 000贯钱,可官府里如李荣中一类的工作人员转了一大圈回过头来说,1 000贯钱没人愿意干,最好加一点。要是大款给了,官府里的人便在中间截留一部分归自己;要是大款不给,那就准备好去坐牢;要是不想坐牢,那就得听从衙门里李荣中一类的徭役签派人员的"指挥"。

据说当年镇江丹徒县丞李荣中、应天府吏任毅等6人就是利用这样的工作机会卖放均工人夫1 265名,收受赃款575贯。按照明初的货币换算:1贯=铜钱1 000文=白银1两(《明太祖实录》卷105),那么575贯赃款就相当于白银575两,这575两白银若为6人贪赃所得之总数,平均下来每人贪赃也要接近100两了。"案《草木子》记,明(太)祖严于吏治,凡守令贪酷者,许民赴京陈诉,赃至六十两以上者,枭首示众,仍剥皮实草,府州县卫之左,特立一庙以祀土地,为剥皮之场,名曰皮场庙,官府公座旁各悬一剥皮实草之袋,使之触目警心"(【清】赵翼:《二十二史劄记·重惩贪吏》卷33)。不过当时朱元璋对于"法司鞫问,情罪昭然,死不可逃"的李荣中和任毅等6人并没有按此标准予以"剥皮实草"的惩处,而是专门命令法司部门将这6人"各断十指",押回原处,让他们将原来卖放掉的那些人夫重新给找回来,同时也使犯赃者"流血呻吟,备尝苦楚。若果起到原卖人夫,岂不余生可存"。可让朱元璋万万没想到的是,李荣中等6人还挺讲"贪赃职业道德"的,拿人钱财与人消灾,先前那些送了自己钱财的人夫万万不可以再去惊扰他们,那么皇家徭役所需人夫怎么解决呢?李荣中、任毅等人聪明得很,"羊毛出在羊身上",丹徒、应天的徭役还是让丹徒、应天的人自己来承担,于是这两地原本应该免服徭役的铺兵、弓兵、军户等几百家人家都被"勾拿动扰",甚至连学校里的学生,当时称为生员的也不放过。当然有谁脑子拎得清反应灵敏的话,送些钱财给李荣中他们,那么服徭役的事情也就可以免了。可被"勾拿动扰"到的那些没钱人不干了,他们觉得这些贪官污吏实在可恶,弄得我们老百姓没法好好活了,于是来到南京向朱皇帝告状。朱元璋听后顿感哭笑不得,随后在《大诰》中发出这样的一番无奈感慨:"呜呼!见利忘生,怙终不改,有如此耶?使其因受刑责,翻然改图,将前所卖人夫一名名从实勾解赴工,岂不复延余喘于人世。"最终他不得不下令"顾乃恃刑肆贪,自速其死,枭令之刑,宜其然乎!"(【明】朱元璋:《御制大诰三编·戴刑肆贪》第38,P723)

就在同一编《大诰》里,朱皇帝还曾讲述这样的一些事:"自郭桓掌户部之时,天下钱粮金银匹帛,不半年余其桓弊盈寰宇。其贪婪之徒闻桓之奸,如水之趋下,半年间弊若蜂起,杀身亡家者,人不计其数。出五刑以治之,挑筋、剁指、刖足、髡发、文身,罪之甚者歟。君子厌闻,贤人恶听,智者格非。庸庸无籍之徒,轻生如此。如黥刺者,发充军遐荒,往往带黥刺而中途在逃。有等押解者,亲睹罪囚黥刺形状,又不以为寒心,接此囚钱物,特意纵放,中途在逃。为《大诰》一出,邻里亲戚有所畏惧,其苏、松、嘉、湖、浙东、江东、江西,有父母亲送子至官者,有妻舅、母舅、伯叔、兄弟送至京者多矣。朕见亲戚不忍罪囚再犯逃罪遭刑,亲送出官,凡此等类,不加刑责,送着原发地所。其有亲戚影射,四邻擒获到官者,本人枭令,田产入官,人口发往化外,如此者多矣。有等邻里亦行隐藏,不拿到官,同其罪者亦多矣。所在巡检、弓兵,受财纵放越境而逃者,同其罪者不少。呜呼!不才无籍有如此耶。且如守边军士,辟土开边,功非浅浅,就留戍边,永不敢回,孰敢违命而自由。其犯法囚徒,不揣开边之功如此,犯法充军,何幸得此。累恶不悛,初则本身犯罪,往往中途在逃,二次三次者有之,终不自省,直至家破,人口流移化外,本身受杀而后已。"(【明】朱元璋:《御制大诰三编·逃囚》第16,P707~708)

对于贪官污吏,洪武帝深恶痛绝,"出五刑以治之,挑筋、剁指、刖足、髡发、文身,罪之甚者歟",弄得他们"杀身亡家者,人不计其数"。即使侥幸活下一条狗命,发配去充军,但这类奸贪之徒又往往收买押解人。为此,朱元璋发动群众,检举揭发逃囚,一旦发现惯犯,本人枭首示众,其家庭迁往化外。由此可见,洪武朝治贪猛烈程度可谓是空前绝后。那么就此根绝贪污腐败了?没有。

就在朱元璋公布《御制大诰三编》前夕,就在洪武帝的眼鼻子底下又接连发生了三起贪污腐败事件:"工匠顶替案"、"库官收金案"和"相验囚尸不实案"。

○ "工匠顶替案":打着国家建设用工旗号,浑水摸鱼,获利多多

我们先讲第一起贪污腐败事件——"工匠顶替案"。根据朱元璋在《大诰》中所述,开国前后将近30年间,大明经常性用工(指工匠)大约为90 000人,"工作人匠,将及九万,往者为创造之初,百工技艺尽在京城(指南京,本书作者注),人人上不得奉养父母,下不得欢妻抚子,如此者二十六七年"。洪武中晚期,由于各类工程营造大体完成,大明役使的工匠人数理应也作大幅度减少。可工部即建设部的官

员却不这么想,他们尽做些省工表面文章,本质上依然如故。今天以建造某个建筑为名,明天又以营建某军事工事为由,不断地从各地征调做工人匠到南京来。若仅从人数来看,比起以前90 000工匠,现在每次下文只征调1 000～2 000人,确实少了许多。但这一批批1 000～2 000工匠来了南京后,工部又不马上安排所服的工役,有的工匠待上半个月,有的待上一个月,甚至有的要等上几个月才被安排上工。若按照下发的公文规定来看,工部应该支付给这些工匠自征调之日起的安家费和伙食费等,这可是一笔不小的开支费用。但工匠们实际上只拿到自己做工期间的那一小部分钱,在京少则待上半个月,多则待上一个月甚至数月的那笔费用在工部财物开支造册中有记载,但就是没到工匠们的手里,那么它们到了哪里去了呢?就在这个运作的过程中让工部相关官吏给贪污了。(【明】朱元璋:《御制大诰三编·工匠顶替》第30,P717)

工匠做完工按理可以回家去了,可工部官员又不马上给他们放归文书(相当于放归证明),任由工匠们漂泊在京师南京。这样一来,时间一长,工匠们本来所得无几的安家费和伙食费就在京城花销殆尽。对此,"脑筋活络一点"的工匠开始贿赂工部官吏,贿赂得越多,工部官吏开出放归证明越快。就此伎俩,大明建设部的"公仆"们又能大大地捞一票。最近有人说,工部用工更加"灵活"了,一旦有个小工程或根本就没什么工程,他们就到处征调工匠。工匠给了钱财,他们就放人,不用再到京城来走一趟;要是你不识相,或因家里穷给不起钱财,那你就是经常被征调的对象。由此出现了这样的一幕幕:工匠们服完役回到家里半个月不到,工部的征调公文又到了当地衙门里,连亲友们好好团聚一下还没顾得上,他们又得急急忙忙起程,赶赴南京来服役。一旦给工部官吏送上钱财了,那你就太平无事了。全国九万工匠,被如此这般玩弄下来,工部官贪污了多少?只有天知道!更为恶劣的是,"九万工技之人,年年在途在京在家,皆无宁息,上废朝廷之供,下殃百工技艺,惟工部官吏肥己为奇。智人君子深察至此,岂不恨哉!"朱元璋了解了事情的真相后,任命进士出身的秦逵为工部侍郎,进入建设部,详细调查和严肃处理乱用工匠之事,惩治贪官污吏。(【明】朱元璋:《御制大诰三编·工匠顶替》第30,P717)

朱元璋的这个任命是十分聪明的,任用刚刚读过圣贤书的进士相对比较可靠,因为书呆子身上少有乌七八糟的社会流弊污染,而秦逵也不负洪武帝的厚望,经过一番艰苦的工作努力,终于查明了事情的真相:要说工部用工一点缘由都没有,那就失之偏颇,毕竟还有一些营造工程尚未全部完成,但用工人数绝对不需要九万人那么多。一下子全征调来了,朝廷财政浪费,工匠劳累,为此最好的办法就是实行轮班制。轮班制就是先按照各种工种进行搭配,组成一个个班,每班不超过5 000

人,5 000人在京服役,其余85 000人"尽皆宁家",综合其他因素,大致每四年轮上一班。(【明】朱元璋:《御制大诰三编·工匠顶替》第30,P717)

按理说,这样的轮班制是相当惠民的,可在它运行一段时间后,有人发现了其中的奸弊。第四班人匠在服役时不能按时完成工程,这是怎么一回事?经明察暗访终于查清,有一个207人工匠组合,其中就有204个"老羸不堪、幼懦难用"者顶替了本该来服役的工匠正身,只有3人是工匠本人。那么这204个"老羸不堪、幼懦难用"者是怎么给混进来的?关键还在于工部及其相关部门的官吏收受了贿赂,朦胧行事。洪武帝知道后下令严厉处置,最终连涉案的"幼丁老者"也"尽发广西充军"。(【明】朱元璋:《御制大诰三编·工匠顶替》第30,P717)

这就是洪武中晚期的"工匠顶替案",而就在工部官吏不断地贪污耍奸铸成"工匠顶替案"时,户部后院里头"掌管金帛"的承运库官李庭珪也没闲着,在大明天子的眼皮底下,做成了一桩"库官收金案"子。

○ "库官收金案":前任因贪污丢官丢命,新任国库主管领导表面上引以为戒,却在暗中使用"鬼秤"称黄金,在人们不经意间他一个人"笑纳"了

李庭珪原本是专门负责大明朝政流通之衙门通政司的一个吏员,"考满得授承运库官"。皇帝朱元璋之所以要做出这样的任命决定,主要是从两个方面考虑问题:一是李庭珪在通政司衙门任职时表现不错,"终一考吏役,并无赃私,得升承运库官";二是前承运库官"范潮宗等偷盗库藏财物,身被刑责"。承运库官说白了就是国库"守护神",其最为根本的素质要求就是必须清廉,不得有半点私心杂念。而原通政司吏员李庭珪居然能在9年考满时得了个"无赃私"的评语,应该说这个人还算比较清正的。但为了防止万一,朱元璋在任命李庭珪为承运库官的同时,又将涉及前承运库官范潮宗等偷盗库藏财物案中的一些非主要人员施予残酷的肉刑(该案主犯早就被处死了),随后让他们血淋模糊地回国库继续工作,目的就是让后来继任者能够天天看到贪污所要付出的代价。用朱元璋的原话来说:"吾见不才者贪心不已,施五刑而不拘常宪,法外不忍见闻者犹若干刑,死者已死,刑余不死在库以示再任者三人,想必见者寒心,必无犯者。"(【明】朱元璋:《御制大诰三编·库官收金》第35,P720)

可让朱元璋大跌眼镜的是,事情恰恰往着他所设想的相反方向发展。就说这个新承运库官李庭珪,他的职责就是把好国库里财物进出之大关。可吏员出身的人,没有经过十年苦读、科举考试的艰辛跋涉,靠着与领导搞好关系爬了上来,所以一般来说,这类人根本就没有什么道德操守与自尊自爱可言。看到每天进进出出

的金子、银子,李庭珪的心思活跃着。金子,多珍贵啊,现在我天天来这里上班,要是每次都能弄到一点点,一点点谁也不在意,时间一长,我岂不发大了!想到这些,李庭珪的内心就如小鹿一般狂跳。那怎么下手呢?当过领导身边的秘书等服务人员——吏最大的本领就是先观察,再下手,从"奴隶到将军"吆。

经过一段时间的眼观四方,李庭珪终于摸出了一套"脱贫致富"的快捷方式:每次有人来国库缴纳金子时,每10两的多称他5钱,5钱一点点,一般人不易觉察出来。以100两金子来算,就有5两金子进入自己的腰包;以1 000两来计算,就有1锭金子被贪污了,"其所折之金,何下数千百两。若终收不犯,其所贪者正该几何"?(【明】朱元璋:《御制大诰三编·库官收金》第35,P720~721)

可名叫"贪欲"的潘多拉魔盒一旦被打开,往往就无法再关上。就像我们当今社会里的许多贪官那样,起初贪污数千、数万,到后来几百万、几千万和几个亿。与此同时,对美色的贪欲也是这样一步步升级的,据说江南某省会一车管所所长最先拥有一两个情妇,后来发展到五六个,十来个,在被抓前已经发展到了十二个,并戏称其为"十二钗"。小官小贪、大官大贪、高官高贪,据说现在有些"人民公仆"发展的情妇美女已经多达几百人,玩了一般美女还不行,越玩要求越高,什么电影明星、电视台美女主持,甚至同为"人民公仆"行列的女下属、女干部都成为其玩伴。更有绝版的是,有人将电视台美女主持人"娶"到了家里——至今被称为最大的"老虎"就是这么干的。想当年那个叫李庭珪的承运库官大概也是这样不断晋升自己的贪欲,有了几百两、上千两金子后,他还不满足(不过他还没有现在某些"人民公仆"那样无耻——以找美女乐乐为主业)。如等几近病态的人格发展到了后来,只要有一点点的机会,他就肆无忌惮地贪渎。洪武中后期针对有些地方的特殊情况,朝廷允许那里的粮长们来京缴纳黄金,不必运粮过来了。有个粮长叫包贤的,可能听到过有关李庭珪的什么风言风语,他在缴纳金子前留了个心眼,不仅将每块金子都做足,而且在总量上也多称了三五两。可谁知到了承运库官李庭珪那里过秤时却还是出了问题:每10两黄金少了1厘5毫,这样一来,总量也就不足了。这下粮长包贤不干了,明明自己多称的,怎么会到了承运库时变得少掉呢?他直接上明皇宫去,向皇帝告御状。

朱元璋听后也觉得很蹊跷,决定查个清楚,先将承运库的那杆秤取来,当着李庭珪、包贤等人的面,将包贤所缴纳的金子放在上面一称,果然少了1厘5毫。这到底是怎么一回事?朱元璋让人取来另一杆秤,复称包贤的金子,这下刚刚好"达标",没少1厘5毫;随后朱皇帝又让人将李庭珪先前收纳的金子取来一一过秤,结果发现每10两就多出5钱。这下朝堂上的人都明白了这是怎么一回事了。再看此时的洪武帝脸色铁青,牙根咬得咯咯响,最终嘴里蹦出了这样的话来:"来人呐,

将承运库奸贪之官李庭珪拉下去,处以极刑!"(【明】朱元璋:《御制大诰三编·库官收金》第35,P720～721)

○ "相验囚尸不实案":司法部受贿者被皇帝砍了脚,半月不到他们的同事也收受贿赂,让囚犯装死越狱,没想到……

建设部的官吏打着工程用工的旗号,肆意贪渎;户部官吏利用工作之便,来个"近水楼台先得月",这些贪腐说起来都可能与工作上有油水可捞存在着一定的关联。那么像刑部即司法部这类本该惩恶扬善的"清水衙门"里的官吏该不会那么"前腐后继"?恐怕未必!

洪武十九年三月十四日,司狱(可能相当于现在的监狱长)王中向洪武帝举报:刑部有人受贿作弊。朱元璋立即奔赴太平门外的三法司衙门进行调查、核实,发现"刑部子部总部、司门二部郎中、员外郎、主事、都吏等官吏胡宁、童俊等,恣肆受财,纵囚代办公务,书写文案……",其大致的做法是,对于一些在押的不太重要、不太引人注目的囚犯,胡宁、童俊等司法部的官员在接受其家属贿赂后,伪造文书或该囚犯犯罪不充分的证据,再到监狱中出示给监狱管理人员看,为囚犯办理出狱手续。朱元璋了解到了事情真相后顿时火气冲天,"将各官吏棰楚无数,刖其足",即说不仅将涉案的官吏痛打了一通,而且还把他们的脚给砍了,其情景惨不忍睹!不过事后朱皇帝想想,这样做还是不能完全起到应有的教育警戒作用,于是他下令将受了刖刑的贪渎者"发于本部昭示无罪者",即留着贪官污吏的狗命,让他们拖着残躯回刑部继续工作,这就给那些未犯罪的同僚树立了一面警示之镜。对此,朱元璋曾得意地说:"以此法此刑,朕自观之,毫发为之悚然,想必无再犯者。"(【明】朱元璋:《御制大诰续编·相验囚尸不实》第42,P647)

可大大出乎洪武帝之料的是,不到半个月,也是刑部即司法部内的都官员外郎李燧、司务杨敬等开始受贿舞弊,具体怎么操作呢?当时监狱里死了一个囚犯,囚犯死了不是由某个人说了算,而必须要由监狱主管会同医生、狱典、狱卒等共同验尸、确认。但不管怎么说,监狱里死了个囚犯在同一个监狱中算得上是件大事,监狱方多少也有不可推卸的责任,有时它还会表现出一定程度上的"宽仁"。有个叫张受甫的囚犯及其同监的狱友闻听此讯后顿时就来了灵感,两人通过监狱"内线",将消息传递到了各自的家里。家里人迅速开展活动,上上下下打点一番。这时监狱里马上又出现了2具"尸体",即张受甫及其同监的狱友"死"了。"死"了,没关系,医生、狱典、狱卒等共同验尸,"确认无误",主管相关事务的司法部员外郎李燧、司务杨敬等官员下令,将其抬出去处理后事。谁料到就在抬尸体过程中有人发现,3个"死人"中2个还活着!朱元璋听说后当场差一点气晕过去,随后下令严刑审讯相关人员,最终发现:员外郎李燧、司务杨敬、医生、狱典、狱卒等统统受贿,构成了一根腐败链,共收受贿赂 480 贯,相当于明初诚意伯刘军师刘基的 2 年年薪。(【明】朱元璋:《御制大诰续编·相验囚尸不实》第 42,P647)

时不时见到官吏贪污如此"前仆后继",朱元璋愤愤地说:"前诛血未干,尸未移,本人已造杀身之计在身矣";"呜呼!人心之危,有若是耶!吁!以此观之,世将安治?"(【明】朱元璋:《御制大诰续编·相验囚尸不实》第 42,P647);"本欲除贪赃官吏,奈何朝杀而夕犯!今后犯赃者,不分轻重皆诛之!"(【明】刘辰:《国初事迹》)即说:"我想铲除腐败,可为什么早上杀了贪官污吏,到了晚上又有人出来犯了!从今往后凡是犯贪赃罪的,不分轻重一律处死!"

● 朱元璋难题与阿克顿定律

从洪武年间朱元璋重典治国铲除贪污腐败的政治实践来看,贪污腐败问题无法从根本上予以解决,真的是这样吗?我认为,对于这样的问题要分四个方面进行讨论:

○ **治国要不要用重典?从老百姓角度来说,朱元璋重典治贪主要针对的是官吏的整治。**

这里边就涉及一个官员的政治风险问题。商人做生意有赔本和破产的风险,农民种地有天灾的风险,士子考科举也有十年寒窗到头来一无所获的风险,那么为什么当官的就可以进入保险箱似地毫无风险呐?朱元璋治国尽管有滥杀无辜的失误,但他的治国理念中不论有意还是无意都包含了从政为官所必须应当承担一定风险的意识,这在一定程度上对中国政治文化不啻为一大震醒;另外他的重典反贪中更有一层含义:让贪官污吏们一旦出事就得倾家荡产,换句话说,就是告诫官员:在你要下手前,该多计算计算犯罪的成本。从这样的角度出发,我们再看看现代社会里贪官污吏贪污了几千万甚至几个亿,大不了自己进去了,判个死缓甚至死缓都判不了,而他的家人们从此以后几代人就可不劳而获,不是有人揶揄:"牺牲一个人,幸福几代人!"从朱元璋的重典治国的理念中我们不应该读到点精神价值来么?(当然我们不认同其残忍性)

○ **有人认为明朝之所以一开始就出现了惊天动地的反贪大案要案,完全在于大明从建立起就实行了普遍低薪制,低薪制导致了官员贪污。以此作为出发点,时下某些权威高势能者热衷于高薪养廉。那么高薪真的养廉吗?**

从历史上来看,宋代实行的是高薪制,宋代公务员的收入大约是明代公务员收入的10倍。但宋代官员的贪污在历史上也是出了名的。因此从历史的角度来看，高薪并不能养廉！再从现代社会来看，西方国家和我们中国香港、新加坡等地都普遍实行高薪制，由此杜绝了贪污腐败？——没有！人们公认的香港公务员基本上没有大的贪污腐败，关键不在于高薪，而在于这些"人民公仆"的权力受到了有力的制约以及廉政公署的有效监督和广大公民强有力的参政议政。所以说，无论古今还是中外，我们看到，高薪绝不是养廉的关键与灵丹妙药！

○ 既然朱元璋那样狠下猛药都没有根治住贪污腐败，那么腐败是不是没办法根治？

这里首先要讨论一个问题就是为什么会产生贪污腐败？找到了病源，医病就不难了。我个人认为产生贪污腐败的原因不外乎两个方面：

第一，人性问题：人性是好是坏，已经讨论了几千年，我们不去饶舌。近代生物学自达尔文的《物种起源》问世后，人是从古猿进化而来的观点已被全世界学习科学知识的人们所接受了。既然人是动物进化的最高级形态，那么人就具有两面性：人性与兽性、理性与非理性。换句话来说，人是复杂体。欲望人人都会有，非分的念头从来不曾有过是骗人的鬼话。由此，我们就说靠一个人完全的自律是不可能消除贪欲的，更不是学学哪种理论、读读哪位圣人的著作就能解决贪污问题，如是，那就是痴人说梦。所以说，只要人类存在，就会有人类的欲念，有欲念，就会有贪欲存在的危险。由此来回听一下600年前朱皇帝为不断滋生的腐败发出无奈的哀叹："朝治而暮犯，暮治而晨亦如之，尸未移而人为继踵，治愈重而犯愈多。"（【明】朱元璋：《御制大诰续编·罪除滥设》第74）我们是否释然？

第二，机制的缺憾。在君主专制中央集权政体下，皇帝位于全国权力金字塔的塔尖，其座基是由千万个皇帝专制权力的化身在支撑着，或者说是由一个个从大到小的百官所组成。他们分布在大一统帝国的每个权力岗位上，在地方上县级是县太爷一个人说了算；在州府里知州、知府们说了算，在省里是布政使说了算；到了中央各个部院都由它的尚书说了算；直到帝国权力的顶峰皇帝说了算；这样一来，中国就形成了一人说了算，一支笔签了就行的局面。

法国有名的启蒙思想家、法理学家孟德斯鸠曾说："一切有权力的人都容易滥用权力，这是万古不易的一条经验。有权力的人们使用权力一直到遇到有界限的地方才休止。"（【法】孟德斯鸠：《论法的精神》上册，P154，商务印书馆，1982年版）

中国特色的人治恰恰是权力集中在一个人的手中，平级是没有多少制约力的，只有上级才有权制止或管理，所以在传统中国权力场形成的权力链是上下关系的，因此中国人习惯于对上而不对下负责，形成了绝对的集权与专制。英国著名的政治思想家阿克顿勋爵对这样的权力结构有着精辟的阐述：All power trends to corrupt, and absolute power corrupts absolutely. 译文应该为：所有的权力本身就会腐败，绝对专制绝对腐败。这也就是著名的阿克顿定律。(【英】阿克顿：《自由与权力》，商务印书馆，2001年1月版，P342，原中文版译文不确切，在此已作修改，笔者特注)

第三，根治贪污腐败的根本出路——法治。

世界上没有圣人，不可能有没有"欲望"的人，有了欲望就有正当与不正当的做法，而正当与不正当之间有时是很难自己区别和把握好的。因此反腐靠自律或严刑峻法都不是根本出路，根本出路就在于真正法治和真正的公民监督！

当然将这些应该是我们现代人完成的使命安到600年前的朱元璋君臣头上，这似乎太过头了。应该看到600年前的朱元璋运用重典，惩治贪污腐败，尽管没有根治，但还是取得了相当大的成效。洪武年间中国底层的老百姓相对来说，生活上所受到的官府的盘剥与压榨比其他时期要轻；从吏治角度来讲，洪武朝的官场也由此廓然一新。建文近臣方孝孺曾这样记载道：那时"郡县之官虽居穷山绝塞之地，去京师万余里外，皆棣心震胆，如神明临其庭，不敢少肆。或有毫发出法度，悖礼仪，朝按而暮罪之。"(【明】方孝孺：《逊志斋集·送祝彦芳致仕还家序》卷14)

即使这样，面对层出不穷的贪污腐败，追求绝对完美的洪武帝还是十分无奈地悲叹道："似这等愚下之徒，我这般年纪大了，说得口干了，气不想接，也说他不醒！"(【明】朱元璋：《御制大诰武臣·序》)

就在为根治"前仆后继"的官吏腐败说得口干舌燥、上气不接下气之际，已经一大把年纪的朱元璋忽然又发现，要惩治的还不仅仅是官吏的经济腐败，而是有着宽泛意义的害民恶行。于是当时已经58岁的洪武皇帝又发动了一场全国性大运动——尽逮积年害民官吏运动。

尽逮积年害民官吏　全面清除政界"垃圾"——洪武十八年～洪武二十年（1385～1387）

洪武时期尽逮积年害民官吏运动至今为止从来没人专门研究和论述过，明史专家吴晗先生在《朱元璋传》中一笔带过，陈梧桐先生在他的专著中也是如此处理(陈梧桐：《洪武皇帝大传》，P435)。但从当年洪武晚期太学生周敬心的上书进谏和朱元璋的认账来看，这场运动竟与洪武十三年开始的全国性的连坐"胡党"一类相提并论，可见那也是一场全国性的大规模运动，所以我们很有必要加以研究与讨论。

● 逮积年害民官吏的界定

尽逮积年害民官吏,按照《明史》上的说法为"逮官吏积年为民害者……大戮官民,不分臧否"(《明史·周敬心传》卷139),我们遵循现代汉语的语法习惯将其改称为"尽逮积年害民官吏"。那么这场全国性的运动开始于哪年?当年进展情况如何?由于《明实录》的刻意缺载,《明史》也仅寥寥数语,所以长期以来很不为人注意;但笔者在阅读朱元璋钦定的《大诰》中却发现了很有意思的一段"最高指示":"积年民害官吏,有于任所拿到,有于本贯拿到。此等官吏,有发云南安置充军者,有发福建、两广、江东、直隶充军者,有修砌城垣二三年未完者。这等官吏,皆是平日酷害于民者,且如勾逃军,卖正军,解同姓。朝廷及当该上司,勾拿一切有罪之人,卖正身,解同姓。朝廷著追某人寄借赃钞,皆不于某人处正追,却于遍郡百姓处,一概科征代陪,就中克落入己,不下千万。其余生事科扰及民间词讼,以是作非,以非作是,出入人罪,冤枉下民,街冤满地。其贪婪无厌,一时笔不能尽。此等之徒见在各处,军者军,工者工,安置者安置。设若潜地逃回,两邻亲戚即当速首,拿赴上司,毋得容隐在乡,以为民害。敢有容隐不首者,亦许四邻首。其容隐者同其罪而迁发之,以本家产业给赏其首者。"(【明】朱元璋:《御制大诰·积年民害逃回》第55,P610)

这段高皇帝"最高指示"载于洪武十八年十月颁示天下的《大诰》一编中,从字里行间所透露出信息有以下几个方面:

第一,朱元璋在进行重典反贪的同时,就已开始尽逮积年害民官吏,否则怎么会说"有修砌城垣二三年未完者",这是洪武十八年他说的话,以此推论,至少说在洪武十五六年时大明帝国就已经开始了尽逮积年害民官吏运动了。

第二,这场运动的名称就叫"逮积年民害官吏",这与《明史》所记的太学生周敬心上书中所述的相符合。

第三,从高皇帝的这段"最高指示"意思来看,"逮积年民害官吏"或"逮积年害民官吏"在洪武十八年仅仅进入运动的阶段性总结。最高统治者只是将过去一个时期内抓获的"积年害民官吏"向全国臣民做个"表白",说明我朱元璋没有那么残暴,都是这些个害人虫逼我这么干的;而且还要臣民们提高警惕,捉拿潜逃回乡的积年害民官吏,并发出了狠话,"敢有容隐不首者,亦许四邻首。其容隐者同其罪而迁发之,以本家产业给赏其首者"。由此看来这场运动那时正走向高潮呐,所以太学生周敬心将"尽逮积年害民官吏"说成洪武十九年也未尝不可,只是时间的界定概念上不够精确。

第四,"逮积年民害官吏"的概念相当广。尽管朱元璋在《大诰》中列举了4类应该抓获的害民官吏:勾补逃军过程中的犯罪官吏、追究腐败案件里赃款、赃物下落过程中的犯罪官吏和生事科扰小民的官吏以及出入人罪冤枉下民的官吏。在这4种分类中,前两者定义还比较明确,后两者的外延则相当宽泛。那么这场运动当年进展情况到底如何呢?

● 开展清除形形色色的"积年害民官吏"运动

因为朱元璋开国时对军民户籍进行分立,而军队中的士兵地位低,待遇差,几乎成了军官的奴隶。因此有些胆大一点的军士逮住机会就逃跑,由此一来逃军问题逐渐凸显出来。

○ 严厉打击勾取逃军中的官吏害民行为

对此,明政府一方面加紧追捕逃军,另一方面从逃军的原户籍中勾出候补军户来填补逃军的缺额,以确保大明军中士兵人数。而就在勾取逃军的过程中,军队或地方官府的相关官吏却利用手中的特权,中饱私囊,坑民害民。为此,洪武十八年朱元璋在发布的《大诰》中专门列条,严厉打击勾取逃军过程中的官吏害民行为:

"十二布政司、按察司、州府县官,为兵部勾取逃军,或有顽民犯法,各部勾取。其布政司、府州县贪图贿赂,不将正犯解官,往往拿解同姓名者。因赃迷惑其心,止知己利,不知良善受害,无可伸诉。若将犯罪受刑之苦,以己推之,岂有贪赃害于良善者?且罪人受刑,罪重昼则枷项杻手,夜则系项铃足;轻则铁索牵行,父母妻子悲啼。送程仓卒,一时催起,路无盘费。是后父母妻子收拾盘缠,意在往供,有可刁蹬,不与引行。既而买引,沿途追赶,有中途病死者,有饮食不节而负病者。所勾之人,惟恐违限,日加棰楚,虽有微命,犹在几死之间。若法司审理不明,即作真犯拟罪。若上官既明,吏不枉法,方得放归,其苦万端。当时法司肯将此苦量推于己,岂有良善受害哉?然有司因此无辜于良善,天鉴不远,一旦发露,罪及身家。如此者数数开谕,每每加刑,曾有几人而省此祸殃!"(【明】朱元璋:《御制大诰·勾取逃军》第21,P594)

尽管洪武帝三令五申甚至使用了恐吓的手段,严禁追补逃军过程中的不法行为,但总有一些逃军和军户想着法子来规避政府的追逃和勾补。

○ 贪图钱财,"移花接木"勾取逃军,害民害人,最终还是将自己给害了

就在当年"红太阳"出升的地方临淮县有个逃军叫陈宝仔的,因为实在不想再

当兵了,就将家中所有的钱财都拿出来贿赂当地专门负责勾补军士的凤阳府临淮县衙里的官吏。知县张泰、县丞林渊、主簿陈日新、典史吴学文等还算有良心,或至少说要比600年后睡了人家女人、诈了人家钱财居然还要搞死性伴侣的北方某省信访局局长要强多了,他们在接受了陈宝仔的钱财后,就想了个"变通"的办法,将原本是民户的管伍、管歪兄弟俩充作军户,顶替了陈宝仔等人。但管氏兄弟一万个不乐意,到了部队还不依不饶地吵着、闹着,结果将事态越弄越大。几乎与此同时,河南嵩县知县牛承、县丞毋亨、主簿李显名、典史赵谷安等在接受了逃军赵成的钱财后,也导演了一出"移花接木"勾取逃军的把戏。结果这些事情都先后一一败露,皇帝朱元璋知道后下令,将"此两县官员尽行典刑"。(【明】朱元璋:《御制大诰·冒解军役》第73,P620)

差不多同时,同样的闹剧在杭州又上演了,"永平卫所镇抚冯保,他本卫差他去仁和县勾逃军沈福七、谢福二两名。他到那里,勾到沈福七亲兄沈福六。他接受本人银10两、钞40贯、白绫袄子1件、绵布2匹,将本军脱放,却拿里长施一代他解官,又将百姓谢一打要招做逃军谢福二解官。事发,贬去金齿卫充军。他本等的正军,将脱放了,却将好百姓拿去替他做军。如此害人,着百姓每埋冤(应为'怨',朱皇帝又写白字了,笔者注)负屈,你怕他这等人能勾长久?"。(【明】朱元璋:《御制大诰武臣·勾军作弊》第25,P744)

上述三案中害民官吏最终被严刑处置,多少让人感觉罪有应得,谁叫他们贪赃?不过下面要讲的这个官吏害民案例却是与钱财无关。

○ 娃娃亲老公死了,这女人应该归谁?大明司法部长还没弄清……

洪武年间发生的山西史灵芝"归属"案件,本是一起情节并不复杂的犯罪未遂案,但由于从地方到中央都是"糊涂官"乱判"糊涂案",导致了一个良家妇女的"归属"成了一大悬案。

事情的经过是这样的,有个在镇江服役的军人叫唐闰山,可能是因为家中条件差,一直没有娶到女人,岁数越来越大,想女人想得越来越厉害。忽然有一天他想起了家里小时候就死去的哥哥曾订过一门娃娃亲,女的叫史灵芝,可哥哥没福气享受,早早地过世了。由此,那门娃娃亲之婚约也就自动解除了。但唐闰山却不这么认为,他来到了自己部队的上级领导那里告状,说老家山西洪洞县有个叫姚小五的,其妻子史灵芝本该是他的老婆,因为他是军户,不在地方上待了,妻子也就被别人占有了,他要求归还。

部队哪里弄得清这等事情,于是就将情况上报到了兵部(相当于国防部)。兵部也没有进行调查核实,却下公文到山西洪洞县,命令已为人妻且生育了3个儿女的史灵芝到镇江去,与"娃娃亲丈夫"团聚。这下可急坏了史灵芝丈夫姚小五,他来到县衙,说明情况。县老爷虽已明了事情的来龙去脉,但鉴于当时洪武帝实行右武国策,最终还是判定史灵芝上镇江去,理由是朝廷有文件下来,不敢不遵照执行。史灵芝一家听到判决后就是不服,事情由此拖着。据说当时兵部下的文件就有几十个,但事情还是没有进展,最后实在没办法,就将案件送到了刑部去。

刑部尚书王峕接手案子后分别派人上山西、镇江去,将姚小五、史灵芝和唐闰山等涉案人一一捉拿到案,录下口供,然后又派人上山西去查史灵芝3岁时订的娃娃亲婚约书。这下可将事情弄大了,好多人都成为涉案人员。皇帝朱元璋听说后认为,王峕所为"动扰良民,持权妄为,有乖治体",用现代话来说就是滥用特权,破坏安定团结,沽名钓誉,且有"增减情辞,故行出入,每每不当"之嫌,于是下令让御史唐铎来重新审理史灵芝"归属"案件。

没想到王峕听到这个消息后顿时就脸上挂不住了,当着重新审案的御史唐铎的面冷嘲热讽,指桑骂槐,什么唐朝武则天时代的酷吏来俊臣怎么怎么重新审案,入人罪行啊;什么"你入我罪,久后少不得请公入瓮"!唐铎将这情况汇报给洪武皇帝,朱元璋随即处置了王峕。(【明】朱元璋:《御制大诰·刑部追问妄取军属、尚书王峕诽谤》第7、8,P589~590)

○ 触目惊心的各地害民官吏

中央部级领导干部工作粗糙,扰民害民,要抓;那地方省级领导、府州县衙官僚扰民害民,毫无疑问,也抓。如:"陕西布政司、按察司官,府州县官王廉、苏良等,害民无厌,恬不为畏。造黄册、科敛于民;朝觐,可敛于民;买求六部宽免勘合限期,科敛于民;征收二税促逼,科敛于民;造上中下等民册,科敛于民。其赃官赃吏实犯在狱,招出民人官吏,指定姓名,各寄钞银、甑衫、甑条、甑襦、甑帙、头疋等项,各照姓名坐追。其布政司、府州县闻此一至,且不与原指寄借姓名处追还,却乃一概遍府州县民科要,平加十倍。如此害民,其心略不将陕西百姓于心上,踌躅民人苦楚。且如西凉、庄浪等处,河州、临洮、岷州、洮州军人缺粮,著令民人趱运。地将盈雪尺余,深沟陡涧,高山峻岭,庄农方息,老倦未甦,各备车辆,重载涉险,供给军储。中路军颏牛死者有之,人亡粮被盗取者有之。若牛死车存,人在中途,进退两难,寒风凛冽,将欲堕指裂肤。上畏法度,谨遵差期,虽死不易,苦不胜言。设若到卫交纳,淋尖跌斛,加倍输纳,无敢妄言。如此艰辛,布政司、府州县官,按察司官,果曾轸念于民?为此法所难容,各科重罪。"(【明】朱元璋:《御制大诰·陕西有司科敛》第9,P590)

无独有偶,与陕西毗邻的山西也发生了相类的事情:"山西布政司、按察司、州府县官关贤、武宣等,赃贪无厌,视民岂如禽兽。且如泽、潞等州、平阳等府,粮饷北供,山高风猛,地概溜冰,雪盈川野,冷切人骨,寒逼牛心,中途车摧牛死,虽有人存,进退两难。且纳粮之难,犹颇少苦;其纳草之艰甚矣,一车之草,比度雁门,止足泽、潞车牛之用。民人负细软,诣大同、蔚、朔、雁门等处,易草输纳。有司欲取民财,实难言语,故行习蹬,必欲本处载去。致使民人转运艰辛,不胜之苦,惟天可知。呜呼哀哉!有司食天之禄,岂有天灾人祸不至者耶!今之所犯,法所难留!"(【明】朱元璋:《御制大诰·山西运粮》第10,P591)

洪武中晚期,朝廷曾想调集大军23万,开往北疆去,当时计划征发民夫10多万。皇帝朱元璋是这样合计的,2个兵士合用1头驴,所用驴夫1人,因此23万大军全部开往北平,至少要征用民力11.5万。但由于种种原因,实际能开往北平的军队只有10多万人,能征发的驴夫民力也只有5万多。听到手下人的这般报告后,洪武帝心里很不愉快,本想迅速对蒙古人发动大规模军事进攻了,但眼下的这般情况还真让他头疼不已。而每当要举行重大的军事活动时,他总是习惯地观察一下天象,看看是否可行,这一次当然也不例外。不过当观察到天空呈象不利于军事用兵时,朱皇帝马上发出指示:"兵归各卫,驴留北平,命布民间,各户分养,甚便于民。"农民出身的人当了天子可能会更多地从农民生计角度考虑问题,按照洪武爷的想法,就让北平郊县的农民前来认养这些官府征集的毛驴,然后各自带回去就地牧养,这样就不会太扰民害民,更不会有草料费用等开支。可北平布政司经历董陵云以及郊区的府州县等官员却不这么认为,要是让老百姓各自领养了毛驴,政府官员还能有什么"作为"呀!于是他们几个人合计了一下,决定实行圈槽喂养毛驴,让各家各户出钱,专门雇佣驴夫在官府指定的地方养驴,一来可以在运作过程中捞到好处;二来上级领导要是到我北平来检查工作,看到这样蔚为壮观的养驴场面,肯定会大大地褒扬咱们,这叫做"一举两得"。于是他们下令,发动群众踊跃缴纳"爱国驴费"。不多时就在北平当地将一个个驴场做大做强了。

听说北平地方官员竟然这般自作聪明,扰民害民,朱皇帝气得几乎要吐血。时隔一段时间了,他在御制《大诰》中还极其愤怒地说道:"呜呼苦哉!为民父母,当方面者及牧守一方者,不能造民福而造民祸,有若是耶!且驴在野,各户分养,草料不费,人工不妨。役令团槽,每驴妨夫一名,出城取草,归家取料,往复艰辛。且又设计于民,科敛棘针,擅盖牢墙,其奸计亦如溧阳科荆杖同。患民之殃,不可胜数。其官吏董陵云等恬然不以民为艰,取财肥己,岂有天灾人祸不至者耶!事觉,枭令之。见者戒之,推己以及人,毋蹈此非!"(【明】朱元璋:《御制大诰三编·团槽喂驴》第北方地方官这般明目张胆地害民,南方的会好一点吗?朱元璋在《大诰》中同时给我们讲了好多南方官场上的稀奇百怪的事情。

○ **歙县吴庆夫当了乡间收税官,可神气了,科敛重税,危害一方,最终让朱皇帝给废了!**

徽州歙县有个叫吴庆夫的人,本是个平头百姓,但他脑子活络,看到衙门里的人个个牛气冲天,就萌生了当官的念头。可在那个年代里要想当官是很不容易的,不像现在社会中即使是个没人看得上眼的"三陪服务人员",只要她能交上个有权有势的露水"好老公"、"好干爹",或者只要是"我爸为某某局长、市长",转瞬之间就能捧上人人羡慕的金饭碗,甚至连高中都没毕业就可以在官衙里头领到公务员的财政工资,衣食无忧地当起"准公务员"来。洪武中期朱元璋拿定了主意,恢复科举制,所以说若是你要想当官做"公务员",就必须得参加科举考试,且要凭着自己真实的水平去博一场,但这又谈何容易,不是有人这样说ས:"十年寒窗无人问,一朝成名天下知。"暂且不说这十年寒窗有没有人问,就说"一朝成名天下知"的又有几何?又到何时?吴庆夫想来想去,觉得走这条路太辛苦、太费时,要么就来个"短平快",来点实实在在的,即使当不了正儿八经的国家公务员,就当个准公务员也相当吃得开啊。想到这些,吴庆夫就将家里的钱财搜罗了一遍,然后通过熟人递给了歙县县太爷。没多久县太爷让人传话过来,叫吴庆夫就地任职家乡的巡阑官。巡阑又可写成巡拦或巡栏,是负责催促一地课税的小吏。虽说他不属于明代地方上正式编制内的"公务员",但毕竟还是官府的人。由此吴家的父亲、儿子、兄弟等个个都变成了"准官府里的人",他们横行乡里,"上持官府之威,下怀肥己之奸"。(【明】朱元璋:《御制大诰三编·巡阑害民》第20,P710)

有个乡民叫程保的因为耕种需要买两头牛,吴家人将此告诉了吴庆夫,吴庆夫一听说此事就赶到了程家,向程保发出缴税的命令。乡间小民程保没见过什么世面,看到同乡"官人"吴庆夫来要钱,心里顿时十分害怕,乖乖地将钱拿了出来。吴庆夫一看只有几百文,哪肯罢休,一再恐吓,从程保那里足足榨取了26贯。依照洪武时期的货币换算:1贯=铜钱1 000文=白银1两=1石米,1两黄金=4贯=4两白银(《明太祖实录》卷105)。26贯钱等于26两白银,也等于26石米,这在明初洪武时期已是相当重的负担了。可吴庆夫却不管这些,拿到钱后将小部分象征性地交给了官府,大头部分则放入了自己的腰包里。

来钱极快,又轻松"自如",权力的魔力简直就让人疯狂。不久之后又有人告诉吴庆夫:最近有人从外地贩了一批干鱼到歙县乡下来,据说生意做得还蛮好的。吴庆夫一听说有这样的事情,随即派出了探子,寻找贩鱼商人,向他征收重重的商税。贩鱼商人说:我刚将干鱼运来,才开始做买卖,没你要的那么多税钱。吴庆夫说:"钱少不要紧,你缴给我30斤干鱼,作为实物税就行了。"贩鱼商人还想解释一番,但看到吴庆夫那凶神恶煞样,只好遵命而行了。做买卖的要缴纳重重的税收,搞贩运的同样也不得轻松,时间一长,歙县当地人都知道了吴庆夫的恶名,谁也不愿意当冤大头挨宰被坑,于是能少做买卖的就尽可能少做,能不做的就尽可能不做。这下可急坏了吴庆夫,大伙儿都这样,他的收入一下子少了许多。这可怎么办呢?嗨,有了,听人说附近有个村民到山里去砍了些木头,运到了家中,随即将旧屋做些改造。对,就冲着这个名目也上去收税。山区人老实,见到官府的人就乖乖地将手中仅有的80贯钱给了吴庆夫。人们听说后从此再也不敢盖房起屋了。这样一来,吴庆夫也愁啊,到哪里去弄钱?只见他眼珠子一转,鬼主意就有了,叫人通知各家各户,不管现在开店不开店的,也不管有没有门面做生意的,只要是你家做过生意的,就得一律交钱。(【明】朱元璋:《御制大诰三编·巡阑害民》第20,P710)

歙县当地人给坑苦了,幸好那里距离南京不太远,朱皇帝听说后愤怒地说道:"呜呼!民人起盖房屋,居在万山之中,木植系是土产,又系自己山场,民人乐太平之年,起盖房屋以安家眷。今吴庆夫如此生事搅扰,民何得安。耕牛二只系客商处买来,已有入官文契,又行着要26贯。其卖干鱼客人,步挑至于深山去处,能者挑百十斤,力中者八十斤,力小者六十斤,本人税讫三十斤(指上缴给吴庆夫),又于遍处乡村,不问有无门店,一概科要门摊。以此观之,如此强豪奸顽,民何生理?!"随后洪武帝下令,让法司部门差人上歙县去,将作恶多端的吴家一行人押到南京来,吴庆夫被凌迟处死,他的弟弟及其他一起为恶者,枭令示众!而后朱元璋在《大诰》中就此告诫人们:"今后为巡阑者,倚恃官威,剥尽民财,罪亦如此。三十分中,定例税一(即三十税一),岂有重叠再取者。今后敢有如此者,虽赦不宥!"(【明】朱元璋:《御制大诰三编·巡阑害民》第20,P710)

徽州歙县尽管离首都南京不太远,但毕竟还是有段距离的。俗话说,天高皇帝远,大概就是讲在距离京师远一点或较远一点的地方,皇帝的管控能力要差一点,官吏一旦作恶起来,相对比较容易。其实这也并不尽然,就在大明全国上下开展清除形形色色的"积年害民官吏"运动之际,洪武天子眼鼻子底下的南京郊区也在上演一出出与政府主旋律背道而驰的闹剧。

○ 溧阳官衙里竟有这么一对活宝官吏:合用一个情妇,还坑民害民

溧阳虽处于江苏与安徽交界之处,但在明代它属于应天府(相当于今天的南京

市)管辖。为防止官员的裙带关系干扰和破坏大明政治,开国后不久朱元璋就规定:南人北官、北人南官,就是说来个南北方官员籍贯大回避,南方人到北方去做官,北方人到南方来做官。以此而言,溧阳位于南方,当然就由北方人来当地方长官了。当时有人推荐了一个叫李皋的陕西人,说他如何有能耐,如何在政治上过得硬,洪武朝廷没来得及多考察就直接任命了李皋为溧阳知县。

  再说这个叫李皋的,在陕西土生土长,来到溧阳后他顿时傻眼了。人们都说江南好,都说江南人文明,就连说话都柔声细语的,可自己怎么也感觉不到好在哪里。因为这样的南方"鸟语"无论你怎么认真听,就是听不懂,这实在让人头疼不已。连地方话都听不懂,那怎么能处理地方事务?有人要是问这问题,那就要说你是"老外"了,人家当官的千万不可跟人说:我不懂,我不会,那多丢面子啊!君不见,在单位里即使是专家级别的人写了份报告,领导总要拿起他的红笔圈圈、点点、改改,否则怎么能显示出领导高人一筹的水平!问题是当地方领导的连地方话都听不懂,该如何处理那里的政务?不急,我们的现实就提供了答案,君不见有好多好多"人民公仆"可能连26个英文字母都认不全,不是照样到世界旅游胜景与高级娱乐场所去考察考察、研究研究,因为这些由特殊材料所组成的特殊人群有着特殊的才能,因为还有鞍前马后拎包的、跑腿的和语言翻译的人,正在时刻恭候着提供专门的服务,所以大可不必像你我草民这般无知无觉又无能。想当年洪武朝廷任命的溧阳知县李皋就是这么个特殊人才,他不懂南方语,有人给他当翻译;他不通溧阳地方事务,有人给他耐心"指点";他没有零花钱,有人及时给他奉上。这样的"热心人"在当时溧阳县地界上很有名,为首的是个皂隶,名叫潘富。潘富没有600年后的某些提供特殊服务的"准公务员"那般幸运——干好了跟着领导在政治上不断取得"进步",那时的潘富们属于大明"公务员"(领导职务)行列以外的衙役,衙役干得再好一般来说到老死也不太有可能"转正"为"公务员",只恨那万恶的旧社会制度不好。不过潘富们倒是乐在其中,因为他们知道,跟好了领导,好处就会大大的有。

  洪武十八年李皋上任后不久,潘富便向他提议:到乡下去"考察考察","了解"一下民情。李皋听后当场就一惊,随即反问道:"当今朝廷不是不让官员下乡,你怎么叫我下乡去?"潘富听到这话,诡异地一笑,然后这般说道:"皇帝禁止的是官员下乡,可没说不让衙门役吏下乡啊。知县大人,您可以将自己打扮成役吏下乡去,这样不就没事了。"李皋一听,觉得这个主意不错,随即吩咐手下人开始准备。

  套上役吏服装,戴上宣帽(役吏经常戴在头上的黑色长帽子),李皋在大群衙役的簇拥下,敲着锣、打着鼓,浩浩荡荡地来到农村。再说农村里的甲长、里长和耆老们都听说了,县上来人啦,那可是不得了的事。因为县衙里的老爷再怎么说也是朝廷的命官,万万不可轻慢,赶紧召唤民众前去迎接,要不然落下个"大不敬"罪名,谁担负得起啊!众村民在村干部的带领下,来到了村头,然后一起跪倒在地,等候县上的人进村。人们早已听说了,这次县上来的人还不同于往常,据说县太爷也来了。有人正说着,只听得一阵阵锣鼓声越来越近,伴随着吆喝声,有几个胆大的村民偷偷地抬起头,向黑乎乎的县上来的人群瞧去,然后嘀咕起来:"究竟哪个是我们溧阳县的新知县?都是穿黑色的,搞不清楚!"有个老辈的听后指点道:"从这样的阵势来看,应该是这群皂隶打扮、骑毛驴者中走在最为前面的那个!"众人听后顿时"眼睛一亮",原来就是他!正当大家窃窃私语之际,村官们已经站了起来,弓着腰,恭恭敬敬地将县老爷们迎进了村子……(【明】朱元璋:《御制大诰三编·递送潘富》第18,P709)

自从到了农村潇洒走一回后,李皋李知县可算是对江南开了点眼界。回到溧阳县城后,他魂不守舍,那楚楚动人的江南美女之倩影老浮现在眼前,至于政务么,全由潘富一拨子皂隶去打理。领导干部呈现这样的境况,八面玲珑的潘富——都看在眼里,今天给知县李大人出了个"创收"的"好主意",明天又拿出个"开源"的金点子,反正有一条"铁定的真理",那就是有权不用过期作废,从众多小民那里挖几勺子,不费多时,就完成了"资本原始积累"。还算有良心,潘富搞到了一定数目的钱财后就跟领导作汇报,并请示该作何种处理?李知县听后似乎一下子没了主意。潘富想起来了,知县李大人孤身一人来到我们溧阳,又正值壮年,从他平时那色眯眯的眼睛里就能看出,他想女人啦!怎么办?去弄吧!潘富想到这里,就跟李皋低语了一阵子,随即上苏州去。江南佳丽地,处处产美女,但最好的美女据说产自苏州,对于这一点李皋早在陕西时就听人说起过。再说那精干的皂隶潘富自从领会了领导的密意后很快就来到了苏州,没经什么大周折便将一个颇有姿色的小美眉带到了溧阳,送给了知县李大人做临时夫人。

可李大人毕竟读过书,自己来到江南任上没多久就弄了个"夫人",这事传出去多不好啊,怎么办?就暂时将她寄养在心腹潘富家吧。一旦有生理上的需要,要么上潘富家会会那个小美眉,要么趁着天黑将小美眉接过来,好好消受消受。可从小美眉的角度来说,自己对那个人称其为知县的人太陌生了,除了黑夜间有过亲密接触外,平时大白天实在是难得一见其面,倒不如买自己的潘富那么熟悉、亲切。女人天生就喜欢鞍前马后体贴入微的男人,名义上自己是知县李皋的女人,但说到底眼前这位经常甜言蜜语的"好男人"才是自己有所心动的。自从内心有了这么个变化,天天望眼欲穿的小美眉很快就成了潘富的女人。两个男人合用一个女人,这是多丑的事!其实这也没什么大不了的,600年后的新世纪,北方某省委副书记就与某石化集团总经理兼中石化股份有限公司董事长共同合用一情妇,三人在青岛合伙做生意,弄得风生水起,财源滚滚,恰似黄河之水源源不断地流入各自的"自留地"里。最令人拍案叫绝的是,两个男人合用一个女人,又能三者相安无事,真是天上人间实在罕见(http://news.qq.com/a/20140228/)。而从最终结果来说,600年前溧阳县令李皋和他的下属潘富合用一情妇远没有那省委副书记大人与央企董事长共同"开发美女资源"所产生的恶劣影响那么大,因为前者中那个被共同开发的美女并不参与经济创收。就县令李皋而言,他毕竟读过书,尚知羞耻,尽管自己的心肝宝贝被人占了,尽管自己是一县之长,但就经济实力与人脉关系而言实在不行啊,养个专供美女,那可不是件轻松的活儿,所以说要想开发好美女,首先得开发好经济和广开财源,这才是"硬道理",才是根本。

那么怎么做好这个根本呢?李皋陷入了深深的痛苦之中。就在这时,又是那个头脑特别灵活的潘富出来给他出主意:我们溧阳县衙里关了好些犯人,这些犯人犯的事都不怎么大,一般来说行杖一番后也就可以把他们给放了。不过最近听说那行刑的荆杖好像是坏了,不如李知县下令,让我们溧阳县的老百姓各自进献一根?!李皋尽管对潘富有着"夺妻之恨",但十分佩服他的好脑筋,听到要让百姓来进献荆杖,他顿时感觉,这是个金点子,随即吩咐手下的人发令下去,让县民们纷纷行动起来。

溧阳位于江南丘陵地区,境内的山都不高但小山头还是挺多的,每家每户弄根把荆杖上贡给县府问题不大,可这荆杖具体有什么要求呢?那就得由县衙里的潘富等衙役说了算。县民们送了一根又一根,跑了县城一次又一次,就是不合县衙里的要求。终于有人开窍了,县老爷老说进贡上去的荆杖不合格,大家被折腾到现在花费也够多了,算了,还不如掏些钱让县老爷他们自己去买。嗨,这一招果然灵验,县民们争相仿效,尽管很多人为之恰似身上脱了一层皮,但总算完成了政府指派的任务,暗自庆幸自己思维转得快。可也有人脑筋不转弯,当今洪武皇帝不是号召要减轻老百姓负担?对于地方官府扰民、害民的,小民们可以拿了皇帝的《大诰》,直接上南京去告状。溧阳就在南京的边上,有个叫黄鲁的县民就是不理溧阳县衙的那一套,直接来到了南京,向皇帝上章奏事。朱元璋获悉后先叫人偷偷地查了一下,发现黄鲁所述属实,随即派人上溧阳去捉拿害民官吏。(【明】朱元璋:《御制大诰三编·递送潘富》第18,P709)

不知怎么的,可能是走漏了风声,当洪武朝廷派出的人来到溧阳时,反应极快又有丰富人脉关系的皂隶潘富不惜花费,开始潜逃,从溧阳逃到安徽广德,又从广德逃到建平,"至建平县,拈踪追捕,建平民王海三等,潜递复回溧阳。溧阳民朱子荣等，暗递至宜兴。宜兴民杭思鼎等，暗递至安吉。安吉民潘海，私递至长兴。长兴民钱弘真等，递至归安。归安民吴清甫等，递至德清。拈踪追及，德清民赵罕仁暗递至崇德。崇德豪民赵真、胜奴，家盈数万赀财，日集无籍之徒50余人在家，常川贩卖私盐，邻里相朋者200余人。潘富遁于此家，追者至，本户将潘富递入千乘乡僧寺。僧澄寂、周原善却将追捕者，率领200余丁终宵困逼，致被追者杀讫1名，杀伤1名，后天明而解去。"当听完"捉拿害民官吏"者对惊心动魄的追捕经过的描述后，洪武帝从牙缝里蹦出了这样的话来："将豪民赵真、胜奴并200余家尽行抄没，持杖者尽皆诛戮。沿途节次递送者107户尽行枭令，抄没其家。"而后在《大诰》中他发出这般除去民害的感慨与号召："呜呼！见恶不拿，意在同恶相济，以致事发，家亡家破，又何恨欤！所在良民，推此以戒狂心，听朕言以擒奸恶，不但去除民害，身家无患矣。"(【明】朱元璋：《御制大诰三编·递送潘富》第18，P709)

● 洪武帝不仅鼓励大家要造贪官污吏的反，尽除民害，而且还对阻挠清除"积年害民官吏"者予以严厉的处罚

在开展清除形形色色的"积年害民官吏"运动中，出身于农村的草根皇帝朱元璋特别注意，严厉打击官吏下乡扰民害民。在《大诰续编》中他曾这么讲道："十二布政司并府州县，往常官吏不时亲自下乡，扰吾良民，非止一端。数禁不许，每每故违不止。洪武十七年，将福建布政司右布政陈泰拿赴京师，斩首于市，敕法司行下诸司，毋得再犯此行。诸司承受禁文，非止一纸，动经五七次，诸司明有卷宗。其无籍杀身之徒，终不循教，仍前下乡扰吾良民。且如洪武十八年、十九年，(安徽)无为州同知李汝中下乡扰民，罪已不赦。湖州府官吏、乌程县官吏易子仁、张彦祥，不将被水灾人户赴京赈济，通同豪猾，当告水灾之时，以熟作荒，以荒作熟，以多作少，以少作多。以多作少者，为其善人被灾本多，当报之际，减灾报数。以少作多者，为与富豪交结，将少作多。以荒作熟亦如之。以熟作荒亦如之。致令乌程县民傍湖者缺食，朕终不能明其数，所以赈不及之。至今慊慊，无可奈何。"(【明】朱元璋：《御制大诰续编·官吏下乡》第17，P632～633)

朱皇帝还为此下发"红头文件"，号召大家行动起来，捉拿下乡扰民或以其他方式害民的官吏："十二布政司及府州县，朕尝禁止官吏、皂隶，不许下乡扰民，其禁已有年矣。有等贪婪之徒，往往不畏死罪，违旨下乡，动扰于民。今后敢有如此，许民间高年有德者民，率精壮拿赴京来。"(【明】朱元璋：《御制大诰续编·民拿下乡官吏》第18，P633)

在朱元璋的积极倡导下,常熟县民陈寿六带领他的弟弟与外甥,将害民县吏顾英绑缚到南京,受到了嘉奖。洪武帝不仅免掉了陈寿六三年的差役,而且还特别关照,谁要是无事生非,罗织罪名,诬害了陈寿六,本皇帝灭他的全族,"其陈寿六其不伟欤"!(【明】朱元璋:《御制大诰续编·如诰擒恶受赏》第10,P630)

朱元璋鼓励老百姓造贪官污吏的反,鼓励人们捉拿害民官吏,鼓励人们到京城来向他告御状,这是洪武时代的新时尚,任何人都必须与时俱进!不过社会的复杂性就在于不是所有的人都会有相同或相像的言与行,任何时代总会有人"落伍",或反向而行,甚至"以身试法"就不信那个"邪",明初朱元璋时代也不例外。

洪武十九年三月二十九日,嘉定县民郭玄二与同乡的一个村民约好,带了皇帝的《大诰》上南京去告状,控告嘉定本县首领弓兵杨凤春等人害民。当他们经过淳化镇时,遭到了巡检何添观的"刁蹬留难"。这时有个叫马德旺的弓兵急吼吼地走了过来,阴阳怪气地说道:"什么,上京城去告状,就凭你们两个泥腿子手里拿了本《大诰》,皇帝会接见?以我看你们还不如将钱给我们,我们是政府下属机构,到哪儿都熟悉,派几个人上南京去,代你们告状不就得了,免得你们去了连皇宫大门都找不着……"没想到郭玄二两个农民也是"认死理"的人,他俩认为:既然洪武皇帝下令底层受苦百姓可以直接进京告状,为什么我俩就不可以?既然常熟的陈寿六三人都告赢了,为什么你们巡检所的人不让我们通行?淳化镇巡检所的人见到两个农民那般坚持,也鉴于洪武帝三番五次地鼓励底层百姓"造反",最终他们不得不做出妥协,放郭玄二两人通行。

再说洪武帝听说了郭玄二两人的一路遭遇后十分恼火,当即说道:"如此沮坏,除将各人押赴本处,弓兵马德旺依前《大诰》行诛,枭令示众;巡检何添观刖足枷令。今后敢有如此者,罪亦如之。"(【明】朱元璋:《御制大诰续编·阻挡耆民赴京》第67,P663)

官吏下乡要被人捉拿送往京城,即使不被捉住,但只要其有贪污受贿和害民的把柄,小民们也可以拿了《大诰》赴京告状。在这特别严肃的洪武年间,吃官饭的哪有过去那么自由,简直是"官不聊生"了——过去司空见惯的利好之处触手可及,现在可几乎都无法下手了,怎么办呢?常州武进县邓尚文等官吏在苏南相对发达的商品经济影响下,灵机一动,干起了靠山吃山、靠水吃水的"新"勾当,在征收夏粮税收时将90%的税粮上仓,还有那10%的,他们就偷偷地截留了,但对外却这么说:今年常州税粮没有全部征收到位,为了完成中央朝廷下达的指标,我们就不得不向本地富户大款们开口借了。

皇帝朱元璋知道内幕后十分气愤,说道:"(没想到这些官员)如此害民,既征不足,借于富民,果后以何陪(赔)还?以此观之,富民不免致害,终无陪(赔)还之意!"随即下令,将这些害民的常州官吏给逮了,重重处罚。(【明】朱元璋:《御制大诰·武进县夏税》第13,P592)

○ 追赔责任制带来的哭笑不得丑剧

对于贪赃害民的官吏,洪武皇帝不仅要一一逮尽,要严厉处置,而且还要追查赃物赃款何来何去。他曾下达层层追赃和退赔的指示:"如六部有犯赃罪,必究赃自何而至。若布政司贿于部,则拘布政司至,问斯赃尔自何得,必指于府。府亦拘至,问赃何来,必指于州。州亦至,必指于县。县亦拘至,必指于民。至此之际,害民之奸,岂可隐乎!其令斯出,诸法司必如朕命,奸臣何逃之有哉?"(【明】朱元璋:《御制大诰·问赃缘由》第27,P598)

就在洪武皇帝推行追赃"责任制",层层落实,弄清赃款赃物的来龙去脉之际,谁也没想到,跨省作案、上下勾结和浑水摸鱼等类的官吏害民事件又在一一上演了。

扬州瓜埠河泊所(可能相当于水上税务机构)拖欠渔业税收钞40 000张。主持户部日常工作的侍郎郭桓(当时他的贪污大案尚未暴露)根据朝廷的指示,下发公文到下面,要求地方税务机构务必将拖欠的渔业税收给补上。扬州知府战慎接到公文后,随即着手解决填补渔业税收拖欠带来的亏空问题。不过,这些大明"公务员们"清楚:既然渔业专业户与他们的分管领导湖官共同拖欠了40 000张大明宝钞,现在再叫他们赶紧来填补漏洞,这简直就是痴人说梦,只能另想办法了。也难怪我们中国人那么看重当官的,因为这些由特殊材料组成的特殊人群特别聪明。有经济亏空,不急,让地界上的富民大款掏腰包。富户大款们哪敢得罪官府,乖乖地拿出了40 000张大明宝钞。

再说战慎和郭桓等人不费吹灰之力拿到了这么多钱,顿时就乐坏了,几个人一嘀咕,40 000张宝钞给私分了。可这样一来,扬州瓜埠河泊所拖欠的渔业税收问题还是没有得到真正落实呀,这可如何是好?不急,有着"超前意识"的郭桓与战慎等人一合计,办法有了!那个扬州瓜埠河泊所拖欠税收的湖官原籍是江西的,现在他人不见了,根据高皇帝的最高指示精神——层层落实,我们就追赔到他老家江西去。

再说江西布政司省长大人见到扬州来的公文和中央户部下发的"红头文件",岂敢懈怠,赶紧下令在江西全省境内平摊40 000张宝钞,平民百姓一概科敛,随即又派人将科敛到的钱送到郭桓与战慎等人手中。可令人万万没想到的是,这些江西百姓血汗钱一到贪官污吏们手中,又马上给私分了。事发后,法司部门进行了彻底追查。当皇帝朱元璋知道案情的全部经过后,气得差一点背过去。(【明】朱元璋:《御制大诰·扬州鱼课》第50,P608)

看了上述案例,可能有读者朋友要说,那是郭桓一批贪官污吏所为,属于非常态。查处这样一类案件,没什么大的普遍意义,甚至还有人认为是朱元璋小题大做。那真是这样吗?我们不妨再来看个案子。

○ 渔税押运专业户与财政部副部长勾结,想私分渔税,没想到中间……

按照明初的税收规制,地方财税一旦收缴完成后就得派遣专人送往南京,交由户部收入国库;户部则出具收讫文书,然后这个地方专员拿了户部的收讫文书回去入账。这是一项比较专业的工作,一般人都不怎么懂这里边的规矩,"业内人"要是有个什么想法和做了什么手脚,问题还真不容易被发现。

安庆府望江县位于安徽省西南边缘,东南与东至县、江西省彭泽县隔江相望,境内河流较多,在那贫穷的当地,渔税可谓是大宗财税收入,其每年上缴国家的渔税就有 30 000 贯。这样一大笔的渔税由望江县县衙户房指定的业户徐应隆等人专门负责押送到南京,交予户部,年年都如此。就在这过程中,专门押送者徐应隆逐渐地看出了门道:我将渔税送到南京,对口衙门是户部,只要户部官不查问,有谁知道我送了没有呀?!人一旦有了贪念,什么样的坏事都会做出来。徐应隆跑了这么多年南京,虽说自己的身份还是个渔民,但从实际担当的角色来讲,已经是个衙门编制外的皂隶或者说"准官吏"了,就连那户部官看到他时的眼神都与刚开始时大不一样了,尤其是那个叫张易的户部侍郎,你还真没得说的,"可亲又可近"! 有一次徐应隆趁着公务完毕之际向张侍郎"汇报"了自己的工作,随之试探性地谈了自己的"想法",没想到这个张副部长并没有大声呵斥。他顿时觉得"有戏"了,临别前暗示对方,下次我押送渔税来南京时就不缴到户部来了,先找个地方把它们藏起来,然后找准机会我们俩平分一下。(【明】朱元璋:《御制大诰三编·安庆解课》第23,P712)

两个怀有不可告人目的的人就此达成了心理默契,谁知不多久,张易张副部长因为别事牵连锒铛入狱。徐应隆听说后顿时害怕透顶,因为自己刚刚将洪武十八年的渔税押运到南京,藏在聚宝门附近一租用民房内,要是张副部长"胡言乱语"了,不仅那块到嘴的肥肉要给挖出来,而且还可能招来大祸啊!可让徐应隆胆战心惊了半年左右,居然最终什么事也没有,可能张副部长贪得太多了,这样的小事一时半会儿都记不起来了。30 000 贯渔税,原本还得与张副部长平分,如今可好了,他老人家被抓了,天知地知你知我知,现在只有我知,想到这里,他一阵狂喜。算了,打渔那又累又脏的活也不用干了,就我藏在南京的那些钱够我消受一辈子了。怀着无比激动心情的徐应隆立马来到了南京,取出了其中1 100多贯,然后再回望江老家,好不风光地潇洒了一阵。(【明】朱元璋:《御制大诰三编·安庆解课》第23,P712)

就在这时,有个叫汪诚的望江县吏接管了县衙户房工作。俗话说:新官上任三把火,但要是吏员的话就不可能有放三把火的机会。不过再怎么说,也应该将自己接管的工作弄弄清楚啊,汪诚就是这么一个认真的人。他这么一认真,就发现了问题:怎么从洪武十八年三月到洪武十九年三月上缴国库的渔税税讫没有回单?赶紧去问前任官吏。前任官吏说,这事一直是由业户徐应隆操办的。汪诚找到徐应隆问事,徐应隆当即支支吾吾。看来不用大刑还真不行,汪诚示意衙门里的皂隶们动手,这下徐应隆可老实多了,最终说出了事情真相,并告诉汪诚:30 000多贯宝钞已被他用掉了1 123贯,剩下的还藏在南京聚宝门外秦淮河边的一民房内。汪诚获悉后岂敢懈怠,立即奔赴南京,向洪武帝汇报了案情。洪武帝马上让人上聚宝门一带去寻找那民房,最终找到了那笔早该归入国库的渔税款,并提拔了汪诚为户部司务。而对"徐应隆等尽行治以死罪",随后在颁发给全国的《大诰》中,朱元璋这样说道:"忘生舍死,偃兵息民,辟土开边,如此功归,赏不过二十万文,上者匹不过十表里。今此弊,户部试尚书茹太素首衔,张易公然作弊。若无余罪搅扰被监,设使无事而弊成。张易为之弊首,太素未知何如。呜呼!如许大钱粮,岂有联衔而忘其计者!"(【明】朱元璋:《御制大诰三编·安庆解课》第23,P712)

○ 建设部的窝案——充分利用手中资源,"用足用好"

上述这种官吏贪赃害民属于典型的上下勾结型,而下面要讲的则属于另一种,浑水摸鱼型。有个才子叫韩铎的,因为皇帝喜欢,洪武十五年被提拔为吏科给事中。两年后与同科给事中彭允达、吏部尚书陈敬等"将取到十二布政司儒士与谏院等各官,私下定拟职名,作见行事例,朦胧奏启"。皇帝朱元璋一时疏忽,没有认真细查,就批准了韩铎等人起草的官员任职名单。但没多久法司部门就发觉不对劲,以交结皇帝近侍的罪名,将韩铎等人判处斩刑。但朱元璋还是念及韩铎初犯,下令将其罢职,赋闲回家。可没多久洪武帝又想起了才子韩铎,下令让他到南京来任职。谁也没想到,不多时韩铎又因为工作有失,被发配到云南烟瘴盘江去劳改。几个月后又是洪武皇帝想念他,将他从云南直接调到了朝廷,任工部司务。

再说韩铎到了工部即建设部没多久就发现了秘密:原来这个天天在管造房起

屋、搭桥铺路的工部,比起自己原先任职的六科清水衙门不知要肥了多少倍,除了衙门口的石狮子,整个工部没有人是干净的。韩铎掌握了这些秘密后顿时就有了资本,将谁也不放在眼里,甚至还棰楚辱骂工部领导,而工部的那些领导干部因为自身屁股上不干净,只得忍声吞气。如此下来,本是小官的韩铎在工部的威望却越来越高,没过两个月,皇帝朱元璋就将他提拔为工部侍郎。

领导干部人事顿变,工部的"人民公仆"马上转变工作作风,积极向着新上任的韩副部长靠拢,并不时地给他点拨一些"笑纳"技巧。韩副部长本来是读书人、才子,智商高,现经点拨,情商也急剧提高,小试牛刀后,那心中爽得无法言语。不过时间稍稍一长,就觉得没什么新鲜的了,要不,就来点大的,刺激一点的。(【明】朱元璋:《御制大诰续编·韩铎等遭罪》第24,P636)

洪武十八年,韩副部长开始不断地将手中的"人力资源"转变为实实在在的商品经济:一次卖放木瓦匠顾受四等1 500名、土工孙贵等300名、木匠狄阿演等500名、木艌匠王富二等150名,又与工科给事中杨霖合伙卖放人匠100名,得钞13 350贯,给事中哈安得700贯,侍郎李祯得2 150贯,员外郎陈侃、主事郭升各分得1 800贯,郎中陈恭分得1 350贯,员外郎郝彬、主事邵炳、鲁瞻,各分得300贯,郎中侯恒礼分得200贯,杨霖又分得150贯,韩铎分得4 300贯。又一次,洪武十八年九月二十日,韩铎伙同侍郎李祯、员外郎王大用盗卖芦柴28 000束,得赃款钞14 000贯,侍郎李祯、员外郎王大用各分得3 000贯,主事张凤、司务宋原各分得2 000贯,韩铎分得4 000贯。洪武十八年七月二十七日,韩铎"与工部尚书徐本、侍郎李祯于奉天门奏,大胜关抽分场见在抽分木炭九十万斤,奏旨搬运。为无人夫,未准搬运。后两月余,发放搬运原奏炭数。不期(韩)铎窥俟万几之冗,以为朕必失记,故将前项炭数止存九万,余者尽皆分卖。着令搬运原数,其铎面欺,应对原奏炭止九万斤。知铎大肆奸顽,送法司穷问"。韩铎等人后来招认:贪赃枉法除转移隐匿外,实际舞弊赃款共有30 350贯,木炭810 000斤,侍郎韩铎得了8 900贯,侍郎李祯得了5 750贯,郎中侯恒礼得700贯,郎中陈恭得1 350贯,员外郎陈侃得2 400贯,员外郎郝彬得400贯,员外郎王大用得3 000贯,主事郭升得2 300贯,主事张凤得2 000贯,主事鲁瞻得300贯,主事邵炳得400贯,司务宋原得2 000贯,给事中哈安得700贯,给事中杨霖得150贯。整个建设部几乎成了贼窝,愤怒的洪武皇帝在查清案件后立即下令,将这些内贼一一处死。(【明】朱元璋:《御制大诰续编·韩铎等遭罪》第24,P636)

○ 本来是为洪武帝办事的钦差,到了淮安后却与当地的害民官吏沆瀣一气,贪污腐败,扰民害民

　　工部官本来是个"肥缺",一旦搞项目建设,就有了上下其手的机会。可有些部门在普通人看来就是个清水衙门,譬如都察院即相当于国家的监察部或者说是纪委,那是专门监察官场作风的机构,说白了,"清汤寡水",没什么油水可捞啊! 不过这是你我平民百姓的视野,在有些人看来,监察部门或言纪委可谓是难得的好岗位,关键在于怎样将手中的权力用足用好。

　　洪武中期有两个国子监生,一个叫刘志仁,一个叫周士良,可能是由于在校期间积极要求进步的缘故吧,他俩一出校门就得到了洪武皇帝的重用,被任命为都察院监察御史,"为追问赴落课程等事前往淮安,暗行体察,明彰追问"。

　　皇命一下达,有人请吃,有人请喝,并如此这般地"教导"两位书生如何将手中的权力用好、用活。那么高深的文化知识都能倒背如流,这样的人生伎俩只要稍稍一点拨,刘志仁和周士良就心领神会了。只见他们来到淮安后,提取了大河、淮安两个卫的卷宗文档,然后一页一页地仔细查看。突然间映入眼帘的是,这些军方文档中记载着,洪武皇帝所竭力倡导要捉拿的地方害民官吏竟被人送到了这里。没有皇帝的同意,这样的做法是违规的,该怎么办,马上直接上报给洪武帝? 不,从南京出发时哥儿们在欢送我们的酒宴上还反复告诫:监察就是整人,整人很危险,弄不好会引火烧身。与其这样,倒不如来个猫头鹰睡觉,睁一只眼闭一只眼,或者慢慢再说。刘志仁、周士良凑在一起,一嘀咕,主意就定了,"将积年害民皂隶人等206收补军役"的资料放在了一起,对外放出话来,将要把它们上奏给洪武皇帝,但实际上只是吓唬吓唬两卫军官,"并不以状来闻"。(【明】朱元璋:《御制大诰三编·御史李志仁等不才》第 39,P724~725)

　　可部队中的军官大多是草包,哪会想得那么多,一说到自己工作及工作单位出了问题,他们害怕死了,当今皇帝是什么人啊? 到他那里"见上一面",恐怕活着出来的没几个人。那么眼下的这些事该怎么办? 有人出主意,好酒好茶天天侍候好那两个朝廷钦差,至少说麻烦不会那么快就到来了,然后再在这两个钦差身上做些文章看看。

　　再说刘志仁、周士良自从来到军营起天天都有吃有喝,生活快活得赛过天上的神仙。不,还不能这么说,神仙毕竟是神仙,我们可是人,人是从动物演化过来的,因此人就保留了动物的某些本能,譬如男欢女爱啊,而这在现实军营里头就没有,这太乏味了。怎么办? 正当刘、周两钦差为了发热的肉体苦恼时,卫所军官们早已

看出了问题,并开始忙活。他们利用军中的权力,将军费开支中的一部分拿来,到淮安城里买几个长得好的歌妓美眉,然后送到两钦差那里,供其消受。有吃有喝又有美女可供享受,刘、周两钦差好不快活。

不过话得说回来,这些快活都是由部队领导"孝敬"来的,而要想长久地享受下去,尤其那美女消费必须得有大钱啊。怎么能弄到大钱?经"高人"一番指点,刘、周两钦差就开始"搞活经济"了。有个叫陈五的当地巡阑(相当于地方上的收税官)利用职务之便,将收受到的税款占为己有。正当他做着大富大贵美梦之际,有人向淮安当地的官府告发了他。由此,到嘴的肥肉被迫吐了出来,陈五也被拘押了起来,等待朝廷派出的钦差来处理。

刘、周两人接受案子后一下子就来了灵感,收税官身上肯定有油水,我们就以他作为突破口。于是两个钦差与一个等候处理的巡阑官达成了默契:后者自此以后从淮安地界上消失,原本被他贪污了的税款由刘、周两钦差保管,天知地知只有那三人知。但这样一来,有个问题还是没有解决,就是那笔已经到了钦差大人腰包里的税款缺额如何向朝廷交差?不愧为高学历、高智商出身的人,刘、周两人一嘀咕,一项钦差大人拟就的"新政"举措在淮安出台了:官方对外公开说辞是,以前的税款缺额之所以很大,完全是由于当地顽民不缴才导致的。因此当务之急就是淮安地方政府要积极协助钦差大人,"帖下乡村,遍邑科扰(敛)"。(【明】朱元璋:《御制大诰三编·御史李志仁等不才》第39,P724~725)

就在再次征收税收过程中,有个叫鞠七的里长认识了刘、周两钦差,淮安当地的有钱人知道后纷纷找到鞠七,让他在钦差面前说说好话,能少缴就少缴一点,私下里另外准备了一笔孝敬朝廷钦差的钱财,通过鞠七送了上去。这样一来,刘、周两人仅经由鞠七就收受贿赂白银150两,黄金34两,宝钞25 200贯。那么对于那些"不听话"的小民,则"棰楚威逼"。有个叫夏良的小民就因为嘴犟被诬指为替害民官吏匿藏赃款而遭逮捕,且全家人都给牵连了进去,受尽了折磨。至此可以这样说,刘、周两钦差不仅没把洪武帝交办的事情给完成好,反而与当地的害民官吏沆瀣一气,将淮安地方上弄得乌烟瘴气,鸡犬不宁。

朱元璋听说后牙根咬得咯咯响,随即派出锦衣卫千户蒋福前往淮安去,捉拿刘志仁等新老害民官吏。刘志仁毕竟在朝廷待过,见到蒋福突然出现在眼前,立即明白,大势不好,事情弄大了,怎么办?在淮安地界上混的这些日子给予了刘志仁特别的启悟:有钱能使鬼推磨!想到这里,他从贪污受贿中拿出了白银70两、黄金4两,宝钞50贯以及棉布(明初棉布很珍贵的)等财物送给蒋福,求他在洪武帝前面多为自己说说好话。朱元璋知道真相后愤怒地说道:"呜呼!既已为恶,事已发露,方用取受之赃转赂于人,欲以求免,其可得乎! 当其设计之初,把持军卫,然后肆恶贪淫,自以为不致败露,岂知罪恶贯盈,神人共怒,罪将焉逃! 所以刘志仁等凌迟示众,以快吾被害良民之心。凡百有官君子,观之戒之。"(【明】朱元璋:《御制大诰三编·御史李志仁等不才》第39,P724~725)

○ 县政府办公室主任如此"密切联系群众"……

中央朝廷大官大贪,地方小官也在想着法子利用手中的资源优势拼命地"捞钱"。徐州丰县县丞姜礼就是这么一个拼命"捞钱"的高手。县丞的工作主要是辅佐县令,做好税粮征收、徭役签派等。姜礼就利用这样的工作机会,到辖区内的老百姓家去坐坐、聊聊,"密切联系人民群众"么,谁要给他钱财,他就手下留情,签派的徭役既近又轻;谁家要是拎不清,那就有苦吃了。姜县丞通过这样下基层敛民宝钞的手段,逐渐地走上了发家致富的道路,不过并还不满足,还要向着"小康"努力。当时他在县里分管看押犯人,这人只要动动脑筋,"知识就能转化为经济"。姜礼利用自己工作的机会,经常找犯人谈心。犯人见到这样的"好领导",感动得五体投地,悄悄地将赃钱赃物存放的秘密告诉了姜县丞。姜县丞"主动热情"地帮助他们"保管"起钱物来。不过,钱物一旦到手,他就立即占为己有。这事后来给人捅了出去,姜县丞"为此作积年民害,拿到法司,发付修城"。没多久,他又被释免,降等续用。

就在准备上任新工作岗位之际,姜礼忽然想起了一件事:有个叫朱士廉的丰县人现在在南京宫廷中当值序班,尽管这是个小官,但属于皇帝的近臣,要是哪一天他管不住自己的嘴巴,在皇帝面前"胡说八道",岂不是要将我姜礼第二次作为积年害民官吏送到监狱或劳改处! 想到这些,他来到南京,找到了朱士廉,悄悄地送上一沓宝钞,条件是要求对方为自己保守秘密。朱士廉脑子可清醒了,这钱是姜礼害民所得的,我能拿吗? 姜礼见到朱士廉不肯收,马上就开导他了:"你现在不收,将来你丰县老家遇到服徭役时可没钱雇人代役了。再说人活一世,也就那么一会儿过去了,你干吗要那么清廉啊!"可朱士廉就是不干,最后还将事情上告了。皇帝朱元璋听后愤愤说道:姜礼自己的罪行刚被宽免,却又教人受赃,这是置人于死地!"愚莫甚于此,奸顽更何以加,遂致己身不免!"(【明】朱元璋:《御制大诰续编·教人受赃》第26,P638)

在这场持续数年的捉拿害民官吏运动中,尽管许多案件发生在中央朝廷与地方布政司、州府县,但更多的则发生在大明帝国的社会底层。

福建东流江口河泊所官陈克素与辖区内的渔业专业户一起侵吞鱼课10 000

贯,又勾结东流、建德两县官吏王文质等对外宣称:由于环境变化等因素,东流江口的河鱼随水迁徙,致使当地河泊无鱼可打了。但为了完成朝廷先前定好的渔业课税,"不得不"在东流、建德两县山民中按照人丁数平摊鱼课。最终,他们共敛得宝钞数万贯,随即将其中 10 000 贯用以填补先前私吞的鱼课,其余数万贯几人偷偷地瓜分了。事情败露后,这些害民官吏都被洪武帝一一处死。(【明】朱元璋:《御制大诰续编·东流鱼课害民》第 34,P642)

○ 打着孝敬皇帝老子的名义乘机捞一票

　　古代时除了常规税收、赋役外,还有一种地方百姓必须要承担的变相赋税,叫做"解纳诸物"。这是古名,用今天话来说就是征收地方土特产,孝敬皇帝老爷。明初朱元璋为了减轻百姓的负担,规定"解纳诸物"由地方官府自行负责。但由于洪武时期对于官府的财政开支抓得很紧,"解纳诸物"所需的路费与途中盘缠都得由地方官府从百姓身上搜刮过来。这是当时官场上的一个"潜规则",其关键点就在于不要太过分就行了。但洪武初期有许多地方官吏为了个人仕途,就借着"解纳诸物"的机会,从老百姓那里拼命敛财,以便上京城后多住些日子,跟中央领导多沟通,图谋个人发展。为此,皇帝朱元璋特别下令,严加禁止。到了后来他就干脆规定:"解纳诸物"由地方官府派遣具体办事人员解送,并重申禁令,不准借着"解纳诸物"的名义向百姓肆意摊派费用。

　　但禁令归禁令,既然不允许地方长官亲自押送,又不让借此名义科敛百姓,而"解纳诸物"的费用总得要出啊。于是各地官府就想到了地方上的富户和大款,让他们来为地方政府代劳了。朱元璋听说后义正词严地指出:"这是故意虐吾良民!"为此他特别在《大诰》中指出:"凡在官之物起解之际,须差监临主守者。若是布政司、府州县不差监临主守,故差市乡良民起解诸物,因而卖富差贫,许市乡年高耆宿、非耆宿老人及英壮豪杰之士,将首领官并该吏帮(同'绑')缚赴京。若或深知在闲某人,或刁狡好闲民人教此官吏,一发帮(同'绑')赴京来。有司官吏精目是诰(即《大诰续编》),勿堕此宪,敢有故违,族诛之!何故极刑如是?盖谓此差一行,及至抵京仓库等处,朕一时不知,其不畏死之徒,往往刁蹬留难,动经数月弗得归还,或半载未归者有之,必贿赂而后已。当起解之时,有司讬此名色使用钱,已敛民矣。及其行也,令民自备,为因重复害吾良民。此等官吏,一犯族诛,为其害重也。"(【明】朱元璋:《御制大诰续编·民拿经该不解物》第 55,P657)

　　朱皇帝不仅放出狠话,要对借着"解纳诸物"名义坑害百姓的官吏灭族,而且还在《大诰》列出安庆龙南莲若湖河泊所官郑德荣等 8 人在洪武十九年三月前犯下贪赃害民罪状,作为全国捉拿积年害民官吏运动的参照或样板。

当然捉拿积年害民官吏还远不止上述这么一层意思,其概念应该是相当广泛。像前面我们讲过的常熟农民陈寿六捆绑县吏顾英到南京告御状、河北乐亭农民赵罕辰等人捉拿主簿汪铎押往南京,交与朱皇帝审判,等等,都应该算作是这场运动中的一个个好案例。

○ 皇家警察到常州出差,竟在当地娶妻、搞创收,过起甜蜜的小夫妻生活

除此之外,还有一些特别的人群所引发的一些特别的案例。

洪武中期朱元璋下令,从民间挑选一些家庭出身清白的"有力壮士"充任锦衣卫校尉,"随驾出入,因见好汉,着令四方打差",即说除了做好皇帝的安全保卫工作外,还让他们办些特别的皇差。朱元璋明确说了,之所以不用官衙里的皂隶、胥吏当跑腿的,就是怕这些社会边缘人群胡为害民。可他哪里想到,这些寄托了他所有希望的锦衣卫校尉,在脱离了皇帝视线下干出了比皂隶、胥吏所干的影响还要恶劣的害民之事来。

有一天,有人上奏说:常州府本该运来的城墙砖怎么老不见送来,我们南京城的城墙建设正等着用呐,应该派人去查查看!朱元璋听后当即派了周金保等8名锦衣卫力士奔赴常州去催促。哪想到周金保们上常州就如肉包子打狗,有去无回。朱皇帝想想:或许常州人正在赶制呐,等等再说吧。一等等了9个多月,他终于耐不住了,又派人上常州去查查看,这不查不要紧,一查简直要把朱皇帝气死!

原来周金保一行人到了常州,这是什么地方?江南富庶之地,那佳丽满街,柔声细语直把秘密警察周金保等魂魄都给勾走了,而要想得到吴人佳丽没有票子可怎么能行呢?此时的周金保顿时感觉金钱尤其珍贵,怎么办?想办法创收!自己既然是来这里催办城墙砖的,就以此作为突破口向没来得及完成任务的老百姓家去要,谁敢不给,就以违抗皇差的罪名加以威胁,小民们哪见过这样的阵势,于是乖乖地把家中值钱的全给了周警官。可周警官还不满足,因为此时他已在常州娶了妻子,成了家,开销大,为此要开辟新财路啊。周警官瞄了一大圈,主意有了,自己是锦衣卫力士,皇帝的特别皇差,多神气!地方上官老爷都怕他,他就假模假样地开始审讯常州府中的囚犯,给钱就放人,这下可让周警官大大地发了一笔,然后回家抱着美妻好好乐乐,且乐癫乐癫。

可就在周警官乐癫得什么都不知道时,皇帝的第二批秘密特使突然来到,将他从温柔乡中给逮了起来,并迅速地处死了他。(【明】朱元璋:《御制大诰续编·力士催砖》第81,P671~672)

○ 牙人——中间经纪人也是洪武年间打击的对象

还有一类在今天看来也是很特别的,那就是朱皇帝号召大家捉拿官牙和私牙,将其绑缚送往南京。这里讲的官牙和私牙是指官府的或私人的生意中间经纪人。在朱元璋看来这样的生意中间经纪人(当时统称为牙人),不像农民或手工业者那样,生产出实实在在的商品,可供交易,牙人买空卖空,会坑民害民,带来社会经济秩序的紊乱,所以下令严加禁止:"天下府州县镇店去处,不许有官牙、私牙,一切客商应有货物,照例投税之后,听从发卖。敢有称系官牙、私牙,许邻街坊厢拿获赴京,以凭迁徙化外。若系官牙,其该吏全家迁徙。敢有为官牙、私牙,两邻不首,罪问。"(【明】朱元璋:《御制大诰续编·牙行》第82,P672)

可我们中国人一向就特别聪明,明代人也不例外。皇帝爷你不是规定不准在"府州县镇店去处"设立牙行么,那么我就来打擦边球,看你洪武爷能拿我怎么着?应天府上元、江宁两县县民刘二、军丁王九儿等14人跑到距离京师100多里一个名叫边湖的小地方去开牙行,按照他们的设想:我们遵循了你洪武皇帝的指示,没有将牙行开在"府州县及人烟辏集村店、马头去处",而是弄在一个乡间旮旯里。好奇的读者朋友可能要问了:开什么商店,牙行不就是为了挣钱,而在乡间旮旯搞什么牙行,岂不是吃饱了撑着?不,人家来自"红太阳升起"地方的人可聪明呐,刘二和王九儿一边在边湖开牙行,一边招募地方上的地痞无赖在交通要道设卡,让来往做生意的人留下"买路钱"。谁要是不听话,他们要么扣押货物不放,要么"刁蹬留难,使客商不得其便"。(【明】朱元璋:《御制大诰三编·私牙骗民》第26,P714)

朱元璋听说后当即下令,将刘二等迅速捉拿到京师来,因为考虑到前番《大诰》中没有提到在乡间旮旯开办牙行、打擦边球该怎么处置,于是叫人给14个"牙行工作者"带上枷号,即在脖子上戴上沉重的方形木质项圈,然后再拉到人口密集的闹市区去罚站示众。一连数月,天天都这样,结果将人给活活"站"死了。"站"死了,活该!但朱元璋还不罢休,为了教育全国人民,他再次下令,将这些刁民家族迁徙化外即边疆地区去,并在《大诰三编》中又一次强调"此诰一出,所在人民,观此以为自戒,倘不奉命,罪同刘二等",即说严禁在任何地方以任何形式开办牙行,贻害商民。(【明】朱元璋:《御制大诰三编·私牙骗民》第26,P714)

○ 令人啼笑皆非又毛骨悚然的军中官吏害军害民之事

看了上述一系列案件,大家或许觉得:从中央到地方,没有一个官府衙门是干净的,正应了拆字先生所言:"什么叫官?官就是头上戴了一顶冠冕堂皇的官帽,多少还像点人,可下面是狼心狗肺、一肚子坏水的重叠僵尸。"对于这样的说法,虽然某些特殊材料所组成的"人群"不一定会认可,但我个人认为大致讲对了,且十分形象、尖锐、到位。中央与地方的官吏不好,常常会扰民害民,那么大明军队里的军官们是否也有这种违法犯罪行为?洪武帝发现:

"大同前卫百户李隆,为要买马,科军人孙德等钞449贯、布4匹、银4两入己。镇南卫百户杨应保科各军钞5贯入己,百户赵忠科各军米16石、钞75贯入己。叙南卫指挥夏晟,科各军茵草100斤做人事送人,又每旗科钉3 000个打船做买卖。宁海卫千户张麟、潘德,为改造铠甲,科各军钞87贯,各分入己。金吾后卫百户于保,为屯种买牛,科各军钞75贯500文入己。金山卫百户张敬,为买墙板,科各军钞30贯入己。莱州卫百户孙骥,为画图本,科各军钞26贯入己。河南卫百户侯显,为盖自己房屋,科各军钞80贯入己。这火(应为'伙',朱皇帝又写白字了)官人如此科敛害军。那小军每一月止关得一担儿(应为'石',朱皇帝写白字)仓米,若是丈夫每(们)不在家里,他妇人家自去关呵,除了几升做脚钱,那害人的仓官又斜面上打减了几升,待到家里,师(可能是凤阳土话,音为伐)过来呵,止有七八斗儿米。他全家儿大大小小要饭吃,要衣裳穿,他那(应为'哪',朱皇帝写白字)里再得闲钱与人。这千百户每(们),直这等无仁心,他关了许大俸钱,倒又去科敛害军。科这穷军每(们)的钞,回家去买酒买肉吃呵,便如将他身上的血来吃一般。吃了这等东西,有甚么长进,神天也如何肯。而今都发去边远充军去了,看他去做军时,果实过活得不过活得?"(【明】朱元璋:《御制大诰武臣·科敛害军》第9,P736)

"抚州千户张邦、董升等,将他自家的鹅鸭放在各门上,却着守门的军人,但有挑担米谷过往的,便去取要米谷来喂养。又但凡有客人出入,便以批引为由,多般刁蹬,有钞与他,才肯放过。他在那里如此害人,也不思量要长久,则是贪财泼做,卒至今日把职事弄坏了。有这等无知的愚夫!"(【明】朱元璋:《御制大诰武臣·守门阻挡》第10,P737)

"襄阳卫千户孙齐克落(即克扣,笔者注)各军月粮(各军士每月的口粮,笔者注)300石入己。千户周铭克落军人盐钞200贯入己。镇南卫百户周原德克落军人月盐33斤入己。福州左卫百户刘义克落军人盐钞22贯500文入己。台州卫镇抚钱兴克落军粮378石入己。绍兴卫百户王伯当克落军人盐钞9贯800文入己。定远卫百户靳允恭克落军粮18石入己。应天卫百户袁思诚克落军人屯种稻谷10石、小麦15石入己。沂州卫百户王仁美克落军人盐钞40贯入己。永州卫百户毛恩盟克落军人盐钞26贯入己。仪真卫百户刘仲贤克落赏军苏木22斤入己。平阳卫百户何敬克落军人赏赐钞100贯入己。事发,都贬去边远充军。那小军每每月关的粮,及关得些儿赏赐,全家儿都望着他,做官的不能抚恤他,倒又去克落了他的东西,也将心去度量一度量,果实过得去不过得去?这等无仁心的人,你怕他得长久,子孙出来怕会长进?"(【明】朱元璋:《御制大诰武臣·克落粮盐》第16,P740)

笔者仅摘了《大诰》中的三段史料,读者朋友看了后或许要哭笑不得。金、银、钞票果然是好"东西",当官的贪污勒索也在人们的想象当中。但大明军中的军官似乎对士兵们所有的财物或其经手的东西都感兴趣,茜草、钉子、米谷⋯⋯甚至月粮即士兵口粮,什么都要,一个都不能少,由此可见其贪婪的嘴脸。不过与之相比,下列军官之所作所为则更为可恶了:

"豹韬卫百户王德甫,为失去官木,打死军人任良。府军前卫百户王斌,为撑驾征北船只,打死军人俉德旺。羽林左卫百户阚秋,为领军斫竹,打死军人周添。镇海卫百户侯保,为看守船只,打死军人乔海秀。天策卫千户陈安,为烧砖,打死军人邹仲真。锦衣卫百户万成,为监造营房,打死力士于青。事发,都教偿命了。做军官的,务要抚恤得那小军好。抚恤得好呵,众军每(们)感戴,神天也欢喜。这等有阴骘呵,明日必然会长远,子孙出来也会长进。百户王德甫等,他将小军打死了,若是在阵上违了号令,便打死了也不妨,而今因些小事儿,都将他打死了。这等呵,如何不着他偿命!"(【明】朱元璋:《御制大诰武臣·打死军人》第14,P739)

一不小心,就被军官打死了,虽说事后洪武帝也曾予以明确的说法,一命偿一命,多少也让人们心里有所宽慰。但如些事实都有力地证明了,明代卫所制下兵士们的命运是何等之悲惨,军官坏蛋们是何等之可恶!不过话得说回来,人死了,死了死了,一死百了了,而最令人感到可恨的和最令人难受的可能就要数,当你还活着时当官的就肆意地侮辱你、折磨你。

俗话说得好:人生最大的仇与恨莫过于杀父之仇与夺妻之恨,而大明军中官吏偏偏在这等本不该为的"大是大非"问题上却"有为"了,于是悲剧一一上演。

○ 军队中情哥哥、情妹妹偷情好快活,只恨情妹妹的丈夫一直杀不死⋯⋯

北平附近有个叫蓟州的地方,明初在那里设立了军队的卫所,有个叫宗聚的人出任该地卫所中的千户,即管1 000来号士兵,可能相当于军中的下级军官。民间有句俗话:官再小也是个官。这话有两层意思:一层是有人当官前还是人,可自当上官了就不再是人了,用老百姓的话来说就是衣冠禽兽;另一层意思是小官即使小到了不能再小的地步,但他还是代表官方的,往往盛气凌人,为非作歹。我现在讲的蓟州千户宗聚就是这么个恶贯满盈的小官。

蓟州地方军队中有个叫王群儿的兵士,其家中有个十分风骚的女人周氏,长得性感,正值风华正茂,男人们每当看到她时总感到有一团火焰在燃烧。开始时大家也就议论议论,谁也没有将它当回事,毕竟人家是我们当兵兄弟家里的人啊!可说者无心听者有心,部队小官千户宗聚听到兵士们的议论后顿时就起了歹念,经常找王群儿说话,让他出差去。王群儿一出差,宗聚就让其妻周氏来到自己家里陪夜。这样的免费性服务一多,原本男女身体需求与生理互慰的落水夫妻逐渐地变成了如胶似漆的生命鸳鸯,一旦有空隙,两人只要互递一个眼色就能快速地进入欲死欲仙的快乐天国。(【明】朱元璋:《御制大诰武臣·因奸杀人》第21,P743)

纸包不住火,时间一长,附近的人们就开始议论纷纷。王群儿即使再忙也总有回家的时候,看到老婆对自己爱理不理的样子,联想到人们的议论与那怪怪的眼神,他就开始审问妻子周氏。周氏尚有几分羞耻,不敢承认。盛怒之中的王群儿操起家伙就往周氏身上扔,随后又逮住她使命地打。被打的周氏一肚子"委屈",当然丈夫在家时她是不敢说的,乘着王群儿外出办事之际,她便溜了出去,直奔宗聚家。

看到泪美人身上青一块紫一块,宗聚心疼地抚摸着,并不停地问:"到底怎么啦?"这时周氏哭得更伤心了,一头栽在宗聚的怀里,不停地抽泣,过了好久才一一道来。说完后她问了:"你说要我,现在我家那个死鬼快要打死我了,你倒说该怎么办呀?"宗聚边抚慰怀中的周氏,边慢吞吞地说:"我说过的话没变,不过目前首要的事情就是要把他给除掉,这样你才可以名正言顺地做我的女人。做了我的女人,有你好衣服穿,有漂亮的金银首饰让你戴,比起做那个穷当兵的女人可不知要强多少倍!"周氏听到这里,觉得浑身上下格外痒痒的,她忍不住又问了:"你说除掉他,怎么个除法?"宗聚说:"你回家后只当什么事也没发生,然后找个空,模仿你丈夫的模样做个泥人,用铁钉把它全身给钉了,再将它埋到你家丈夫睡的床底下。"

周氏回家后依计行事,没多久她的丈夫王群儿就被厌镇病倒了,但过了好久人还没死。这时,一心想投到情哥哥怀里的周氏十分不安,有事没事总找借口外出,去找情夫宗聚商议:"怎么办?我家那个还没死,看他那样子,估计一时半会儿可能还死不了,你总该想个办法呀?"说完,泪如断线珍珠似地从她那绯红的脸腮上滚落了下来。几天没看到楚楚动人的情妹妹,欲火中烧的宗聚决定豁出去了,他告诉她:"你马上回家去,我去弄些毒药来,将那个穷当兵的小命给结束了。"(【明】朱元璋:《御制大诰武臣·因奸杀人》第21,P743)

周氏拿到了情夫给的毒药,将其和在医治丈夫之病的药里头,再叫丈夫喝下。不明就里的王群儿喝了,然后继续睡他的觉。站在一旁等他死的毒妻周氏一下子慌了神,怎么回事?居然丈夫吃了毒药还不死,莫非剂量不够?随后在给丈夫喂药时加大了毒药的剂量,可谁知王群儿吃了还是安然无恙。这下可把周氏给气歪了,这可怎么办呢？她又去找情哥哥宗聚。宗聚这才意识到：自己给假药贩子给骗了，不过眼下不是跟假药贩子算账的时候，关键的关键是要迅速结束王群儿的生命，否则自己与他妻子的事会越来越被动、越来越难堪。想到这里，只见宗聚那三角眼一转，一个更加歹毒的念头蹦了出来。他告诉周氏："你回家继续装作什么事也没有，继续认真侍候丈夫，然后等到他熟睡时，用铁斧去砍他的头部，这下他可死定了。"为情欲所迷甚至可以说是已经走火入魔的周氏居然听从了这样伤天害理的毒主意。但毕竟是女人，可能是力气小的缘故，也可能是由于心里紧张，周氏举起铁斧时将其用反了，以铁斧背对着丈夫头上连敲了两下。这下可好了，着实把她丈夫给敲"醒"了，他大喊救命。四周邻里听到后纷纷赶了过来，救下了王群儿。

这下王群儿彻底愤怒了，病刚好，他带了《大诰》就上路，想到南京去告状。奸夫宗聚听说后立即派出军中小兵兵前去拦截，他们抢了王群儿身上的盘缠，并将其随身携带的《大诰》给烧了。事态越弄越大，皇帝朱元璋知道后这般说道："似这等无理的人，若不杀他呵天也不肯！"（【明】朱元璋：《御制大诰武臣·因奸杀人》第21，P743）

○ 洪武时期大明军中的"西门庆、潘金莲杀人案"

小军王群儿遇上害军官吏宗聚够倒霉的了，不过再怎么说，他还算幸运，被奸夫淫妇3次暗害却都能歪打正着地躲过了，但并不是所有的人都能像他这样"福星高照"。

云南曲靖卫指挥牛麟是个粗人，粗人有粗人的好处，考虑问题简单、直接，尤其在部队里那就相当吃得开，大碗喝酒，上阵玩命。牛麟自从接受上级命令，跟随傅友德等上云南战场后就没少立过功，积功升为卫指挥，相当于军中中高层领导。当了领导没有美人在身边，这可怎么行啊。君不见现在的领导身边美人如云，用不了多久，这些有着非常功夫的美人也当了领导。这是多么值得炫耀的事情，或者至少说明领导有水平、好功夫。想当年牛麟大概也是这类有水平的"好领导"，当大明军打下云南后，动物的本能开始呼唤着粗人迅速出击，在美景似画的彩云之南弄了一个与自己儿女差不多岁数的云南美人，以解决夫妻分居两地带来的性饥渴问题，这在当时明军中可谓比比皆是。不过牛麟这个军中领导比起别人来，他可"牛"的是，自己娶的小美人长得别特漂亮，简直是花中牡丹，可把牛领导美得一天到晚乐癫癫的，出门办公事带上小美人，到茶馆去喝茶也带上小美人，甚至在军中喝酒也要带上小美人。当时云南军中的普遍现象：几乎是喝酒成风，而每当喝酒时，牛领导总要让心爱的小美人同座，其同僚或领导见了军中突然多了个美人，就争先恐后地前来敬酒取乐。不多时牛领导不牛了,撂下小美眉,自个儿进入了甜美的梦乡。(【明】朱元璋:《御制大诰武臣·男女混淆》第22,P743～744)

再说那个云南籍的小美眉见到老夫君睡了,自个儿又要应付那么多老夫君的敬酒兄弟,这不是为难么!就在这个关键时刻,"英雄救美"的动人故事再次上演了。比牛麟职位大一点的军官柳英前来解围,并在酒宴结束时眉目传情地将她送了回去。一次、两次、三次……小美眉心中有了变化,想想自己天天酣睡的老夫君,再看看眼前这位精明能干、通达心灵的柳领导,我应该……当母狮子处于发情期,只要钟情的公狮一靠近,本来难以搞定或无法想象的事情瞬时就能完成了。而自从与柳领导有了那么一次后,云南小美人的心全给掳走了,甚至有着一日不见如隔三秋的感觉,两人为了天天和时时刻刻都能在一起,最终想到了一个万全之策:由柳英去弄来毒药,让小美眉出面骗牛麟喝下。牛领导从此再也没有一点办法牛了,而柳英与小美人的丑事也随之很快地败露了出来。皇帝朱元璋听说后,对于牛麟的悲剧充满了惋惜之痛:"有这等无知的,妇人家如何着他与男子汉吃酒,吃了一会酒了,自家的性命也被人害了。若是(男女)有分别呵,那(应为'哪',朱皇帝写白字了)里有这等事。"随后他下令,将"指挥柳英与那妇人,都将杀了。今后敢有这等的,拿住一般罪他。"(【明】朱元璋:《御制大诰武臣·男女混淆》第22,P743～744)

贪金、贪银、贪粮、贪草……直至贪色贪欲,弄出人命,如果我们将军中发生的一系列害民害军案件与地方官府里所发生的贪污腐败、扰民害民之事做个对比,就不难发现,其危害程度与负面影响可以说是不分上下,而记载着惩治军中害民害军者的《大诰武臣》恰恰颁于洪武二十年十二月,那时正是地方上开展的捉拿"积年害民官吏"运动进入了高潮期,由此看来,我们完全可以将军中对害民害军者的惩治视为大明全国性捉拿"积年害民官吏"运动的一部分。但若要从历史实际做个更加详尽辨析的话,那么这两者之间还并不完全合一,甚至有着一定的差别:

第一,地方捉拿"积年害民官吏"运动开始得时间早,至少说在洪武十五六年时已经开启了(详见前文),而军中惩治害民害军者则开始得可能比较晚,大致是在洪武二十年,以《大诰武臣》中所载的第二条《常茂不才》为例,其事件发生在洪武二十年九月,"郑国公常茂坐前惊溃房众,罪当诛,上念其父开平王之功,释之,安置于广西之龙州"。(《明太祖实录》卷185)

第二,在地方捉拿"积年害民官吏"运动中,要是有人被告发为"积年害民者",哪怕是犯了些鸡毛蒜皮的小事,一旦查实,往往不是被枭首示众,全家迁往化外,就是被处以极其残酷的刑罚:砍足、断指、凌迟甚至灭族。因此从这个角度来讲,洪武帝完全可以称得上是残酷"一帝";而对于惩治军中害民害军者,他则显得无比之宽大。军中贪腐之事一旦案发,害军害民者一般都被处以远边或极边充军,几乎很少被杀头。不过要是闹出人命来了,那朱元璋会毫不客气地下令,一命偿一命,也就此而已,没有像惩治地方"积年害民官吏"那样杀杀一大片。这或许在相当程度上体现出洪武帝"抑文重武"的治国精神吧。

第三,惩治军中害民害军者时,朱元璋没有大搞群众运动,只是将一些做得过分的军官惩治一番,"割割疯长的野草头"。这样做的有利之处就在于稳定军队,不利之处则是军士地位低下、逃军等问题始终得不到很好的解决;与此相比,地方捉拿"积年害民官吏"运动则搞得轰轰烈烈。朱元璋发动人民群众造"贪官污吏"的反,且为底层受害者撑腰,从这样的视野来看,朱元璋也完全可以称得上是"千古一帝"。不过话得说回来,洪武帝发动群众、开展运动从整体上来看毕竟很有限,他所真正依靠的还是他"闹革命"、抢夺江山的"根本"——军队,《大诰武臣》中无意识地向我们透露了这方面的信息:"凡抄劄胡党及提取害民官吏人等,都差军官军人前去。"(【明】朱元璋:《大诰武臣·卖放胡党》第17,P740)但在发现、查抄胡党和害民官吏时,朱元璋除了依靠广大的人民群众外,还实施了制度性的奖励机制:一旦有人发现或受命查抄胡党和害民官吏,那么其罪犯的"家财不问多少都将与他"。(【明】朱元璋:《大诰武臣·卖放胡党》第17,P740)

由此可想,难怪洪武中后期胡党与蓝党分子"层出不穷","源源不断",也难怪捉拿"积年害民官吏"运动不断升级,越来越杂。

● 捉拿"积年害民官吏"运动的升级与异化

洪武十九年十二月《御制大诰三编》颁行全国,朱皇帝十分得意地跟人说:"朕制《大诰》三编颁示天下,俾为官者知所监戒,百姓有所持循。若能遵守,不至为非,其令民间子弟于农隙之时讲读之。"(《明太祖实录》卷182)在这《三编》中朱元璋对以前捉拿"积年害民官吏"运动做了阶段性的总结。该总结首先立足于《大诰》给全国臣民指明了正确的方向,将害民者分为巨恶、中恶和小恶。《大诰》首编一出,全国良善之民就有了指路灯和尚方宝剑,大家纷纷行动起来,那些"设诸不正邪谋之徒","一施(奸恶)即为良善之所擒";《大诰续编》一出,"中恶之徒,将欲迁善而不能。云何?以其恶已及人,盈于胸怀,着于耳目矣,终被良善所擒";可还有那"巨恶之徒,以为不然",因此全国臣民要以《大诰》作为指导,将那些不遵《大诰》、仍有"不善之心"的"凶顽之人"统统逮起来治罪。(【明】朱元璋:《御制大诰三编·序》,P677~678)

随后在《御制大诰三编》中朱皇帝详细开列出了各地应该捉拿的害民官吏:"朕

设府州县官,从古至今,本为牧民。曩者所任之官,皆是不才无籍之徒,一到任后,即与吏员、皂隶、不才耆宿及一切顽恶泼皮,夤缘作弊,害吾良民多矣。似此无籍之徒,其贪何厌,其恶何已,若不禁止,民何以堪!此诰一出,尔高年有德者民及年壮豪杰者,助朕安尔良民。若靠有司辨民曲直,十九年来未见其人。今后所在有司官吏,若将刑名以是为非,以非为是,被冤枉者告及四邻,旁入公门,将刑房该吏拿赴京来。若私下和买诸物,不还价钱(即从老百姓那里'买'了东西不给钱),将礼房该吏拿来。若赋役不均,差贫卖富,将户房该吏拿来。若举保人材,扰害于民,将吏房该吏拿来。若勾捕逃军力士,卖放正身,拿解同姓名者,邻里众证明白,助被害之家将兵房该吏拿来。若造作科敛,若起解轮班人匠卖放,将工房该吏拿来。若民从朕命,着实为之,不一年之间,贪官污吏尽化为贤矣。为何?以其良民自辨是非,奸邪难以横作,由是逼成有司以为美官。其正官、首领官及一切人等,敢有阻当(应为'挡'字,朱皇帝文化水平有限,写白字了,笔者注)者,其家族诛!"【明】朱元璋:《御制大诰三编·民拿害民该吏》第34,P702)

由洪武皇帝御制《大诰三编》序言和内容不难看出,到洪武二十年上半年为止,已经开展了好多年的清除"积年害民官吏"运动已经进入了深化、升级阶段,原本朱元璋经常说要捉拿的是"积年害民官吏",现在这个概念似乎变成了"不才无籍之徒"和不善的恶人,外延越来越宽泛,运动也变得越来越复杂。

○ 县丞将正常办理公务的工作人员当做"积年害民官吏",最终自己却被凌迟处死

江西九江府下属的德安县本是一个并不知名的小县,但在洪武晚期却因为出了个很"牛"的县丞陈友聪而为全国臣民所熟知。当时九江府为了响应朝廷的号召,做好经济作物种植统计工作,先后27次下发公文到德安县,要求德安等县如实统计当时茶树等类的经济作物种植数量与面积。因为种植茶树等在当时要缴纳较重的税课,所以大户人家种植了可都不愿意如实上报,更不乐意别人来当地统计和核实。但上面催得很紧,主管此项工作的德安县丞陈友聪不得不将当地的里长唐祐等人召来,合计着如何应对上面的统计与核实。唐祐等人明白得很,裤子是从下面穿上去的,上面再厉害也不能跳过县衙里眼前的这位老爷,于是他们就给陈友聪送了罗绢布10匹,宝钞80贯。厚礼已送,县丞陈友聪再也不来麻烦他们了。至于上面九江府的27道公文,在陈县丞眼里就等于废纸一堆。(【明】朱元璋:《御制大诰三编·臣民倚法为奸》第1,P681)

再说九江府久久见不到德安县的回音,就派出了府衙陈推官直接上德安县去

催问。哪知道还没到陈推官开问,德安县丞陈友聪早就召集了县里的吏典、弓兵、里长、茶农等30人一下子将九江府衙陈推官给围了起来,暴打一顿,随即将其作为"害民官吏"绑缚起来,收监在县衙大牢,然后给朝廷赶写了一个奏启本,说九江府衙陈推官如何害民。奏启本写好后,陈县丞派了在县衙里当差的易达、马兴等押着被作为"害民官吏"的陈推官等人直接上南京,颠倒是非,来个恶人先告状。

幸亏洪武朝廷没有轻信陈县丞的上奏,在接到奏本后朱元璋派了监察御史上九江去,先会同九江知府黄维清一起合计着怎么处理这件事,最后两人决定一同上德安走一趟再说。可刚到德安县衙,就被陈友聪召集的茶农周鼎等一大帮子人围到了屋子里,软禁了起来。最终陈友聪的恶行还是败露了出来,洪武帝下令将其凌迟示众。(【明】朱元璋:《御制大诰三编·臣民倚法为奸》第1,P681)

○ **嘉定三代村官逼迫同村老实人为害民弓兵……最终落得个枭令示众**

因为贪图小财物,将本该做好的本职工作废弃不管,利用和歪曲皇帝《大诰》中的指示——捉拿"害民官吏",德安县丞陈友聪可算得上是大明公务员中绝对的"豪杰",将领袖的指示、中央的政策真正地用足、用活了。不过,对此你千万别大惊小怪,当时不仅有官员会这么做,而且还有普通百姓也在动着这样的歪脑筋。

嘉定县民蒲辛四在洪武皇帝《大诰》颁示前曾充任当地的耆宿,耆宿即所谓的"老者",可能有点类似于现在的生产队长吧。蒲辛四家有些财产,但可能算不上大户,不过他人很精明。因为有些财产,如果按照《大明律》的禁止"分家析产"律条去做,岂不是他们蒲家要多交税粮、多服徭役!为此他就利用自己的社会影响力早早地将家给"分"了,父子三人三个家,这样一来都成了小门小户,不用承担那么多的赋税徭役了。至此,蒲辛四还不满足,又给儿子弄了个里长当当,孙子弄个甲首当当,其实蒲家三代人三个"村官"还在一个锅子里吃饭,可他们一大家子在地方上顿时就牛了起来。(【明】朱元璋:《御制大诰三编·臣民倚法为奸》第1,P682)

当时蒲家附近有个老实人叫周祥二的,可能脑子不太听使唤,或者说是人太老实了。蒲辛四看准了就从他下手,今天向他开口要这个,明天要那个。老实人周祥二看到蒲家三代村官哪敢不给呀。可给了没多久,朝廷《大诰》颁示天下,洪武皇帝号召全国臣民将"积年害民官吏"绑缚起来,送交官府或朝廷处理。蒲辛四见到运动来了,生怕那个叫周祥二的拿了皇帝的《大诰》到南京去告状,于是就来了个先下手为强,父子三人一起将周祥二绑到自己的家里,"用油浸纸撚插于周祥二左足大指、二指两间,逼令招为害民弓兵",接着又将周祥二绑缚到南京。这时已经受尽了折磨的周祥二再也忍不住了,当着大明通政司官的面痛斥了蒲辛四一家为害乡里的罪行,并向朝廷官展示了自己受难的证据——足上火烧疮肿。这下可激怒了洪武皇帝,他当即下令将蒲辛四父子三人"枭令示众",并"籍没其家"。(【明】朱元璋:《御制大诰三编·臣民倚法为奸》第1,P682)

就在机关算尽的嘉定奸民蒲辛四父子三人被"枭令示众"之际,同县乡民沈显二等人也在利用全国兴起"尽逮积年害民官吏"运动的"有利时机",导演了一出出的人间丑剧。

○ 嘉定乡村中真假"积年害民官吏" 玩火者必自焚

沈显二是嘉定农村里的人,农村里人的主要职责是种好那一亩三分地,至于国家政治和什么运动呀,一般来说与其并无多大关系,但这个沈显二可不是这样的"本分人"。他生性奸诈、气度狭窄,动不动就与人结怨,且事后一直耿耿于怀,图谋报复,谁要是摊上他,可倒大霉了。对于一般村民而言,要想避开沈显二这个瘟神尚能做到,可对于村干部里长顾匡来说可难了,国家徭役的签派、夏秋税粮的征缴等一系列的基层准备工作,都得要他一家一家地上门宣传和发动。记不得到底哪件事情,里长顾匡没做到位,让村民沈显二从此怀恨在心了。见到全国性的"尽逮积年害民官吏"运动正在展开,狡黠的沈显二顿时有了灵感,他来到隔壁邻居周官二家"闲聊",说起朝廷正在开展运动,要尽逮积年害民官吏,我们何不乘着这个机会,将平日里老催咱们缴税纳粮的里长顾匡给逮起来,作为"积年害民官吏"送上去。这样,一来从此以后就没人再敢来催逼我们,二来捉拿了"积年害民官吏",朝廷还要好好地奖赏我们,听说我们嘉定北边的常熟有个农民就因为捉拿了"积年害民官吏"而被洪武皇帝奖赏了万元宝钞呐。周官二听到这里,终于被说动了。随后两人一起动手,将当地的里长顾匡给绑了起来,押着他前往南京。(【明】朱元璋:《御制大诰三编·臣民倚法为奸》第1,P682)

同村的耆宿曹贵五等人听说后很为惊讶,虽说朝廷正在开展"尽逮积年害民官吏"运动,可我们村里的里长顾匡还没有什么大的害民行为呀,他出来做些催税纳粮的工作是其本分,也是朝廷要求这么做的。这个沈显二太奸了,一旦真的将顾匡送到了南京,我们这些村干部和村里人就别想再过太平日子咯!想到这里,耆宿曹贵五立即动身,向南京方向拼命赶去,终于在苏州阊门赶上了沈显二等人,并对他们进行了劝导。谁知沈显二却似一根木头,什么也听不进去。耆宿曹贵五只好将带出来的自家钞150贯、绸1匹及银钗银镯等财物奉献出来,沈显二这才同意放了里长顾匡。顾匡是个胆小的人,自己莫名其妙地被当做"积年害民官吏",从嘉定弄到了苏州,这影响够大了,尤其这样没头没脑地回去,倒不如自己上南京去说说清楚。想到这里,他就直接继续往西前行。耆宿曹贵五看到自己劝和了半天得到这样的结果,顿时也感觉问题越来越复杂了。顾匡继续进京,势必要将自己这个劝和人也带去,与其被别人带去,倒不如自己也去说说清楚。于是他就与顾匡商议,一同进京。在旁的周官二看得傻眼了,怎么会一下子变成这样?原来我的邻居沈显二太奸了,他倒好,拿了耆宿曹贵五的钱物逃走了,我反而也变得说不清楚了,与其这样,倒也不如与曹贵五、顾匡一起上南京去说说清楚。至此,三人"达成一致",共上南京。(【明】朱元璋:《御制大诰三编·臣民倚法为奸》第1,P682)

而就在这时,携带意外之财逃得不远的沈显二听说,3个同村乡民没回嘉定,而是继续西向前行,他顿感不好,事情到了这一步实在是太出乎意料了,我能跑哪儿去?算了,不如也随他们3人一起上南京去说说清楚,说不定我还能被从轻发落呐。想到这些,沈显二也调头向西走,在淳化镇追上了周官二、顾匡、曹贵五3人。不见也罢,见了冤家沈显二,3人气不打一处来,后经一番合计,觉得事情弄到今天这般田地,一切之一切都是由沈显二这个奸人首先做的孽,倒不如我们将他给绑起来,作为"积年害民官吏"给送上去,这样也好解解气。于是最先设局的害人者沈显二瞬时变成了"积年害民官吏",尽管心里火啊,气啊,可没办法,自己已经被人给捆上了,怎么办?就让人给送上去?诬陷乡人、拿人钱财,我都干了,3个证人,即使有一百张嘴我也翻不了这个案子啊,倒不如找个机会逃了算了。

再说周官二、曹贵五、顾匡3人自捆住了沈显二后心里爽透了,喝点酒,好好休息一下,再上大明通政司衙门去告状也不迟。人的身心一旦放松,往往会将眼前潜在的危险也给忘了。沈显二看到3人都喝得差不多了,就偷偷地磨掉了身上被绑的绳子。就在被押往通政司衙门的路上,他找了个机会,逃了。俗话说:眼睛一眨,老母鸡变成鸭。现在连那只"鸭"也没了,这可怎么办?有人已经在通政司衙门那里通报了,洪武朝廷可不是好糊弄的,动不动就要出人命,这,这,这……3人急得团团转。就在这过程中,周官二和曹贵五相互使了个眼色,然后立即动手,将最先被当做"积年害民官吏"的顾匡给捆了起来,来应付眼前的窘境。这下顾匡可比窦娥还要冤,你说这周围的人哪个是可靠的啊?也容不得他多想了,通政司官衙里的人早就不耐烦,问案开始了。时至今日,顾匡只好豁出去,原原本本将事情的经过给复述了一遍。

一场由"尽逮积年害民官吏"引发的闹剧终于真相大白,洪武帝听了底下人汇报的案情后气得胡子都抖了,当场说道:"民有奸顽者若是,所设计谋,寻常语言说出来,人也早晚不能晓解其计。似此奸顽,四人皆枭令示众,籍没其家!"(【明】朱元璋:《御制大诰三编·臣民倚法为奸》第1,P682)

○ 延安府甘泉县领导真"聪明"，将上面催办公务的府衙领导当做"积年害民官吏"给逮了，正做着美梦时，却迎来了死神

看了上述案例，有人可能要这样说：这些案子都发生在当时的京师地区，哪朝哪代京师不是"政治向化"的模范区域？因而大可不必为洪武时期嘉定等地开展的"尽逮积年害民官吏"运动升级与异化而感动惊讶。那么正是仅京师地区才出现这样的情况吗？我看也未必，不妨再看下面例子：

陕西省延安府甘泉县在普通人的概念中肯定很陌生，可洪武中晚期这里发生了一起较大的案件，引发了全国人民的注意。

甘泉县地处比较偏僻，自然条件不好，那里的百姓收入很少，加上出任该县的知县郑礼南是个没有什么道德操守的人，所以尽管当时洪武朝廷一再予以当地税收方面的优惠，但这个县还是拖欠了国家大量的税款。洪武十八年时"尽逮积年害民官吏"运动已在全国各地展开，由于运动概念比较广泛，甘泉县的上级主管衙门延安府不敢马虎，尤其是对长期拖欠国家税收的下属县衙看得特紧，前后48次下发公文到甘泉县去，催促他们赶紧将洪武十八年及其以前的拖欠税款给补缴上来。可哪知甘泉知县郑礼南却置若罔闻，一概不理。被逼无奈的延安府衙主政官员只好派遣府上知事李固特地上甘泉县去看看，到底是怎么一回事，顺便让他暗中调查一下传闻中知县郑礼南贪赃之事，并反复叮嘱：不要直接上甘泉县衙去，防止郑礼南他们以"尽逮积年害民官吏"，倒钉一耙。(【明】朱元璋：《御制大诰三编·臣民倚法为奸》第1，P680)

就说知事李固这个人还挺不错的，他忠实执行朝廷与知府大人的指示精神，到了甘泉县境内就歇脚在抚安驿站，然后再派人上甘泉县衙去，通知知县郑礼南和主簿娄本前来问话。

再说甘泉县衙听到来人报告后，知县郑礼南压根儿就没把这事放在心上，吩咐主簿娄本去面对知事李固，他自己则一心继续搞他的经济创收。

要说这个叫娄本的县主簿（可能相当于县委办公室主任）可是个人物，他接受了县老爷的命令后，立即召唤了20多个县里衙役和打手，气势汹汹地冲向抚安驿站，"将知事李固扯去纱帽，揪住头髻，再三揉辱"，最后还将他当做"积年害民官吏"，关押到了甘泉县衙里。

事情越闹越大，延安府闻讯后上报给了洪武朝廷。朱元璋下令严厉处置甘泉县的真正害民官吏——知县郑礼南与主簿娄本等。(【明】朱元璋：《御制大诰三编·臣民倚法为奸》第1，P680)

正当甘泉知县郑礼南与主簿娄本执导害人闹剧之际,距离其上千里外的夔州府下属的开州,其地方父母官郭惟一也以逮"积年害民官吏"为名,精心设局,害人害民,最终却也害了自己。

○ 开州同知郭惟一讨厌"破坏地方安定团结"的耆老董思文,将他打成"害民官吏",结果弄出了 4 条人命

郭惟一是开州同知,按照朱元璋早期政权的规制:"州同知视府通判"(《明太祖实录》卷 24),因此说郭惟一是开州很有权势的地方副职领导。那时的大明正在建国创业,恢复经济与社会秩序,作为地方副职领导的郭惟一理应协助主政官搞好开州建设,可他"惟务设计脏贪害民"。见此,开州耆宿董思文等看不下去了,几次找机会对他进行劝谕:"同知大人,你看当今朝廷中央已经多次下文,以安民为本;洪武皇帝还亲自御制了《大诰》,将全国各地官吏害民的事情公布于众,这就是要官场上的人们引以为戒,同时也告诉百姓们,遇到官吏侵害时不要怕,拿了《大诰》进京告状。所以以小老二之陋见,大人您就不应该再像过去那样了,要改弦更张,'务要安民'啊!"

"什么,什么,你这个老头,说本官没有安民?来人呐,将这个不知自己几斤几两的乡野村夫给我轰出去!"刚说完,只见衙役们操起了家伙,直往董思文这边打来。董老头哪见过这样的阵势,赶紧跑走。(【明】朱元璋:《御制大诰三编·臣民倚法为奸》第 1,P680)

按照洪武皇帝的设计,作为编制外的"半公务员"地方耆老主要是负责地方教化,协助当地官府做好社会治安、税粮征收等工作,也有规诫地方官员之职责。而洪武时期的耆老又大多比较正派,甚至有的还有点迂。董思文就是属于迂的那一类,见到开州同知郭惟一在错误的道路上越走越远,他心急如焚,后来又几次前去规劝,可毫无作用。那怎么办呢?董耆老一根筋到底了,既然洪武皇帝号召大家学习《大诰》,规诫官员,可这官员不听,还在害民,我发现了不去南京举报,这是我的失职啊!想到这些,董耆老带上《大诰》由开州启程,向东边南京方向进发。可他还没走出开州地界,郭惟一就听人来报:"同知大人,大势不好,董耆老要上南京去告御状了!"郭惟一听后恶狠狠地说道:"嘿,想跟我斗,该死的老头,你有什么呀?小心我玩死你!"随即带上几十号衙役火急火燎地追赶董思文。老人行动慢,没多一会儿,就让郭惟一给追上了,随即被押了回去,当做"害民官吏"收监在禁。

至此,郭惟一还没有从愤怒中缓过神来,你董老头不知好歹,想跟我玩,我不仅要整死你,而且还要将你的一家人也弄得不得好死。不久他下令,将董思文一家四

口全部当做积年害民官吏拘押起来,百般虐待。不多时,活生生的四条人命都给郭惟一"玩"没了。

听到亲人去世的噩耗,董思文的侄儿悲愤交加,但又不敢大声哭诉,只好偷偷地找了个机会,溜出开州,直赴南京明皇宫,将董门惨案原原本本地复述了一遍。朱元璋听后命人立即赶赴开州,捉拿罪大恶极的积年害民官吏郭惟一等,然后将其"枭令示众"。(【明】朱元璋:《御制大诰三编·臣民倚法为奸》第1,P680)

就在西北各地接二连三发生让人哭笑不得的"尽逮积年害民官吏"的事件时,大明东南地区也在演绎着相似的故事,所不同的是故事版本要"高档一点",演绎起来更富戏剧性一点。

○ 原本想诬陷别人为"害民官吏"和逃军,结果自己被凌迟处死

松阳县有个奸民叫杨均育,自小起就不学好,到大了,那就更不用说了,耍奸使滑,坏事做绝,但又不留什么把柄给别人,所以一直能逍遥自在,且愈发猖狂。同为松阳县的一个名叫叶惟宗的县民不知怎么得罪了杨均育,杨怀恨在心,一直伺机报复。洪武中晚期,朱元璋号召全国人民共同行动起来,捉拿"积年害民官吏"。看到运动在各地轰轰烈烈地展开,一个又一个谁也说不清到底是不是"积年害民官吏"的"案犯"被逮捕归案,杨均育顿时来了灵感,我何不利用这样的机会搞死老冤家叶惟宗!想到这些,他的脸上顿时露出了奸笑。

随后一份原告署名为叶惟宗的诉状被递到了县衙里头,所告之事:叶允名系积年害民老吏,叶允槐系逃军。对于积年害民官吏,政府要重点打击;而对于逃军,政府也要竭力追捕。所以松阳县衙接到诉状后顿时觉得案情重大,非地方所能审理清楚的,于是派了一位专职人员(官书上称承差人)陪同杨均育到京师南京,直接上法司衙门去告状。而根据明初的司法规制,无论你当是原告还是被告,案件没有审理清楚前都要被拘押起来。原本告黑状的杨均育听人讲过这方面的"常识",所以当他将状子递交上去后,立即找了个机会偷偷地溜了。

没过几天,中央法司部门派了专人到松阳县来提取"案犯"。松阳县衙予以高度的配合,不费多时,就将状子上所写的原告叶惟宗、被告叶允名和叶允槐都给一一逮到了。就在开始审理时,原来接手杨均育告黑状的衙门承办人一脸的惊讶,当初的原告不是这个人呀!更令公堂上人惊诧的是,原告是三兄弟中的老二叶惟宗,被告中的一个是他的哥哥,另一个是他的弟弟,是三兄弟之间打官司?衙门里的人十分清楚,像这种兄弟间打官司一般都是与家族、财产有关,几乎不曾有与政治类相干的。这怎么回事?无论中央法司部门的专员还是松阳县衙的人再怎么努力,

就是弄不清楚这里边到底是怎么一回事。既然案情重大、复杂,最终大家一致决定,将其弄到南京去,慢慢审理吧。(【明】朱元璋:《御制大诰三编·诡名告状》第32,P718)

到了南京,"原告"叶惟宗还是重复在松阳县衙里说过的话:"我叶惟宗从小到大还未曾走出过我们那个乡村,根本就没来过京师南京,今天被逮来是第一次来京城,也根本未曾到过什么法司部门告什么状。更为荒唐的是,所谓我要告的人一个是我的哥哥,另一个是我的弟弟,我们三兄弟之间好得很,不需要借用这种下三烂的手段……"法司部门派人核查"原告"叶惟宗所述的,皆一一得到证实,再看看眼前的"原告"叶惟宗老实本分,根本不像是告黑状的奸人。这下案子该怎么了结呢?法司部门上请洪武帝,朱元璋发话:既然这样,就放了"原告"叶惟宗等人吧!(【明】朱元璋:《御制大诰三编·诡名告状》第32,P718)

"原告"叶惟宗虽说是个老实人,但老实人往往有牛脾气,自己莫名其妙被人暗算了,这到底是怎么一回事?我一定要搞搞清楚,到底谁在暗搞我?于是出狱后他没有马上回松阳去,而是在南京城里暂时租住着,想自己来查实,解决问题。平日里他在大街小巷走走,顺便看看京城里的风土人情,农村人第一回来京师,心里充满了好奇与激动,日子就这么一天天地过去了。

忽然有一天,叶惟宗在大街上邂逅了家乡熟人杨桃儿。杨桃儿顿时露出一脸的惊讶,心想:老实巴交从来不肯走出家乡的叶惟宗怎么会跑到南京来了?当即他就问开了。叶惟宗一五一十地将事情的经过给说了一遍。杨桃儿听完后说:"叶惟宗,我告诉你,搞你的人就是我们同乡的杨均育。"叶惟宗惊讶不已,反问道:"你怎么知道的?"杨桃儿说:"嗨,别说了,我俩摊上了杨均育这个奸人可算是倒大霉了。我原本跟他也没什么联系,有一次经过他家时,刚好看到他将毒药放进了药罐子里。不久之后传来消息,他母亲死了。随后他将毒死母亲的事情赖在我的头上,你说这人命关天的事我能不火吗?于是从那以后我就开始偷偷地跟踪他,想看看他到底想干什么?从松阳出来我一直跟踪他上通政司衙门,就在那衙门之前,我冲了上去,摁住了他,从他身上搜出了一份告状书,落款原告的就是你,所以我知道你被人搞了。但当时我顾不了那么多,就直接上都察院去告杨均育的状,而后他被拿住,囚禁起来。现在案件已经问清且判下来了,那个该死的奸人杨均育被判凌迟处死。"(【明】朱元璋:《御制大诰三编·诡名告状》第32,P718)

被人诡名告状,背上"奸人"恶名的叶惟宗虽然历经了诸多的磨难,但最终尚能还以自身的清白。可在轰轰烈烈的清除"积年害民官吏"大运动中,不是所有的人都能那么幸运的,也不是所有的案子都能水落石出的。

○ **糊涂案**：原本我是来检举揭发胡党分子的，怎么被打成了"积年民害"者？

潘行，京师金坛人，国子监生出身，毕业后被朝廷委任为江西乐安知县。金坛与乐安虽然同处于江南地区，但两地距离还是蛮远的。远离家乡的潘行在乐安上任后时间稍稍久了一点就感到有点寂寞，不过好在这时出现了一个对他来说有着很大影响的人物——他的同学周公焕。周公焕也是南京国子监毕业的，毕业后被朝廷任命为太平府同知，但上任没多久，老家乐安就来人报丧。按照那时的规制，即使你当再大的官职，一旦家里有丧，就必须回家守制。就这样，在太平府当领导还没几天的周公焕回到了家乡乐安县。守制是件耗时又枯燥的事情，周公焕料理了老家丧事后就一直干等着。就在这时，有人告诉他：我们县里来了一个新知县，叫什么潘行的，据说还是南京国子监毕业的大学生。周公焕一听就来精神了，潘行就是自己在南京国子监学习时的同班同学，两人关系一向不错。想不到他毕业后来到我的家乡当父母官了，就好像是老天爷安排好似的。周公焕一阵狂喜，老家人都以为他是个书呆子，就他叔叔周德泰知道后没讥笑他，相反反复地询问侄儿：到底是不是真有那么巧的事情——洪武年间官员籍贯回避很严格，很少有亲友在地方衙门里当主政官的。周公焕说："叔叔，咱们讲什么都没有用，改日上县衙去走一趟不就什么都明白了。"（【明】朱元璋：《御制大诰三编·朋奸匿党》第37，P722）

当周公焕带着叔叔周德泰来到乐安县衙时，潘行笑容可掬地迎了出来，老同学又在家乡团聚，激动之情就别提了。作为叔叔的周德泰将这一切都看在眼里，他可是个有故事的人，早些年曾出任太平府旌德县丞，洪武初年因为工作上的事情受到了刺面罚役的处置，可能苦役还没服完，他就找了个机会偷偷地溜回了家乡，并就此隐居了下来。明朝官员俸禄本身就不高，人称七品芝麻官的县令月俸禄大约2石，县丞则更低，周德泰又是在工作中被突然处理的，想必他的俸禄积蓄更是寥寥无几，加上脸上刺过字，做什么事都不方便，只得隐居老家过了这么多年，昔日风风光光的旌德县丞而今早已变得捉襟见肘。不过好在他脑子还算活络，见到侄儿与家乡父母官原来是同学加好友，自己充当官衙中"捐客"的念头油然而生。由于是官场上的老前辈，周德泰说什么在侄儿周公焕和知县潘行面前都很有分量，而原本还是书生的周公焕、潘行有着这样的前辈调教也由"不食人间烟火"开始变得"与时俱进"了，甚至成为了时代的"弄潮儿"。（【明】朱元璋：《御制大诰三编·朋奸匿党》第37，P722）

乐安县有个叫陈添用的人，原本就是个普普通通的老百姓，劳动、吃饭、睡觉就是他一年到头周而复始的"必修课"，有个女人陪陪就算是他前世修来的福分了。就这么一个如同小蚂蚁一般的平头百姓忽然有一天政治觉悟大提高了，眼睛也变得雪亮了,他来到了乐安县衙检举揭发,本县富户罗本中是潜伏着的胡惟庸党人。多少年了?快要10年了,胡惟庸死得连骨头都可能烂没了,居然还有胡党分子潜伏在我们县?这似乎是在讲故事。所以乐安县衙里的官老爷听完举报后,压根儿就没把它当回事。可有人却把它当回事了,且还特别认真地对待。这个人是谁?就是被检举者罗本中。罗本中在乐安当地算是个有钱人,但有钱并不能解决一切,相反常常会招来是非。

早些年就听人说,有个叫廖庆芳的乐安县民到官府那里去告状,说罗本中是胡惟庸的行财人。罗本中害怕极了,说我行贿谋反头目胡惟庸,这岂不是说我也是胡党,这还了得,要灭门的啊!不过转而一想,既然有人说我行贿当年大明一人之下万人之上的丞相胡惟庸,说明上告的人及其周围的"看客"都有相同的情结:"仇富"。想到这里,罗本中就把传闻中的上告人廖庆芳、地面上有影响的人物叶志和及一些邻居共计58人一起请来吃了一顿饭,然后将家中所有积蓄的钱财、谷物什么的统统散发给大家。这样做的目的就是我们中国人经常说的破财消灾,财物生不带来死不带去,再说要是真被扣上胡党分子的帽子,那就不是破财的小事了,而是要被灭族的啊!所以说罗本中这样大散钱财就是为了买个平平安安。

可哪知道这事传开后,人们还在说罗本中是潜伏着的胡党分子,这下可怎么办呢?犹如热锅上蚂蚁一般的罗本中到处找人想摆平这事,可乡村里的人就那么个视野,你越想澄清的事情,他们给你传得越夸张、越神奇。有人讲罗本中最近到了外地去躲起来了;有人说不是的,他没躲起来,是上了一个福建与江西交界的地方去了,听说那里发生了和尚彭玉琳起义,他原来是想请彭和尚派兵来乐安摆平事情的,可不知怎么的,他现在又回来了……流言是可怕的,有时也是致命的。对于说者来说,大多也就过过嘴瘾,而对于听者来说,那就未必是过过瘾了。就在人们议论纷纷之际,乐安县民陈添用一夜之间醒悟了好多好多,听说南京城里的洪武帝最恨的就是胡惟庸什么党人,本县富民罗本中要真是胡党,我检举揭发成了,岂不也就发大财了!(【明】朱元璋:《御制大诰三编·朋奸匿党》第37,P722)

县民陈添用想到的是一个层面,其实还有更深的层面,乐安县要是真有一个潜伏了近10年的胡党分子,那地方官衙里的人就有逃脱不了的罪责啊!所以当陈添用来到乐安县衙里告状时,知县潘行顿时感觉头都大了,这可怎么办?

潘知县潘行把自己的为难之处跟周公焕、周德泰说了,周德泰捋着胡须,表现出一副胸有成竹的样子,然后一五一十地说了他的锦囊妙计。听完后的潘知县一脸惊讶,问道:"这样能行吗?"周德泰拍着胸脯说:"肯定没问题!"既然老同学叔叔、"老革命"都说没问题,那就让他们去操办吧,潘行就此也就不再过多问及了。

随后被指控为"胡党"分子的罗本中被带到了县衙,周公焕、周德泰和潘行向他讲起了事情的来龙去脉。可还没有听完,罗本中已经瘫倒在地了。等到醒来时他问的第一句话就是:"怎么办?这上告者岂不是要将咱们罗家斩尽杀绝啊!"众人纷纷上前规劝与安慰,好在罗本中也是见过世面的人,仔细想想这里面可能还有回旋的余地,否则今天知县老爷干吗不立即逮捕我呢?想到这里,他立即从家里取出好多金银钱财,送给了周公焕、周德泰和潘行等。(【明】朱元璋:《御制大诰三编·朋奸匿党》第 37,P722)

见到火候差不多了,周德泰等就开始向罗本中如此这般地建言献计:"你让你家公子罗伯彰写个状子,状告那个指控你为'胡党'的陈添用,说他'强占有夫妇人'等,然后在状子的落款日期上写前一点,弄好后送到我们县衙里,这样一来,陈添用状告你罗财主为'胡党'分子纯属于妄告或者叫挟私报复,你被指控为'胡党'之罪名不就没法成立了。"听到这里,罗本中竖起了大拇指,不停地赞叹道:"高!高!高!"

经高人指点迷津,罗本中顿感拨云见日似地,回到家后就与自己的儿子开始行动起来,没费什么周折,一份状子弄得差不多了,就少一个证明人——里长的签字。他们找到了本乡的里长。没想到该里长一口拒绝,理由是不愿意做假证。这下可惨了,忙乎了半天,满怀的希望立即变成了绝望。罗本中自己也不清楚是怎么走到县衙的,更不明白来这里下一步要干什么。

见到霜打茄子似的罗本中,周公焕、周德泰立即明白了一大半,叔侄俩嘀咕了一阵,然后找到潘行说:"罗本中的事情看来还真不那么简单,与其求人还不如求己。潘知县,你可想到,这几年来朝廷一直在倡导的政治运动是什么?"潘行说:"除了清除'胡党',还有的就是'尽逮积年害民官吏'。"周家叔侄说:"对啊,朝廷说的'尽逮积年害民官吏',这个概念很宽泛,按照洪武皇帝原话:'尽逮积年民害者',这里边的'民害者'主要是指有权有势的扰民官吏,但也可指危害一方的无赖和恶霸什么的。"还没听完,潘行就惊呼起来:"你们不说,我倒还没联想到这事。"随后他下令:"来人呐,把破坏地方安定团结的陈添用给我抓起来,将他与'积年民害柳召生等共 13 人,枷钉起程',押赴京师!"(【明】朱元璋:《御制大诰三编·朋奸匿党》第 37,P723)

就在押赴京师的路上,可能有高人指点,陈添用什么也不在乎,就是手中一直抓住了一本朱皇帝御制的《大诰》。有人问他:"你都已成了被告了,拿着这东西还要它干吗?"陈添用说:"我们乐安知县不明是非,我要到南京去告御状。"有人将这话告诉了潘行,潘行毕竟是刚刚当知县的年轻书生,特别爱面子,听说县民陈添用要去告御状,他脸上就挂不住了,顿时口出狂言:"让他去告,'上位(指皇帝)如今也绕(饶)我三个死罪,他终不告四状。'"在旁的周公焕、周德泰叔侄听后觉得不太对劲,赶紧示意潘知县不要再说了,而后三人又在一起嘀咕了一阵,此时潘知县觉得可能自己说了过头话,再说将本来来告"胡党"的陈添用反倒打成"积年民害",确实做得让人气不顺啊,人要是有了怒气和怨气,什么样的事情都可能做得出的。想到这里,潘行立即叫来衙门皂隶杨添,让他与周德泰一起火速追赶押解陈添用等人的队伍。还好,毕竟是县衙老爷发话追赶,没多一会儿,在一个土名大岭的地方给追上,当场开释了陈添用。(【明】朱元璋:《御制大诰三编·朋奸匿党》第37,P723)

可意想不到的是,这个叫陈添用的人也是一个犟头,明明我来告胡党的,反倒被你们弄成了"积年民害"者,现在又要放我了,想堵我嘴巴?没门!老子继续上南京去,一定要到洪武皇帝那里去说个清楚!

潘行听说"一根筋"陈添用直接上南京去了,顿时心里害怕透顶。洪武皇帝是什么人?简直是阎王投胎来的。还是赶紧想办法弄个补救方案吧,随即他下令,将原先押送陈添用的弓兵胡士亨等叫到县衙大堂上,如此这般地分析了一下事态的发展。胡士亨毕竟也是经常在外混的人,立马意识到现在问题的严峻性,感觉唯一能做的就是与知县大人一起"同舟共济"。没多一会儿,一份由乐安县衙出具的上告状子写好了,状子主要内容是说:"积年民害陈添用等在被押往京师的途中,路经进贤县的深山老林处,乘着押送弓兵疲惫不备之机,将其反绑在树上,而后打开了枷锁,拼命逃窜,现可能已经逃往京师,倒钉一耙,上告御状……"(【明】朱元璋:《御制大诰三编·朋奸匿党》第37,P723)

其实就在这份由乐安县衙撰写的状子送达明皇宫时,陈添用告御状都已经告完了。朱元璋听后立即派人进行了核查。没多久,又一起所谓的清除"积年民害"事件之真相大白于天下。(【明】朱元璋:《御制大诰三编·朋奸匿党》第37,P723)

由上可见,原本秉着为民、爱民和保民宗旨的清除"积年害民官吏"大运动或言大风暴,至此已经全面开花,且运动层面也越来越广,甚至还发生了如上述那般的异化。而在这个过程中,有一个为过去人们不曾注意到的事实,那就是洪武十九年十一月二十五日后颁示的《御制大诰续编》中出现了大量清除社会惰民逸夫案例,由此不仅标志着清除"积年害民官吏"运动增添了新内涵,而且预示着运动新阶段的到来。

清除社会逸夫惰民　以求每方寸土安宁——洪武十九年(1386)前后

社会逸夫惰民是笔者沿用了当时的官方说法,实际上逸夫惰民就相当于我们现代社会中所说的游手好闲、不务正业者。这样的社会边缘人群往往是社会不安定因素的"制造者",因此在朱元璋眼里也属于重点打击对象。

● 社会逸夫、惰民的界定——宽泛概念

朱元璋在《大诰》里对这些社会边缘人群的称呼并不统一,有时称其为"逸民"、"逸夫",有时称其为"惰民",有时称其为"游食",等等。不过我们从这么多的形象称呼中大致能猜出这些人干什么的,"逸民"、"逸夫"就是一天到晚不干活,坐享其成,这个概念中应该包括懒汉子"惰民",穷得什么都没有又什么也不想干的人。有朋友说还应该将现代社会的"二奶"、"二爷"等也算在内,我看也差不多。"游食"这个名字就更妙了,你想:一个人一天到晚,吊儿郎当,不务正业,走来走去,就像当今"三陪小姐"赶场子那般,甚至连"三陪"都不如,"三陪女"可以"卖笑"混饭吃。可这"游食""卖笑"还不一定有人会要呐,即使有富婆要包养,让他吃软饭,那也是极少数,而大多数"游食"可没那么幸运,更何况古时候女人绝没有现代某些女人那般无耻,所以"游食们"首先要解决的还是"食"的问题;而要使得自己能不劳而获地吃好穿好,且有钱花,就得要动脑筋弄钱呀,于是坑蒙拐骗随处上演。除此之外,还有一种也是游食或说逸夫蒙钱的"好路径",那就是结交官府或想办法在官府里谋个差,哪怕是临时工或没编制的也行,然后狐假虎威地欺负百姓,骗吃、骗喝、骗睡……这类人就是朱元璋开国起便要严厉打击的官衙中的胥吏或言编制外的"准胥吏"。
(【明】朱元璋:《御制大诰》;《御制大诰续编》;《御制大诰三编》)

● 松江捉拿害民衙吏案中案——清除社会逸夫惰民运动的"导火索"

洪武十九年,正当大明全国性的清除"积年害民官吏"运动如火如荼开展之际,松江送来了一批害民胥吏,当时朱元璋命令都察院审理该案。案件一经审理,令人吃惊的事情给曝了出来:尽管洪武开国之初就严格官衙胥吏编制、严禁衙役役民、害民,但地方官府的实际执行状况却令人瞠目结舌。就一个松江府衙编制之外,可能包括临时工一类的胥吏衙役多达近千号人。这些人往往没什么固定的职业,一天到晚游手好闲,给人感觉是像在政府里头帮忙、跑腿。那没编制,他们靠什么为生?"专于衙门阿附役吏皂隶,夤缘害民。吏,其名曰正吏,曰主文,曰写发;皂隶,其名曰正皂隶,曰小弓兵,曰直司;牢子,其名曰正牢子,曰小牢子,曰野牢子。此三

等牢子,除正牢子合应正役外,余有小牢子、野牢子九百余名,皆不务生理,纷然于城市乡村扰害吾民。"(【明】朱元璋:《御制大诰续编·松江逸民为害》第2,P623)

案件审到这里,皇帝朱元璋大为愤慨地说道:"官贪于上,吏卒横加虐害于下,其吾松江之良民,岂不哀怨而动天乎!朕闻之,愈加宵衣,不遑宁处!"于是在颁示的《大诰》中他强调:"于是复诰,再与吾民约:从吾命者,五福备于身家;不从吾命者,五刑备坐于家身。所以约者,里甲要明,户丁要尽。户丁既尽,虽无井田之拘,约束在于邻里。除充官用外,务要验丁报业,毋得一夫不务生理。是农是工,各守本业,毋许闲惰。巨贾微商,供报入官,改古之制,常年守业。消乏不堪,复入官报,更名某业,不许在闲。此诰既出,贤者、良者互相劝勉,乐天之乐。呜呼!诰由此而不遵,未有不刑者也。"(【明】朱元璋:《御制大诰续编·松江逸民为害》第2,P623~624)

要小民们遵命守约,各守本业,毋许闲惰和混迹于官府衙门,目的就是想从根本上消除社会逸夫惰民或言闲散人员。但话得说回来,种子发芽与生长是有一定的土壤、气候等方面的条件,松江之所以有那么一大批社会逸夫惰民或言闲散人员混迹于官府衙门,主要根基就在于官府衙门"容留罢闲,擅便滥设衹禁吏员等"。由松江想到附近的苏州,再扩大就是京师地区和整个南方地区,甚至是全国,朱元璋派人进行了一番明察暗访,结果发现这是带有普遍性的一大政治与社会公害。之所以如此,甚为关键的可能还是各地官府衙门对其危害没有充分的认知,甚至是纵容。由此看来,很有必要对全国范围内各级衙门中已经发现的存在"容留罢闲"和藏污纳垢问题发出严厉警告和实施坚决清理,铲除逸夫惰民混迹于官府衙门的生存土壤。为此,洪武帝在《大诰》中设立"专条",不厌其烦地详述说道:

"容留罢闲,擅便滥设衹禁吏员等项,律已有条。所在诸司往往故违律法,委身受刑,容留此辈,以致剥削吾民。每每加罪于此等官吏,人谁不知?今洪武十九年,有司仍然故犯。一,溧阳县知县李皋,容留闲吏在乡,结党害民,褒狎皂隶潘富等非为。一,苏州府知府张亨等,将屡犯在逃黥刺之吏分付(咐)常熟县参充县吏。黄通等五名在吏逃数次,一得承行文书,结党下乡虐民,得钱多少,拆字戏云。其云:且如得钱一万,乃呼一方,得钞一千,更称一撇。呜呼!剥吾良民脂膏,不知足而不知惧,拆字终日以为戏尔。是官是吏,其罪可得而免乎?一,长洲县丞吕直等,容积年害民野牢子叶清甫等四十三名营充弓兵;顽民周子能等一十七名把持县事,说事过钱;周继先等十二名专一恃顽,替人出官;逃囚朱璿等六名,纵容在县。如此长恶,罪在不赦。一,嘉定县知县张敬礼等,纵容闲吏陆昌宗匿过,复入衙门,把持官府,以秋粮为由买批下乡,骗诈小民。一,浙江按察司佥事王翰等,故纵绍兴逃军杜康一等一十四名在乡扰民,告发到官,又行迁延不问。宪司本以除恶,乃令纵恶,罪将焉逃?一,高邮州吏顾仲可等并书手一十三名,已经造罪,黥刺回家,仍然在州教唆词讼,结揽写发,扰害良法。一,南昌府新建县丞郑宗道,容留罢闲官吏杨杰等在县说事过钱。一,连江县土著猾吏郑世环等三十二名,在乡结党害民,致使本县以状来闻。各吏罪将焉逃?"(【明】朱元璋:《御制大诰续编·容留滥设》第73,P667~668)

见此有人可能要说,社会逸夫惰民游手好闲,骗吃骗喝骗睡,哪朝哪代没有?混迹于官府衙门,包揽词讼,拉大旗作虎皮,扰害良民,历来就没有绝迹过,有必要这样大惊小怪吗?有必要这样严刑峻法、大动干戈吗?朱元璋却不这么认为,在他看来,逸夫惰民、市井之徒,这类人就是国家与社会不安定的制造者和隐伏着的动乱隐患,必须要从根本上加以彻底清除。谁要是不明白、想不通就翻翻我现在下发下来的《大诰》,看看这些逸夫惰民都干了些什么,看看他们的危害有多大,你就会明白本皇帝从严惩治这些无籍之徒的一片苦心了。

"民有不能修福而造祸者,无如苏、松两府市井良民中刁顽不良之徒,造祸有如是耶,人皆市井之徒。民有四业,此等之徒,一业不务,惟务好闲,结构官府。此等之类,松江一府坊厢中,不务生理交结官府者1 350名,苏州坊厢1 521名。呜呼!务业者有限,此等不务生理者如许,皆是市井之徒,不知农民艰苦,余业费心。此等之徒,帮闲在官,自名小牢子、野牢子、直司、主文、小官、帮虎,其名凡六。不问农民急务之时,生事下乡,搅扰农业。芒种之时,栽种在手,农务无隙。此等赍执批文抵农所在,或就水车上锁人下车者有之(古时候没有机械或电力抽水,农田灌溉不是牛车拉水就是人力踩踏水车取水,笔者小时候还曾见过),或就手内去其秧苗锁人出田者有之。呜呼!公务有不急者,尚不夺农时,况无事乎!今二府不良之徒,除见拿外,若必欲搜索其尽,每府不下2 000人,皆是不务四业之徒。呜呼!此等之徒,上假官府之威,下虐吾在野之民。野民无知,将谓朕法之苛。野民止知如此,不知此等之徒,上假朝廷,下假官府,朕朝治而暮犯,暮治而晨亦如之,尸未移而人为继踵,治愈重而犯愈多,宵昼不逞宁处,无可奈何。设若放宽,此等之徒愈加昌炽,在野之民,岂得安生,呜呼艰哉!刑此等之徒,人以为君暴;宽此等之徒,法坏而纲弛,人以为君昏。具在方册,掌中可见,其为君者,不亦艰哉!朕除此无籍之徒,诸处不良之徒,见朕是诰,当戒之哉,勿蹈前非,永保吉昌。设否此诰,身亡家破矣。戒之哉,戒之哉!"(【明】朱元璋:《御制大诰续编·罪除滥设》第74,P668)

● 清除社会逸夫惰民运动的指导性"文件"——御制《互知丁业》等

至此朱元璋还不放心,随即又发布了《互知丁业》的诰令:要求全国人民互知丁业,用今天话来说,就是发动群众互察,实行群众监督,看看哪家还有逸夫、逸民和游食。一旦发现,邻里或亲戚就必须将其绑缚起来,送到南京,交由皇帝处置;要是邻里或亲戚碍于情面或顾及其他什么的而不敢下手,任由逸夫逍遥自在,或混迹于官府衙门,或作乐于市井之中,一旦发现"有犯非为,捕获到官,逸民处死,里甲四邻,化外之迁。"【明】朱元璋:《御制大诰续编·互知丁业》第3,P624)

而后洪武皇帝又连续发了三个诰令,对全国各地开展禁绝游民、逸夫、逸民运动做了具体的时间限定,即接到《大诰》之日起的一个月内,"仍前不务生理,四邻里甲拿赴有司(官府);有司不理,送赴京来,以除当所当方之民患";"四邻里甲不能拘拿赴官赴京,此人(指逸夫)或为盗,或帮闲为吏、为皂隶,所为不善,犯之日,四邻里甲同坐其罪。的不虚示。"【明】朱元璋:《御制大诰续编·再明游食》第6,P626)

● 形形色色的逸夫惰民害民害人

尽管朱皇帝一而再再而三地大诰天下人民共同行动起来,严厉打击游食、逸夫等不劳而获的社会寄生虫,但逸夫害民腐化事件还是时有发生。

○ 嘉兴府逸民组建"山寨版"朝廷催粮队,沿着大运河一路骗吃骗喝……

浙江嘉兴府有7个逸民,以徐戬为首,私下里找刻印者刻了一枚催粮官的印章,装在一个大的印章盒里,再用丝绸布包裹起来,背在身上。每当各地解送税粮上南京时,他们就在沿河岸边走边寻找下手的目标。7人不停地高喊:"催粮,督责!"再说船上解送税粮的人都是从农村里出来的,没见过什么世面,大多也不认识催粮官长成啥样的,看到徐戬等7人的派头,就误以为真是朝廷催粮官出来了,一旦对方开口敲诈了,也就任由他们。这样一来,徐戬等7人骗吃骗喝,从嘉兴一路骗到了江都县扬子桥。到了扬子桥,因为考虑到这一带正是税粮转运的中接站,徐戬等逸民就摆出了更大的架势了,占了一间民屋,弄了一张桌子,然后再将那枚伪造的催粮官印特地放在显眼的地方,搁上笔墨纸砚,装作盘点检查税粮的模样。老实巴交的农民们为了能早早地交掉税粮回家去,就毫无保留地按照徐戬等人随意开口索要的缴纳。就为了这个缴纳,当时的税粮船排起了长龙。刚好有个监察御史外出耳闻此事,觉得十分好奇,于是就来到了江都一探究竟,发现原来是徐戬一伙社会渣滓在耍奸害民,当即令人将其抓获,送往京师南京,交由洪武帝处置。(【明】朱元璋:《御制大诰续编·俏家》第23,P635)

○ 本来上滁州去管理军屯的王成却让人家军人妻子轮流陪宿

游民、逸夫或言社会渣滓祸害百姓,一般来说,往往具有这样一个特点:要么他们依仗官府或当官的,拉大旗作虎皮;要么他们与官府或当官的穿着连裆裤,一同作恶,从中渔利。

有个锦衣卫千户官叫王成的,受洪武皇帝的派遣,上滁州去管理那里的军屯。千户在大官云集的京城南京是相当不为人们所重视的,可到了地方上一下子变成了"大官"。由于远离京城,又没带家小去,时间一久,王成就想起女人来了,怎么解决这个问题?一些跑腿的看出了王领导的内心秘密,顺势介绍军人王和卿、刘信两家的妻子如何如何美艳,直把王千户说得心里痒痒的,让他老想着怎么弄到手。其实这也不难,跑腿的如此这般地一说,王和卿、刘信两家的妻子就开始轮流为王千户提供免费的性服务。

本来是去管理军屯的,一下子皇差变成了找"三陪"的美差。皇帝朱元璋听说后气得直跺脚,咆哮道"似这等不才无籍之徒,如何饶得他",随后下令将其统统重刑处置。(【明】朱元璋:《御制大诰武臣·奸宿军妇》第 22,P743)

● 为何"与官府有关系"的逸夫、惰民害民害人事件屡屡发生?

朱元璋处置逸民、游食或言社会渣滓算是严厉了,一人犯事,不仅全家受罪,就连乡邻也得受到株连。但像游食这类社会渣滓害民事情还是屡而不绝,这到底是为什么呢?我想不妨从三个方面去理解:

第一,逸民、游食历朝历代都有,用我们现在社会中耳熟能详的话语来讲,这些"二流子"要彻底清除干净,那几乎是不可能的。

第二,逸民也罢,"二流子"也罢,说到底,还是社会制度所造成的。英国有人对强奸犯及其子女作了跟踪研究,发现强奸犯没有遗传性,罪犯就是罪犯,罪犯的儿女未必一定成为罪犯。

第三,在中国传统的专制社会里,当农民太辛苦,做手工业者太劳累,做生意风险太大,读书考科举又是何其不易,但只要你与当官的或官府沾个边就会好处多多。你看那当官的出来多威风啊,开车的、拎包的、弓着腰献媚的、还有美女自动送上床的……老百姓最怕的就是那些当官的,你要是有什么事找官府去办,非得掉一身皮不可,非得被折磨得不像人样,由此人们终于"醒悟":尤其让当官的折磨着,倒不如痛痛快快给一些,图个方便;美女们也这么想:不就是让当官的快乐一下,日后再将丑事捅出去,反正他当官的都不要脸,我要脸干吗呢?再说当官的天天喊着自己是最正确的,跟着他们难道还有什么不正确?! 因此在中国传统社会里,与官衙能攀上关系这是一本万利的大好事,是前世修来的福分,由此人们就不惜甘冒杀头的危险也要"潇洒走一回"！

● 洪武帝对害民逸夫惰民惩治的升级

可当年的草根皇帝似乎不懂这些,反倒认为逸民、游食或言社会渣滓的存在是因为用刑用典不严所造成的。为此,他加大了治理的力度,在《大诰》中再次宣布:"今后敢有一切闲民,信从有司,非是朝廷设立应当官役名色,而于私下擅称名色,与不才官吏同恶相济,虐害吾民者,族诛！若被害告发,就将犯人家财给予首告人。有司凌迟处死！"(【明】朱元璋:《御制大诰续编·闲民同恶》第62,P661)

从原先一人犯事,全家与四邻迁徙化外,到后来的一人犯事,全族诛灭,洪武皇帝对逸民为害的处置明显加大了。虽说被处理或言清理的是社会渣滓、边角料,但这样的人群在每个地方、每个社会角落都存在;因此说,清除社会惰民逸夫的覆盖面特别广,如此下来,由原先清除"积年害民官吏"衍生出来的运动中的运动,反倒直接影响了大明帝国基层社会的稳定,有人对于当前的形势与帝国开展的运动发出了"并不和谐"的声音。对此,洪武帝朱元璋又运用绝对专制皇权政治发起了"罪妄言者"运动,即清除胡说八道的舆论危险分子。

运动深化罪及妄言　清除潜在舆论危险——洪武二十三年(1390)

大明开国起运动一场接着一场,先是洪武四年甄别天下官吏,以打击全国各级机构中的政治投机分子和潜伏的政治异己分子为主要对象;洪武八年和洪武十八年爆发了"空印案"和"郭桓案",朱元璋穷追猛打,清理大明政权内的经济腐败分子;洪武十三年开始追查胡党,清除大明行政系统内具有潜在危险的功臣勋旧以及不太紧要的军界将领。有意思的是尽管主犯胡惟庸早早地被处死了,但这个追查了10多年的胡党大案越查,却越能发现其犯下的罪孽,牵扯到案的人也越多,就连淮右功臣勋旧的核心人物李善长整族人都被卷入其中,惨遭杀戮。而几乎与此同时,洪武帝发动的尽逮天下官吏积年为民害者运动和清除社会惰民逸夫运动又在全国各地如火如荼地开展起来,"诚实的、可爱的"朱元璋亲自制定了《大诰》四编,诰示全国人民,同时也给我们后人忠实地记述了当年运动高潮时期的一些真实的案例,使得我们较为清晰地了解到当年"洪武"的真正含义。通过接二连三的政治大运动和大清洗,将一批又一批被检举、揭露出来的具有潜在危险的异己分子和"大坏蛋"送到阴曹地府中去。"洪武"的概念在"运动"中得到了诠释,"洪武"的精神在严刑重典中得以彰显。

● 洪武酷政奇观

对此,清代学者曾这样说道:"(明)太祖开国之初,惩元季贪冒,重绳赃吏,揭诸司犯法者于申明亭以示戒。又命刑部,凡官吏有犯,宥罪复职,书过榜其门,使自省。不悛,论如律。累颁犯谕、戒谕、榜谕,悉象以刑,诰示天下。及十八年《大诰》成,序之曰:'诸司敢不急公而务私者,必穷搜其原而罪之。'凡三《诰》所列凌迟、枭示、种诛者,无虑千百,弃市以下万数。贵溪儒士夏伯启叔侄断指不仕,苏州人才姚润、王谟被征不至,皆诛而籍其家。'寰中士夫不为君用'之科所由设也。其《三编》稍宽容,然所记进士监生罪名,自一犯至四犯者犹三百六十四人。幸不死还职,率戴斩罪治事。"(《明史·刑法志二》卷94)

据说洪武时期有内官经过仔细观察后,发现了这么个规律:如果在朝堂上皇帝朱元璋把他身上的玉带拉高到了胸口前,这一天他杀的人要少一些;如果把玉带压低到他的肚皮下面的话,那么这一天就有一大批的人头要落地,满朝官员没有一个不把心提到嗓子口的。(【明】徐祯卿:《翦胜野闻》)这样一来,京官们每日清早上朝前,都要与家人妻子诀别,到了晚上能平安回家就阖家欢庆,庆幸又活了一天。(【清】赵翼:《二十二史劄记·明祖晚年去严刑》卷32)

与清代学者所书相比,明代人的记述似乎更加贴近当年的实际。谈迁在他传世名著《国榷》中记述了史学家何乔远说过的一段话:洪武时期"贪墨之吏、奸顽之民,尚未格心,帝(指朱元璋)乃大召天下耆德高年之人,礼于有司,使得执贪吏,禽(通'擒')奸民面奏。奏实者加非常之诛,于是有挑筋、剁指、刖足、断手、刑膑、钩肠、去势(阉割),以止大蠹。府州卫所,右廨左庙,名曰'皮场',吏受赇至六十金者,引入场中,枭首剥皮,更代之官设皮坐。造淮清楼,令校尉下瞰城内,有吹弹蹴鞠赌博无作者,捕置楼中,仅许水饮,游手逋赋之僧,欲地埋躯,以行铲头之会。其他徙边实都,垦田筑城,自赎罪者,不可胜计。于是揭着文武臣民罪由,布于天下,而《大诰》之篇出矣。所以人人惴栗,吏畏民驯"。(【明】谈迁:《国榷·太祖洪武十八年》卷8,P658)

"人人惴栗,吏畏民驯",这样的情势会带来什么样的直接后果?在笔者看来至少有二:

第一,据朱元璋御制的《大诰》四编内容来看,80％以上的案例是针对当官的,朱皇帝还讲了这么一个事实:"自开国以来,惟两浙、江西、两广、福建所设有司官,未尝任满一人,往往未及终考,自不免赃贪。"我们将其换成现代话来表达,就是说,从洪武元年到洪武二十年,在江苏、浙江、江西、两广、福建等广大的江南地区担任地方官的,没有一个人是做到任期满的,往往是未到终考,要么被贬黜,要么被杀头。(【明】朱元璋:《御制大诰续编·松江逸民为害》第2,P623)

如此大规模、大批量地贬黜与杀戮官员,不仅造成了"其时征辟之士,有司督趣,如捕罪囚,仕于朝者,多诈死佯狂,求解职事"等一出出滑稽现象(【明】谈迁:《国榷·太祖洪武十八年》卷8,P658);而且还使得大明帝国官署衙门出现了严重的职位空缺,于是"戴死罪、徒流办事"、"戴斩、绞、徒、流刑在职"(即让判了刑的犯罪官员带着镣铐到公堂上办公或审案)等历史罕见的"奇观"一一呈现在人们的面前。

洪武二十年正月前官员戴罪还职(戴刑办公)举例

官员姓名	官职	所犯之罪及还职(戴刑办公)情况	最终结局
王本道	刑部主事	淹禁无招粮长身死、受赃等罪。3次还职	第4次犯死罪,被处决
罗师贡	监察御史	2次受赃,分别戴流罪、绞罪,2次还职	故出人死罪,最终被处决
刘 幅	光禄寺丞	2次受赃,分别戴流罪、绞罪,2次还职	第3次犯克扣官钞,被剁指书写
陈宗礼	监察御史	1次紊乱朝政,戴所罪还职;1次工作之失,戴斩罪还职	第2次犯死罪,还职监察御史
张 鞏	监察御史	1次受赃,戴砌城安置罪还职;第2次受赃	戴绞罪还职
李 哲	监察御史	1次受钞50,戴流罪还职;1次变乱成法,戴斩罪还职	第2次犯死罪,还职
黄 健	户部主事	1次受钞35,戴流罪还职;1次受钞90,戴绞罪还职	第2次犯死罪,还职
徐 诚	刑部主事	1次受钞37.5,戴徒罪还职;1次受赃银10两,戴绞罪还职	第2次犯死罪,还职
庞守文	刑部主事	1次受钞50,戴斩罪还职;1次受钞90,戴绞罪还职	2次犯死罪,仍还职
凌 辂	汉阳知府	1次受钞10,戴徒罪充书吏;1次搜求楚王细事,戴死罪还职	第2次犯死罪,还职

续表

官员姓名	官职	所犯之罪及还职(戴刑办公)情况	最终结局
孙 蠹	嘉定县丞	1次受钞20,银5两,戴流罪降职,1次受赃567.5	第2次犯死罪,该绞追赃
周从善	吴江县丞	1次受钞50,戴流罪还职;1次阻挡耆老进京告状,戴斩罪还职	第2次犯死罪,还职
赵 泰	阜平县丞	1次受钞250,银30两,戴绞罪还职;1次受钞340,银50两,追赃戴罪还职	第2次犯死罪,还职
蹇 煜	太平经历	1次受钞30,银2两,戴徒罪读书;1次巧立名目受赃,死罪	第2次犯死罪,罪该枭令
魏安仁	严州同知	1次诈冒丁忧,戴徒罪充书吏;1次故出人罪,降职	第2次犯罪降为翁源典史
盛如英	安乡县丞	1次推荐人才不实,戴杖罪还职;1次科敛钞300,流罪	第2次犯罪,戴流罪还职
徐 敏	万宁县丞	1次为解课受钞110,戴流罪还职	1次犯罪,戴流罪还职
张 翀	太康县丞	1次克扣赈济钞500,戴斩罪还职	1次犯罪,戴斩罪还职
鲁 望	陵水县丞	1次为修船等事受钞100贯,戴绞罪还职	1次犯罪,戴绞罪还职
邓 祐	定襄县丞	1次为进课结交近侍,戴斩罪还职	1次犯罪,戴斩罪还职
……	……	……	……

(注:①本表摘取自洪武年间戴罪还职官员的一些例子,仅为了说明问题,没有将全部罗列进去,单单洪武十九年十二月朱元璋在《大诰三编》中列举的这类事例可能要有数百个;②本表史料出处为朱元璋的《御制大诰三编·进士监生不悛》第2,P685～688)

第二,由于运动接着运动,运动夹裹着运动,受打击的面越来越多,大明帝国臣民们表露出极大的恐慌,于是各种流言与妄言开始流播。对此,无所不能的洪武皇帝予以了高度的重视,随即又发动了"罪妄言者"运动。(《明史·周敬心传》卷139)

◉ 洪武禁止人们"胡说八道"——"罪妄言者"运动

对于这场"罪妄言者"运动可能出于对领袖伟大形象的考虑,明朝国史《明实录》同样予以了极大的回避,幸好《明史》作了记载,不过太过于简洁了,仅以太学生周敬心的上书点到为止。洪武二十三年高皇帝发动了"罪妄言者"运动,与洪武四年录天下官吏、十三年开始连坐胡党、十九年逮官吏积年为民害者等运动并列,但由此告诉了我们这是又一次新政治运动。至于这次运动怎么发起,怎么结束,目前为止史料有限,不得详知。

不过在笔者看来这场运动有个前兆,或言开始发动时间应该要远远早于周敬心所说的洪武二十三年,运动兴起的缘由似乎也由朱皇帝自己在《大诰》中告诉了全国人民了。

在落款为"洪武十九年春三月望日"的《御制大诰续编》和"洪武十九年冬十有二月望日"的《御制大诰三编》里头,朱元璋至少收集了3个严厉打击"妄言者"的案例。

○ 13个被剁了手指的福建沙县人在一起说了句牢骚话,结果全被砍头,家中成年男人遭受诛杀,妇女迁徙到化外

大约是在洪武十八年至十九年交替之际,福建沙县以罗辅为首的13人可能因为没有什么正当的职业,经常在外闲逛。随着全国性轰轰烈烈的清除社会惰民逸夫运动的到来,他们被人告到了官府,随即遭受断指之刑。人一旦没了手指,那几乎等于废人,于是以罗辅为首的13人这下可更加"悠闲"、更加"安逸",他们所能做的也就动动嘴,对于洪武朝廷的严刑峻法不免要私下里发些牢骚:"如今朝廷法度好生利害,我每(们)各断了手指,便没用了。"就这么一句话,有人将它告到了皇帝朱元璋那里,随即这13个被断了指的沙县人全被抓起来枭首示众,他们家里成年男子遭受诛杀,妇女被迁徙到化外。

这样的严酷处置可谓是空前绝后的。为此,朱元璋在《大诰》中以他特有的强盗逻辑对全国人民做了一番解释:"烝民之中有等顽民,其顽也如是,其奸也如是,其愚也如是。呜呼!非顽非奸非愚,盖去古既远,老壮相传,为民之道迷矣。由相代之帝敷教而不精,致令民颇聪明者而作聪明,所以反成至愚。今朕不能申古先哲王之道,所以奸顽受刑者多。洪武十九年,福建沙县民罗辅等十三名,不务生理,专一在乡搆(构)非为恶。心恐事觉,朋奸诽谤,却说:'如今朝廷法度好生利害,我每(们)各断了手指,便没用了。'如此设谋,煽惑良善,以致告发,拿捉到官。朕谓曰:'尔等既断了手指,诸事艰为,安坐无忧凌暴,为何?(罗)辅等默然。呜呼!人皆说人君养民,朕观之,人君宫室、服食、器用皆民所供,人君果将何以养民哉?所以养民者,在申古先哲王之旧章,明五刑以弼五教,使民知五常之义,强不得凌弱,众不

敢暴寡,聚兵积粮,守在四夷,民能从化,天下大安。此人君养民之道也。尔辅等不遵治化,造罪渊泉,自残父母之遗体,是谓不孝;捏词上谤于朝廷,是谓不臣。似尔不臣不孝之徒,惑乱良民,久则为祸不浅,所以将尔等押回原籍,枭令于市,阖家成丁者诛之,妇女迁于化外,以戒将来。吁!朕制法以养民,民乃搆(构)奸而自罪。全家诛之,朕岂得已乎?智人鉴之。"(【明】朱元璋:《御制大诰续编·断指诽谤》第79,P670)

○ 江宁知县高炳以宽平的《唐律》对洪武重典提出了非议,却被朱元璋斩了

有个叫高炳的江宁知县,因为熟读儒家经典被人举荐到南京,出任工部员外郎。员外郎属于六品官,相当于知州级别,比县处级要高。一个读书人一下子跳到了大明公务员队伍中的中层,这在当时人们看来是多么荣耀的事情啊!也可说明当今洪武皇帝如何重视人才啊!不仅如此,有一年专门主管祭天等礼乐活动的最高行政机关大明太常寺缺了副职领导——太常寺少卿,朱皇帝下令各地推荐人才,可来了一帮子的读书人居然没有一个让朱元璋看中的。洪武皇帝精力旺盛,记忆也好,看来看去,最后他想起了一个人,就是前面刚刚提到的高炳,此人雍容之态,言语不多,一开口就能点题。草根出生的皇帝就实在,不要虚的,他决定将高炳调到太常寺去当少卿,专门从事祭天等活动。朱皇帝什么都不怕,就怕上天,所以平时礼节上绝对不能马虎,必须要一个严谨、端庄的人才来代替自己好好祭祀祭祀绝对顶头上司——上天。这样的人事调动在那个年代还不是小菜一碟,随之高炳就到太常寺去上班了。

可这个高炳去了没多久,就"作故而归",回家去了。五年后巧不巧又碰上洪武朝廷要求各地推荐人才,高炳因为名声在外,这一次又给推荐了出来。鉴于上次的事情,洪武皇帝这次任命高炳为江宁知县,"到任未久,非公而事觉,罪犯徒年"。什么事情?朱元璋在《大诰》中说高炳"妄出谤言,以《唐律》作流言以示人,获罪而身亡家破"(【明】朱元璋:《御制大诰三编·作诗诽谤》第11,P703~704)。高炳究竟说了什么不该说的"妄言"?我们无法获知更多的信息,但将《大诰》标题《作诗诽谤》与"以《唐律》作流言以示人"结合起来看,很可能就是当年高炳对朱元璋接二连三发动政治运动和"做大做强"的做法不满。《唐律》以宽平著称于世,既然朱皇帝说高炳诽谤,那就是说高炳以宽平的《唐律》对洪武严刑重典提出了非议,通过写诗表达了出来。朱元璋说他诽谤其实就讲高炳诬蔑和否定全国大好形势,为了制止这样的妄言者胡说八道,洪武帝最终决定,将原本被判处徒刑的高炳改为"身亡家破"。

○ 和尚皇帝昔日狂念"弥勒佛降生……",现在却不准人们念了

就在大明帝国统治阶层人心惶惶、妄言暗流之际,社会底层民众也有所行动起来。洪武十九年五月,福建有个僧人叫彭玉琳的自称是弥勒佛祖师,他跑到了江西新淦县向当地广大的底层百姓传播弥勒教,烧香聚众,建立白莲会。民众杨文曾(《大诰》中作杨文德)、尚敬等纷纷加入该宗教组织。彭玉琳随即自称晋王,建立官属,改元天定。但不久遭到了明朝官府的镇压,彭玉琳等70余人被押往南京处死。(《明太祖实录》卷178)

按理说事情到此为止可以画上个句号了,但皇帝朱元璋可不这么认为,在洪武十九年年底颁示的《大诰三编》中,不厌其烦地解释了自己为什么要严厉处置妄言"弥勒佛"者。他说:"民有厌居太平而好乱者,考之于汉隋唐宋,此等愚民,累代有之,呜呼惜哉!此等愚民,屡为造祸之源,一一身死,姓氏俱灭者多矣。愚者终不自知,或数十年、数百年,仍蹈前非。且如元政不纲,天将更其运祚,而愚民好作乱者兴焉。初本数人,其余愚者闻此风而思为之合,共谋倡乱。是等之家,吾亲目睹,当元承平时,田园宅舍,桑枣榆槐,六畜俱备,衣粮不乏。老者孝子顺孙尊奉于堂,壮者继父交子往之道,睦四邻而和亲亲,余无忧也。虽至贫者,尽其家之所有,贫有贫乐。纵然所供不足,或遇雨水愆期,虫蝗并作,并淫雨涝而不收,饥馑并臻,间有缺食而死者,终非兵刃之死。设使被兵所逼,仓惶投崖,趋火赴渊而殁,观其窘于衣食而死者,岂不优游自尽者乎!视此等富豪、中户、下等贫难,闻作乱翕然而蜂起,其乱雄异其教,造言以倡之。乱已倡行,众已群聚,而乃伪立名色,曰君曰帅,诸司官并皆仿置。凡以在外者,虽是乱雄,用人之际,武必询勇者,谋必询智,贤必遵德,数等既拔,其余泛常,非军即民,须听命而役之。呜呼!当此之际,其为军也,其为民也,何异于居承平时,名色亦然,差役愈甚。且昔朕亲见豪民若干,中民若干,窘民若干,当是时,恬于从乱。一从兵后,弃撇田园宅舍,失桑枣榆槐,挈家就军,老幼尽行,随军营于野外,少壮不分多少,人各持刃趋凶,父子皆听命矣。与官军拒,朝出则父子兄弟同行,暮归则四丧其三二者有之。所存眷属众多,遇寒朔风凛凛,密雪霏霏,饮食不节,老幼悲啼,思归故里,不可得而归。不半年,不周岁,男子俱亡者有之,幼儿父母亦丧者有之,如此身家灭者甚多矣。如此好乱者,遭如此苦殃,历代昭然,孰曾警省。秦之陈胜、吴广,汉之黄巾,隋之杨玄感、僧向海明,唐之王仙芝,宋之王则等辈,皆系造言倡乱首者。比天福民,斯等之辈,若烟消火灭矣。何故?盖天之道好还,凡为首倡乱者,致干戈横作,物命损伤者既多,比其成事也,天不与首乱者,殃归首乱,福在殿兴。今江西有等愚民,妻不谏夫,夫不戒前人所失,夫妇愚

于家,反教子孙一概念诵'南无弥勒尊佛',以为六字,又欲造祸以殃乡里。呜呼!设若鼓倡计行,其良民被胁从而被诖误者,甚不少矣。前者元朝驴儿,差僧一名,诡名彭玉琳,又曰无用,其新淦等县愚民杨文德等相从为之。比及缉捕尽绝,同恶之徒被生擒者数百名,所在杀死者又若干,眷属流移他处中途死者又若干。吁,诡名彭玉琳、无用,乃元细作。其新淦等县人民杨文德等轻同恶而相济,累及良民,难于分豁者多矣,至于死地。以此观之,岂不全家诛戮者也。今后良民,凡有六字者,即时烧毁,毋存毋奉,永保已安,良民戒之哉!"(【明】朱元璋:《御制大诰三编·造言好乱》第12,P704～705)

仅就念诵一句'南无弥勒尊佛',堂堂大明天子朱元璋不厌其烦地写上千余言,让人看了不得不觉得有点小题大做,做贼心虚,或者说有点晕。我们不妨将其作个浓缩或概述,其大致是讲:元朝统治果然不好,但你们要晓得,元末天下大乱,生灵涂炭,这种苦难的根源在哪里?就在于当时有人首倡"妄言",说什么弥勒佛降生,天下将换新世,好多好多的人就跟着妄言者起来造反了,原本富者有着富裕的生活,穷者也太太平平地过着,一旦跟随妄言者起来造反了,不仅过去的生活都没了,而且还要将小命搭进去,弄得家破人亡,这实在是太愚蠢了,因此本皇帝要严厉打击妄言者,凡是念"南无弥勒尊佛"六字的就是造祸,大家千万别跟着他们,否则就要杀身毁家!(【明】朱元璋:《御制大诰三编·造言好乱》第12,P704～705)

从朱元璋的这段"最高指示"来看,他的良心全让狗给吃了。想当年他挣扎在地狱门口,是弥勒教徒和白莲教徒的起义"救"了他的一条狗命。现在倒好,反过来大骂救命恩人弥勒教徒和白莲教徒,这与他对帮助他打江山的功臣勋旧大开杀戒如出一辙。

○ 洪武时期连算命先生预测吉凶祸福都不行

其实在政治家那里,人们大可不必较真去寻找他们的良心,因为有了良心就没有黑心,就做不了所谓的"惊天地泣鬼神"的事情,也就不会有广大愚夫愚妇百般称颂的"开天辟地新时代"了。想想朱元璋,要是承认了"弥勒佛降生,天下将换新世"的说法岂不自己在扇自己的耳光,自己鼓励人们造反吗?因此从朱皇帝角度来讲,要想使得大明"安定团结",弥勒教徒这类的起义理所当然要镇压,弥勒教徒的妄言也一定要严厉禁止。而从十九年前后的情势来看,大明开展了那么多的运动,人心在浮动,流言、妄言在暗流,如果不注意加以严禁,其后果不堪设想;因为随即发生的洪武二十三年逮捕与诛杀淮右功臣勋旧核心人物李善长以及彻底清算胡党运动,是一波政治性大运动的高潮曲——自此而始,洪武皇帝已将军队以外的具有巨大潜在危险的势力清除干净的洪武皇帝,可以集中精力对付军中潜伏的危险分子,有谁可知其心?几乎没有,也不允许有,因为朱皇帝最犯忌别人看透他,因此那些妄言者尤其必须得重重地清理一番!就连那些"卜筮者多假此妄言祸福"的也要禁止!(《明太祖实录》卷228)

伴随清理妄言者运动的展开,大明帝国走向了朱元璋时代的晚期,此时"洪武"精神再次发挥了巨大的魔力,逮捕和处死了蓝玉为首的"谋逆者"及其"蓝党"分子,赐死了最后两位大将军傅友德与冯胜,洪武二十八年(1395),大明帝国洪武时代一系列大运动或言运用绝对专制皇权发动的大运动终于开始降下了帷幕。

整肃秩序澄清国度　轻松解决豪民巨族

综观洪武朝31年时间里,大明帝国共计发生了不少于8次全国性的大运动,平均下来4年不到就有一场暴风骤雨。那么这一场场暴风骤雨给大明帝国带来了怎样的影响?

● 整顿秩序,澄清国度,影响后来的大明帝国

尽管有着相当大的偏差以及严重扩大化的问题,但通过一次次的全国性大运动,朱元璋整顿了吏治和一代秩序,澄清了大明国度,清除了元末以来的社会流弊和各种"潜规则",在相当程度上实现了中国传统农业社会治乱世用重典的理想。"明祖惩元季纵弛,特用重典驭下,稍有触犯,刀锯随之……故人皆重足而立,不敢纵肆,盖亦整顿一代之作用也",影响了后来的大明帝国([清]赵翼:《二十二史劄记·明祖晚年去严刑》卷32)。《明史》作者也颇有见地地指出:朱元璋当政时,"一时守令畏法,洁己爱民,以当上指,吏治焕然丕变矣。下逮仁、宣,抚循休息,民人安乐,吏治澄清者百余年"。(《明史·循吏传》卷281)

● 巧妙地解决了有着一定隐患的豪强世族,稳固帝国社会、经济秩序

豪民巨族相当于现在社会里讲的大富翁和超级富翁。前章中我们讲过朱元璋与超级富翁沈万三较劲的故事,虽然故事不一定全是真实的,但多少反映出朱元璋

对待超级富翁的心态:妒忌、警惕与仇视。其实这样的记载在历史上还有:

洪武三年二月的一天,朱元璋问户部即财政部的官员:"我大明天下哪个地方的老百姓最富?哪个地方的农作物产量最高?"财政部官员说:"以全国的税收来讲,浙西即苏南与上海等地多富民巨室。以苏州一个府来讲,每年缴纳100～400石税粮的富翁平民就有490户;500～1 000石的大富翁就有56户,1 000～2 000石的超级富翁有6户;2 000～3 800石的超超级富民有2户,共计富翁554户,每年缴纳税粮就达150 184石。"朱元璋听后沉默了一阵,然后接着说:"自古以来豪民巨族多出自于富民之中,他们财大气粗。想当年元朝时,那些豪民巨族经常欺负小民百姓,横行乡里,老百姓深受其害啊!这样吧,你们通知有关部门,将这些豪民巨族、大款们、富翁们给我召到南京来,朕要当面跟他们谈谈。"(《明太祖实录》卷49)

后来朱元璋在明皇宫中正式接见了江南富民,并跟他们这样说道:"你们各自在乡村里可是享清福啊,没有意识到么?古人说过:人是有欲望的,要是没了天下之主的话,那就得乱成一锅粥。假如真有那么一天天下没有一国之主的话,那就会出现以强凌弱、以众暴寡的不堪现象,富人们将无法保住自家的生命与财产,穷人们也会活不下去。如今朕为你们的国君,'立法定制,使富者得以保其富,贫者得以全其生,尔等当循分守法,能守法则能保身矣。毋凌弱、毋吞贫、毋虐小、毋欺老,孝敬父兄、和睦亲族、周给贫乏、逊顺乡里,如此则为良民,若效昔之所为,非良民矣'"(《明太祖实录》卷49)!

朱元璋的这段话至少透露出两个信息:第一,大款们、富民们,你们得知足,要不是大明帝国天空中升起了我这颗红太阳来照着你们的话,你们能保有幸福?第二,大款们、富民们,你们得规规矩矩做人,遵纪守法,具体要求有四"毋"等八项。朱皇帝话里边柔中带刚,绵里藏针,骨子中充满了杀气。

其实这样的最高指示精神还不仅仅限于高皇帝口头说说,而是落实到洪武年间大明朝廷对待大款富民们的具体政策实际之中。从大明开国起,朱元璋一方面支持在元末大动乱中逃离家乡的大款富民们重返家园、恢复生产和生活,而另一方面又对大款富民中的豪民世族的经济和势力扩张予以一定的限制和打击。譬如洪武四年,朱皇帝在号召人们开垦临濠荒田时,就发布了这样的命令:"耕者亦宜验其丁力,计亩给之,使贫者有所资,富者不得兼并。若兼并之徒多占田以为己业,而转令贫民佃种者,罪之。"(《明太祖实录》卷62)

朱元璋之所以要对富民豪族的土地兼并实行抑制,主要可能出于三个方面的考虑:第一,超级富翁、豪门世族多了,土地资源过于集中在少数人手中,会引发大批小农土地的流失,最终就会导致国家财税收入的减少;第二,失地农民多了,流民也就多,这就直接影响到大明帝国的社会治安与稳定;第三,农民数量的减少,就会使得明王朝徭役征发对象出现短缺,国家重大工程建设与军事防卫设施建设也就无法及时进行。鉴此,洪武时期皇帝朱元璋极度重视鱼鳞图册制、黄册制和粮长制等制度的推行,坚决打击营私舞弊。

而几乎与此同时,洪武皇帝还对不肯服从帝国法令、损害王朝利益的大款富民或言豪强世族予以无情的打击。由于当时江南地区的大款富民或豪强世族最多,因此江南也就成了洪武帝打击豪强世族的重点地区。

朱元璋打击大款富民或言豪强世族的主要手段有三种:

第一,迁徙豪民。自大明帝国建立前后起,朱元璋就开始推行此项政策。如,吴元年十月,"徙苏州富民实濠州"(《明太祖实录》卷26);洪武七年,"徙江南豪民十四万田凤阳"(《明史·俞通源传》卷133;《明史·李善长传》卷127)。洪武二十四年,仿效汉高祖刘邦的做法,将全国各地5 300户富民迁于京师南京。(《明太祖实录》卷210)

在这些被迁徙的富民中,以苏州地区的为最多,如:"家素饶于财"的郁瑜被迁往了临淮(【明】解缙:《解文毅公集·户部尚书郁公墓志铭》卷13),昆山大富翁顾德辉父子并徙濠梁(《明史·顾德辉传》卷285),张士诚旧臣杨基、余饶臣和徐贲等500家被迁徙到临濠(《明史·杨基、徐贲传》卷285)。其次可能就要数松江即今天上海,上海县"以农起家致巨富"的富民黄皷被迁徙到颍上(【明】郑真:《荥阳外史·瀼东耕者传》卷47),松江谢伯礼、朱孟闻、华亭洪允诚被迁徙到濠梁。(【明】郑真:《荥阳外史·乐胜云间记》卷10;【明】郑真:《荥阳外史·石庵记》卷11)

这些大款富民或言豪强世族一旦迁徙他地,其经济与势力必定遭受致命打击。朱元璋曾制定法令,严禁迁徙富民逃亡,规定:"富民私归者有重罪。"(【清】顾公燮:《消夏闲记摘抄》上)由此一来,当年的大款、超级富翁后来就变成了贫民和难民。

那么朱元璋严惩迁徙富民逃亡到底严到什么地步呢?我们不妨来看看下面一个案例:

松江有个叫王子信的人,家里很富,按照皇帝朱元璋的说法:"(王子信)本人田地广有,佃户极多。若将一年分受私租,本分自用。计其人口,丰衣美事,十年不能用尽。"正因为如此,在洪武四年核定田产验明户等时他被定为了上等,并随即签派为当地的粮长。这个王粮长可能类似于现在社会里的"富二代",一天到晚不干正事,到处瞎来。当上粮长后按理说应该收敛一点,可他不,还是我行我素,一不小心触犯了当时的洪武律条,被判死刑;但因为犯的事不大,最后死罪被免去,改为脸上刺字即黥刑,并发配到西河州充军。

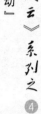

公子哥充军,且又是江南一带人,到了西北不说是充军干苦力,就是待上几天也够他受的了。不过好在他头脑活络,到了河西州充军地没多久,他就与当地的军队卫所领导处得相当之"融洽",今天送个金器,明天送个由纯银打造的宝贝。时间一长,充军地好似王粮长自己的家,没一个军队领导不将他当做"自己人"的。就在这样的情形下,王粮长找准时机,两脚开溜,一路不分白天黑夜地往着松江方向赶。

回到了松江后,王粮长万般思虑着如何解决这样一个问题:人们会不会到官府去告状,原本充军者怎么现在突然回来了?不过他头脑好使,没多时就想出方案来了,说到底,只要松江地方官府不追究、不过问,南京城里的朱皇帝怎么会知道这事呐?想到这里,他就开始活动,打点松江衙门里的官吏。俗话说得好:收人钱财予人消灾。松江府里的人自从得了王粮长的好处后,对于眼前发生的一切睁一只眼闭一只眼,只当什么都不知道。按理说这时的王子信就应该深居简出,夹紧尾巴做人。可他偏不,当发现自己已经搞定了松江地方官府后,顿时开始飘了。由于脸上被刺了字,怕人一眼就能认出他是罪犯,王子信将自己打扮成军人,带上四五十个佃户到处闲逛,骗吃骗喝骗睡,"扰害乡民,欺压良善"。不曾想到有人偷偷地将状告到了南京去。洪武朝廷接到状子后,立即派人前往松江,缉拿王粮长王子信。

可屡经风浪的王粮长压根儿也没把朝廷缉拿之事放在心上,等南京特使来了,他就将自己家里的以及从外面骗来的金银宝贝送给了特使,并找出种种理由,迟迟不上路。可南京特使清楚当今皇帝的厉害,没拿到人怎能回去交差?由于自己收受了别人的钱财,只好耐着性子在松江等啊。王子信看看实在躲不过了,最后只好跟着一起来南京了。

南京当时是大明帝国的首都,衙门林立、高官云集,王子信想用打通松江府的老方法来搞定京师衙门,谈何容易!一时间愁死人了,王粮长不愧为江湖上混过来的,没多长时间,他又想到自以为很绝的一招,叫家里的佣人冒充自己的侄儿上明皇宫午门口去击登闻鼓(当时规定:若有冤情,犯人亲属可击鼓鸣冤)。没想到朝廷官员一听说是王子信的什么人在击鼓,没有一个愿意去理睬。王子信不死心,就让人传话给家里,叫妻子前去击鼓鸣冤,还出钱雇了好多人出来为他做假证。可这一切全然不管用,洪武朝廷最终认定:王子信所犯之罪属实,于洪武十九年六月初五日将其枭首示众,"家产入官,田产籍没,人口流移(迁徙)"。

对此,洪武帝在《大诰》中这样说道:"呜呼!如此富豪,以巨富论之,王子信非上上,必上中,不居上下。今无所不为,顽不听教,执迷不化,身亡家破,死而后已。呜呼,富者戒之!"(【明】朱元璋:《御制大诰三编·王子信害民》第25,P714)

第二,任命酷吏出任富民相对集中地区的地方守令。譬如洪武晚期知苏州府的王观就是这么一个以严酷出名的知府。有个府吏叫钱英的耍奸,让刚刚接任知府之位的王观侦查到了,当即就被打死(《明太祖实录》卷178)。朝廷重赋苏松,苏州普通老百姓缴不出税粮,由此当地拖欠的税粮额越来越大。王观将苏州府的富民们都召集到府衙来"谈话",要他们"爱国","爱中央朝廷",代替穷困百姓缴纳税粮,完成朝廷下达的任务(乾隆:《江南通志·职官志·名宦》卷114);薛嵓出任镇江知府时,也因为执法甚严,"豪强为之屏迹"。(乾隆:《江南通志·职官志·名宦》卷114)

第三,利用一波又一波的"大运动",株连豪门大族。

洪武年间朱元璋前后发动了8场大运动,而每一场运动中都或多或少地牵连一些大款富民或言豪强世族,尤其是胡惟庸党案和蓝玉党案牵涉的江南富民特别多。

○ 镇江富民李老头花心,结果让淫妇"相好"告发为胡党分子

譬如,镇江新港富民李茂实就是一个潜伏着的"胡党"分子。为什么要这么说呢?朱元璋在《大诰》里讲了这样的一个"故事":应天府上元县有个叫孙才四的人梦想一夜暴富,投靠在胡惟庸的门下。胡惟庸叫他回家去,引诱邻里乡民暗作义兵,打算接应胡党叛乱。哪料到胡惟庸突然被诛杀,孙才四听到消息后,落荒而逃,从南京一直逃到了福建沙县,并在那里住了下来。他刚喘上一口气,就碰上了住店查房的,由于走得急,没有路引(相当于介绍信),当场遭到了逮捕,随即被送到了京师南京。有关部门对他进行了审讯,他说出了实情。孙才四与镇江的李小官原来都是胡惟庸的"党人",因为胡党案发突然,他俩刚好不在京城,躲过了官府的追捕,随后开始潜逃。这些年各自在外一边以做生意为幌子,一边物色好的藏身之地,哪知孙才四刚在沙县立足,就被人识破了。审讯人员没想到审个没有路引的嫌疑犯,居然审出来胡党分子来了,这可不得了的事,怎么办?胡党案发到现在已经有六七年的时间了,到哪里去追捕另一个胡党"逃犯"李小官?审讯人员中有个人特别有才,他说:既然李小官说是在外做生意,他又走得急,估计身边没多少钱,所以他肯定会与镇江家里的人取得联系。对,就上镇江新港李家去查查!可不知去了多少次,也不知蹲守了多长时间,就是找不到一点有关李小官的信息。(【明】朱元璋:《御制大诰三遍·李茂实胡党》第7,P699)

就在案件进入死胡同时,忽然间出现了峰回路转。有一天有个叫严阿周的美艳少妇来到了法司衙门,检举揭发奸夫李茂实是胡党分子,李茂实是谁呀?他就是官府要追捕的胡党分子李小官的父亲。法司工作人员好奇地问:"你严阿周是什么人?怎么知道得这么详细?为什么要等这么久才出来检举揭发?"要说这严阿周还

真不是什么好东西,虽然长得漂亮,但实际上就是淫妇、荡妇,谁要是给了她钱财,她就陪谁睡。李茂实虽然年老,可他的心却年轻着,两个眼睛色眯眯地老盯着美艳少妇严阿周身上,自从两人有了第一次后,老李头就将严阿周当做自己的女人,哪知水性杨花的严阿周才不吃这一套。在她的心里:老李头你花些银子来此吧老牛吃嫩草那没关系,但我严阿周这一枝花怎么也不会插在你老牛粪上!于是露水夫妻之间的战争陡然而起……有关淫妇、荡妇严阿周的事情果然动听、吊胃口,但比较起来,抓胡党分子才是最为紧要的!听完了严阿周的买春故事后,正在兴奋劲上的法司官员立即上镇江去,将那个正在做着春梦的老李头李茂实给逮捕归案了。

李茂实起初以为就是因为与淫妇严阿周的那些云雨之事而遭逮捕的,没想到一进大牢看到无数令人毛骨悚然的刑具,顿时便吓坏了。当法司官员询问起有关他与胡惟庸的那些事时,他像倒豆子一般全倒了出来:自己原本就与宰相胡惟庸认识,洪武九年某天(记不住确切时间)因胡府之邀前去喝酒,喝着喝着,自己就醉了,当天夜里就住在了胡府西厅。等到第二天醒来觉得挺不好意思想去致歉时,没想到胡宰相不仅不让谢,反而还叫人送上了"大银130个,用车推赴船所",装运到镇江新港李家。依照胡宰相的设想,让老李头做大商人,倒卖盐引200 000,留作以后谋反时的经费。

那么李茂实、李小官等到底是不是胡党分子?就凭一两个人口供就能坐实了?倒是在《大诰》这一段故事的结束朱皇帝的一番话令人深思:"呜呼!李茂实无知,不守己分,乐天之乐。朕,君也。茂实,富民也。(他)家本不缺用,富且有余,不能报天地阴骘之恩,犹独舍朕生杀予夺之主而投(胡惟庸)门下,把持官府,欺压良善,恶贯神人,所以出(应该是'除'字,可能是朱皇帝写白字了)幼者皆诛之,是怒及神人也。"(【明】朱元璋:《御制大诰三编·李茂实胡党》第7,P699)

○ 同为洪武十九年,苏州吴县也发现了胡党余孽——富民粮长于友

就在镇江富民李茂实父子被人告发为胡党分子时,非常"巧"的是苏州吴县也发现了潜伏得很深的胡党余孽,且他还是个犯了事的富民——粮长于友。

"苏州府吴县粮长于友本系胡党,数曾犯法,面刺死囚隐送同罪。本人因与胡惟庸通谋,其弟于名,职内藏库官,掌管钱帛,偷盗库藏财物,已发宁夏充军,本人亦发凤阳屯种。后本人将'隐送同罪'四字起去,还乡复业,充洪武十八年粮长。至十九年,本区内里长盛宗欲行赴京陈告本人胡党事,其于友将本人邀回,置礼求免。略得少暇,却率家人及邻里分使胡惟庸钱物者沈革六等二十名,将里长盛宗作害民弓兵帮(绑)缚赴京。朕亲面见,其里长盛宗从前分诉于友为恶缘由,党弊昭然。于

是命法司发回本贯,枭首示众。"(【明】朱元璋:《御制大诰三编·臣民倚法为奸》第1,P684)

○ 江南首富沈万三女婿陆仲和想当"老赖",结果被人扣上"胡党"的帽子……

又是洪武十九年即胡惟庸案发生后第7年,江南首富沈万三的女婿陆仲和(朱元璋在《大诰》中作陆和仲)被人扣上了"胡党"分子的帽子,遭受了满门抄斩。

那么这个叫陆仲和的到底是个什么样的人?民间对门当户对的婚姻形象说法是:鱼找鱼虾找虾,乌龟找王八。陆仲和是元末明初吴江地区的超级富翁,当地方志里记载说陆仲和家"富甲江左,时值荒乱,隐居于此,亭台池圃,辉耀桑梓,建疎柳、饮马二桥,造帐子廊,有南北二马路,明初没为官街,今南称南濠街,北称新街"(嘉庆:《同里志·建置志下·古迹》卷5)。这么一个"富甲江左"的人却在朱元璋洪武年间成了"老赖"。因为当时大明规定财产富裕者充当粮长,连生活的那个城镇都由他造起来的陆仲和理所当然地成为了当地的粮长。但让人不解的是:一个乡村旮旯里的粮长怎么会跟当初大明宰相扯上关系而最终遭受杀戮的?

据朱元璋在《大诰三编》中所言:陆仲和当了18年的粮长,有一年江南发大水,陆仲和等数百个粮长运粮到南京,朱皇帝亲自接见,并告诉他们:回乡后如实勘查地方受灾情况,一一据实上报。有灾田地不仅免除当年的税粮,国家还要实行赈济,不过没灾的还是照常缴纳"爱国粮"的。可这个陆仲和回乡后就开始作弊,"以熟作荒"或"灾已报十分,所灾者止有一分",收买当地官府衙门工作人员。不料机关算尽的陆仲和,却被人告发为胡党分子。这可是吓死人的罪名,陆仲和听到有人三番五次地上告自己,就迫不及待开始活动,以1 000贯去收买首告者沈庆童等3人,又买通苏州府吏杨复,但最终还是东窗事发。陆家被灭时,这位超级富翁已拖欠税粮9 300多石。(【明】朱元璋:《御制大诰三编·陆和仲胡党》第8,P700)

○ 沈家"富二代"和"富三代"想世世代代富下去,结果也被整成蓝党分子

就连皇帝钦定的文献中也没有一丝一毫的证据能证明,沈万三女婿陆仲和就是胡党分子,但最终富甲江左的陆家还是被干掉,说到底是陆仲和太贪惹的祸。富了还要想富,富了还要想世世代代富下去,这是富人们的普遍心理。陆仲和曾这么想过,他的老丈人沈万三家的人也是这么想的。那时沈万三可能已经不在世了,沈家由儿孙沈德全等当家,即我们现在所说的"富二代"和"富三代"操持着沈家那么大的家业。为了能使子孙后代以后能永葆幸福富裕,沈德全等就通过曾在大将军蓝玉家教过书的苏州老书生王行介绍,结识了蓝玉家的长子蓝碧瑛又名蓝大舍。

不料,才开启双方的"友好"关系,蓝玉党案就爆发了,沈万三子孙随即被定为蓝党分子而被诛杀灭族;沈万三的女婿顾学文及其所居住的吴江富土镇上的其他富民也受到了牵连,朱元璋"并洗富土之民,而夷其室庐"。当时就吴江一县罹难的"不下千家",就连已经在大明朝廷担任户部侍郎的莫礼家也未能幸免。(【清】同治:《苏州府志·杂记》卷146)

当时洪武朝廷规定:"凡民间有犯法律,该籍没其家者,田土合拘收入官,户部书填勘合,颁行各布政司、府、州、县,将犯人户丁、田土、房屋,召人租赁,照依没官则例收科。"(【明】万历:《大明会典·户部·田土》卷17)史料记载说:财政部副部长莫礼被牵扯到蓝党一案后,死在了南京,但他吴江老家整族却被谪戍到边荒之地,莫家宅第很快成为了废墟(【明】吴宽:《鲍翁家藏集·东村记》卷35)。就整个苏州而言,当时"乡人多被谪徙,或死于刑,邻里殆空";"皇明受命,政令一新,豪民巨族,划削殆尽"。(【明】吴宽:《鲍翁家藏集·莫处士传》卷58)

通过"大运动"胡乱攀援,朱元璋轻轻松松地解决了自以为有着隐患的豪强世族,由此也增加了大明帝国的经济收入。据史料记载:元朝延祐年间苏州额定税粮为882 100石,明初已升至2 900 000石,纯增长率为229%;松江元朝时额定税粮为660 000石,到明初也升至1 400 000石,纯增长率为112%。(嘉庆:《松江府志·田赋》卷21)

● 严刑重典造成明初数十年思想文化的凝固,影响了帝国文化发展

除了上述几方面以外,洪武年间暴风骤雨与严刑重典所产生的直接后果还有一个,那就是政治恐怖主义造成了明初思想文化领域的万马齐喑的不堪局面。由于运动接着运动,大家都保持着高度的警惕,谁也不敢越雷池一步,在这样的情势下何谈思想文化的发展与繁荣!

不过晚年朱元璋似乎也意识到问题的严重性,随后也做了一些调整,"高帝之意,皆以革元人姑息之政,洗故俗污染之非,非为驯训于后王"(【明】谈迁:《国榷·太祖洪武十八年》卷8,P658)。故而朱元璋在"洪武十八年,诏天下罪囚,刑部都察院详议,大理寺覆谳,然后奏决。二十年,焚锦衣卫刑具,以系囚付刑部。二十八年,又诏曰'朕起兵惩创奸顽,或法外用刑,本非常典,后嗣止循律典,不许用黥刺剕劓阉割之刑,臣下敢以请者,寘重典'"。(【清】赵翼:《二十二史劄记·明祖晚年去严刑》卷32)

可惜的是洪武皇帝的如此宽政举措太少太少了,且很多都没落实到位,严酷的政治大风暴虽说在洪武二十八年冯胜自裁后基本过去了,但没有完全退出历史舞台。清代乾隆年间的《吴江县志》记载:"尝见当时抄白原行云:锦衣卫镇抚司镇抚臣刘䤫等谨奏党逆事:今将三山案胡蓝党犯人沈德全等取招在官,洪武三十一年二月十八日早将一干人犯引到奉天门下奏,奉圣旨:'正党与户下户丁多着折了臂膊,未出动的小厮不打,且牢着他。供出的田口家财断没了。'钦此。本月二十日早本司卫镇抚臣朱鉴于奉天门下奏,奉圣旨:'正党与户下户丁都凌迟了,十岁已(同'以')上的小厮都发南丹卫充军,十岁以下的送牧马所寄养,母随住;一岁至三岁的随母送浣衣局,待七岁送出来。'钦此。"(乾隆十二年:《吴江县志·旧事》卷5、6)这是说到朱元璋死的那一年即洪武三十一年,江南首富沈万三子孙们在被榨干油水后才被千刀万剐。如等恐怖政治和经济怎能会不影响大明帝国的思想文化发展?!

● 加强了绝对君主专制主义统治,为官僚制的全面推行创造了条件

虽说朱元璋亲自发动了一起又一起的"大运动",尤其是持续了近20年、涉及面甚广的追查"胡蓝党狱",几乎将大明开国功臣勋旧一网打尽,造成了后洪武时代即建文帝时代军事人才后继乏人的不堪局面,客观上大大便利了朱棣的"靖难"造反。不过,这里边有着很多的意外。按照老朱皇帝的设想,通过这一系列"大运动","洪武"以后就是"建文",大明应该实行文治。清代学者赵翼曾这样说道:"(洪武帝)尝与懿文太子出郊,亲指道旁荆楚,谓太子曰'古人用此为扑刑,以其能去风,虽伤不杀人,古人用心仁厚如此,儿当念之。'是帝未尝不慎重刑狱。盖初以重典为整顿之术,继以忠厚立久远之规,固帝之深识远虑也"。(【清】赵翼:《二十二史劄记·明祖晚年去严刑》卷32)

自洪武中晚期起,朱元璋一方面给大明开国功臣勋旧找好了去处——送他们到阎王爷那里去报到,免得这些大字不识、几乎什么文化也不懂的部队干部插手、控制或干涉大明官僚行政,空出位子让给文人英才,从而开启了大明帝国朝着文治方向转向之兆。但即使这样,猜忌成性的朱皇帝对于并没有多大威胁的文才英士也是防之又防,边使用边猜忌,运用绝对刚性皇权,统一思想,打出"尊天、忠君、孝亲"大旗,大力发展教育,实行科举成式,推行标准化考试,加强思想文化领域里的君主专制主义……

大明帝国皇帝世系表

（18帝，1368—1645年，共计277年）

					①明太祖	朱元璋	洪武三十一年	戊申	1368年
懿文太子 朱 标					↓				
					③明太宗（明成祖）	朱 棣	永乐二十二年	癸未	1403年
②明惠帝 朱允炆	建文四年	己卯	1399年		④明仁宗	朱高炽	洪熙一年	乙巳	1425年
					↓				
					⑤明宣宗	朱瞻基	宣德十年	丙午	1426年
					↓				
⑥明英宗 朱祁镇	正统十四年	丙辰	1436年	→	⑦明代宗	朱祁钰	景泰八年	庚午	1450年
					↓				
					⑧明英宗	朱祁镇	天顺八年	丁丑	1457年
					↓				
					⑨明宪宗	朱见深	成化二十三年	乙酉	1465年
					↓				
					⑩明孝宗	朱祐樘	弘治十八年	戊申	1488年
					↓				
⑪明武宗 朱厚照	正德十六年	丙寅	1506年	→	⑫明世宗	朱厚熜	嘉靖四十五年	壬午	1522年
					↓				
					⑬明穆宗	朱载垕	隆庆六年	丁卯	1567年
					↓				
					⑭明神宗	朱翊钧	万历四十八年	癸酉	1573年
					↓				
					⑮明光宗	朱常洛	泰昌一年	庚申	1620年
					↓				
⑯明熹宗 朱由校	天启七年	辛酉	1621年	→	⑰明思宗	朱由检	崇祯十七年	戊辰	1628年
					↓				
					⑱明安宗	朱由崧	弘光一年	乙酉	1645年

注释：

①明朝第二位皇帝是朱元璋的皇太孙朱允炆，建文四年时，他不仅被"好"叔叔朱棣从皇位上撵走，而且还被"革除"了建文年号，改为洪武三十五年。

②明朝开国于南京，从正宗角度来讲，很难说迁都是朱元璋的遗愿。因此，大明的覆灭应该以国本南京的沦陷作为标志，弘光帝又是大明皇帝的子孙，他称帝于南京，应该被列入大明帝国皇帝世系表中。

③上表中 ↓↙ 表示皇位父子或祖孙相传，→ 表示皇位兄弟相传。

④明安宗朱由崧是老福王朱常洵的庶长子，明神宗万历皇帝朱翊钧之孙，也是明熹宗朱由校、明思宗朱由检的堂兄弟。

后　记

　　2013年12月平安夜的钟声敲响时，我的10卷本《大明帝国》竣工了，想来这400多个不眠的夜晚，真可谓感慨万千。在这个浮华的年代里，就一个人靠着夜以继日地拼命干，想来定会让象牙塔里带了一大帮子弟子的大师们笑弯了腰，更可能会让亦官亦民的××会长们暗暗地叫上"呆子"的称号……是啊，十多年了，在我们的社会里什么都要做大做强，什么都要提速快行，什么都要搞课题会战工程，而我却是孤独的"夜行人"和迟缓的老黄牛，无论如何都无法跟上这个时代的节拍。好在已到知天命的年龄，什么事都能看得淡淡的，更何谈什么学会、研究会的什么长之诱惑了。秉承吾师潘群先生独立独行的精神，读百家之书，虽无法做到"究天人之际，通古今之变"，但至少能"成一家之言"，管他春夏与秋冬。

　　不管世事，陶醉于自我的天地里，烦恼自然就少了，但不等于没有。自将10卷《大明帝国》书稿递交后，我一直在反问自己道："有何不妥？"在重读了出版社发来的排版稿后，我忽然间发现其内还有诸多的问题没有彻底讲清楚或无法展开。譬如，尽管我专辟章节论述了大明定都南京、建设南京的过程及其历史影响，从一般意义角度而言，似乎很为周全，但细细想想，对于已经消失了的南京明故宫和明都京城之文化解读还没有完全到位。理性而言，南京明皇宫与南京都城在中国历史文化进程中所占的地位尤为特别，如果要用最为简洁的词语来概括的话，我看没有比"继往开来"这个成语更合适了。"继往"就是在吸收唐宋以来都城建筑文化精华的基础上，将中国传统的堪舆术与星象术巧妙地结合在一起，使其达到前所未有的完美境界，用明初朱元璋开国时反复强调的指示精神来说，就是"参酌唐宋"和"恢复中华"，即在继承先人传统的基础上整合和规划南京明皇宫和大明都城建设，于最核心部分构建了象征紫微垣的宫城，宫城之外为象征太微的皇城，皇城之外为象征天市的京城，环环相套，中国传统文化中的"法天象地"、"天人合一"思想在南京明皇宫和大明都城建设布局中得到了充分的体现；"开来"就是指明初南京明皇宫与都城建设规制深刻影响了后来的明清皇城与都城建设布局。

　　同样的例子还有南京明孝陵、凤阳明皇陵、盱眙明祖陵，等等。

对于诸多的不尽如人意之处,最好的办法就是在原书稿基础上直接添加和补充,但随之问题又来了。原书稿规模已大,《洪武帝卷》100多万字,分成了3册,每册都是厚厚一大本,如果再要"补全",那就势必要另辟一册。这样对于图书销售会带来更多的不便。思虑再三,只好暂时先以原书稿的规模出版,等以后有合适的机会再作重新规划和布局。

可没想到的是,我的苦衷在今年新书上市后不久让广大的读者和东南大学出版社的朋友一下子给解决了。本来按照图书规模而言,3卷本100多万字的《朱元璋卷》应该是很难销的,但让人始料未及的是,它上市没多久就销售告罄。在纸质图书销售不景气的今天,能有这样的结果,真是莫大的欣慰。更让人兴奋的是,东南大学出版社的谷宁主任、马伟先生在上请江建中社长、张新建总编等社领导后决定,在原10卷《大明帝国》基础上,让我重新修订,分册出版。当时我正在研究与撰写大明正统、景泰两朝的历史,听到这样喜人的消息后,立即放下手中的事情,开始对原10卷《大明帝国》逐一作了梳理,调整章节,增补更有文化含金量的内容,使原《大明帝国》变得更为系统化,考虑到新书内容已有很多的变化,为了与以前出版的相区别,本想取名为《明朝大历史》,但考虑到这是普及性极强的读物,最后与马伟先生合计,取名为《大明风云》。

经过数月的不眠之夜,《大明风云》前8卷终于可以交稿了。回想过往的日日夜夜,看到眼前的这番收获,我要衷心感谢的是中共南京市委宣传部叶皓部长、徐宁部长、曹劲松副部长,南京广电集团谢小平主任,中共南京市委宣传部网控中心的龚冬梅主任,中央电视台池建新总监,安徽电视台禹成明副台长,原南京电视台陈正荣副台长、新闻综合频道傅萌总监,原江苏教育电视台张宜迁主任、薄其芳主任,东南大学出版社江建中社长、张新建总编,东南大学马克思主义学院袁久红院长、袁健红副书记,南京市政协副主席余明博士,南京阅江楼风景区管理委员会韩剑峰主任,新华报业集团邹尚主任,南京明孝陵博物馆张鹏斗馆长,南京静海寺纪念馆原馆长田践女士,南京阅江楼邱健乐主任,南京市社科院李程骅副院长与社科联陈正奎院长、严建强主任、顾兆禄主任,南京市新闻出版局蔡健处长,南京市档案局徐康英副局长、夏蓓处长,江苏省社科联吴颖文主任,福建宁德市政协主席郑民生先生、宁德市委宣传部吴泽金主任、蕉城区统战部杨良辉部长等领导的关怀(特别注明:本人不懂官衔大小,随意排列而已,不到之处,敬请谅解);感谢中央电视台裴丽蓉编导、徐盈盈编导、戚锰编导,江苏电视台公共频道贾威编导、袁锦生编导,江苏教育电视台苍粟编导、夏恬编导、赵志辉编导,安徽电视台公共频道制片人张环主任、制片人叶成群、舒晓峰编导、唐轶编导、海外中心吴卓编导、韩德良编导、张曦伯编导、李静编导、刘小慧编导、美女主持人任良韵,南京广电集团王健小姐,南京电视台主持人周学先生、编导刘云峰先生、李健先生、柏新民先生、卞昌荣先生,南京电视台十八频道主持人、我的电视节目老搭档吴晓平先生,江苏广播电视总台吕凤华女士、陆正国先生、新华报业集团黄燕萍女士、吴昌红女士、王宏伟先生,《现代快报》刘磊先生,《金陵晚报》郑璐璐主任、于峰先生,金陵图书馆袁文倩主任和郁希老师,南京静海寺纪念馆钟跻荣老师,东南大学出版社刘庆楚分社长、谷宁主任、彭克勇主任、丁瑞华女士、马伟先生、杨澍先生、丁志星女士、张万莹女士,南京明孝陵向阳鸣主任、王广勇主任和姚筱佳小姐,江苏省侨办《华人时刊》原执行副主编张群先生,江苏省郑和研究会秘书长郑自海先生和郑宽涛先生,北京师范大学教育学院孙邦华教授,南京大学王成老师和周群主任,南京理工大学人文学院李崇新副教授,南京财经大学霍训根主任,江苏经贸学院胡强主任和吴之洪教授,南京总统府展览部刘刚部长,南京出版社卢海鸣社长,南京城墙办朱明娥女士,南京图书馆施吟小姐,福建宁德三也农业开发有限公司董事长池致春先生,原徐州汉画像石馆馆长武利华先生,无锡动漫协会会长张庆明先生,南京城市记忆民间记录团负责人高松先生和篆刻专家潘方尔先生以及倪培翔先生等朋友给我的帮助与关怀。(至于出版界朋友对我的帮助,那实在太多了,怕挂一漏万,干脆就一个也不谢了)

当然还要感谢吾师王家范老师、刘学照老师、黄丽镛老师、王福庆老师、杨增麒老师等曾经对我的谆谆教诲与帮助,也衷心祝愿诸位师长健康长寿!

除了国内的师友,我还要感谢 United Nations(联合国)Chinese Language Programme 何勇博士,美国 Columbia University(哥伦比亚大学)王成志主任、美国 Stanford University(斯坦福大学)Visiting Scholar Helen P. Youn、Stanford University(斯坦福大学)的 Hoover Institution Library & Archives(胡佛研究院图书馆及档案馆)主任 Thu-Phuong Lisa H. Nguyen 女士和 Brandon Burke 先生、美国纽约美中泰国际文化发展中心总裁、著名旅美艺术家李依凌女士、美国(CHN)总监 Robert KO(柯伊文)先生、泰国国际书画院院长李国栋、日本关西学院法人代表阪仓笃秀教授、世界报业协会总干事马英女士和澳门基金会理事吴志良博士、澳门《中西文化研究》杂志的黄雁鸿女士等海外师长与友人对我的关心与帮助。

在此我要特别感谢美国 University of Pittsburgh(匹兹堡大学)名誉教授、海外著名国学大家许倬云先生。许先生年逾古稀,身体又不好,但他经常通过 E-mail 关心与肯定我的研究与写作,令我十分感动;特别感谢老一辈著名明史专家、山东大学教授黄云眉先生的大作《明史考证》对我的启迪以及他的海内外儿孙们对我的抬爱;特别感谢我的学业导师南京大学潘群先生和师母黄玲女士严父慈母般的关爱；特别感谢慈祥的师长、我的老乡原江苏省委宣传部常务副部长王建邦先生对我的关怀与帮助。

我还要感谢的是我的忠实"粉丝"与读者朋友，这些朋友中很多人可能我都未曾见过他们的面，譬如安徽六安有个年轻朋友曾给我写来了热情洋溢的信函；还有我不知其地址、只知其 QQ 号的郭先生，等等。他们不断地给我来信，帮助我、鼓励我。但由于我是个"单干户"，无当今时兴的"小秘"代劳，因而对于广大读者与电视观众朋友的来信，无法做到一一回复，在此致以万分的歉意，也恭请大家海涵！

顺便说明一下：本著依然采用史料出处随后注的方法，做到说史绝不胡说、戏说，而是有根有据。本书稿原有所有史料全文，后考虑到篇幅太厚和一般读者可能阅读有困难，最终决定将大段古文作了删除，大多只保留现代文。也承蒙东南大学出版社朋友尤其谷宁主任、马伟先生和张万莹女士的关爱，本系列丛书拥有现在这个规模。如读者朋友想核对原文作进一步研究，可根据书中标出的史料出处一查便是。最后要说的是，下列同志参与了本书的图片收集、资料整理、文稿起草等工作，他们是马宇阳、毛素琴、雷扣宝、王鲁兴、王军辉、韩玉华、林成琴、熊子奕、周艳梅、舒金佳、雷晟等人。

马渭源

于南京大明帝国黄册库畔

2014 年 11 月 16 日

电子邮箱：mwynj@sina.com